日本語研究叢書

日本語名詞句
の
意味論と語用論
—指示的名詞句と非指示的名詞句—

西山 佑司

【著】

ひつじ書房

はしがき

　本書は、日本語名詞句の意味解釈の問題を意味論と語用論の両方の枠組みから検討するものである。意味論と語用論の両方を考慮するということは、意味論と語用論を区別しないということではなく、両者を明確に区別するということを前提にしている。たしかに、日本語にかぎらず、一般に名詞句の意味解釈が問題にされるとき、意味論と語用論の区別を明確にしないまま論じられることが少なくない。とりわけ、従来の日本語意味研究では、意味論と語用論の理論上の区別がさほど意識されることなく、「意味や用法の研究」といった漠然としたトピックのもとで、多量のデータを収集・整理することの方に精力が注がれている例もめずらしくなかった。また、最近の言語研究では、意味論と語用論の区別の必要性そのものを疑問視し、両者を区別しないアプローチの方こそ優れているとする立場すらある。しかし、本書ではそのような立場をとらない。本書では意味論と語用論のレベルをはっきり区別するという立場を一貫してとっている。つまり、意味論と語用論はそもそもまったく別の理論装置だと仮定したうえで、まず名詞句の言語的意味の問題を十分考察し、ついで、そのような名詞句の具体的な使用における解釈の問題を語用論的装置によって捉える、という二段構えのアプローチをとるのである。そうすることによって、何が名詞句という言語表現自体の意味の問題であり、何が発話の解釈の問題であるかが明らかになるばかりでなく、名詞句の意味解釈にまつわるどの部分が未解決であるかが理論的にはっきりするはずであると筆者は考えるからである。

　本書の目次だけを見ると、名詞句の問題に触れているのは1、2、3、6、9章だけであり、他の章（4、5、7、8章）は、名詞句とは無関係のトピックではないかと思われる読者もあるかもしれない。しかし、実は、どの章も名詞句の扱いが議論の鍵になっているのである。いうまでもなく、名詞句の意

味については、名詞句だけを切り離して論じることのできる性質の問題もあるが、それと同時に、名詞句が登場する文のなかでの意味機能という観点から論じられてしかるべき問題もある。第1章は前者の問題を「NP_1 の NP_2」という形式の名詞句を例にして論じており、第2章以下は、後者の問題を論じている。名詞句が登場する文として、もっとも単純で基本的なものは「AはBだ」や「BがAだ」というコピュラ文である。そこで、第2章と第3章では、コピュラ文における名詞句がもつ指示性・非指示性という観点から、名詞句の文中での意味機能を徹底的に分析している。この分析にあたって、もっとも重要な役割を果たすものは、非指示的名詞句のひとつのタイプである「変項名詞句」という概念である。筆者は、この概念を自然言語の意味論のなかに新しく導入することによってこそ、日本語学の中心的課題のひとつである「は」と「が」の問題ばかりでなく、コピュラ文の意味と構造にたいしても、さらには、一見コピュラ文とは関係ないように思われる変化文(「Aが変わる」)や存在文(「Aがいる/ある」)の意味と構造にたいしても、新しい光を投げかけることができると考えている。たとえば、第4章では、日本語学・国語学でもっとも議論の多い「象は鼻が長い」構文をとりあげ、この構文の意味構造を、名詞句の指示性・非指示性を考慮したコピュラ文の意味構造の観点から再検討している。第5章では、「象は鼻が長い」構文と類似している「鼻は象が長い」構文や「魚は鯛がいい」構文について、やはり名詞句の指示性・非指示性を考慮したコピュラ文の意味の観点から詳細な分析を試み、この種の構文と「象は鼻が長い」構文との本質的な違いを解明している。また、第7章では、いわゆる「ウナギ文」の問題を、コピュラ文のもつ意味論と語用論の接点領域の問題として再構築し、「隠された変項名詞句」という観点から「ウナギ文」にたいして従来の分析とは異なった分析を提示している。

　これらの議論をとおして筆者は、(i)生成文法理論の古典的な枠組みでさかんに論じられてきた英語の疑似分裂文(pseudo-cleft sentence)にたいする分析、(ii)日本語の「は」と「が」の問題、(iii)変項名詞句の問題、(iv)コピュラ文、とくに「措定文」と「倒置指定文」の曖昧性の問題、という4つの互いに独立した問題が根の深いところで有機的に結びついているということを明らかにしようとしているのである。さらに、このようなアプローチによって、これまで注意されることのなかった「コピュラ文と非コピュラ文とのあいだの密接な意味関係」をも浮き彫りにしようとしているのである。

　指示性・非指示性の区別と並んで、本書で筆者が重視したもうひとつの観

点は、名詞自体のもつ飽和性/非飽和性という区別である。この区別もまた、従来の日本語研究においてはほとんど注目されてこなかったものであるが、第6章において、個々の名詞について、飽和名詞/非飽和名詞という基本的な区別をたてることによってはじめて「カキ料理は広島が本場だ」のような日本語特有の構文が有する特性が解明されること、また、この構文が「象は鼻が長い」構文とまったく異なった意味構造をもつこと、などが論証されている。「カキ料理は広島が本場だ」構文は、第1章で論じる「NP_1 の NP_2」という名詞句自体の意味と、第2章以下で論じる文中での名詞句の意味機能の問題との相互関係を示す、きわめて興味深い例でもある。そして、第6章の後半では、文としては「象は鼻が長い」構文でありながら、発話の自然な解釈としては「カキ料理は広島が本場だ」構文として読むことができるケースが存在するという議論を展開する。この議論をとおして、読者は、文の言語的意味なるものが、コンテクストにおける発話の解釈と異なり、いかに抽象的で深い構造を有するものであるかということを、またそれだけに意味論と語用論のインターフェイスがどんなに複雑で興味深いものであるかということを日本語の具体例で知ることができるであろう。

　今日の国語学・日本語研究において文の意味や情報を分析する際、「主題」「新情報と旧情報」「前提と焦点」などがキーワードとみなされていることはよく知られている。それにたいして、本書で導入したような「指示的名詞句」「非指示名詞句」「変項名詞句」「飽和名詞」「非飽和名詞」といった概念は通常の国語学・日本語研究ではほとんど注意が払われることがなかったものばかりである。しかし、後者の概念こそ、日本語の多様な構文の意味を正しく分析し、説明する上で重要な役割を果たすものなのである。第8章では、一見、魅力的な概念であるかに見える「主題」なるものは、日本語文法研究家の実際の分析においてかなり混乱されて用いられてきたこと、とりわけ倒置指定文「AはBだ」におけるAをその非指示的性格にもかかわらず「主題」と誤解してしまったこと、コピュラ文(とくに倒置指定文や指定文)の本質が、日本語文法家のあいだでまったく理解されてこなかったこと、などが論じられている。そして、最後の章は、コピュラ文にたいする前章までの分析結果をふまえたうえで、「指示的名詞句」「非指示名詞句」「変項名詞句」「飽和名詞」「非飽和名詞」といった概念を総動員して、「Aがある」「Aがいる」のような存在文のもつ多様な意味構造をまったく新しい角度から解明しようとしたものである。

　このように、本書では最初の章から最後の章まで、内容が有機的につなが

っており、各章は前の章までの知識を想定して記述されている。したがって、読者は、できるだけ第 1 章から順序を追って読み進んでいただきたい。しかしながら、読者のなかには、自分の興味と関心に従って拾い読みをされる方もおられるかもしれない。各章のあいだで多少の内容の重複があるが、これは各章を独立して読まれる可能性を考慮してのことである。

　もちろん、いずれの章も未解決になっている問題がいくつかあり、100% 満足できる結果が得られたわけではない。しかし、筆者は本書において、どこまでが名詞句や文自体の言語的意味であり、どこからがコンテクストのなかで得られた語用論的解釈であるかを日本語の具体例をとおしてかなり明確な形で示すことができたと自負している。本書が日本語研究にささやかな一石を投ずることができれば、筆者としてはこれに過ぎたる喜びはない。

　本書のテーマは筆者が 10 数年以上も前から抱きつづけているものであり、今日までいろいろな機会にその一部を論文あるいは口頭で発表してきた。本書を構成する 9 つの章のうち、第 7 章は、『慶應義塾大学言語文化研究所紀要』第 33 号（2001 年 12 月）に掲載した論文「ウナギ文と措定文」に若干の手直しを加えたものである。第 8 章は、『慶應義塾大学言語文化研究所紀要』第 32 号（2000 年 12 月）に掲載した論文「倒置指定文と有題文」にひとつの節を加え、必要な修正を施したものである。第 9 章は、中川純男編『西洋精神史における言語観の諸相』（慶應義塾大学言語文化研究所刊、2002 年）掲載の論文「自然言語の二つの基本構文：コピュラ文と存在文の意味をめぐって」の後半部分を基にして全面的に書き改めたものである。そして、第 5 章の 2 節・3 節は、『慶應義塾大学言語文化研究所紀要』第 34 号（2002 年 12 月）に掲載した論文「「魚は鯛がいい」構文の意味解釈」に加筆訂正を加えたものである。

　第 5 章の残りの部分および他の章はすべて新たに書き下ろしたものである。もっとも、今回、書き下ろした章にも、これまでいろいろなところで発表してきた論考がなんらかのかたちで咀嚼吸収されていることはいうまでもない。しかし、今回の執筆中に、新しい言語データに接し、また当時の研究の不備に気づき筆者の考えも変わったため、元の論考の跡形はほとんど見えなくなっている。それにもかかわらず、筆者の問題意識そのものは、10 数年以上も前から現在に至るまでなんら変わることはないのであり、その意味で本書は、筆者のこの持続する思索の痕跡であるといえよう。

　本書の執筆に関しては、多くの方々のお世話になった。国語学・日本語学を専門としない筆者にこのような本を書くことを薦めてくださったのは仁田

義雄氏である。本書を執筆したおかげで、筆者は、国語学・日本語学について多くのことを学んだ。このようなすばらしい機会を与えてくださった仁田氏に心から感謝する。

本書には、従来の日本語学研究において提示されてきた諸説にたいする批判的な論述が多く含まれている。学問がつねに批判の積み重ねの上にあるものであるかぎり、本書もそれらの先行研究の上に成り立っていることはいうまでもない。本書で筆者が日本語研究になにがしかの貢献ができたとすれば、ひとえにこれらの先行研究あってのことである。その意味で、本書で批判の対象となったこれら先行研究のすべての論者にたいして、心からの感謝をささげたい。

筆者に日本語研究のおもしろさと同時に難しさをも教えてくれたのは、上林洋二氏である。本書で幾度も登場する「措定文」「(倒置) 指定文」の基本的な考えは、もともと上林氏によるものである。本書の執筆にあたって筆者は、上林氏とのさまざまな機会における私的な議論に非常に多くを負っている。上林氏からの適切な助言や示唆がなければ、本書はおそらく日の目を見ることはなかったであろう。ここに深く感謝の意を表したい。

本書執筆のいろいろな段階で、多くの方々とその内容の一部を議論する機会があった。とりわけ、熊本千明、尾上圭介、坂原茂、田窪行則、三宅知宏、小屋逸樹、諸氏との議論はきわめて有益であった。筆者の議論の良き相手になってくださったこれらの方々に厚くお礼を申しあげたい。

本書におけるテーマの一部は、慶應義塾大学文学部および大学院、上智大学大学院、大阪大学文学部および大学院、東京大学文学部、東北大学大学院、神田外国語大学、日本女子大学、九州大学大学院、奈良女子大学文学部、龍谷大学文学部、京都大学文学部、東京理論言語学講座などにおける講義やセミナーでとりあげた。これらの講義やセミナーに出席してくれた学生諸君や若い研究者の方々との討論から教えられることも少なくなかった。心から感謝したい。

本書の執筆の初期の段階で、原稿の整理をしてくださったのは有吉侑佳さんである。心からお礼を申しあげたい。峯島宏次氏と松尾洋氏には、本書の最終的原稿の作成にあたって多くの有益なコメントをいただいたのみならず、校正や文献作成などについて献身的なご尽力をいただいた。心から感謝申しあげる次第である。本書はこのように多くの方々の助力でできあがったものである。

最後に、諸般の事情により脱稿が予定より大幅に遅れたにもかかわらず、

忍耐強く待ってくださったひつじ書房の松本功氏に、そして編集作業で大変お世話になった足立綾子さんに感謝の意を表したい。

2003 年 5 月 1 日

西山　佑司

　本書に提示した研究の一部は、平成 13 年度・14 年度・15 年度科学研究費補助金基盤研究(C)(2)『コピュラ文に関する意味論的・語用論的研究』（課題番号 13610666、研究代表者：西山佑司）および、平成 14 年度・15 年度 21 世紀 COE プログラム（慶應義塾大学）『心の解明に向けての統合的方法論構築』（研究代表者：西村太良）の助成を受けておこなわれたものである。

目次 CONTENTS

日本語名詞句の意味論と語用論―指示的名詞句と非指示的名詞句―

はしがき …………………………………………………………………………ⅰ

第1章　名詞句の意味と解釈 ……………………………………………1
1. 連体修飾節 ……………………………………………………………1
2. 「NP_1 の NP_2」の意味と解釈 ……………………………………6
3. 語用論の原理：「関連性の原理」………………………………………8
4. 「ぼくのパソコン」にたいする語用論的解釈 ………………………13
5. 「NP_1 の NP_2」の多様な意味 …………………………………16
    5.1. タイプ［A］：NP_1 と関係 R を有する NP_2 ……………16
    5.2. タイプ［B］：NP_1 デアル NP_2 ……………………………19
    5.3. タイプ［C］：時間領域 NP_1 における、NP_2 の指示対象の
         断片の固定 ………………………………………………………31
    5.4. タイプ［D］：非飽和名詞（句）NP_2 とパラメータの値 NP_1 …33
    5.5. タイプ［E］：行為名詞（句）NP_2 と項 NP_1 ……………40
6. 「物理学の学生」について ……………………………………………43
7. 曖昧な名詞句 …………………………………………………………47

第2章　指示的名詞句と非指示的名詞句 ……………………………59
1. 指示的名詞句 …………………………………………………………61
    1.1. 名詞句の指示対象 ………………………………………………61
    1.2. 属性的用法と指示的用法 ………………………………………66
    1.3. 指示的に不透明な文脈における名詞句 ………………………69
2. 非指示的名詞句 ………………………………………………………72
    2.1. 叙述名詞句 ………………………………………………………73
    2.2. 変項名詞句 ………………………………………………………74
        2.2.1. コピュラ文の解釈と変項名詞句 …………………………74

2.2.2．潜伏疑問文と変項名詞句 ……………………………… 78
　　2.2.3．変化文と変項名詞句 …………………………………… 86
　　2.2.4．存在文と変項名詞句 …………………………………… 89
　3．指示性に関して曖昧な文 …………………………………………… 93
　　3.1．コピュラ文の曖昧性：措定文と倒置指定文 ……………… 93
　　3.2．「Aに関心がある」の曖昧性 ……………………………… 97
　　3.3．変化文「Aが変わる」の曖昧性 …………………………… 101
　　3.4．存在文の曖昧性 ……………………………………………… 103
　4．名詞句の意味特性と意味機能との相互関係 ……………………… 105

第3章　コピュラ文の意味と名詞句の解釈 ……………………… 119
　1．コピュラ文の分類 …………………………………………………… 119
　2．措定文 ………………………………………………………………… 123
　3．倒置指定文 …………………………………………………………… 132
　　3.1．倒置指定文とは ……………………………………………… 132
　　3.2．倒置指定文と分裂文 ………………………………………… 135
　　3.3．倒置指定文における値表現の指示性 ……………………… 138
　　3.4．叙述名詞句と変項名詞句 …………………………………… 140
　　3.5．倒置指定文と同一性文 ……………………………………… 142
　　3.6．指示対象の同定と倒置指定文 ……………………………… 143
　4．メンタル・スペース理論におけるコピュラ文の分析 …………… 145
　　4.1．役割関数と変項名詞句 ……………………………………… 146
　　4.2．倒置指定文とM-同定文 …………………………………… 148
　　4.3．値解釈と（値変化の）役割解釈 …………………………… 150
　　4.4．メンタル・スペース理論からの反論 ……………………… 159
　5．同定文 ………………………………………………………………… 166
　6．その他のタイプのコピュラ文 ……………………………………… 173
　　6.1．同一性文 ……………………………………………………… 174
　　6.2．定義文 ………………………………………………………… 176
　　6.3．提示文 ………………………………………………………… 176

第4章　「象は鼻が長い」構文の意味解釈 ……………………… 189
　1．「象は鼻が長い」の曖昧性 ………………………………………… 189

    2.「花子は、父親が医者だ」構文 ···198
    3.「象」と「鼻」の関係：柴谷説について ····································200
    4.「象は鼻が長い」構文と特徴づけ：高見(1996)について ·············209
    5.「このクラスは太郎がよくできる」構文：久野(1973b)について ···213

第5章 「鼻は象が長い」と「魚は鯛がいい」構文の意味解釈
   ···225
    1.「鼻は象が長い」構文について：
      「モーツァルトはオペラが良い」と「オペラはモーツァルトが良い」···225
    2.「魚は鯛がいい」構文について ···231
    3.「魚は鯛がいい」構文に関する柴谷説について ·························238
    4.「大西洋の魚は鯛がいい」構文について ····································246
    5.「辞書は新しいのがいい」構文について ····································248

第6章 カキ料理構文と非飽和名詞 ···259
    1.「カキ料理構文」とは ···259
    2. 野田の仮説 ···262
    3. 飽和名詞と非飽和名詞 ···269
    4. カキ料理構文の成立条件と非飽和名詞 ····································271
    5. 菊地(1997a)について ···280
    6.「慰謝料はこれが一部だ」構文について ····································290
    7. 第二タイプのカキ料理構文 ···296
    8.「洋子は、これがヴァイオリンだ」構文の解釈 ·························299
    9.「このジャズバンドは、太郎がピアニストだ」の解釈 ··············303
    10. カキ料理構文と「象は鼻が長い」構文 ····································312

第7章 ウナギ文と措定文 ···321
    1. 先行研究 ··321
    2. ウナギ文とメトニミー ···326
      2.1. メトニミー現象 ···326
      2.2. ウナギ文はメトニミーか ··327
      2.3.「ウナギ文-メトニミー説」にたいする反論 ·······················329
        2.3.1. 一般性の欠如 ···329

2.3.2. 代名詞の照応 ………………………………………………331
　　2.3.3. 量化詞・数量詞の振る舞い …………………………………333
　　2.3.4. 同一対象指示の名詞句による置換の許容性 ………………334
　　2.3.5. ウナギ文の倒置可能性 ………………………………………335
　3. ウナギ文にたいする措定文として解釈 ……………………………337
　4. ウナギ文と属性数量詞構文 …………………………………………341

第8章　倒置指定文と有題文 …………………………………………351
　1. 措定文と倒置指定文 …………………………………………………352
　2.「は」のもつ機能：「二分・結合」と主題 …………………………355
　3. 主題といえるための条件 ……………………………………………361
　4. 倒置指定文の主題性に関する日本語研究者による扱い …………364
　　4.1. 三上(1953) ………………………………………………………364
　　4.2. 仁田(1979) ………………………………………………………365
　　4.3. 益岡(1987) ………………………………………………………366
　　4.4. 益岡 & 田窪(1989, 1992) ………………………………………368
　　4.5. 野田(1996) ………………………………………………………372
　　4.6. 井島(1998) ………………………………………………………376
　　4.7. 丹羽(2000) ………………………………………………………378
　　4.8. Hasegawa(1996, 1997) …………………………………………382
　5. 倒置指定文と無題文 …………………………………………………386
　6. 結論 ……………………………………………………………………388

第9章　名詞句の解釈と存在文の意味 ………………………………393
　1. 存在文の分類 …………………………………………………………394
　2. 場所表現を伴う存在文 ………………………………………………395
　　2.1. 場所存在文 ………………………………………………………395
　　2.2. 所在文 ……………………………………………………………396
　　2.3. 所在コピュラ文 …………………………………………………397
　　2.4. 指定所在文 ………………………………………………………399
　　2.5. 存現文 ……………………………………………………………399
　3. 絶対存在文 ……………………………………………………………401
　4. 絶対存在文と場所表現 ………………………………………………404

5. 存在文の曖昧性：場所存在文解釈と絶対存在文解釈……………407
6. リスト存在文……………………………………………………412
7. 間スペース対応存在文…………………………………………417

参考文献 …………………………………………………………425

索引 …………………………………………………………………439

第1章

名詞句の意味と解釈

　名詞句については、いろいろな角度から興味深い研究がなされているが、名詞句の意味や解釈を問題にするとき、（ⅰ）名詞句それ自体の言語的意味、（ⅱ）文のなかで果たす名詞句の（とくに指示性に関する）意味機能、（ⅲ）名詞句が登場する文の具体的使用（たとえば発話）における当の名詞句にたいする解釈、の三つをはっきり区別して論じる必要がある。最初の二つの側面は文法の一部である意味論（semantics）の問題であるが、三番目の側面は語用論（pragmatics）の問題である。本章では、（ⅰ）と（ⅲ）の問題を扱う。とくに、日本語の「名詞句＋の＋名詞句」という表現を例にして、名詞句自体の意味を発話のなかでの名詞句にたいする語用論的解釈からいかに区別するかという問題を論じる。（ⅱ）の問題については、次章で論じる。

1. 連体修飾節

　いうまでもなく、名詞句とは、名詞を主要語とし、それに修飾表現が付いた句のことである。したがって、名詞句自体の意味の問題といえば、この主要語と修飾表現とのあいだの意味関係が中心となる。そのような意味関係のうち、従来の日本語研究でとりわけ強い関心が寄せられたのは、次のような連体修飾節と主要語との関係であろう。

（1）　太郎がぶった<u>女性</u>
（2）　フランス留学から帰ってきた<u>あの若い助手</u>
（3）　サンマを焼く<u>匂い</u>

（4）　死んだ妻が幽霊になった<u>例の話</u>

ここで、下線を付した要素が主要語であり、それに先立つ部分が連体修飾節になっている。これらの連体修飾節は統語上も意味上も一様ではない。まず、（1）（2）の修飾節は「関係節」とか「内の関係」と呼ばれているものである。そこでは、修飾節に「太郎が x をぶつ」「x がフランス留学から帰ってきた」のような空所 x があり、主要語（被修飾名詞句）がその空所を埋めるという関係になっている。[1] 一方、（3）（4）の修飾節は「内容節」とか「外の関係」と呼ばれている。そこでは、修飾節「サンマを焼く」「死んだ妻が幽霊になった」に空所がなく、充足した文の形をしており、主要語「匂い」「例の話」の内容を説明する関係になっている。[2]

さらに、（1）と（3）では、修飾節が主要語の表すものを限定するという機能を有しており「制限的用法」と呼ばれるのにたいして、（2）と（4）は、修飾節が主要語の指示対象について説明的情報を付加する機能を有しており「非制限的用法」と呼ばれる。

このような連体修飾節については、すでに多くの議論があるのでここではその詳細に立ち入らない。[3] ただ、のちの議論との関係で、（1）（2）の「関係節構文」についてひとこと触れておこう。日本語の関係節構文の統語構造に関しては、近年とくに生成文法理論の枠組みでの研究が進んでいるが、いまだ定説といわれているものが確立されるに至っていない。ここでは、便宜上、（1）のような制限的な関係節の構造を、生成文法理論の今や古典的となった感のある X バー理論を採用して、概略（5）のようなものと仮定することにしよう。[4]

（5）

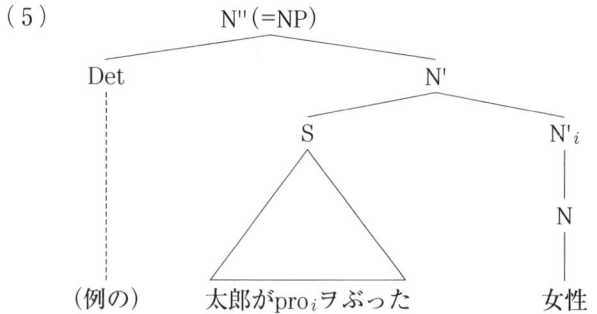

つまり、「太郎がぶった」という関係節は、音形をもたない抽象的なゼロ代名詞 pro をもつ文であり[5]、それが主要語「女性」の付加詞（adjunct）の

位置にあると仮定する。そして、文法のなかの意味解釈のレベルで、この pro が主要語「女性」と同一であることを認定するのである。そして、(6)の先頭に位置する修飾語「例の」「あの」は、通常の関係節の外に生じる要素であり「限定辞（determiner）」と呼ばれ、構造的には、(5)の点線で表示したように、名詞句 N″（＝NP）に直接支配され、かつ N′と姉妹関係にある位置に Det として生起するものと考えられる。

(6) a. 例の<u>太郎がぶった女性</u>
    b. あの<u>太郎がぶった女性</u>

一方(2)のような非制限的な関係節については概略(7)のような構造を仮定しておこう。[6]

(7)

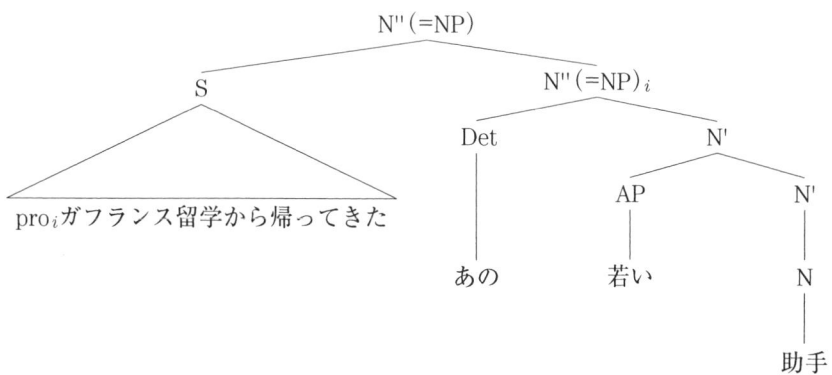

つまり、主要語「あの若い助手」は、限定辞をふくむことからも明らかなように、それ自体で独立した名詞句 N″（＝NP）であり、その外側に関係節が付加されているのである。そして、意味解釈のレベルで、関係節中の pro が主要語「あの若い助手」と同一であることが認定されるのである。

さて、日本語の名詞句のなかには、(8)のように形容詞や形容動詞が名詞を修飾するばあいもあれば、(9)のように動詞が名詞を修飾するばあいもある。

(8) a. 面白い本
    b. 赤いバス
    c. 自由な女神

d.　頑固な社員
（9）a.　走っている少年
　　　b.　枯れた花

　これらは、表面的には「修飾語＋名詞」であり、修飾語は、Ｎの付加詞（Ｎ′に直接支配され、かつＮと叔母関係にたつカテゴリー）の位置に生起すると思われる。つまり、その統語構造は、たとえば、（8a）（9a）についてはそれぞれ以下のようなものであろう。

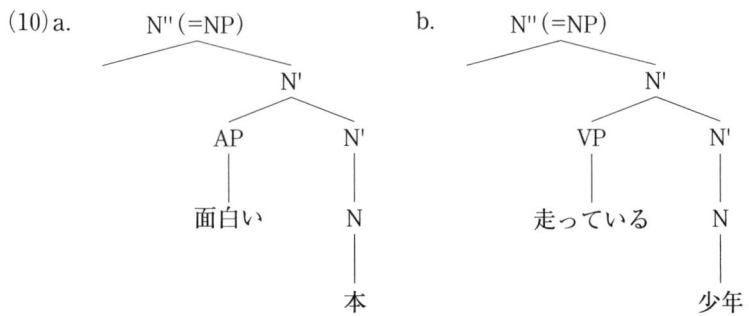

　しかしながら、（8）（9）は、実質的には（1）（2）と同様、「関係節」（「内の関係」）としての連体修飾節の一種であるとみなすことができる。なぜなら、「ｘガ面白い」「ｘガ赤い」「ｘガ自由だ」「ｘガ頑固だ」「ｘガ走っている」「ｘガ枯れた」のように空所ｘがあり、主要語「本」「バス」「女神」「社員」「少年」「花」がその空所を埋めるという関係になっているからである。したがって、神尾（1983）が指摘しているように、これらの名詞句の修飾語を制限的関係節構造から派生すると考えるのは適切であろう。たとえば、（8a）（9a）の統語構造のあるレベルには、概略以下のような構造[7]が仮定されてしかるべきであろう。[8]

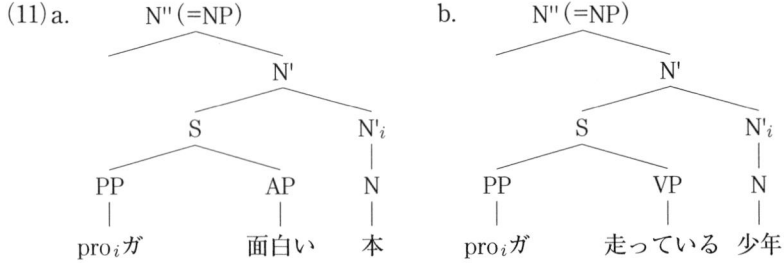

こう仮定することによって、(8a)(9a)に内在すると思われる「本が面白い」「少年が走っている」という格関係が明確に捉えられるのである。いうまでもなく、このばあい、関係節中のゼロ代名詞 pro は、つねに主格であることに注意しよう。もちろん、(11a)(11b)は、表層（に近い）構造(10a)(10b)へ変換されなければならず、その過程で、(11a)(11b)のS節点やPP節点は削除されるのであるが、その統語操作の詳細についてはここでは立ち入ることはできない。[9]

日本語の名詞句では、(8)(9)のような名詞句に「3冊の」「5台の」「数人の」「2人の」のようないわゆる数量詞を付したり、「あの」「例の」「この」のような限定辞を付してさらに大きな名詞句を作ることもできる。

(12) a. 3冊の面白い本
　　 b. 5台の赤いバス
　　 c. 数人の頑固な社員
　　 d. 2人の走っている少年
　　 e. 例の面白い本
　　 f. あの枯れた花

そのようにしてできあがった名詞句、たとえば(12e)に、さらに非制限的関係節を付して(13)のような複雑な名詞句を構築することもできる。

(13) 洋子がイギリスで買った例の面白い本

結局、(13)の統語構造は概略以下のようなものとなるであろう。

(14)

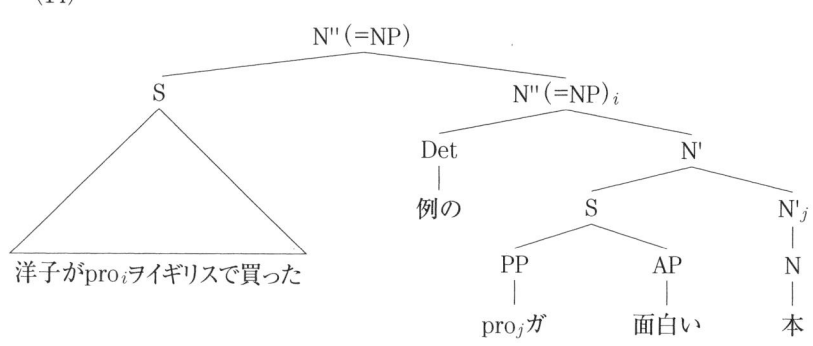

そして、一番上の関係節中の pro_i は意味上、「本」ではなく、「例の面白い

本」全体と同一のものを表していると解釈されるのである。

2.「NP_1 の NP_2」の意味と解釈

　日本語の名詞句のなかには、名詞が「の」を介して別の名詞を修飾するケース、つまり、「名詞句＋の＋名詞句」という形式も存在する。この形式の名詞句を以下、「NP_1 の NP_2」と表記することにする。いうまでもなく、NP_2 が主要語であり、NP_1 が修飾語である。筆者の見るところ、「NP_1 の NP_2」についての研究は、連体修飾節の研究に比して、さほど進んでいないように思われる。[10] しかし、「NP_1 の NP_2」はその言語形式の単純さにもかかわらず、NP_1 と NP_2 の緊張関係の多様性という点からいって、意味論的にもきわめて興味深い表現なのである。以下では、この表現をとりあげて、名詞句自体の意味の問題とそれにたいする語用論的解釈の問題を論じることにする。

　まず、次の例を見よう。

(15) a.　太郎のパソコン
　　 b.　洋子の電車
　　 c.　公園の男の子

このばあい、修飾語「太郎の」「洋子の」「公園の」を(8)(9)のように関係節構造から派生するわけにはいかない。これらは、空所を含まず、したがって統語構造上、基底形のレベルでいかなる文とも対応していないからである。したがって、たとえば、(15a)の構造は、基底形のレベルでも(16)のような単純なものでしかないであろう。

(16)

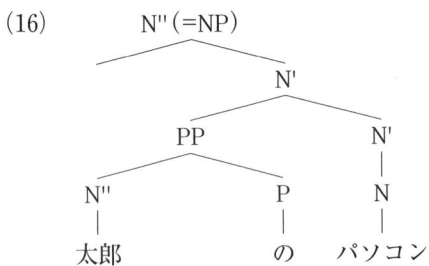

　さて、このように統語的にはきわめて単純な「NP_1 の NP_2」という表現が多様な解釈をもつことはよく知られている。たとえば、(15a)は、「太郎

が所有しているパソコン」「太郎が使用しているパソコン」「太郎が販売しているパソコン」「太郎が製造したパソコン」「太郎が設計したパソコン」「太郎が欲しがっているパソコン」など、コンテクスト次第ではいくらでも読みが可能である。(15b)についても、「洋子が所有している電車」「洋子が経営している会社の電車」「洋子が修理している電車」「洋子が通勤で使う電車」「洋子が乗っている電車」「洋子が製造もしくは設計した電車」などの解釈はもちろんあるが、それ以外にも「洋子が車掌をつとめている電車」「(電車破壊を企てているギャングの一味である)洋子がその破壊を担当することになっている電車」「踏切番である洋子が、それが通過するときに踏切を閉めることになっている電車」など実に多様な解釈が可能である。(15c)についても、「公園で遊んでいる男の子」の読みがもっとも自然であるが、コンテクストによっては「公園で倒れている男の子」、「公園に住んでいる男の子」、「公園が大好きな男の子」など別の解釈もありうるのである。

　もちろん、このことは、(15a)(15b)(15c)の各名詞句自体が意味的に曖昧(ambiguous)であることを示すものではない。(15a)(15b)(15c)の意味表示はそれぞれ、(17a)(17b)(17c)以上のものでもそれ以下のものでもないであろう。[11]

(17) a. 〈太郎と関係Rを有しているパソコン〉
　　 b. 〈洋子と関係Rを有している電車〉
　　 c. 〈公園と関係Rを有している男の子〉

(17)におけるRはスロットであり、スロットの値がコンテクストから語用論的に固定されないかぎり、その表示対象（denotation）は不定のままである。したがって、表示対象の決定という観点からすれば、(15)の名詞句はいずれも不完全な表現である。Recanati(2001)の術語を用いれば、(17)におけるRは「自由変項」(free variable)であり、Rの値を埋める語用論的過程は意味補完（saturation）である、ということになる。意味補完は、言語表現によって要求される要素を補う語用論的操作である。[12] (15a)(15b)(15c)のような名詞句が具体的な発話のなかで登場したばあいには、(17a)(17b)(17c)のような漠然とした意味ではなく、より特定的な「意味」が(話し手によって)意図されているはずであるし、聞き手は、その意図を理解できるのがふつうである。後者の「意味」は「発話の意味」とか、「話し手の意味」と呼ばれる。つまり、表現自体の言語的意味と話し手の意味とは異なるのである。そして、聞き手が話し手の意味を捉えようとすることを

「発話を解釈する」と言う。したがって、聞き手が(15a)(15b)(15c)のような表現を耳にしたとき、それにたいする解釈をいかにして特定化するかという問題は、文法の一部である意味論の仕事ではなく、コンテクスト情報を考慮した語用論の中心的な仕事である。[13] (15a)(15b)(15c)のような多様な解釈を許容する表現は「意味的に曖昧な表現」ではなく、「不明瞭な(vague)な表現」である、と言われる。このような不明瞭な表現が与えられた聞き手は、論理的には無限に多様な解釈が可能であるにもかかわらず、多くのばあい、話し手が意図した特定の解釈を把握することに成功するという事実は、考えてみれば実に驚くべきことである。人間はそれがどうして可能であるのかという問題をすこし考えてみよう。

3. 語用論の原理：「関連性の原理」

　別に名詞句に限られることではないが、一般に発話に登場した言語表現を聞き手がいかに解釈するかは、その発話全体をコンテクストのなかでどのように解釈するかという問題に依拠している。上で見たように、(15a)(15b)(15c)のような名詞句は、言語表現自体の意味としては、(17a)(17b)(17c)で言い替えできるようなものでしかないが、具体的な発話のなかでは、より特定的な解釈をあてがうことができる。ところが、ある表現の発話を聞いたとき、われわれの世界についての信念があまりに強いため、特定の解釈が即座に生じ、その解釈を言語表現自体の意味と混同するばあいも少なくない。次の例を見よう。

　(18)　京都の大学生
　(19)　上野公園の桜
　(20)　ピアノの音

われわれは、通常、(18)(19)(20)を聞くと、それぞれ、《京都の大学に通っている学生》《上野公園で咲いている桜の花》《ピアノを弾いたときに出てくる音》と読むのが自然であろう。そこから、まさにこの読みが(18)(19)(20)という表現自体の言語的意味を表している、と考えがちである。しかし、(18)(19)(20)にたいするこのような読みは、(18)(19)(20)という表現自体の言語的意味そのものではなく、むしろわれわれの世界についての常識、信念、百科全書的な知識などによってかなり強く影響された結果なのである。つまり、このような読みは語用論的に読み込まれた解釈の結果なのである。

そのことは、すこし想像力を働かせて、特殊なコンテクストのもとでこれらの表現を読もうとすれば、すぐ分かる。たとえば(18)について、《京都に住んでいる大学生》の読みも可能であろう。つまり、神戸や大阪の大学に通っている京都在住の学生も「京都の大学生」と呼ばれうるからである。同様に、(19)について、コンテクスト次第では《上野公園に植えてある桜》《上野公園に置かれている（木材としての）桜の木》《上野公園の塀の造作に用いた桜の木》のような読みも十分可能であろう。(20)についても、この発話が、ビルの屋上から様々な家具を落とした時に生じる衝撃音の測定実験のなかで用いられたと仮定すれば、《ピアノを落としたときに生じる地面との衝突音》という解釈も十分可能になるのである。(18)(19)(20)という表現自体の意味はこのような多様な解釈とも両立可能なものでなければならない。ということは、(18)(19)(20)の言語的意味は、あくまで、それぞれ〈京都と関係Rを有する大学生〉、〈上野公園と関係Rを有する桜〉、〈ピアノと関係Rを有する音〉以上のものではないというべきであろう。これらの名詞句が具体的な状況のなかで発話として用いられたばあい、「語用論的に容認可能な解釈」が求められ、その過程で、これらの名詞句にたいする特定的な解釈が語用論的に与えられるわけである。

上で「語用論的に容認可能な解釈」という言い方をしたが、これを、語用論モデルとして最近注目を浴びている「関連性理論」(Relevance Theory)の術語を使って言い替えれば、「関連性原理と合致する最初の解釈」ということになる。関連性理論は、SperberとWilsonによって1970年代後半に開発された「発話解釈に関する語用論モデル」である。もとより本書において関連性理論の詳細に立ち入って説明する余裕はないが、「名詞句にたいする語用論的解釈とは何か」という問題にかかわるかぎりにおいて、この理論の要点をここで概観しておくことはのちの議論のためにも有益である。

関連性理論は、基本的にはGriceの語用論の延長線上にあるものではあるが、Griceのそれと異なり、語用論上の規則や格率（maxims）に基礎をおくものではない。[14] むしろ、この理論は、次のようなきわめて単純な仮定の上に成り立っている。[15]

(21) a. ある文の発話にたいして、当の文の言語的にコード化された情報（たとえば、言語的意味）と両立可能な解釈は数多く存在する。
　　 b. しかし、具体的な発話状況のもとでは、これらすべての可能な解釈が対等に呼び出し可能であるわけではない。

c. 発話状況が与えられれば、聞き手は頭のなかにある解釈が浮かぶはずであるが、聞き手は、その解釈の妥当性を評価する単一の、きわめて一般的な基準を生得的に有している。
　　d. 聞き手は、その基準を満たす最初の解釈こそ正しい解釈であると想定する。

関連性理論によれば、(21c)(21d)で働いている基準は、概略(22)のような仮説であるとされる。

　(22) 発話が情報を意図明示的に伝達しようとする行為（ostensive communication）であるかぎり[16]、発話は、〈当の情報が聞き手にとって関連性をもつ（relevant）のだと話し手は信じている〉旨を伝達している。

(22)で言う「関連性をもつ」についてすこし説明しておこう。人間が頭に浮かべる想定（assumption）の総和を「コンテクスト」とか「認知環境」と呼ぶとするならば、与えられた刺激、たとえば発話が聞き手のコンテクストに影響を与えてなんらかの「認知効果」（cognitive effect）[17]を産み出すことを「関連性をもつ」という。そのような認知効果には、その発話が、(ⅰ)聞き手のコンテクストと相互作用することによって新しい想定[18]を演繹的にもたらすばあい、(ⅱ)聞き手のコンテクストを強化するばあい、(ⅲ)聞き手のコンテクストの一部を放棄させるばあい、の3種類がある。

　もちろん、認知効果は、労力無しで得られるわけではない。発話から認知効果を得るためには発話を処理するに要する労力（processing effort）が不可欠である。そのような労力は、(ⅰ)発話で使用された文の言語的複雑度、(ⅱ)コンテクストの呼び出し可能性、(ⅲ)認知効果を計算するための推論の量、などの要因によって左右される。そして、認知効果を産み出すために要求される処理労力が多ければ多いほど、関連性は低くなる。したがって関連性理論では、「関連性がある」という概念は認知効果と処理労力のバランスの問題であるとみなされ、次のように規定される。

　(23) 「ある新しい情報がコンテクストCにおいて関連ある情報である」とは、その情報がコンテクストCにおいて認知効果を得たばあい、そしてそのときにかぎる。認知効果をより多く産み出すほど、関連性は高まり、そのような認知効果を産み出すために要する処理労力が多ければ多いほど、関連性は低くなる。

さて、関連性理論におけるもっとも基本的な仮説は、「人間の認知は関連性を指向している」ということである。[19] このことは、人間の認知体系は、認知上の処理労力を少なくし、より多くの効果を得るようにデザインされている、ということを意味する。つまり、「人間は、情報処理にあたって最大の関連性（maximal relevance）を目指す」ということ、いいかえれば、「最小の処理労力で、できるだけ多くの認知効果を得ることを目的とする」ということを意味する。

　しかし、注意すべきは、このような「最大の関連性」という概念は、言語コミュニケーションについてそのままあてはまるものではない、という点である。話し手Aが聞き手Bとコミュニケーションするということは、単なる情報処理と異なり、（ⅰ）AはBとコミュニケーションしようとする意図をもち、（ⅱ）Aは、BがAの意図を認知できるように、積極的に手助けをする、ということである。この場合、Bは、Aが、Bにとって最大の関連性のある情報を提供してくれるはずだと期待するわけにはいかない。第一に、Aは、Bにとって最大の関連性のある情報を有していないかもしれない。第二に、たとえ、AがBにとって最大の関連性のある情報を有していたとしても、なんらかの理由で（たとえば社会的・政治的・倫理的・法的などの理由で）それをBに提供するわけにはいかないこともありうる。たとえば、学生にとって、明日の試験問題の中身を知ることは、大変な認知効果のあることであり、その意味で関連性が高いであろう。しかし、問題作成者である教師と学生との会話において、教師が学生に、明日の試験問題の内容を教えるわけにはいかない。このように、コミュニケーションにおいては、聞き手は認知効果の点で最大の関連性のある情報をつねに期待することはもともとできないのである。

　また、聞き手は処理労力の点でも最大の関連性のある情報を期待することはできない。話し手は、聞き手の処理労力が最小になる発話を口にしているとはかぎらないからである。可能ないくつかの発話のなかから聞き手にとってもっとも処理労力の少ない発話を選択するためには、話し手の側にある種の技能が要求されるが、すべての話し手がそのような技能を十分もちあわせているとはかぎらないし、かりにそのような技能を有しているひとであっても、疲れているときや急いでいるときであれば、その技能を十分発揮できないこともありうる。また、話し手は、聞き手の頭のなかの想定をある程度推測できるとしても、完全に知る立場にはもとよりない。ということは、話し手は、自分の発話が聞き手にとってきっと認知効果があるだろうと信じてい

たとしても、聞き手にいかなる効果をももたらさない可能性はつねに残るのである。このように、実際のコミュニケーションにおいては、聞き手は認知効果の点でも処理労力の点でも最大の関連性を話し手から期待することはできないのである。

しかし、話し手Aが聞き手Bとコミュニケーションするということは、AはBに情報を提供しようと意図することである。AがBになにか情報を提供するとき、その情報は聞き手にとって注意を惹くに値する情報（つまり関連性のある情報）であることを聞き手は期待するはずである。聞き手は、与えられた発話が関連性をもつはずだと想定するときにはじめて、その発話に注意を払い、解釈しようとするのである。聞き手が発話を処理し、解釈するにはなんらかの労力を払わなければならないが、その発話がまったく関連性のない情報であるならば、そのような労力は無駄になってしまうであろう。一方、話し手は、聞き手の注意を惹くつもりで発話している以上、話し手の能力と選択の範囲内で、できるかぎり関連性の高いものを目指すはずである。(22)で述べた「関連性」はまさにこの意味での「関連性」であって、「最適な関連性」(optimal relevance) と呼ばれる。「最適な関連性」という概念を用いて、Sperber & Wilson(1995^2: 270)は「最適な関連性の見込み」(Presumption of Optimal Relevance) という概念を次のように規定する。

(24) 〈最適な関連性の見込み〉
    a. 発話は、聞き手がそれを処理する労力に見合うだけの関連性をもつ。
    b. 発話は、話し手の能力と選択の範囲内で、もっとも高い関連性をもつ。

(24a)については説明を要さないであろう。(24b)から、「話し手側で可能なかぎり努力したと仮定すれば、同じ認知効果を達成できるより経済的な発話はほかには存在しないであろう」が出てくる。この「最適な関連性の見込み」を用いて、次のような関連性の伝達原理が規定できる。[20]

(25) 関連性の伝達原理（Communicative principle of relevance）：
　　　すべての意図明示的な伝達行為は、その行為自体の最適な関連性の見込みを自動的に伝えている。

(25)の言わんとしているところはこうである。話し手Aが情報意図を意図明示的な仕方で伝達しようとしているとき、Aがなしている行為は、「わた

くしの発話は最適な関連性をもっていますよ。つまり、わたくしの発話から、十分認知効果のある情報が、不必要な処理労力を払うことなしに得られますよ。ですから、わたくしの発話に耳を傾けなさい。」ということを聞き手Bに伝えることにほかならない。この原理こそ、関連性理論の中核を占めるものである。以下では、単に「関連性の原理」といえば、(25)を指すことにする。この原理は、Griceの格率とはかなり異質なものである点に注意すべきである。Griceの格率が、話し手への指令であり、遵守したり、違反したりしうる規則であったのにたいして、関連性の原理は、そのような規則ではなく、人間のコミュニケーションにまつわる普遍的事実の陳述なのである。[21] SperberとWilsonの主張は、発話解釈のあらゆる側面を説明するのに、(25)のような原理が必要であり、かつそれで十分である、というきわめて強力なものである。かれらによれば、発話解釈にあたって、聞き手は、受け取った発話をこの原理と合致しているはずだという想定のもとで解釈していくのである。

いうまでもなく、いかなる発話にたいしても、そこで用いられた文がもつ言語情報と両立する多様な解釈が可能である。しかし、具体的な発話状況のもとでは、これらすべての可能な解釈が同等に聞き手にとって接近可能なわけではない。聞き手は、ある解釈のもとで、もっとも少ない処理労力で十分認知効果のある情報が得られたならば、当の解釈こそ関連性の期待をもっともよく満たす解釈であるとして選択するのである。こうして、聞き手は、自分が最初に捉えた解釈をもって、発話の解釈であると仮定するのである。(25)のような原理は、聞き手に、単一の解釈だけを残すほど強力なのである。

4.「ぼくのパソコン」にたいする語用論的解釈

さて、「関連性の原理」という語用論上の原理をふまえた上で、本章2節で問題にした(15a)の例に戻ろう。たとえば教師と学生、太郎とのあいだの次の対話を考えよう。

(26) a. 教師：君はどうして今日、レポートを提出しないのかね。
    b. 太郎：すみません。実は、昨晩、ぼくのパソコンが壊れたのです。

(26b)の「ぼくのパソコン」にたいする自然な解釈は、いうまでもなく

《昨晚、太郎が使用していたパソコン》であろう。[22] 論理的に可能な解釈は他にいくらでもあるにもかかわらず、なぜあえてこの特定の解釈が選ばれるのであろうか。それは、(26b)が(26a)の問いにたいする応答として発話されたという特定のコンテクストが与えられているからである。つまり、「ぼくのパソコン」の正しい解釈を聞き手が把握できるかどうかは、直前の先行発話を含めた発話状況が鍵となるのである。

(26b)が正常な会話であるかぎり、太郎は、教師の質問に答えているはずである。(26b)の聞き手（＝教師）は、この発話を、今日、レポートを提出しなかった理由なり言い訳なりを述べているはずだと期待するし、また話し手（＝太郎）はそう期待されていることを十分認識して(26b)を発話しているはずである。さらに、教師も太郎も、最近の学生はパソコンでレポートを書くのがふつうであること、パソコンは、ほとんどの学生が使用していること、などの一般的知識を共有している。このようなコンテクストにおいて、(26b)の「ぼくのパソコン」を、《昨晩、太郎が使用していたパソコン》と解釈することはもっとも呼び出し可能性（accessibility）が高いといえる。いや、たんに呼び出し可能性が高いというだけではない。聞き手（＝教師）は、こう解釈することによって、レポートを提出しなかった理由は、昨晩パソコンが壊れていたためレポートが完成しなかったからであるというさらなる情報を得ることができるのである。つまり、この情報は、聞き手にとってそれなりの認知効果がある情報である。たとえば、聞き手（＝教師）は、「そういうことであるならば、太郎がレポートを提出できなかったことを容認しよう」「それにしても、パソコンというものは壊れやすいものだな」といったさらなる推論を構築するかもしれないからである。

このように見てくると、(26b)にたいしては、それ以外の解釈は考えられないことも明らかとなる。(26b)の「ぼくのパソコン」をたとえば、《太郎が販売しているパソコン》と解釈する可能性も論理的には否定できないが、そのばあい、(26b)の発話にたいするこの解釈が、太郎がレポートを提出しなかった理由を述べていると読むためには、聞き手の側でかなりの想像力を発揮しなければならないであろう。たとえば、太郎は苦学生で、きっとパソコン・ショップでアルバイトをしているのだろう、いや、ひょっとすると太郎はパソコンの訪問セールスをやっているのかもしれない。そして、その店では、自分が販売を担当するパソコンに万一故障があったばあいは、自分で修理しなければならないという規則があるのかもしれない。一般に、パソコンの修理はそう容易ではないし、時間がかかるはずだ。昨晩きっと太郎の販

売しているパソコンが故障し、その修理にさぞ手間取ったのであろう。だから、太郎はレポートを書く時間がとれなかったのだ…と。しかし、(26b)の「ぼくのパソコン」にたいしては、《太郎が使用していたパソコン》という、はるかに処理負担の少ない解釈をあてがうことによって、認知効果が十分得られている以上、あえて聞き手側で、発話処理負担を増すこのような解釈をあてがうことはおよそ正当化されるものではない。この意味で、(26b)の「ぼくのパソコン」は《話し手が使用していたパソコン》を表し、文全体を、《太郎が使用しているパソコンが壊れたから、レポートが完成せず、したがって提出できなかった》と読むことこそ、語用論的に容認可能な (pragmatically acceptable) 解釈であるといえよう。

　ここで注意すべきは、(26b)の「ぼくのパソコン」にたいする解釈は、たんに、コンテクスト情報が与えられれば、自動的に決定されるものではないということ、また、呼び出し可能性が高いというだけで、特定の解釈が得られるわけでもないということである。「ぼくのパソコン」にたいする解釈は、この名詞句を含む(26b)という発話全体を発話状況のなかでどう解釈するかという語用論的な問題として処理されるべきものなのである。つまり、(26b)という発話にたいする「関連性原理と合致する最初の解釈」が求められ、その過程で、これらの名詞句にたいする特定的な解釈、《昨日、太郎が使用していたパソコン》が得られるわけである。(15b)(15c)(18)(19)(20)の例についても同様である。

　上で、(15)(18)(19)(20)のような表現が意味的には曖昧でないにもかかわらず多様な解釈をもつこと（すなわち不明瞭な表現であること）、そして、具体的な状況のなかで特定の解釈をもつこと、その解釈の特定化に関しては「関連性の原理」という語用論上の原理が働いていること、などをみた。しかし、「NP_1 の NP_2」という言語形式が、つねに(15)(18)(19)(20)のような不明瞭な表現のタイプであり、語用論上の問題がかかわってくるかというと、かならずしもそうではない。「NP_1 の NP_2」という表現形式について、意味論レベルで扱われてしかるべき問題もまた存在するのである。実は、(15)(18)(19)(20)のケースは、「NP_1 の NP_2」という表現がもつ多様なタイプのひとつにすぎず、NP_1 と NP_2 の意味関係には、これとは異なるいくつかのタイプが存在するのである。次節では、「NP_1 の NP_2」がもつそのような多様な意味に焦点をあてて論じよう。

5.「NP₁ の NP₂」の多様な意味

日本語の「NP₁ の NP₂」という表現は、NP₁ と NP₂ の意味関係からいって、少なくとも次の五つの異なったタイプのものが存在するように思われる。[23]

(27)
- a. タイプ［A］：NP₁ と関係 R を有する NP₂
- b. タイプ［B］：NP₁ デアル NP₂
- c. タイプ［C］：時間領域 NP₁ における、NP₂ の指示対象の断片の固定
- d. タイプ［D］：非飽和名詞（句）NP₂ とパラメータの値 NP₁
- e. タイプ［E］：行為名詞句（句）NP₂ と項 NP₁

以下、それぞれについて説明しよう。

5.1. タイプ［A］：NP₁ と関係 R を有する NP₂

「NP₁ の NP₂」という表現の典型は、修飾語 NP₁ が、主要語 NP₂ の限定詞もしくは付加詞になっており、NP₁ と NP₂ のあいだに、〈前者が後者と関係 R を有する〉という意味をもつケースである。この種のケースをタイプ［A］としよう。本章4節で論じた(15)(18)(19)(20)がその典型例であるが、次例もこのタイプに属する。

(28) 洋子の首飾り
(29) 北海道の俳優
(30) 隣の部屋の音

このタイプの「NP₁ の NP₂」における「の」は、伝統的な国語学では「所有格や属格を表す格助詞」とか「連体助詞の「の」」と言われたものである。[24] もちろん、実際の意味は狭義の所有を表すわけではけっしてない。この種の表現においては、NP₂ にたいする NP₁ による限定の仕方は所有に限られるわけではないからである。本章2節および4節で「太郎のパソコン」について述べたように、その言語的意味は、あくまで〈NP₁ と関係 R を有する NP₂〉というものであり、スロット R の具体的な値はコンテクストの

なかで語用論的に補充されるべきものである。たとえば、(28)のもっとも自然な解釈は《洋子の所有している首飾り》であるかもしれないが、コンテクスト次第では《洋子が身につけている首飾り》《洋子が手にしている首飾り》《洋子の製作した首飾り》《洋子が買いたがっている首飾り》といった他の解釈も十分可能である。(29)は《北海道出身の俳優》の解釈がもっとも自然であるかもしれないが、コンテクスト次第では《北海道で活躍している俳優》《北海道の人々にもっとも愛されている俳優》という解釈もありうるであろう。ここから、伝統的な国語学では、連体助詞の「の」の意味を多義的として、その可能な意味を列挙したり分類したりすることが試みられた。[25] しかし、意味論と語用論を峻別する本書の立場からすれば、このような試みは無駄である。むしろ、タイプ［A］の「NP_1 の NP_2」における NP_2 にたいする NP_1 による限定の仕方の中身、いいかえれば、Rの値は、もとより意味論レベルで予測できることではなく、語用論の問題だからである。たしかに、(30)にたいしては《隣の部屋から生じる音》以外の解釈は考えにくいことも事実であるが、これもわれわれの世界にたいする信念や常識に影響された、たぶんに語用論的な読み込みの結果であるように思われる。[26] なお、(28)-(30)の統語構造は、(15a)「太郎のパソコン」にたいする構造(16)と本質的に同じであるとみなしてよいであろう。

さて、(28)-(30)の例をみるかぎり、これは、修飾語 NP_1 でもって、主要語 NP_2 の集合の部分集合を選択しているケースになっていることは事実である。たとえば、(28)の「洋子の」は、数ある首飾りのなかから特定のものを選び出すための限定を与えており、「洋子の首飾り」は「首飾り」の集合の真部分集合である。他の例もそうである。では、NP_1 が NP_2 にたいする限定詞の機能を果たすばあいは、つねに、NP_1 でもって、NP_2 の集合の部分集合を選択しているケースである、といえるであろうか。かならずしもそうはいえないのである。次の例をみよう。

(31) 隣の部屋のあの妙な音
(32) この会社の山田太郎
(33) 二階の彼女

このばあい、NP_2 が指示詞つきの名詞、固有名詞、人称代名詞であることから明らかなように、聞き手がその対象を同定できる「定指示の名詞句」でもある点に注意しよう。「あの妙な音」「山田太郎」「彼女」は、どの対象を指すか、誰を指すかが、修飾語 NP_1 とは独立に決定できるのである。この

ばあい、修飾語 NP_1 は、主要語 NP_2 の意味を限定しているのではない。つまり、NP_1 でもって、NP_2 の集合の部分集合を選択しているのではなくて、対象を独立に同定できる NP_2 にたいして、NP_1 は、いわば付随的な情報を与えているにすぎないのである。これは、連体修飾節でいえば、(2)の「フランス留学から帰ってきたあの若い助手」における「非制限的用法」に対応するものである。このことは、(34a)は、その下線部 NP_1 を取り除いた(34b)と文意はそれほど変わらないことからも明らかである。

(34) a. ぼくは、<u>隣の部屋の</u>あの妙な音が嫌でたまらない。
    b. ぼくは、あの妙な音が嫌でたまらない。

一般に、非制限的な修飾のばあいは、修飾表現を取り除いても文意は大きくは変わらないのである。[27] ここで、非制限的な関係節の統語構造が(7)のようなものであったことを思いおこそう。つまり、主要語は、それ自身独立した名詞句であって、関係節はその名詞句に付加された位置にあった。(31)(32)(33)のばあいも同様で、構造的には、NP_1 は、NP_2 の外にあるとみなすべきであろう。たとえば、(31)は、概略(35)のような構造を有していると思われる。(ここで、AP は形容動詞句を表すカテゴリー表示とする。)

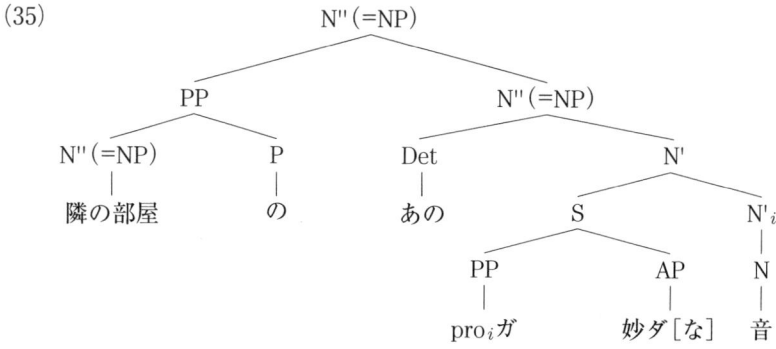

このように、(31)(32)(33)のような名詞句は、(28)-(30)のような名詞句と統語構造上大きな違いがあり、また意味論的にも非制限的と制限的の違いがあるにもかかわらず、いずれも〈NP_1 と関係 R を有する NP_2〉という言語的意味を有しており、R の値はコンテクストにおいて語用論的に補完されるという点で、(28)-(30)のケースと共通しており、タイプ[A]に属するとみなしてよいであろう。

もっとも、より正確に言えば、(32)のように主要語 NP_2 が固有名詞のばあいは、制限的意味と非制限的意味を合わせもち、言語表現レベルですでに曖昧なのである。(32)の NP_1 を非制限的ととった読みは、「山田太郎」ですでに了解されている人を指し、「この会社の」でもってそのひとについての付加的な情報を表している、というものである。そのばあい、(適切な語用論的解釈を課して)たとえば、《この会社の組合書記長である、例の山田太郎さん》という解釈が得られる。一方、(32)の NP_1 を制限的にとった読みは、「山田太郎」という同姓同名の複数の人物のなかから、この会社に関与している山田太郎を限定する、というものである。いずれの読みでも、〈山田太郎がこの会社と関係 R を有する〉という点は変らないし、その関係 R の具体的中身は語用論的に定まるという点も変らないのであり、その意味でタイプ［A］に属するのである。

5.2. タイプ［B］：NP_1 デアル NP_2

「NP_1 の NP_2」の修飾語 NP_1 が、主要語 NP_2 の付加詞になっているケースであっても、タイプ［A］と大きく異なったものがある。次の例を見よう。

(36) 　コレラ患者の大学生
(37) 　ピアニストの政治家
(38) 　北海道出身の俳優

これらは、いずれも、修飾語 NP_1 が、主要語 NP_2 の付加詞になっているという点ではタイプ［A］と共通しているが、NP_1 と NP_2 のあいだに、「NP_1 と関係 R を有する NP_2」という意味的緊張関係は成立していないという点でタイプ［A］と異なる。たとえば、(36)は、〈コレラ患者と関係 R をもつ大学生〉という意味ではない。そうではなくて、(36)は、〈コレラ患者という性質をもつ大学生〉、いいかえれば、〈コレラ患者であり、同時に大学生でもあるひと〉という意味を表しているのである。同様に、(37)(38)は、それぞれ〈ピアニストデアル政治家〉、〈北海道出身デアル俳優〉という意味である。その点、(38)は一見類似している(29)と大きく異なる。

(29) 　北海道の俳優

5.1節で述べたように、(29)のひとつの解釈は(38)と同じであるが、(29)に

はそれ以外に多様な解釈が可能である。それにたいして(38)には〈北海道出身デアル俳優〉以外の解釈は不可能なのである。結局、(36)-(38)の例において、NP_1とNP_2のあいだには、「NP_1が叙述的な意味を表し、NP_2がその叙述があてはまる対象である」という意味的緊張関係が成立しているのである。[28] いいかえれば、これらの例における「NP_1の」は、形は「名詞句＋ノ」であるが、構造的には「NP_1＋連体助詞ノ」ではなくて、「NP_1デアル」という叙述を伴う連体修飾節をなしているのである。つまり、この種の「NP_1の」は、(1)と同様、「関係節」としての連体修飾節であって、それぞれ、「xはコレラ患者である」「xはピアニストである」「xは北海道出身である」のような空所があり、主要語NP_2がその空所を埋めるという関係が成立しているのである。

(1) 太郎がぶった女性

したがって、(36)(37)(38)の修飾語を制限的関係節構造から派生すると考えることもあながち不適切ではないであろう。たとえば、(36)の統語構造のあるレベルには、(39a)のような構造ではなくて、(39b)のような構造を仮定すべきであろう。

(39) a.
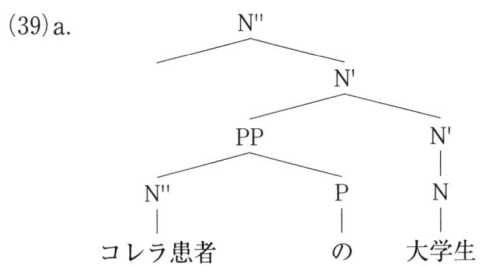

b.
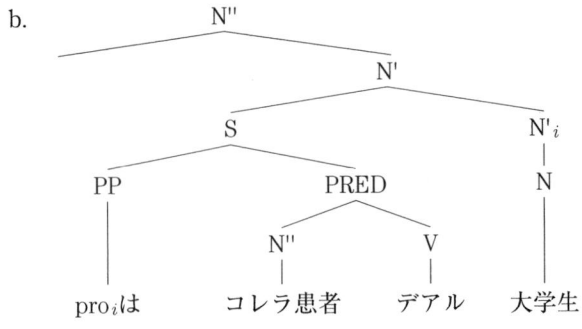

こう仮定することによって、(36)に内在すると思われる「大学生はコレラ患者デアル」という主語-述語関係が明確に捉えられるのである。いうまでもなく、(39b)は、表層構造(39a)へ変換されなければならず、その過程で、「デアル」が連体形「の」に変わるのであるが、その統語操作の詳細についてはここでは立ち入ることはできない

さて、タイプ[B]について注意すべきことは、これらの例におけるNP_1は、あくまで叙述を表すのであるから、タイプ[A]と異なり、コンテクストを参照してNP_1とNP_2の関係Rの中身を語用論的に特定化する必要はない、という点である。いいかえれば、(36)-(38)の「の」にたいするタイプ[B]の解釈に関しては、意味論的に完結しているのであって、これ以上語用論が侵入する余地はないのである。[29]

タイプ[B]におけるNP_1は、「NP_1デアル」という叙述的な意味をもつというわれわれの仮説が正しいのであるならば、NP_1の位置にくる名詞句は、叙述性をもつ名詞句（以下「叙述名詞句」と呼ぶ）とのみ共起することが当然予測される。事実、この予測は正しい。たとえば、指示詞つきの名詞、固有名詞、人称代名詞のような「定指示の名詞句」は通常、叙述性を欠く名詞句であるとされるが[30]、これらはいずれもタイプ[B]の「NP_1のNP_2」におけるNP_1の位置には登場しにくいのである。[31]

(40) ? この患者の大学生
(41) ? あいつの政治家
(42) ? 君の俳優
(43) ? 山田洋子の音楽家

これらを〈この患者デアル大学生〉〈あいつデアル政治家〉〈君デアル俳優〉〈山田洋子デアル音楽家〉と読むことは無理であろう。それにたいして、タイプ[A]の「NP_1のNP_2」におけるNP_1の位置にはこの種の「定指示の名詞句」は、自由に生じる。

(44) この患者の薬
(45) あいつの卒業論文
(46) 君のカサ
(47) 山田洋子の歌

逆に、意味的には形容詞に準ずる「重症の」のような名詞句は、本来的に叙述性を有しているので、「NP_1のNP_2」における「NP_1の」の位置に登場

したばあい、全体はタイプ［B］の解釈しか許さない。

(48) 重症の国王

(48)の「重症の」は、「重症デアル」という叙述的な意味であり、「重症の」と「国王」の関係に関しては、いかなるコンテクストが与えられてもこれ以外の解釈ができないのであって、語用論が侵入する余地はない。

ここで、タイプ［A］とタイプ［B］のNP₁の指示性・叙述性を比較するために次の例を見よう。

(49)a. 女性の運転手
b. 女性のカサ

(49a)はタイプ［A］の解釈も不可能ではないが、タイプ［B］の解釈が自然である。つまり、「女性」は「女性デアル」という叙述的な意味であり、「女性」の指示対象は問題にならない。そしてタイプ［B］の解釈に限定するかぎり、「女性の」と「運転手」との緊張関係に関しては、いかなるコンテクストが与えられてもこれ以外の解釈はありえない。一方、(49b)はタイプ［A］の解釈が自然であり、「女性」は指示的となる。(49b)全体は〈女性と関係Rを有するカサ〉の意味であるが、その語用論的解釈は《女性がさしているカサ》、《女性用のカサ》[32]、《女性が所有しているカサ》、《女性が一般に好むカサ》など多様であろう。(50)(51)の対も同様である。

(50)a. 長髪の少年
b. 長髪の魅力
(51)a. 被害者の老人
b. 被害者の車

(50a)の「長髪の」は、〈長髪デアル〉という叙述的な意味であり、全体はタイプ［B］の解釈しか許さない。一方、(50b)はタイプ［A］の解釈であり、「長髪」は指示的となる。(50b)にたいする自然な解釈は《長髪のもつ魅力》の意であるが、これは語用論的解釈を施した結果である。同様に(51a)の「被害者の」は、〈被害者デアル〉といった叙述的な意味であり、タイプ［B］に属する。一方、(51b)の「被害者の」は「指示的名詞＋連体助詞ノ」であって、全体はタイプ［A］に属する。(51b)にたいする自然な解釈は《被害者が事件のとき乗っていた車》の意であろうが、コンテクスト次第では、《被害者が所有している車》、あるいはきめて特殊なコンテクスト

のもとでは《被害者がデザインした車》の意すら可能であろう。

なお、タイプ［B］についても、主要語 NP_2 が指示詞つきの名詞、固有名詞、人称代名詞のような「定指示の名詞句」のばあいは、修飾語 NP_1 は非制限的であり、主要語 NP_2 の意味を限定しているとはいえない。[33]

(52) 運転手の田中君
(53) 病気の君

(52)を、「運転手」によってある個体を指し、〈その個体と田中君がある種の(語用論的に決定されるような)関係をもつ〉ということを述べていると読むのは自然ではない。そうではなくて、(52)は〈運転手デアル田中君〉という叙述的な規定をしていると読むべきであろう。英語であれば、*Mr. Tanaka, who is a driver* のような非制限的関係節を伴う構文で表現されるであろう。(53)も同様で〈病気デアル君〉という叙述的な規定をしているのである。[34] 結局、これらの例では、対象を独立に同定できる NP_2 にたいして、NP_1 は付随的な情報を与えているにすぎず、(2)の「非制限的用法」に対応する。

(2) フランス留学から帰ってきたあの若い助手

つまり、(52)の基底には(54a)のような構造があり、しかるべき操作を経て(54b)の構造になったと思われる。

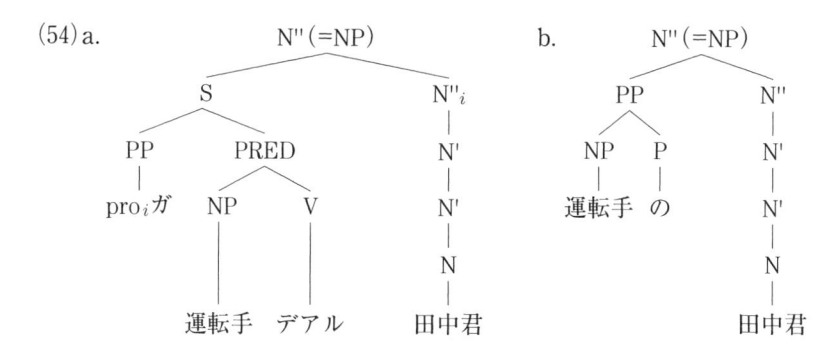

(54) a.
```
            N''(=NP)
           /        \
          S          N''_i
         / \          |
        PP  PRED      N'
        |   / \       |
     pro_i ガ NP  V    N'
              |   |    |
            運転手 デアル 田中君
```

b.
```
        N''(=NP)
       /        \
      PP         N''
     / \         |
    NP  P        N'
    |   |        |
   運転手 の       N'
                 |
                 N
                 |
                田中君
```

ここで、タイプ［A］とタイプ［B］の相違点をもうすこし見ておこう。[35]

まず、(55)はタイプ［A］であるが、修飾語 NP_1 に量化をかけて(56a)(56b)を構成することができる。[36]

(55)　学生の車
　(56) a.　学生全員の車
　　　b.　何人かの学生の車

ところが、タイプ［B］である(57)について、修飾語 NP_1 に量化をかけて(58a)(58b)を構成することはできない。

　(57)　女性の運転手（＝49a）
　(58) a. ? 女性全員の運転手
　　　b. ? 何人かの女性の運転手

(58a)(58b)は、少なくとも〈女性全員デアル運転手〉や〈何人かの女性デアル運転手〉の意味にはとれない。結局、「女性全員」や「何人かの女性」のような量化された表現は叙述性を欠くのである。
　次に、タイプ［A］では、(59)のように NP_1 を「AとB」という連言にすることが可能である。

　(59)　太郎と花子の車

(59)は、〈太郎と花子の二人に関係している車〉の意味（たとえば、《太郎と花子の二人が乗っている車》、《太郎と花子が共有している車》といった解釈を可能とする意味）である。ところが、タイプ［B］の NP_1 を「AとB」という連言にすることはできない。[37]

　(60)　［フランス文学者とピアニスト］の政治家

(60)を〈フランス文学者であり、しかもピアニストでもある政治家〉の意味にとることは無理であろう。この意味を表現するにはむしろ、(61)が適切であろう。

　(61)　［フランス文学者でピアニスト］の政治家

タイプ［B］における「の」のもつ叙述的意味は、古くは時枝(1950)が指摘する「指定の助動詞「だ」の連体形としての「の」」、近年では奥津(1978)が強調する「繋辞の「だ」の連体形としての「の」」の用法[38]にほかならない。たとえば、奥津(1978: 144)が挙げている(62)の例は、いずれもわれわれの言うタイプ［B］の「NP_1 の NP_2」である。[39]

　(62) a.　医者の叔父

b. 都立大学生のクラーク君
c. 今日、休みの先生

これに関連して、奥津(1978: 128)が挙げている次例を検討しよう。

(63) a. <u>中村さんがとてもよく御存知の</u>方
b. <u>雪舟が子供の</u>時
c. <u>英世が 3 才の</u>時

(63)はそれぞれ、「中村さんがとてもよく御存知デアル方」「雪舟が子供デアル時」「英世が 3 オデアル時」と言い替えでき、下線部はいずれも連体修飾節（関係節）である。ただし、(63a)は主要語 NP_2 が、連体修飾節における目的語の機能を果たしている点に特徴がある。また、(63b)(63c)は、主要語「時」が、連体修飾節「雪舟が子供である」「英世が 3 才である」における副詞の機能を果たし、連体修飾節全体が、関係副詞節の働きをしている点に特徴がある。それにたいして、われわれがタイプ［B］の例としてこれまで見てきた(36)(37)(38)(48)(49a)(50a)(51a)(52)(53)(61)(62)はいずれも、主要語 NP_2 が、NP_1 が構築する連体修飾節（関係節）における主語の機能を果たしていた点に注意しよう。もっとも、(63)は「NP_1 の NP_2」の形式を有していないので、これらをタイプ［B］の「NP_1 の NP_2」とみなすわけにはいかない。それにもかかわらず、(63)の主要語に先行する「の」も、タイプ［B］の「NP_1 の NP_2」の「の」も共に「デアル」(「だ」の連体形) であるといってさしつかえないであろう。

ところで、奥津(1978)には次のような記述がある。

(64) a. そこで私は原則として「ノ」を「ダ」の連体形と考えたい…。

(奥津 1978: 127)

b. 名詞＋ノ＋名詞という単純な連体構造において、すべての「ノ」がそうだとは言えまいが、原則として「ノ」は連体の助詞ではなく、「ダ」の連体形であり、主語その他が省かれた最も単純な「ダ」型文、名詞＋ダが後続する名詞を修飾する構造と考えられる。

(奥津 1978: 130)

c. 以上のようにして、名詞＋ノには、それに先行する主語その他の連用修飾語が顕在ないし潜在しており、それは名詞＋ノにかかっているとしか考えられないから、名詞＋ノは、実は名詞＋ダという「ダ」型文の述語であり、「ノ」は「ダ」の連体形と考えられ

るのである。　　　　　　　　　　　　　（奥津 1978: 130)

　ここで、奥津は、「すべての「ノ」がそうだとは言えまいが」という注釈を付しながらも、原則的には、「の」は「だ」の連体形であるとみなしているのである。筆者はこの見解に賛成できない。筆者の見解では、「だ」の連体形である「の」は、あくまでタイプ［B］あるいは、それに類する(63)のようなケースに限定されるべきであって、上で見たタイプ［A］の「の」も、すぐあとで見るタイプ［C］、タイプ［D］、タイプ［E］の「の」もいずれも「だ」の連体形とは無縁であると思われるからである。

　奥津(1978)は、「ぼくの車」「貫之の歌」「正宗の名刀」「名古屋大学のK教授」といった、筆者の立場からすれば明らかにタイプ［A］であると思われる「の」までをも「ダ」の連体形であると主張する。奥津がそう主張する根拠は、たとえば「ぼくの車」という表現は、「車はぼくが所有している」から次のように派生される、と考える点にある。

(65) a.　（アノ）車ハ　ボクガ　所有している ⟶
　　　　（アノ）車ハ　ボク　　　ダ
　　b.　　　　　　　ボク　　　ノ　　車　　　（奥津 1978: 153)

　この見解の背後にはいうまでもなく、奥津の「「ダ」による述語の代用説」がある。しかし、タイプ［A］に属する「ぼくの車」をタイプ［B］に属する(62a)「医者の叔父」から区別しないこのような分析は、悪しき一般化である。「ぼくの車」における「ぼく」は世界の対象（話し手）を指示する名詞句であって、叙述名詞句になりえず、したがって〈ぼくデアル車〉の意味になりえない。この表現は、〈ぼくとある種の関係Rをもつ車〉という意味であって、《ぼくが所有している車》はその語用論的な解釈のひとつである。[40] 一方、「医者の叔父」のばあいは、「医者」は世界の対象を指示する名詞ではなく、叙述名詞であって、〈医者デアル叔父〉という固定的な意味をもつ。そして、この表現にそれ以上の語用論的解釈を施す必要はないのである。上で、タイプ［A］とタイプ［B］との違いをいくつか指摘したが、両者のこの重要な区別を無視してしまう奥津の分析は問題である。また、奥津の分析の背後にある「「ダ」による述語の代用説」は、もしそれが正しいとするとまさにこのような誤った分析を帰結するということ自体からして、受け入れがたい仮説である、と言わざるをえない。さらに、奥津は、「A博士の指摘」のような、後述するタイプ［E］の「NP₁のNP₂」の「の」まで

をも「だ」の連体形であると主張するが[41]これも本質的に異なる「の」を同一視するという点で問題である。さらに、奥津は、後述するタイプ［C］、タイプ［D］の「NP₁のNP₂」を考慮していない。要するに、奥津(1978)は、タイプ［B］の「NP₁のNP₂」に注目するあまりに、「だ」の連体形という分析を質的に異なる他のタイプにまで拡張するという誤った一般化をおこなっているのである。[42]

　最後に、次のような数量詞を含む表現を比較してみよう。

(66) a.　3台の車
　　 b.　8人の学生
　　 c.　5本のびん
　　 d.　1リットルの酒
　　 e.　3匹の子豚
(67) a.　2000 cc の車
　　 b.　200キロの力士
　　 c.　8畳の部屋
　　 d.　1リットルのびん
　　 e.　300 m の東京タワー
　　 f.　10段の階段
　　 g.　26度の部屋

神尾(1977, 1983)、奥津(1983)によれば、数量詞には2種あり、(66)の数量詞は、主要語の表すものの数や量を表現しているのにたいして、(67)の数量詞は、主要語の表すもの自身の性質を述べている、とされる。たとえば、(67a)は、当の車は2000 cc のエンジンをもっているということを表している。また、(66c)のように、「びん」は「本」でかぞえるけれども、(67d)が示すように、「1リットル」はびんの容器としての属性を表すのである。一方、同じ「1リットル」でも(66d)の「1リットル」は酒の量を表すのである。神尾(1983: 89)は、この2種の数量詞は、異なる意味をもつばかりでなく、統語構造的にも区別できるとし、両者を合わせもつ(68)の構造は(69)のようなものである、と主張する。((69)におけるQPは数量詞を表すカテゴリー表示である。)

(68)　3台の2000 cc の車

(69)
```
              NP
            /    \
          QP     NP'
          |     /    \
         3台の QP      N
              |       |
            2000ccの   車
```

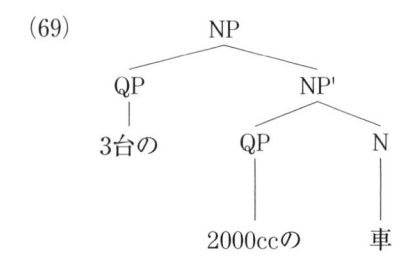

　ここでは奥津(1983)に従って、(66)に現れる数量詞を「数量Q」、(67)に現れる数量詞を「属性Q」と呼ぶことにしよう。(66)のような「数量Q＋の＋名詞」については、数量詞移動の問題とからんで、すでに多くの議論があるが、当面のわれわれの考察の対象外である。むしろわれわれのここでの関心事は、(67)のような「属性Q＋の＋名詞」の位置づけである。このタイプの名詞句は、われわれの言うタイプ［B］に属するのであろうか。

　たしかに、(67)の各表現は、神尾の指摘のとおり、主要語の表すものの性質を述べているように思われ、その点で、タイプ［B］に属する「修飾語＋の＋名詞」と類似していることは否定できない。ただ、(67)の属性Qが、通常のタイプ［B］におけるNP_1と相違する側面もないわけではない。上でも述べたように、(36)(37)(38)(48)(49a)(50a)(51a)(52)(53)(61)(62)のような標準的なタイプ［B］の例のばあい、各表現は「NP_1デアルNP_2」という言い替えが可能であり、修飾語NP_1は主要語NP_2のもつ属性を直接述べていたことを思い起こそう。その意味でNP_1はまさに叙述名詞句であった。では、(67)はどうであろうか。これらを、あえて「NP_1デアルNP_2」で言い替えた次の表現を見よう。

(70) a. ? 2000 cc デアル車
　　 b. ? 200 キロデアル力士
　　 c. ? 8 畳デアル部屋
　　 d. ? 1 リットルデアルびん
　　 e. ? 300 m デアル東京タワー
　　 f. ? 10 段デアル階段
　　 g. ? 26 度デアル部屋

　筆者の語感では、(70)の各表現は、やや容認可能性が落ちる。その上、(67)の修飾語NP_1は、「属性Q」と呼ばれてはいるものの、厳密には主要語NP_2のもつ属性を直接述べているのではない点に注意しよう。この点を明

確にするために(71)と(72)を比較しよう。

(71) a. その大学生はコレラ患者である。
b. その運転手は女性である。
c. その少年は長髪である。
d. 叔父は医者である
e. クラーク君は都立大学生である。

(72) a. その車は2000 cc である。
b. この力士は200キロである。
c. その部屋は8畳である
d. そのびんは1リットルである
e. 東京タワーは300 m である。
f. あの階段は10段である。
g. この部屋は26度である。

(71)の各表現は、タイプ［B］の表現と密接な関係がある。上で述べたように、タイプ［B］の「NP_1 の NP_2」は、NP_1 が NP_2 について叙述しており、それを明示的に表せば、「NP_2 は NP_1 である」という主語-述語関係になっている。したがって、たとえば、(71a)において主語「その大学生」の指示対象は、まさに述語「コレラ患者」の表す属性を有している。(71)の他の例も同様である。

では、(72)はどうであろうか。たしかに、(72)のような表現は、(71)より若干容認度は落ちるが、日常よく使用される文ではある。しかし、(72)の各表現において、主語は述語の表す属性を直接有していない点に注意しよう。たとえば、(72a)において、車自身は、2000 cc という性質をもつわけではない。それだからこそ、(70a)は奇妙なのである。「2000 cc」というのは、車のエンジンの排気量を示しているのであり、「排気量は2000 cc だ」となってはじめて車の性質を表すのである。つまり、われわれは、(72a)に接すれば、《その車は、排気量は/が 2000 cc だ》という解釈でこの文を読むのが普通であろう。しかし、そこには、車にはエンジンが備わっていること、その排気量でエンジンの大きさを表すこと、車にとってエンジンの大きさは重要な特性であること、といった語用論的知識が介在しており、その種の言語外的知識を駆使して読み込んでいるのである。つまり、日常、(72a)の文に接すると、この文の言語的意味以上の語用論的解釈をあてがっているのである。(72)の他の例も同様である。特定の力士が「200 キロ」という性質をも

つわけではないし、その部屋自体が「8畳」という性質をもつわけではない。また、びん自体が「1リットル」という性質をもつわけではない。そうではなくて、力士は体重が200キロであり、部屋は広さが8畳であり、びんは容積が1リットルなのである。同様に、東京タワー自体が「300 m」という性質をもつというのは奇妙である。たしかに(72e)は多くのコンテクストで、(73a)と解釈されるのが自然であろう。しかし、コンテクスト次第では、(72e)は、(73b)や(73c)と解釈される可能性も十分あるのである。

(73) a. 東京タワーは、高さは 300 m である。
　　 b. 東京タワーは、幅は 300 m である。
　　 c. 東京タワーは、バス停からの距離は 300 m である。

一般に、文法で規定できるような文の言語的意味とそれにたいする語用論的解釈とは明確に区別すべきである。(72e)自体の言語的意味は、(73a)(73b)(73c)といった特定の読みから中立的なものであり、厳密にはスロットRを含んだ(74)のような表示で規定されるべきものであろう。

(74) 〈東京タワーは、R は 300 m である〉

Rに具体的に何が入るかはコンテクストが与えられてはじめて決まるのである。したがって、(72e)は、文としては意味的に完結していない不完全な文である。それにもかかわらず、われわれは、(72e)のような文を解釈できるのは、しかるべきコンテクストのなかで語用論的に解釈した結果、Rに「高さ」「幅」「バス停からの距離」などを入れ、(73a)(73b)(73c)のような文の意味に相当するもの、つまり表意を読み込むことができるからにほかならない。なぜこれが可能かといえば、この読みがもっとも関連性の高い、認知効果のある解釈だからである。それは、いわゆるウナギ文(75a)を(75b)ととる解釈と類似しているかもしれない。

(75) a. ぼくは、ウナギだ。
　　 b. ぼくは、<u>注文料理</u>はウナギだ。

事実、筆者は、(72)のタイプの文をウナギ文の一種だと考えている。ウナギ文については第7章で詳しく論じるが、そのとき、(72)のタイプの文とウナギ文との関係についてあらためて検討することにしよう。

　ここでは、(72)は、(71)と性質が本質的に異なることを確認すれば十分である。(71)において、主語は述語の表す属性を直接有しているということが

文の意味のレベルで規定されているのであって、そこに語用論的な読み込みは一切関与していないのであった。それにたいして、(72)のタイプの文は文の意味レベルでは命題が定まらず語用論的な読み込みを必要とするのである。(67)における属性Qと主要語との関係も純粋に意味論だけでは定まらず、語用論的な読み込みが不可欠であるのも同じ理由である。したがって、「(67)における属性Qは、主要語の表すものの性質を述べている」とする神尾や奥津の主張はこのままでは正確ではなく、むしろ「(67)における属性Qは、主要語に帰す性質を把握するための手がかりを与えている」というべきであろう。そして主要語に帰す性質の把握は、意味論レベルでできることではなく、あくまで語用論的な操作によって可能となるのである。(67)の修飾語「属性Q」は、意味論レベルでは叙述名詞句ではないが、しかるべき語用論的な操作によって解釈された結果、実質的には叙述名詞句に相当する解釈が得られるのである。したがって、(67)における属性Qと主要語との関係をタイプ［B］の「NP_1 の NP_2」、もしくはそれに準ずるものとみなすことには問題がある。むしろ、コンテクストに照らして、スロットRの中身を補完する必要があるという点で、(67)の「NP_1 の NP_2」はタイプ［A］とみなすべきであろう。[43]

5．3．タイプ［C］：時間領域 NP_1 における、NP_2 の指示対象の断片の固定

　NP_1 と NP_2 との関係にたいする三番目の解釈は、NP_1 が特定の時間領域を表し、NP_2 の指示対象をその領域のなかで固定するケースである。たとえば、次の例がこのケースにあてはまる。

(76)　東京オリンピック当時の君
(77)　着物を着た時の洋子
(78)　大正末期の東京
(79)　仕事に没頭しているときのあいつ

　このばあい、NP_2 は指示詞つきの名詞、固有名詞、人称代名詞であることから明らかなように、聞き手がその対象を同定できる「定指示の名詞句」である。その点で、(76)-(79)は、タイプ［A］の(31)(32)(33)、タイプ［B］の(52)(53)と類似している。しかし、(31)(32)(33)や(52)(53)のばあい、NP_1 はあくまで NP_2 にたいして付随的な説明を与えるものであり、非

制限的な修飾語であったが、(76)-(79)のばあいは、NP₁はNP₂にたいしてある限定を与えているという意味ではむしろ制限的な修飾語なのである。このことは次例からもあきらかである。[44]

(80) a. 大正末期の東京では瓦葺きの家が多い。
　　 b. 東京では瓦葺きの家が多い。
(81) a. 着物を着た時の洋子は素敵だ。
　　 b. 洋子は素敵だ。

上で指摘したように、一般に、非制限的な修飾のばあいは、修飾節を取り除いても文意は大きくは変わらないはずであるが、(80a)と(80b)、(81a)と(81b)とでは文意が大きく変わるのである。

　この種の名詞句の特徴は、この限定の与え方の特殊性にある。(76)-(79)のばあい、NP₁が時間上の特定の位置を指示し、NP₂の指示対象の時間の流れのなかで、その時間上の位置を占めているかぎりの断片を切り取っているのである。たとえば、(76)のばあい、「君」で話者の目の前のひとを指し、そのひとの生涯のなかで「東京オリンピックが開催された時」という時間で切り取ったかぎりの断片を表そうとしている。(77)-(79)も同様である。したがって、(76)-(79)は、NP₁が、NP₂の集合のなかから部分集合を限定しているケースとも異なるし、また、NP₁がNP₂にたいして付随的な説明を与えているケースとも異なることは明らかであろう。

　なお、タイプ［C］に属するケースとしては、(82)のように、NP₁が空間領域を表すばあいもある。

(82)　飛行機操縦席の鈴木さん

しかし、(82)の意味するところは、結局、「飛行機操縦席にいる時の鈴木さん」であるから、タイプ［C］にたいする規定としては、やはり「NP₁は時間領域を指定する」で十分であろう。さらに、タイプ［C］に属するケースのなかには、(83)のように、かならずしもNP₂が「定指示の名詞句」でないばあいも存在する。

(83)　仕事に没頭している時の男性は魅力的よ。

もちろん(83)は「仕事に没頭している時」でもって「男性」の集合の部分集合を選択しているのではない。そうではなくて、男性一般についての陳述ではあるが、男性の生涯のなかで、「仕事に没頭している時」という時間で切

り取ったかぎりの断片を問題にしているのであり[45]、そのかぎりで(83)もタイプ［C］に含めてさしつかえないであろう。

5.4. タイプ［D］: 非飽和名詞（句）NP_2 とパラメータの値 NP_1

まず、次の例を見よう。

(84)　この芝居の主役
(85)　第14回ショパン・コンクールの優勝者
(86)　太郎の上司
(87)　この大学の創立者
(88)　『源氏物語』の作者
(89)　生成文法理論の研究者
(90)　自由民主党の幹部
(91)　洋子の相手
(92)　あの本の表紙

これらの名詞句における主要語 NP_2 の N、つまり「主役」「優勝者」「上司」「創立者」「作者」「研究者」「幹部」「相手」「表紙」はいずれもある特徴を有していることに注意しよう。たとえば「主役」をとりあげよう。あるひとについて、そのひとが主役であるかどうかは、どの芝居（や映画）を問題にしているかを定めないかぎり、なんともいえない。ある俳優が、ある芝居では主役であっても、別の芝居では端役であるかもしれないからである。また、「主役だけ集まれ、端役は来るな」という命令は、問題にしている芝居（や映画）がコンテクストから明らかでないかぎり、従うことのできない不条理な命令である。つまり、「主役」は、「Xの」というパラメータの値が定まらないかぎり、それ単独では外延（extension）を決めることができず、意味的に充足していない名詞なのである。(85)-(92)の主要語、「優勝者」「上司」「創立者」「作者」「研究者」「幹部」「相手」「表紙」も同様である。たとえば、ある男を指して、「あなたは相手ですか」と問うことは、「誰の相手か」の誰を固定しないかぎり意味をなさないであろう。西山(1990b)は、このようなタイプの名詞を「非飽和名詞」と呼んだ。非飽和名詞はかならず「Xの」というパラメータを要求し、パラメータの値が定まらないかぎり、意味として完結しないのである。

その点、「俳優」という語は「主役」と本質的に異なる。「俳優」の意味は

概略、〈芝居や映画で演技をすることを職業とするひと〉であり、あるひとについて、そのひとが俳優であるかどうかを問題にすることは原理的に可能である。また、「俳優だけ集まれ」と命令することは、(その種の命令に従うことが原理的に可能であるという意味で)適格な命令である。つまり、俳優の集合を問題にすることができるのである。したがって、「俳優」は、「主役」と異なり、それ単独で外延を決めることができ、意味的に充足しているといえる。西山(1990b)は、「俳優」のタイプの名詞を「飽和名詞」と呼んだ。飽和名詞は、パラメータが関与せず、それ自体で意味が充足しており、ある対象がその名詞の属性を満たすかどうかを自立的に定めることができるのである。[46]

　上で見たように、(84)における「主役」は非飽和名詞であって、修飾語「この芝居」は主要語「主役」のパラメータの値を表しており、全体は、〈この芝居で主役をつとめるひと〉というひとまとまりの意味を表す。注意すべきは、このばあい、「この芝居」は、「主役」の集合のなかから部分集合を選択するという機能を果たしているわけではないという点である。(そもそも、「主役」のような非飽和名詞について、その集合を問題にすることはできない。)非飽和名詞「主役」は、「芝居Xの」というパラメータの値を設定してはじめてその外延が定まるのである。したがって、修飾語「この芝居」が主要語「主役」のパラメータの値を指定することによって、充足したひとまとまりの意味が構築されるわけである。(85)−(92)の例も同様である。(84)−(92)に見られる「NP_1のNP_2」のような名詞句をここでは「タイプ[D]の名詞句」と呼ぶことにする。タイプ[D]においては、タイプ[A]、タイプ[B]と異なり、修飾語NP_1はNP_2にたいして、制限的とか非制限的と言うことがそもそも意味をなさないことにも注意しよう。また、タイプ[D]における「の」が奥津(1978)の言う「「だ」の連体形としての「の」の用法」と無縁であることはこれまた明らかであろう。

　「飽和名詞」と「非飽和名詞」という観点で考察すると、これまで見てきたタイプ[A]の例、(28)(29)(30)における主要語NP_2に登場した「首飾り」「俳優」「音」および、タイプ[B]の例、(36)(37)における主要語NP_2に登場した「大学生」「政治家」、さらにタイプ[C]の例、(77)(78)(79)における主要語NP_2に登場した「洋子」「東京」「あいつ」などはいずれも飽和名詞であることがわかる。たとえば、ある対象について、それが首飾りであるかどうかは、首飾りの定義さえ与えられれば、原理的に決めることができる。つまり、「首飾り」はパラメータを要求せず、それだけで充足

している名詞なのである。他の例も同様である。結局、タイプ［A］、タイプ［B］、タイプ［C］におけるNP_2とNP_1との関係は、非飽和名詞とそのパラメータという緊張関係ではないことがわかる。このような飽和名詞と非飽和名詞の違いを確認するために、次の二つの表現を考察しよう。

(38) 北海道出身の俳優
(84) この芝居の<u>主役</u>

(38)はタイプ［B］の例としてあげたものであり、「北海道出身」は「俳優」にたいして付加詞の関係にあり、意味的に前者が後者を限定している。そして、全体は、〈北海道出身デアル俳優〉という意味を表し、修飾語「北海道出身の」は、主要語「俳優」の集合のなかから部分集合を選択しているわけである。つまり、(38)において、「俳優」は職業を表す表現で飽和名詞であるので、これだけでその外延を規定できる。そして「北海道出身デアル」は、独立に定まっている「俳優」の外延をさらに限定するはたらきをするにすぎない。つまり、俳優の集合と北海道出身者の集合との共通部分集合をとり出す作業をしているわけである。その意味で、飽和名詞NP_2と修飾要素NP_1との関係は「外延同士の限定」であり、いわば「外的な結びつき」といえよう。

一方、(84)のばあいは、上で見たように、非飽和名詞「主役」は、「芝居Xの」というパラメータの値が設定されないかぎり、その外延は定まらないのであり、その意味で非飽和名詞「主役」と修飾要素「この芝居」との関係は「内的な結びつき」といえよう。

こんどは、タイプ［B］の(38)とタイプ［D］の(84)をコピュラ文の述語の位置に置いた次の例を比較しよう。

(93) 田中太郎は、北海道出身の俳優である。
(94) 田中太郎は、この芝居の主役である。

(93)は、田中太郎について、(ⅰ)「北海道出身者」(ⅱ)「俳優」という二つの属性を帰している。ところが、(94)は、田中太郎について、(ⅰ)「この芝居」(ⅱ)「主役」という二つの属性を帰しているのではなくて、「この芝居の主役」という単一の属性を帰しているのである。

意味が互いにきわめて類似している「作者」と「作家」という語の本質的な区別も同様にその飽和性・非飽和性の違いに求めることができると思われる。「作家」は職業を表す表現で、飽和名詞であるので、それだけでその外

延を規定できる。あるひとをつかまえて、「あなたは作家ですか」と問うことは可能である。一方、「作者」という語は、その外延を定めるためには、「どの作品」を問題にしているかを限定しないかぎり不可能である。あるひとをつかまえて、「あなたは作者ですか」と問うことは（話題になっている作品がコンテクストから明らかでないかぎり）不適切であろう。その意味で「作者」はパラメータの値の設定を要請する非飽和名詞である。

「作家」と「作者」のように意味的に類似の名詞でありながら、飽和名詞か、非飽和名詞かの点で区別されるような名詞句は、「建築家」と「建築者」、「設計家」と「設計者」、「看護婦・看護士」と「看護人」、「作曲家」と「作曲者」、「会社員」と「社員」のようにいくらでもある。もちろん、「優勝者」「委員長」「会長」「司会者」「上役」「創立者」「相手」のようにあきらかに非飽和名詞と思われるものであっても、対応する類義の飽和名詞を有さないものもある。また、「紳士」「机」「車」「病気」のように、対応する類義の非飽和名詞を有さない飽和名詞もある。因みに、「恋人」「友達」のような関係語や「妹」「母」「叔父」「息子」のような親族語は「Xの」というパラメータを要請するので、非飽和名詞に含めてよいであろう。さらに、「タイトル」「原因」「結果」「敵」「社員」も「Xの」というパラメータを要請するので、非飽和名詞というべきであろう。

こんどは、次の例を見よう。

(95) a. 甲：この芝居の主役は誰（＝どのひと）だ。
　　 b. 乙：田中太郎がこの芝居の主役だ。

第3章で詳しく論じるが、(95a)は、誰（＝どのひと）が「この芝居の主役」という条件を満たすひとであるかを尋ねているコピュラ文であり、「倒置指定文」と呼ばれるものである。それにたいする応答(95b)は、田中太郎がまさに「芝居の主役」という条件を満たすひとである、と述べており、「指定文」と呼ばれるものである。[47]ここで注意すべきは、(95)の「この芝居」を主題化して(96)のような文を構築したとしても実質的な意味は変わらない、という点である。

(96) a. 甲：この芝居は、主役は誰だ。
　　 b. 乙：この芝居は、田中太郎が主役だ。

(96b)のような構文は、「カキ料理は、広島が本場だ」で代表される「カキ料理構文」と呼ばれ、日本語学においてしばしば議論の対象となる興味深い

構文である。

こんどは、次の例を見よう。

(97) a. 甲：文学座の俳優は誰だ。
   b. 乙：田中太郎が文学座の俳優だ。

(97a)は、誰が「文学座の俳優」という条件を満たすひとであるかを尋ねている文で倒置指定文である。それにたいする応答(97b)は、田中太郎がまさに「文学座の俳優」という条件を満たすひとである、と述べており、指定文である。このように、(95)と(97)は形式上は平行していると思われるが、興味深いことに、(97)の「文学座」を主題化した(98)のような言い方は許されないのである。

(98) a. ?甲：文学座は、俳優は誰だ。
   b. ?乙：文学座は、田中太郎が俳優だ。

西山(1990b)は、(96)のように、(95)の「この芝居」を主題化しても基本的な意味が変わらないのは、「主役」と「この芝居」との関係が、非飽和名詞とそのパラメータの値という関係になっているばあいに限られることを指摘した。この点をめぐっては第6章で詳しく論じるが、非飽和名詞と飽和名詞という概念上の区別がカキ料理構文の成立条件をめぐる問題に貢献する可能性が高いのである。

さて、多くの名詞は飽和名詞と非飽和名詞のいずれかに解釈されると思われるが、両方の解釈を許す名詞も存在する。たとえば、「子供」という表現は〈大人にたいする子供〉の意味であれば飽和名詞であるが、〈親にたいする子〉の意味であれば非飽和名詞である。非飽和名詞の読みのばあい、あるひとについて、「あなたは子供ですか」と問うても、「xの子供」におけるxを固定しないかぎり答えることができないのである。「弁護士」も同様の点で曖昧である。次の例を見よう。

(99) 山田が、<u>この町の弁護士</u>だ。

(99)は下線部が曖昧であるため、文全体が曖昧となる。下線部についてのひとつの解釈は、「弁護士」をそれ自体で独立に外延を定めることができる飽和名詞ととり、「この町の」はその外延のなかから、ある特定の弁護士を限定するはたらきをしている、と読むものである。これは、(99)の下線部をタイプ［A］の名詞句とみなしたケースである。このばあい、(99)の言語的意

味は《この町と関係Rを有する弁護士は誰（＝どのひと）かといえば、それは山田だ》ということになるが、自然な解釈は、たとえば《この町在住の弁護士は誰かといえば、それは山田だ》という読みとなるであろう。

　下線部についてのもうひとつの解釈は、「弁護士」を弁護する対象をパラメータとして要求する非飽和名詞ととるものである。つまり、(99)の「弁護士」は、それだけで独立に外延を定めることができず、「この町の」が「弁護士」のパラメータの値を固定するはたらきをしている、と読むものである。これは、(99)の下線部をタイプ［D］の名詞句とみなしたケースである。このばあい、(99)にたいする解釈は、《（この町が訴訟をおこしていて）その町を弁護する顧問弁護士は、誰かといえば山田だ》という読みになるであろう。

　さて、飽和名詞と非飽和名詞の区別に関していくつか注意すべきことがある。第一にこの区別は、純粋に意味論的なものであり、文法（とくにレクシコン）のレベルで規定されているという点に注意しよう。つまり、「主役」「俳優」といった個々の語ごとに、それが飽和名詞かどうかが指定されていると考えられる。それは、ちょうど、「泳ぐ」「泣く」が自動詞であって、「食べる」「ぶつ」が他動詞であるという事実は日本語の文法のなかのレクシコンで規定されているのと同様である。したがって、ある名詞がコンテクスト次第で飽和名詞になったり非飽和名詞になったりするということは考えにくい。もちろん、上で述べたように、「子供」や「弁護士」のように飽和性に関して曖昧な語が存在し、これらについてはコンテクストによって曖昧性が解消されるが、そのことは飽和名詞・非飽和名詞の指定が文法（レクシコンのレベル）で規定されるという主張となんら矛盾しない。

　第一の点とも関係するが、第二に注意すべき点は、意味論的には非飽和名詞である表現であっても、そのパラメータの値がコンテクストから適切に補充されていると理解されれば、いわば飽和化された名詞句として解釈されうる、という点である。たとえば、「叔父」は意味論的には非飽和名詞である。このことは、コンテクストとは独立に決まっている意味論的事実である。つまり、「Xの叔父」のごとく、Xの値が埋まらないかぎり、この表現は意味的にも充足していないからである。したがって、「太郎の叔父」「わたくしの叔父」はタイプ［D］としてしか読むことができない。「Xの叔父」おけるパラメータXの値を「太郎」や「わたくし」が埋めているのである。

　本章5.2節で挙げた、奥津(1978)の例(62a)をもう一度見てみよう。

(62a)　医者の叔父

この表現にたいする奥津の読みは、(62a)をわれわれの言うタイプ［B］として考えているわけであった。ただ、注意すべきは、この読みでは、「Xの叔父」のパラメータXの値を暗黙のうちに適当に埋めて解釈している、という点である。たとえば、(62a)は、「医者である、わたくしの叔父」、「医者である、太郎の叔父」のようにコンテクストから適当に埋めて読んでいるのである。つまり、「叔父」は語用論的に飽和化されているのである。しかし、(62a)については、「Xの叔父」におけるパラメータXの値を「医者」が埋めているとする別の読みも可能である。これは、(62a)をタイプ［D］として読んでいるケースであり、医者で特定のひとを指し、「その医者の叔父にあたるひと」という解釈になる。同様に、

(100)　総理大臣の息子
(101)　勉強家の兄
(102)　天才の弟
(103)　看護婦の娘
(104)　大馬鹿の上司

などはいずれも、タイプ［B］と読むか、タイプ［D］と読むかで曖昧な名詞句である。

　飽和名詞と非飽和名詞の区別に関して第三に注意すべき点は、タイプ［D］の「NP_1のNP_2」において、NP_1は、NP_2のパラメータの値を表しているのであるが、個々のNP_2は、それが要求する可能なパラメータXにたいして意味的な制約を課しているという点である。たとえば、「主役」のばあいは、パラメータXに入りうるものは、芝居や映画の類いに限られており、「上司」のばあいは組織のなかの個人であり、「作者」のばあいは本や論文であり、「司会者」のばあいは会合であり、「表紙」のばあいは書物や冊子の類いである。したがって、その種の制約を破った次の表現は意味的に奇妙である。

(105)？太郎の主役
(106)？『恍惚の人』の上司
(107)？電車の作者
(108)？前置詞の司会者
(109)？素数の表紙

第四に注意すべき点は、非飽和名詞は、意味上、対応する動詞が存在するばあいが少なくない、という点である。「優勝者」「創立者」「作者」がそれぞれ「優勝する」「創立する」「執筆する」に対応し、これらがいずれも（目的）補語を要求する他動詞であることは、あきらかである。この（目的）補語がパラメータの値 NP_1 にいわば対応しているわけである。もっとも「主役」「上司」「社員」「恋人」「友達」「妹」「叔父」「横綱」「表紙」のように、動詞と直接の対応関係をもたない非飽和名詞もある点にも注意しよう。[48] この点、「非飽和名詞」は次節で述べる「行為名詞」から区別されるべきである。

5.5. タイプ［E］：行為名詞（句）NP_2 と項 NP_1

　「NP_1 の NP_2」の結びつきのなかには、修飾語 NP_1 が、主要語 NP_2 の補語（complement）になっているケースがある。次の例を見よう。

(110)　物理学の研究　　（←物理学を研究する）
(111)　この町の破壊　　（←この町を破壊する）
(112)　パスポートの紛失（←パスポートを紛失する）
(113)　軍隊の放棄　　　（←軍隊を放棄する）
(114)　夜間外出の禁止　（←夜間外出を禁止する）
(115)　助手の採用　　　（←助手を採用する）
(116)　この事件の調査　（←この事件を調査する）
(117)　被害者の救助　　（←被害者を救助する）
(118)　予算の削減　　　（←予算を削減する）

　これらの名詞句の主要語 NP_2 の N はいずれも漢語サ変動詞系名詞である。ここでは、この種の名詞を「行為名詞」と呼ぶことにする。(110)-(118)の名詞句が括弧のなかの動詞句と完全に平行的であることは明らかである。行為名詞は、「〜する」を付すことによって対応する動詞を構築することができる特殊な名詞であり、対応する動詞と同じ項構造をもつ。たとえば、(110)についていえば、「物理学」を「研究」の内的項（目的補語）とみなし、全体は、「物理学を研究すること」の意味である。他の例も同様である。このように行為名詞は動詞と名詞の両方の特性を有しているため、これを名詞とは別の品詞とみなす立場もあるが[49]、ここでは (110)-(118) を他のタイプの「NP_1 の NP_2」と比較するため、ひとまず「名詞」とみなしておく。このように、

NP₂ が行為名詞であり、したがって項構造をもち、NP₁ がその項を埋めているケースをタイプ［E］と呼ぶことにする。タイプ［E］のばあい、修飾語 NP₁ と主要語 NP₂ とのあいだの関係が不明瞭（vague）であることはない。たとえば、⑽でいえば、「物理学」と「研究」のあいだの関係は意味的に固定しており、これ以上語用論の入り込む余地はないのである。この点がタイプ［A］との大きな違いである。

次の例もやはり主要語 NP₂ が行為名詞であるが、NP₁ を NP₂ の外的項（主語）になっているという点で、NP₁ との項関係が⑽–⑱の例と異なる。

(119)　田中教授の指摘　　（←田中教授が指摘する）
(120)　ミニスカートの流行（←ミニスカートが流行する）
(121)　洋子の到着　　　　（←洋子が到着する）
(122)　貴乃花の引退　　　（←貴乃花が引退する）

そして、次例はやはり主要語 NP₂ が行為名詞であるが、NP₁ との項関係が二とおり可能であり、名詞句全体が曖昧となる。

(123)　英国の統治（←英国を統治する／英国が統治する）
(124)　母親の教育（←母親を教育する／母親が教育する）

(123)(124)のひとつの読みは、NP₁ を NP₂ の内的項（目的補語）とみなす読みであり、他は、NP₁ を NP₂ の外的項（主語）とみなす読みである。また、次例のように、内的項と外的項の両方が登場するばあいもありうる。

(125)　田中の物理学の研究　　（←田中が物理学を研究する）
(126)　米軍のバクダッドの破壊（←米軍がバクダッドを破壊する）

タイプ［E］における「NP₁ の NP₂」の結びつきは付加的関係ではない以上、タイプ［A］、タイプ［B］と異なり、修飾語 NP₁ は主要語 NP₂ にたいして、制限的とか非制限的と言うことが意味をなさないことに注意しよう。また、タイプ［E］における「の」が奥津(1978)の言う「「ダ」の連体形としてのノの用法」と無縁であることはこれまた明らかであろう。

ここで、タイプ［D］とタイプ［E］を比較しておこう。タイプ［D］の「NP₁ の NP₂」における主要語 NP₂ は非飽和名詞であったが、本章5.4節で指摘したように、非飽和名詞はしばしば意味上、対応する動詞が存在することがすくなくなかった。たとえば、タイプ［D］の(87)(88)(89)の主要語

「創立者」「作者」「研究者」がそれぞれ「x を創立する」「x を執筆する」「x を研究する」に対応し、これらはいずれも目的補語を要求する他動詞である。そしてこの目的補語が、非飽和名詞のパラメータの値 NP_1「この大学」『源氏物語』「生成文法理論」に対応しているわけである。そして、タイプ [D] においてもタイプ [E] においても、NP_2 が自立していないため、それ自体で集合を規定できず、したがって、NP_1 と NP_2 の関係が、NP_1 が NP_2 の集合を限定するという関係になっていないのである。ここから、タイプ [D] とタイプ [E] は類似の構造を有しており、両タイプを区別する必要はないのではないかと思われるかもしれない。

しかし、タイプ [D] とタイプ [E] のあいだにはいくつかの点で相違面もある。第一に、タイプ [E] の (110)‐(118) および (119)‐(126) のケースは、統語論的にいって、対応する動詞構造と完全に平行しており、この種の名詞句構造を項と動詞との関係であることは疑う余地がない。ところが、タイプ [D] の (84)‐(92) のばあいは、NP_1 と NP_2 の関係が真に項と動詞の関係になっているかどうか統語論的には明らかでない。つまり、タイプ [D] における NP_1 は NP_2 の項であるとする統語論的証拠はないのである。第二に、本章 5.4 節で指摘したように、あらゆる非飽和名詞に、対応する動詞が存在するわけではない。「主役」「上司」「恋人」「友達」「妹」「叔父」「横綱」「表紙」「タイトル」などに直接の対応関係をもつ動詞は存在しないのであった。となると、この種の非飽和名詞について、NP_1 と NP_2 の関係を、項と動詞の関係とみなすのは、かなり無理があるであろう。第三に、タイプ [E] の主要語である行為名詞について、それをあえて非飽和名詞とみなし、修飾語をそのパラメータとみなすことはそれ自体で問題である。次の例を考えよう。今、あるひとが、現在の日本経済が直面する問題について多くの学者によるいろいろなコメントが提示されている一覧表を見ていたとしよう。田中教授の弟子であるそのひとが、ある欄のコメントに注目して、思わず、(127) を発話したとしよう。

(127)　これが、田中教授の指摘だ。

(127) は、「田中教授が指摘したことは何かといえば、これだ」ということを述べており、第 3 章で論じる「指定コピュラ文」にほかならない。もし、「指摘」を非飽和名詞とみなし、修飾語「田中教授」をそのパラメータとみなすことができるならば、(96b) と同様、(128) のようなカキ料理構文ができるはずである。しかし、(127) の「田中教授」を主題化して文頭に出した文

(128)は許容できないのである。

(128) ？田中教授は、これが指摘だ。

つまり、(127)についてカキ料理構文が構築できないということは、「田中教授の指摘」という名詞句をタイプ［D］とみなして、〈パラメータ＋非飽和名詞〉ととるわけにはいかないことを証明している。以上の考察は、タイプ［E］の名詞句は、タイプ［D］の名詞句と共通面はあるものの、やはり別のタイプであることを裏づけている。

6.「物理学の学生」について

ここで、「物理学の学生」という表現について考えてみよう。Radford (1981: 97-99) および Radford (1988: 176-192) は、英語の(129a)と(129b)は統語構造が異なること、そしてその違いは(130)(131)のような樹形図で表示されることを論じている。

(129) a. a student with long hair
b. a student of physics

(130)
```
           N''
          /   \
        DET    N'
         |    /  \
         a   N'   P''
             |    |
             N   with long hair
             |
           student
```

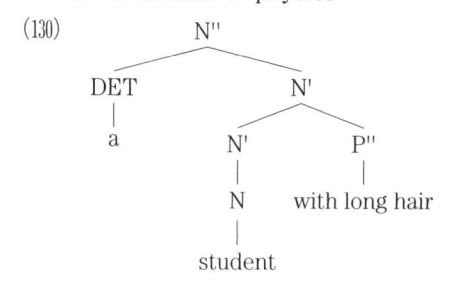

(131)
```
           N''
          /   \
        DET    N'
         |    /  \
         a   N    P''
             |    |
          student of physics
```

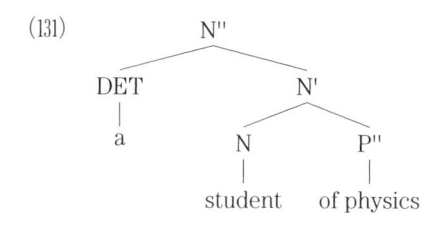

(130)において、修飾語 *with long hair* は主要語 *student* にたいして付加部 (adjunct) の位置を占めており、随意的要素でしかない。付加部は、主要語 N（*student*）と直接結合せず、もっとも低い名詞句成分 N' と結合して別の

N′ を構築する。一方、(131)において、修飾語 *of physics* は主要語 *student* にたいして内的項（目的補語）の位置を占めており、句構造上では主要語 N（*student*）と姉妹関係にあり、主要語と結合して名詞句成分 N′ を構築する。このように仮定することによって、(132a)の文法性と、(132b)の非文法性が説明できる、と Radford は主張する。[50]

(132) a.　a student of physics with long hair
　　　b.　*a student with long hair of physics

では、対応する日本語の(133a)と(133b)はどうであろうか。

(133) a.　長髪の学生
　　　b.　物理学の学生

日本語も英語と平行的だとみなして、それぞれ下記のような統語構造を仮定することは十分可能であろう。

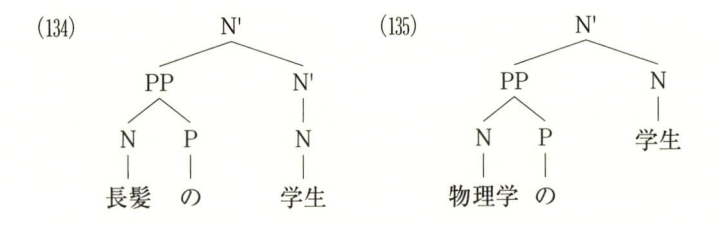

(134)
```
        N′
       /  \
      PP   N′
     / \   |
    N   P  N
    |   |  |
   長髪  の 学生
```

(135)
```
        N′
       /  \
      PP   N
     / \   |
    N   P  学生
    |   |
   物理学 の
```

(134)が示しているように、(133a)の修飾語「長髪の」は主要語「学生」にたいして付加部の位置を占めており、随意的要素でしかない。付加部は、主要語 N（「学生」）と直接結合せず、もっとも低い名詞句成分 N′ と結合して別の N′ を構築する。一方、(135)が示しているように、(133b)の修飾語「物理学の」は主要語「学生」にたいして内的項（目的補語）の位置を占めており、句構造上では主要語 N（「学生」）と姉妹関係にあり、主要語と結合して名詞句成分 N′ を構築する。[51]

日本語の「長髪の学生」についてのこのような分析は、本章5.2節で見た、「「長髪の少年」における「長髪の」は、「長髪デアル」という叙述的な意味であり、全体はタイプ［B］の解釈しか許さない」とするわれわれの観察と完全に両立する。タイプ［B］における NP_1 と NP_2 の関係は、付加詞と主要語の関係だからである。問題は、「物理学の学生」の方である。もし上の分析が正しければ、「物理学の学生」はどのタイプに属するといえるの

であろうか。上の分析では、NP$_1$とNP$_2$の関係は、補語と主要語の関係である以上、タイプ［A］、タイプ［B］、タイプ［C］ではないことを意味している。では、タイプ［D］であろうか。タイプ［D］のばあい、主要語は非飽和名詞であり、修飾語はそのパラメータという関係でなければならない。では、「学生」という名詞は非飽和名詞であろうか。あるひとが学生であるかどうかは、修飾語（その専攻分野や所属学校など）と独立に決定できるので、「学生」は飽和名詞である。また、次の例を見よう。

(136)　田中太郎が、物理学の学生だ。
(137)　*物理学は、田中太郎が学生だ。

(136)は指定コピュラ文であるが、この文の「物理学」を主題化してできた文（カキ料理構文）(137)は明らかに非文法的である。ということは、「物理学の学生」はタイプ［D］ではないことを示している。

「物理学の学生」にたいする残る選択は、タイプ［E］である。しかし、タイプ［E］の主要語NP$_2$のNは、漢語サ変動詞系名詞の「行為名詞」であった点に注意しよう。「学生する」という動詞は存在しないので、「学生」をこの種の「行為名詞」とみなすことには無理がある。では、「学生」は行為名詞ではないものの、「学ぶ」（あるいは「勉強する」）から派生した行為名詞に準ずる名詞とみなし、タイプ［E］の主要語には、この種の準行為名詞まで含める、と拡大解釈してはどうであろうか。事実、*a student of physics* において *of physics* が *student* の補語であるとみなす樹形図(131)は、まさに動詞句 *study physics* との統語論的・意味的平行性から導かれたものであった。そして、構造図(135)が示しているように、日本語でも名詞句「物理学の学生」と動詞句「物理学を学ぶ」（もしくは、「物理学を勉強する」）は統語論的に完全に平行していると仮定できそうである。ところが、この仮定には、次例のような反例がある。

(138)　ゲーデルの不完全性定理を学習する/勉強する。
(139) a.　ゲーデルの不完全性定理の学習/勉強
　　　b. ?ゲーデルの不完全性定理の学生

(138)の動詞句から派生した名詞表現として、(139a)は問題ないが、(139b)は奇妙である。(139a)は、もちろん、タイプ［E］に属する。もし「物理学の学生」と「物理学を学習する/勉強する」が完全に平行しているならば、(139b)も問題ない名詞句のはずである。しかし、(139b)は受け入れられないのであ

る。この事実は、「物理学の学生」と「物理学を学習する/勉強する」が完全に平行しているとする仮定は誤りであることを示している。

さらに、もし「物理学の学生」にたいする構造図が(135)であるとするならば、英語の(132)と同様、(140a)の文法性と、(140b)の非文法性を予測するはずである。

(140) a.　長髪の物理学の学生
　　　b.　物理学の長髪の学生

ところが、(140b)は、対応する英語(132b)と異なり、それほど非文法的とは思われないのである。その上、筆者の語感では、「物理学の学生」という表現は、「物理学を学ぶひと」や「物理学を勉強するひと」という解釈よりも「(大学などで)物理学科に属する学生」や「物理学を専攻している学生」という解釈の方がはるかに自然なのである。

実は、「物理学の学生」という表現はタイプ［A］に属するのではないかと思われる。つまり、この表現は意味的には、〈物理学と関係Rを有する学生〉というものでしかなく、それ以上のRの特定化は語用論によってなされるべきものなのである。そして、「学生」は大学などの組織に属している身分の名前であることから、Rにたいして語用論的な制約が課せられ、この表現は、今日使用されれば、《大学などで物理学科に属する学生》や《物理学を専攻している学生》といった解釈が生じるのである。このような筆者の見解は、(139b)がなぜ奇妙であるかをも説明する。現在の大学制度などの常識からして、「ゲーデルの不完全性定理の専攻科」なるものが存在しないからである。つまり、(139b)は、「ゲーデルの不完全性定理と関係Rを有する学生」という言語的意味は有していても、それ以上の特定化がしにくいところに問題がある表現であるように思われるのである。

もし以上のわれわれの議論が妥当であるならば、「物理学の学生」という表現についてはひとまず、次のことがいえるであろう。

(141) a.　「物理学の学生」はタイプ［A］に属する表現である。したがって、その意味は〈物理学と関係Rを有する学生〉というものあり、それ以上の特定的な解釈は語用論に委ねられてしかるべきである。
　　　b.　タイプ［A］における「NP_1とNP_2」の関係は、付加詞と主要語の関係である以上、「物理学の学生」にたいする構造図は、

(135)ではなく、むしろ(134)に近いものである。

c. *a student of physics* についての Radford 流の分析が正しいとするならば、英語の *a student of physics* と日本語の「物理学の学生」は統語構造の上でも、意味の上でも正確には対応するものではない。

もし(141a)が正しいとするならば、(142)(143)の奇妙さは意味論的なものではないことになる。

(142) ？物理学のピアニスト
(143) ？生成文法理論の俳優

つまり、これらの表現は、それぞれ、〈物理学と関係Rを有するピアニスト〉〈生成文法理論と関係Rを有する俳優〉という意味をもつが、これらの表現が不自然なのは、その関係Rの具体的な中身が想像しにくいこと、いいかえれば、これらの表現を認知効果のある（関連ある）発話とみたてるようなコンテクストになかなかアクセスしにくいからであって、(142)(143)が言語表現として文法的・意味的に不適格であるわけではないのである。[52]

7. 曖昧な名詞句

以上、われわれは、日本語の「NP₁ の NP₂」という表現は、NP₁ と NP₂ の意味的緊張関係からして、少なくとも［A］［B］［C］［D］［E］の五つのタイプに分けることができることを見た。注意すべきは、これらの解釈の違いは純粋に（意味論を含む）文法のレベルで押さえておくべき事実であるという点である。もちろん、通常、「NP₁ の NP₂」という形式の個々の表現がこれらすべての解釈をもつことは多くないが、複数の解釈を許容するケースは存在する。本章5.4節で見た(99)の「この町の弁護士」は、タイプ［A］と読むかタイプ［D］と読むかで曖昧なケースであった。同様に、(62a)および(100)-(104)の例はタイプ［B］と読むかタイプ［D］と読むかで曖昧なケースであった。さらに、次例もタイプ［B］と読むかタイプ［D］と読むかで曖昧な表現である。

(144) 女性の研究者

(144)を〈女性デアル研究者〉と読めばタイプ［B］であるが、〈女性を研究

しているひと〉と読めばタイプ［D］となる。
　次例は、タイプ［A］と読むかタイプ［B］と読むかで曖昧な表現である。

　　(145)　結核患者の看護婦

(145)を〈結核患者デアル看護婦〉と読めばタイプ［B］であるが、《結核患者を世話している看護婦》と読めばタイプ［A］のひとつの語用論的解釈となる。
　こんどは、［A］［C］［D］のタイプで曖昧に解釈される例を見ておこう。

　　(146)　あの時の横綱

(146)は、「あの時の」と「横綱」との関係からいって、三とおりに解釈できる。まず、「横綱」という名詞は「時点のパラメータ」を要求する非飽和名詞であることに注意しよう。ある力士、たとえば貴乃花について「彼は横綱ですか」と問うたとしても、「現在の」とか「8年前の」とか「15年前の」といった時点を固定しないかぎり答えることができないであろう。
　(146)にたいする第一の解釈は、「あの時の」を「横綱」の要求するパラメータを表示している、と読むものである。この読みは、

　　(147)　あの時、横綱の地位にあったひと

と言い替えできる。これはタイプ［D］の解釈にほかならない。
　(146)にたいする二番目の解釈は、「横綱」の要求する時点のパラメータがコンテクスト情報からすでに設定されている、とみなす読みである。たとえば、「横綱」は「現在の横綱」と実質的には同じで、いわば飽和化されているとみなすのである。そして、「あの時の」が複数の現在の横綱のなかから、ひとりを選択するための限定詞として働いていると読むのである。この読みのばあい、意味論的にはあくまで、「あの時とある種の関係をもった（現在の）横綱」でしかないが、しかるべきコンテクストが与えられれば、たとえば《昨年の夏、わたくしが溺れそうになっていたとき助けてくれた（現在の）横綱》とか、《先週のパーティーで出会った（現在の）横綱》といった語用論的解釈を得ることができるであろう。これは、タイプ［A］の読みである。
　(146)にたいする三番目の解釈は、「横綱」でもって、特定の個人、たとえば、貴乃花を指示し、人間、貴乃花の時間の流れ（つまり、貴乃花のこれま

での人生）の中から「あの時」で切りとられた断片を表す、と読むものである。これは、タイプ［C］の解釈である。このばあい、「横綱」の指示対象である人間、貴乃花が、「あの時」で指された時点で、たまたま横綱であってもかまわないが、かならずしもその必要はない。たとえば、2003年の元旦、新聞記者が、その時点での横綱である貴乃花関にインタビューをするなかで、「あの時」で「1991年の秋」を指して、(148)を口にしたとしよう。

(148) <u>あの時の横綱</u>は、まだ前頭二枚目でしたね。

(148)の下線部は、まさにタイプ［C］の解釈にほかならない。このばあい、(148)はなんら矛盾的ではない。

興味深いことに、(148)における「あの時の」は主要語から遊離させて、(149)のように副詞として用いても(148)と文意は変わらない。

(149) 横綱は、あの時、まだ前頭二枚目でしたね。

ここに［C］の解釈をもたらすNP_1の特殊性を見てとることができる。もし、(148)の下線部をタイプ［A］もしくはタイプ［D］の解釈で読むとするならば、明らかに矛盾的になる。

以上、本章で述べたことを整理すると以下のようになる。

(150) a. 「NP_1のNP_2」のような表現にたいしては実に多様な解釈が可能であるが、個々の解釈がそのままこの表現の言語的意味に対応しているわけではない。

　　 b. 具体的な発話状況（コンテクスト）のなかで、「NP_1のNP_2」にたいする解釈がいかにして特定化されるかは、(i)「NP_1のNP_2」自体の言語的意味、(ii)コンテクスト情報、の二つを基礎にしてはじめて説明できるが、その際、「関連性の原理」と呼ばれる語用論上の原則が不可欠である。

　　 c. 「NP_1のNP_2」という表現自体の言語的意味もけっして一様ではない。この表現におけるNP_1とNP_2のあいだの意味的緊張関係には、少なくとも五つの異なったタイプを区別する必要がある。

　　 d. (150c)におけるタイプ区別にあたって決定的に重要なのは、「NP_1のNP_2」における「NP_1の」が叙述性をもつかどうか、NP_2が飽和名詞であるかそれとも非飽和名詞であるか、さらには、NP_2が項構造を要求するか否かである。

e. (150c)で区別されるような異なったタイプの意味を有する「NP₁のNP₂」という表現が具体的な発話状況（コンテクスト）で使用されたとき個々の解釈を得るわけであるから、この種の表現の解釈の説明にあたっては、どこまでが言語的意味の側面であり、どこからが語用論的解釈の側面であるかを明確に区別することが肝要である。

f. 「NP₁のNP₂」という表現をめぐる従来の日本語研究のアプローチには、（ⅰ）この表現が曖昧であるとして膨大な数の意味を単に列挙し分類するだけのもの、（ⅱ）この表現を不明瞭とみなし、すべてを多様な用法の問題として処理する試み、（ⅲ）この表現のなかに一般性を見いだそうとするあまり、意味論的に区別すべきものまでをも同列に扱う試み、などがあったが、いずれのアプローチも、本書で筆者が強調する〈意味論と語用論を峻別する〉という視点が欠如していたものである、言わざるをえない。

註

1　日本語の関係節構文については、神尾(1983)、三原(1994)、三宅(1995)を参照されたい。

2　「外の関係」のなかには、(3)(4)とは若干異なった以下のような例も含まれる。
　（ⅰ）　消費税を廃止すべきであるという意見
　（ⅱ）　古新聞を回収する（という）仕事
　（ⅲ）　たばこを買ったおつり
（ⅰ）は、修飾節と主要語のあいだに「という」を必要とするものであり、（ⅱ）は、「という」の介在が随意であり、（ⅲ）は、主要語が「相対的な意味」をもつ名詞であり、主要語自体の内容ではなく、それと相対的な名詞の内容を説明するものである。「内容節」という術語でどのタイプのものを指すかをめぐっては議論の余地がある。これらの点について詳しい議論は、寺村(1993)、益岡(1994)を参照されたい。

3　たとえば、神尾(1983)、田窪(1994)、三宅(1995)などを参照。

4　ただし、厳密にいえば、文にたいしてSというカテゴリーを想定すること自体がXバー理論からすれば問題である。よく知られているように、屈折辞（Inflection、略してI）を主要部とする最大投射句（いわゆる句）をIPとおくならば、まさにIPというカテゴリーこそ文であると考える必要がある。しかし、ここでは、名詞句の内部構造が問題であり、文の内部構造を議論の対象としていないので、便宜上、文＝Sとして、(5)のような簡略的表示にしておいた。以下の句構造表示についても同様である。

　なお、(5)の図においてSの下に三角形で囲んだ部分は、その内部構造が当面の議論に関係しないために省略したものである。Detは「あの」「この」「例の」などの限定辞（determiner）を表すカテゴリー表示である。(5)は、基本的には、神尾

(1983)、三原(1994)、三宅(1995)の関係節分析と同一であるが、関係節を主要語 N の補部にある（つまり、N′ に直接支配され、かつ N と姉妹関係にある位置にある）とせず、N の付加詞の位置にある（すなわち、N′ に直接支配され、かつ N′ と姉妹関係にある位置にある）という点でかれらの見解と若干異なっている。関係節を主要語 N の付加詞とみなすことによって、たとえば、「太郎が結婚した［次郎の妹］」を「太郎が結婚した［N′ [[N 次郎］の［N 妹]]]」と分析でき、また「大統領が命じた［夜間外出の禁止］」を「大統領が命じた［N′ [[N 夜間外出］の［N 禁止]]]」と分析できると思われる。なお、(5)では、便宜上、関係節の節点を文 S としたが、関係節は、主文と異なり、主題の「は」が現れないなどいくつかの制約があるので、厳密には、関係節のカテゴリーを文 S と同一視すべきではない。三宅(1995: 60 の注)が指摘しているように、いわゆる文のカテゴリーを IP とするとき、関係節のカテゴリーはそれより小さい I′ であろう。しかし、その詳細は、本章の議論には影響しないのでここでは、便宜上、関係節の節点を文 S としておく。

5　これまで生成文法による日本語の関係節の分析では、英語の関係節の分析の影響もあって、「空演算子の移動」が仮定されることが少なくなかった。そのばあい、関係節内の空所は移動の後の「痕跡」(trace) とみなされていた。しかし、三原(1994: 219-223)が指摘しているように、空演算子分析には問題がある。ここでは、三原に従い、空演算子分析を採用せず、関係節内の空所をゼロ代名詞 pro と仮定する。

6　(7)において、AP は形容詞句を表すカテゴリー表示である。

7　(11)における PP は［NP+P］からなる成分を表し、P は「ガ」「ヲ」のような格助詞を表すカテゴリー表示とする。

8　もちろん、表層構造では、(11a)(11b)の S 節点や PP 節点は削除される。

9　この点の詳細については、神尾(1983)を参照されたい。

10　神尾(1983: 112-113)は、「静かな森」や「若い主任」のように関係節分析が適用できる名詞句の例と対比させて、「左の手」「あしたの予定」や「本の表紙」「一流会社のサラリーマン」のような関係節分析が適用できない名詞句「NP$_1$ の NP$_2$」に言及している。ただし、神尾は、「NP$_1$ の NP$_2$」のタイプにいかなるものがあるかについては議論していないし、どのタイプの「NP$_1$ の NP$_2$」について関係節分析が適用できないのかについても議論していない。その点で、奥津(1978)の第 3 章「「ウナギノボク」の文法」は、「NP$_1$ の NP$_2$」の構造と意味に注目した数少ない研究である。奥津(1978)の見解については本章 5.2 節で論じる。

11　本章では、言語的意味の中身を＜　＞で括って表すことにする。

12　同じ語用論操作といっても、意味補完 (saturation) は、自由拡充 (free enrichment) から区別される。自由拡充とは、たとえば、(i)の発話の意味を(ii)と解釈する際に用いられる操作をいう。

　　(i)　太郎は銃を手にして庭に出て、洋子を殺した。
　　(ii)　太郎は銃を手にして庭に出て、庭で、洋子を銃で撃って殺した。

意味補完は、言語表現によって要求されているスロットの値を、コンテクストを参照にして埋める語用論的操作のことである。これにたいして、自由拡充のほうは、話し手の意図した伝達内容をとらえるために、すでに真・偽を問題にできる命題の中身をさらに膨らませる作業である。(15)の各表現にたいする語用論的解釈が意味補完であ

って自由拡充ではない、という点は峯島宏次氏の示唆によるものである。なお、第7章の註13をも参照。

13 以下、本書では、とくに断わらないかぎり、「意味」でもって「表現自体のもつ言語的意味」を指す。一方「解釈」および「読み」は「発話における語用論的な解釈」を指すことを基本とするが、コンテクストから明白なばあいは「文のもつ読み」すなわち「文の意味」を指すばあいもある。

14 発話解釈は、その発話で使用された文のもつ言語的性質だけでは決定されるものではなく、語用論的に決定されるものであることは誰しも認めていることである。問題は、この「語用論的に決定される」ということの中身である。この中身について、Griceの枠組みでは、「会話推意」(conversational implicature) という限定された側面を説明する目的で協調の原則 (co-operative principle) と格率 (maxims) が仮定されていた。それにたいして、関連性理論では、「語用論的に決定される」あらゆる側面を統一的に説明すべく、後述の(25)のような関連性の原理を仮定する。この立場では、発話解釈には、(ⅰ)表意 (explicature) の確定、(ⅱ)高次表意 (higher-level explicature) の確定、(ⅲ)推意 (implicature) の確定、の三つの側面があるが、いずれも、関連性の原理に支配されている、とされる。これらの点について詳しくは、西山(1999a)、今井(2001)、東森&吉村(2003)を参照。

15 Wilson(1994)参照。

16 「意図明示的伝達行為」とは、話し手が相手になにかを知らせたいという情報的意図をもち、しかもその意図をもっていることを話し手・聞き手双方にとって顕在化させる伝達行為を言う。たとえば、ある政治家が自分がいかに冷静で理性的な人間であるかを相手に伝えようとしてある発話をしたばあい、その発話によって《自分がいかに冷静で理性的な人間であるか》を相手に知らせたいという情報的意図そのものは相手に伝わっては困るのである。このばあいの政治家の発話は、意図明示的伝達行為とはいえない。この点について詳しくは、Sperber & Wilson(1986, 1995^2)参照。

17 これは、「文脈効果」(contextual effect) と呼ばれることもある。

18 この新しい想定は、「文脈的含意」(contextual implication) と呼ばれる。

19 これは、「関連性の第一原理」とか「関連性の認知原理」と呼ばれている。

20 (25)は、意図明示的伝達行為についてのみ成立するものである。(25)は「関連性の第二原理」と呼ばれることもある。

21 ただし、この原理は、現実のあらゆる発話が、実際に最適な関連性をもつことをなんら保証するものではない。話し手は、自分の発話が最適な関連性をもつと間違って信じている可能性もある。しかし、そのばあいでも、話し手は最適な関連性を目指していたという事実は否定できない。

22 本章では、発話解釈の中身を《　》で括って表すことにする。

23 「3匹の子豚」「二台の自転車」のような「数量詞+の+名詞」や「あのひと」「例の教師」「ある種の賄賂」のような「限定辞+名詞」はここでの考慮の対象外とする。このようなケースを別にしても、日本語のあらゆる「NP_1のNP_2」という表現が(27)の5つのタイプで尽されているかどうかについてはなお検討の余地がある。

24 たとえば、時枝(1950: 183, 1978^2: 186-7)参照。

25 国立国語研究所(1951)『現代語の助詞・助動詞』は「の」がもつ20種の意味を分

類・列挙している。このなかには、タイプ［A］の多様な用法がいくつかの別項目としてランダムに立てられているばかりでなく、後述するタイプ［B］に属するもの（「20才の青年」「悪質のインフレ」「ご主人のテイラー軍曹」）や、タイプ［E］に属するもの（「A博士の指摘」「公共土木事業費の削減」）も20種のひとつの項目として立てられており、およそ統一的なものとはいいがたい。「の」の意味・用法をこのような仕方で分類・列挙するということは、「NP$_1$のNP$_2$」という表現の意味と語用論的解釈との重要な区別を看過することにほかならない。

26　この点は(18)(19)(20)の例でも見た。同様に、
　　（ⅰ）　その河の橋
　　（ⅱ）　中国のお茶
　　（ⅲ）　冬の天気
はいずれもタイプ［A］に属する表現である。もちろん、これらの表現にたいする自然な解釈は、それぞれ、「その河にかかっている橋」「中国産のお茶」「冬における天気」のように一義的に定まることも事実である。しかし、これも語用論的な強い理由からしてそのような解釈がもっとも自然であるというだけのことであって、この種の解釈をこれらの表現の言語的意味と同一視する必要はない。これらの表現は、意味論的には〈NP$_1$とある種の関係RをもつNP$_2$〉以上のものではない。
　　益岡(1994: 11)は、「NP$_1$のNP$_2$」における修飾表現NP$_1$はNP$_2$にたいして様々なタイプの限定が可能であるとして次の例を挙げている。
　　（ⅳ）　友人の話
　　（ⅴ）　幽霊の話
(ⅳ)は「友人が話す」というガ格の関係であり、(ⅴ)は「幽霊に関する話」という内容の限定である、と言う。しかし、いうまでもなく、(ⅳ)(ⅴ)については、益岡の読みはあくまで特定の語用論的解釈を施した結果であって、意味論的なものではない。(ⅳ)はコンテクスト次第では「友人についての話」と読むことができるし、(ⅴ)は「幽霊が語る話」とも読むことができる。というのも、(ⅳ)(ⅴ)は、いずれもタイプ［A］に属する名詞句だからである。したがって、益岡(1994: 11)の言う「様々なタイプの限定」には、意味論と語用論を明確に区別しないところから生じた混乱があるように思われる。

27　三宅(1995: 52-53)参照。

28　タイプ［B］の読みについては、峯島宏次氏との私的議論に負うところが多い。同氏に心から感謝する。

29　このことは、(36)(37)(38)におけるNP$_1$とNP$_2$の緊張関係についていえることであって、これらの名詞句全体がコンテクスト次第で語用論的にさらに特定化される可能性までをも否定するものではない。たとえば、(37)はしかるべきコンテクストでは、「ピアニストでもある、1940年当時のポーランドの政治家」という解釈が語用論的に与えられることもあるであろう。

30　ただし、固有名詞は叙述名詞になりうることに注意しよう。
　　（ⅰ）a.　甲：君は誰だ。
　　　　　b.　乙：わたくしは、田中洋子です。
　　（ⅰb)は第3章2節で論じる措定文である。（ⅰb)における「田中洋子」は指示的名

詞句ではない。むしろ「「田中洋子」という名前の持ち主」という属性を表している叙述名詞句とみなすべきであろう。一般に、固有名詞について論じている言語哲学者はこの事実を看過しているが、言語学者も固有名詞は指示的名詞句としてのみ使用されると考えている向きが多い。しかし、この考えは間違いである。第2章1.1節参照。

31　もちろん、(40)-(43)を容認可能とするコンテクストが考えられないわけではない。たとえば、(42)の「君の俳優」を《君が憧れている俳優》と解釈するコンテクストは容易に考えることができるであろう。ただしこの解釈は、〈君とある関係Rをもつ俳優〉という意味に基づいて語用論的解釈を施した結果であるので、タイプ［A］の読みなのである。ここで問題にし、不自然としている読みは(42)にたいするタイプ［B］の「君デアル俳優」の解釈である。

32　ただし、「女性用のカサ」という表現自体は〈女性用デアルカサ〉という意味であるから、タイプ［B］に属する。このことは、(49b)「女性のカサ」がタイプ［A］であることと矛盾しない。「女性のカサ」にたいする語用論的解釈のひとつが、たまたまタイプ［B］に属する表現で言い替えできるというだけのことである。

33　(ⅰ)の下線部を名詞とすれば、「おっちょこちょいデアル太郎」の意味であるから、(52)-(53)と同様、われわれの言うタイプ［B］の非制限的なケースとなる。

　　(ⅰ)　おっちょこちょいの太郎

それにたいして、もし(ⅰ)の「おっちょこちょいの」を形容動詞の連体形とみなせば、ここで問題にしている「NP₁のNP₂」とは別の表現だということになる。このことは、(ⅱ)をどう読むか、という問題にもつながる。

　　(ⅱ)　太郎は、おっちょこちょいだ。

(ⅱ)は第3章2節で詳述する措定文である。(ⅱ)の下線部を「名詞（叙述名詞）+だ」ととれば、「太郎は、おっちょこちょいであるような人間のカテゴリーに属する」という意味になる。一方、下線部を形容動詞ととれば、「太郎は、おっちょこちょいであるような性質を有している」という意味になる。両意味は、すくなくとも真理条件的には区別できないであろう。同様に、(ⅲ)の下線部も統語的には二とおりの解釈が可能である。

　　(ⅲ)　洋子は、馬鹿だ。

(ⅲ)の下線部を「名詞（叙述名詞）+だ」ととれば、「洋子は、馬鹿な人間のカテゴリーに属する」という意味になる。これは、英語の *Yoko is a fool.* に対応する。一方、下線部を形容動詞ととれば、「洋子は、馬鹿であるような性質を有している」という意味になる。これは、英語の *Yoko is foolish.* に対応する。両意味は、やはり真理条件的には等価である。この区別は、水谷(1951)が、同じ表現「頑張り屋」が副詞「とても」と共起した(ⅳ)では「属性」を表すが、連体修飾語「かなりの」と共起した(ⅴ)では「実体」を表すと主張するときの区別にほぼ対応する。

　　(ⅳ)　彼女はとても頑張り屋だ。
　　(ⅴ)　彼女はかなりの頑張り屋だ。

なお、この点については、加藤(1998)において詳しく論じられている。

34　「病気」という語は意味がやっかいであり、注意を要する。奥津(1978:120)は(ⅰ)の例をあげ、興味深い指摘をしている。

（ⅰ）　病気のコレラ

奥津によれば、（ⅰ）は曖昧で、ひとつは「病気の一種であるコレラ」の意味であり、他は「病気で寝ているコレラ（君）」の意味である、とされる。前者は「病気」を名詞と解釈し、それに「の」がついたケースであり、後者は、「病気の」を形容動詞の連体形とみなしたケースである、と言う。奥津は、この曖昧性は、（ⅱ）の文の曖昧性にも反映されている、と主張する。

（ⅱ）　コレラは病気だ。

今、（ⅱ）の下線部を「名詞＋だ」ととれば、「コレラは病気の一種である」という意味になる。一方、下線部を形容動詞ととれば、「コレラ君は、病気であるような状態にある」という意味になる。もし奥津のこの分析が正しいとするならば、（ⅰ）は、「病気の一種であるコレラ」の意味のばあいにかぎり、タイプ［Ｂ］の非制限的なケースにあたることになる。また、(53)は、修飾語「病気の」が「病気であるような状態にある」の意味でしかない以上、形容動詞であることになり、「NP_1 の NP_2」という形式をもつタイプ［Ｂ］とは無縁となる。

たしかに「病気の」や「病気だ」がもつ曖昧性は奥津の指摘するとおりである。しかし、周知のように「名詞＋だ」と形容動詞との区別は統語論的にはそれほど明確なものではない。もし奥津の主張するように、「病気の」に形容動詞の用法があり、（ⅱ）の下線部を形容動詞ととる読みが可能であるならば、「病気の」に副詞「とても」「大変」「かなり」を付けた（ⅲ）（ⅳ）の各表現は容認可能のはずである。（本章の註33の例（ⅳ）を参照されたい。）

（ⅲ）a.？とても病気のコレラ君
　　　b.？大変病気のコレラ君
　　　c.？かなり病気のコレラ君
（ⅳ）a.？コレラ君はとても病気だ。
　　　b.？コレラ君は大変病気だ。
　　　c.？コレラ君はかなり病気だ。

しかし、これらは容認可能とはいいがたい。むしろ逆に、「病気」に形容詞「重い」を付けた（ⅴ）（ⅵ）の各表現の方が容認可能であることに注意しよう。

（ⅴ）　重い病気の太郎君
（ⅵ）　太郎君は重い病気だ。

これらの事実は、「病気」は、「心身を害され苦しむ状態」を表す形容詞的な意味をもつばあいであっても、統語的には名詞に近い振る舞いをすることを示唆している。ただし（ⅶ）は、後述の(67)と同様、タイプ［Ｂ］ではなくタイプ［Ａ］とみなすべきである。

（ⅶ）　病原性大腸菌Ｏ157の太郎君

この点については、上林洋二氏と松尾洋氏との私的議論に負うところが多い。

35　以下の二点は峯島宏次氏の示唆による。
36　(56a)の「学生全員の車」は曖昧で、（ⅰ）と（ⅱ）の読みがあることに注意しよう。

（ⅰ）　学生全員で共有している車
（ⅱ）　学生がそれぞれ所有している車

（ⅰ）を「共通読み」、（ⅱ）を「分配読み」と呼ぶとする。語用論的理由で、（ⅰ）の方

がやや自然であるかもしれないが、(iii)のようなコンテクストにいれると、(ii)の読みも出てくる。
　　(iii)　警察は、学生全員の車を調査した。
　　(iv)　学生全員の車が検問に引っ掛かった。
(56b)についても同様の曖昧性がある。[(56a)(56b)の曖昧性を筆者に指摘してくれたのは峯島宏次氏である。]このような曖昧性にもかかわらず、(56a)(56b)が、タイプ［A］の「NP_1のNP_2」であることには変わらない。

37　興味深いことに、タイプ［B］のNP_1を「AかB」という選言にすることはできる。
　　(i)　［修道女か看護婦］の学生
　　(ii)　［医者か弁護士］の田中氏
この点は、峯島宏次氏の指摘に負う。

38　繋辞（コピュラ）の「だ」は、日本語の伝統文法では「判定詞」（渡辺文法）、「存在詞」（山田文法）、「準詞」（三上文法）と呼ばれることもある。

39　(62)については、それぞれ、
　　(i)　叔父は医者である。
　　(ii)　クラーク君は都立大学生である。
　　(iii)　今日、先生は休みである。
のような措定文を構築できる。これは、(62)の各表現において、主要語NP_2が、NP_1によって叙述される主語の機能を果たしている以上、当然である。措定文については第3章2節で詳しく論ずる。なお、(62a)には後述のタイプ［D］の読みもある。

40　「ぼくの車」という表現にたいする意味が〈ぼくとある種の関係Rをもつ車〉であり、その語用論的な解釈のひとつが《ぼくが所有している車》であるからといって、「ぼくの車」の「ぼくの」が連体修飾節だ、ということにはならない点に注意すべきである。

41　奥津(1978: 160-161)。

42　奥津(1978: 118)は、(i)(ii)の意味に区別に関して興味深い議論を展開している。
　　(i)　ばかな娘
　　(ii)　ばかの娘
奥津によれば、(i)は「娘がばかデアル」ことを示すが、(ii)は「ばかな親の娘」の意味になる、という。そして、この違いは、(i)の「ばかな」は形容動詞であって、(ii)の「ばかの」が「名詞＋の」であることに求めるべきだ、と論じる。(i)の「ばかな」が形容動詞であって、(ii)の「ばかの」が「名詞＋の」であることは良いとしても、筆者の見解では、(ii)はそれ自身曖昧で、(iii)と(iv)の意味があると思われる。
　　(iii)　ばかデアル娘
　　(iv)　ばか者の娘
(iii)は、タイプ［B］の読みであり、(iv)は後述するタイプ［D］の読みである。((iv)の読みでは、NP_2「娘」は非飽和名詞とみなされており、NP_1「ばか者」はそのパラメータを固定しているのである。)(ii)について、(iii)の読みが可能であることは、次例からも明らかであろう。
　　(v)　あの大馬鹿の田中洋子がまた、こんなことをしでかした。

(ⅴ)の下線部は、〈あの、大馬鹿デアル田中洋子〉の読みしか考えられないであろう。

43 この点については、峯島宏次氏との私的議論に負うところが多い。第7章の註15を参照。

44 (76)(77)を主語にした措定文(ⅰ)(ⅱ)は、NP_1の部分を副詞句にして(ⅲ)(ⅳ)のように言い替えることができる点に注意すべきである。
　（ⅰ）東京オリンピック当時の君は痩せていたね。
　（ⅱ）着物を来た時の洋子は素敵だ。
　（ⅲ）東京オリンピック当時、君は痩せていたね。
　（ⅳ）着物を来た時、洋子は素敵だ。
タイプ［A］、タイプ［B］の「NP_1のNP_2」ではこの種の言い替えは不可能である。

45 (83)は、NP_1の部分を副詞句にして(ⅰ)のように言い替えることができる点も、(83)が［C］タイプに属していることを裏づけている。（本章の註44を参照）
　（ⅰ）男性は、仕事に没頭している時、魅力的よ。

46 筆者は、西山(1990b)では、飽和と非飽和の区別を、名詞という語のレベルおよび名詞句という句レベル両方の問題だとみなしていた。しかし、三宅(2000: 87)は、「飽和/非飽和」の区別はあくまで語彙意味論レベルの問題であると考えるべきである、という議論を展開した。本書では、三宅に従い、大部分の名詞は、基本的に、辞書記述において、飽和名詞か非飽和名詞かの分類がなされるべきであるとひとまず仮定しておこう。したがって、タイプ［D］の主要語を'NP'と表記するのは厳密にいえばミスリーディングであるが、「NP_1のNP_2」の多様な意味を比較する観点から、ここでは便宜上主要語を'N'ではなく'NP'のままにしておく。なお、あらゆる名詞が飽和名詞か非飽和名詞かのいずれかに分類されるべきであると筆者が主張しているのではないことに注意すべきである。飽和名詞でも非飽和名詞でもない名詞が存在する可能性は十分ある点を強調しておく。さらに、ここでは立ち入ることはできないが、「飽和/非飽和」の区別を名詞句レベルにまで投射することが本当にできないかどうかは慎重に検討する必要がある。

47 倒置指定文、指定文については第2章で簡単に触れ、第3章で詳述する。

48 もっとも、「主役」は「Xを演じる」という動詞、「上司」は「Xの上の職位にあってXをコントロールする」といった動詞とそれぞれある種の意味関係をもち、〈一種の補語を要求する名詞〉であるといえるかもしれないが、非飽和名詞と動詞との対応関係はかなり間接的になる。

49 たとえば影山(1993)を参照。三宅(2000)は、ここで言う「行為名詞」を「動名詞」と呼び、純粋の名詞から区別している。

50 Radford(1981: 98)によれば、以下のデータも、(129a)(129b)にたいする統語構造として(130)(131)が正しいことを証明する、とされる。
　（ⅰ）I like this student with short hair better than that one with short hair.
　（ⅱ）*I like this student of chemistry better than that one of physics.
one は N' の代用形であるとする独立の証拠があるので、このデータは、*a student with long hair* における *student* は N' であるのにたいして、*a student of physics* における *student* は N であることを裏づける、とされる。

51 西山(1993a)では、「物理学の学生」についてこのような分析を採用していた。
52 (i)にたいするもっとも自然な解釈は、(ii)であろう。
  (i)　推理小説の作家
  (ii)　推理小説というジャンルを専門に執筆する作家
ところが、「作家」は、飽和名詞である。では、このばあい、「推理小説を執筆する」という動詞句からの類推で、(i)におけるNP$_1$「推理小説」は、NP$_2$「作家」の目的補語であるとみなすべきであろうか。この立場にたてば、飽和名詞であっても補語をとることができると考えざるをえない。なるほど、そのような考えも論理的には可能かもしれないが、かならずしもそう考えなければならないわけではない。筆者の見解では、(i)は「物理学の学生」と同様、あくまでタイプ[A]に属する表現であると思われる。したがって、その意味は
  (iii)　推理小説とある種の関係Rをもつ作家
というものであり、(ii)は(iii)を基礎にして得られた語用論的にもっとも自然な解釈を言い換えたものにほかならない。事実、コンテクスト次第では、(i)を
  (iv)　推理小説に登場する作家
と解釈することも不可能ではないのである。(この点は、小町将之氏の指摘に負う。)
　同様に、(v)にたいする自然な解釈は、(vi)であろう。
  (v)　山田のフジタの洋子の絵
  (vi)　山田が所有している(運んでいる/販売している/…)、洋子をモデルにしてフジタが描いた絵
「絵」は、「描写」のような行為名詞と意味的に近いとはいえ、やはり飽和名詞である。そして、「xの絵」は(「xの」がいくつ重なっても)タイプ[A]であろう。つまり、「xの絵」の言語的意味は「xとある種の関係Rをもつ絵」以上のものではなく、それ以上の特定化は語用論の問題である。したがって、厳密にいえば、(v)の言語的意味は(vii)以上のものではなかろう。
  (vii)　山田と関係R$_1$をもつ絵で、フジタと関係R$_2$をもつ絵で、しかも洋子と関係R$_3$をもつ絵
いうまでもなく、多くの絵は、写実的であることから、絵のモデルは何かがなによりも関心事になるし、描き手は誰かも重要な情報となるであろう。そして、その種の重要な情報は主要語に近い位置に登場する傾向がある。したがって、(v)にたいする語用論的解釈のひとつは、(vi)のようなものであるかもしれないが、(vi)でなければならない必然性はもちろんない。コンテクストから理解されるかぎりは、「絵」にたいする複数個の「xの」の修飾の順序はかなり柔軟である。したがって、
  (viii)　ミケランジェロのウッフィーツィ美術館の絵
  (ix)　受胎告知のフラ・アンジェリコの絵
をそれぞれ《ウッフィーツィ美術館所蔵の、ミケランジェロが描いた絵》《フラ・アンジェリコが受胎告知を描いた絵》と解釈することは十分可能であろう。同様に、
  (x)　山田のプラトンの論文
における二つの「の」はいずれもタイプ[A]とみなすべきであろう。

第 2 章

指示的名詞句と非指示的名詞句

　前章では、日本語の名詞句のうち、とくに「NP_1 の NP_2」という表現を中心に、この表現自体がもつ意味特性と語用論的解釈について論じた。本章では、文中に登場する名詞句の意味機能に焦点をあてて論じる。文中での名詞句の意味機能としてもっとも注意すべきものは、「世界のなかのなんらかの対象を指示する（refer to）という機能」であろう。しかし、文中のすべての名詞句がこの機能をもつわけではない。文に登場する名詞句のなかには、対象を指示する機能をもつものもあれば、そのような機能を一切もたないものもある。ここでは、前者を「指示的名詞句」、後者を「非指示的名詞句」と呼ぶことにしよう。[1]

　ここでまず注意すべきことは、ある名詞句が指示的であるかどうかは、あくまで文中の名詞句が述語との関係で果たす意味機能として問題になることであって、文から独立に名詞や名詞句それ自体が有している性質ではない、という点である。したがって、「看護婦」「自転車」「太郎の電車」「労働組合の幹部」「洋子の好きな作曲家」のような名詞や名詞句自体が文のなかで登場する位置とは独立に、指示的か否かと問うことは元来意味をなさないのである。たとえば、次の各文に登場した「洋子の好きな作曲家」は、いずれも世界のなかの個体を指すという意味で指示的である。

（1）　洋子の好きな作曲家は病気だ。
（2）　太郎は、洋子の好きな作曲家に手紙を書いた。
（3）　洋子の好きな作曲家が昨晩死んだ。
（4）　太郎は次郎に、洋子の好きな作曲家を紹介した。

一方、後述するように、同じ名詞句「洋子の好きな作曲家」が次のような文に登場したばあいは、いずれも非指示的であるとみなされるのである。

　（5）　あの人は、<u>洋子の好きな作曲家</u>だ。
　（6）　<u>洋子の好きな作曲家</u>はあの人だ。
　（7）　<u>洋子の好きな作曲家</u>がショパンからバッハに変わった。
　（8）　太郎は次郎に、<u>洋子の好きな作曲家</u>を教えた。

　このように、同一の名詞句が述語との関係によって指示的になったり非指示的になったりするのであるから、「指示的名詞句」「非指示的名詞句」というカテゴリーは、特定の名詞句自体に内在する性質ではないことがわかる。
　第二に注意すべき点は「指示的名詞句」「非指示的名詞句」というカテゴリーは文中の名詞句の意味機能として決まるものである以上、語用論上の概念ではなく、あくまで意味論上の概念であるという点である。もちろん、本章4節で見るように、ある文の名詞句が「指示的名詞句」とも「非指示的名詞句」ともとることができる曖昧なケースは多く存在する。そのような曖昧性は、その文が使用される具体的なコンテクストのなかで語用論的に解消されるのがふつうであろう。しかし、このことは、「指示的名詞句」「非指示的名詞句」の区別が意味論上のものであるということとなんら矛盾しない。それは、意味的に曖昧な表現が与えられ、それがあるコンテクストのなかで使用されたときその曖昧性が語用論的に解消されるからといって、「表現の曖昧性」なる概念が意味論上の概念であることを否定することにならないのと同じである。
　第三に注意すべき点は、文中のある名詞句が指示的であるかどうかという問題と、ある指示的名詞句の指示対象はいかにして決定されるのかという問題とはまったく別であるという点である。前者の問題は純粋に意味論の問題であるが、後者の問題は、文が使用されたコンテクストのなかではじめて解決される問題であるので、語用論の問題なのである。
　第四に注意すべき点は、文中のある名詞句が指示的であるということは、その名詞句の指示対象が存在するということを保証するものではないという点である。文中の名詞句が指示的であるか否かは言葉の意味の問題であるが、指示対象が存在するかどうかは世界の事実の問題なのである。
　以上の点を念頭においた上で、まず1節で指示的名詞句を、2節で非指示的名詞句を論じ、ついで指示性に関して曖昧な文を考察することにする。

1. 指示的名詞句

1．1．名詞句の指示対象

次の文における下線部が世界のなかの対象を指示しようとするものであることは明らかであろう。

(9) a. <u>あの女</u>は来なかったようだ。
　　b. <u>ここ</u>は、危ないよ。
　　c. <u>昨夜</u>の風は強かった。
　　d. 悪いのは<u>君</u>だ
　　e. <u>彼女</u>は元気がないね。

たとえば、(9a)は、「あの女」である人物を指し、その人物について「来なかったようだ」というコメントをしている。その意味でこの主語名詞句は指示的である。他の例も同様で、それぞれ、下線部が世界のなかの対象（個体）を指示しており、いずれも指示的名詞句である。もっとも、(9a)-(9e)の形態上のタイプは一様ではない。(9a)の「あの女」は〈指示詞形態素「あ」+の+名詞句〉であり、(9b)の「ここ」は指示詞 (demonstratives) である。(9c)の「昨夜」は発話日の前日の夜を指示する表現である。これらはいずれも、話し手の発話状況を座標軸にして対象を指し示す表現であり、「（発話行為依存的な）直示表現」(deictic expression) と呼ばれる。この種の表現は、発話状況が固定されないかぎり、指示対象を固定できないのである。(9d)(9e)の「君」「彼女」は人称代名詞であるが、その指示対象が発話状況に基づいて同定されるかぎり、やはり「直示表現」の一種である。

さて、上で、指示的名詞句と非指示的名詞句の区別は、あくまで文中の名詞句が述語との関係での果たす意味機能上の相違であること、したがってこの区別は名詞や名詞句それ自体が有する性質ではないという点を強調したが、これには注釈が必要である。(9)の下線部のような直示表現については、その内在的な性質からして一般に指示的名詞句としての使われ方しかされないのである。もっとも、「「あの女」「ここ」「昨夜」「君」「彼女」のような直示表現は本来的に指示的名詞句である」という言い方は誤解を招きかねない。より正確には、「このような直示表現は、文中の指示的名詞句が起こ

りうる位置にしか登場しない」というべきであろう。

　なお、人称代名詞については、(9e)の「彼女」のように、直示表現としてではなく、(10)のように先行詞「太郎の奥さん」との同一指示関係を明示する照応表現（anaphor）として用いられることもある。

(10)　太郎の奥さんが入ってきた。彼女は元気がないね。

もちろん、照応表現として用いられた人称代名詞「彼女」も指示的名詞句として機能している。[2] では、固有名詞はどうであろうか。

(11) a.　山田洋子が入院した。
　　 b.　橋本龍太郎は、小泉純一郎と都内で会談した。
　　 c.　今日、富士山で初雪が降った。

これらの下線部がいずれも世界のなかの対象（個体）を指示しており、指示的名詞句であることは明らかである。もっとも固有名詞については、第1章註30でも触れたが、文中の位置次第では、非指示的名詞句としての使われ方もあることに注意しよう。次の例を見よう。

(12) a.　甲：あそこで顔を真っ赤にして話している人がいるでしょう。あの人は何という名前の方ですか。
　　 b.　乙：ああ、あの人は山田太郎です。

(12b)における「山田太郎」は固有名詞ではあるが、個体を指しているのではない。この文を〈「あの人」の指示対象と「山田太郎」の指示対象は同一です〉と読むわけにはいかないであろう。この「山田太郎」は、〈「山田太郎」という名前の持ち主〉という意味を表す叙述名詞句なのであり、非指示的名詞句である。

　さらに次の例を考えよう。

(13) a.　甲：この学会に「田中花子」という名前の人がいますか。
　　 b.　乙：いいえ、この学会には田中花子はいません。

(13b)は、〈この学会の会員の誰も「田中花子」という名前を有していない〉という意味であって、(13b)の下線部は世界のなかの個体を指示しているのではない。このように、固有名詞も非指示的名詞句になりうるという点の認識は重要である。[3]

　こんどは、次の例を見よう。

(14) a. わたくしの母は背が高い。
 b. あの会社の責任者が詐欺罪で逮捕された。
 c. われわれのクラスでいじめられている生徒は勉強がよくできる。
 d. 息子の家庭教師が結婚した。
 e. ぼくのパソコンは性能が良い。
 f. 花子の一番好きなひとが昨夜死んだ。
 g. 山田の勤務している大学が授業料を値上げした。

これらの下線部は、英語であれば定冠詞や所有形容詞、関係節などで限定されるいわゆる「定表現」である。これらの発話の聞き手は、しかるべきコンテクストが与えられさえすれば、下線部によって意図された対象の心的表示を想起したり構築したりすることができる（つまり、呼び出すことができる）はずである。ここでは、これらの表現を「定記述表現」と呼ぶことにするが、これらは、いずれも世界のなかの対象（個体）を指示するという意味で、指示的名詞句である。

さて、以上の例だけ見ていると、指示的名詞句によって指示される対象とは、現実世界における具体的対象（時間・空間的対象）にかぎられる、と思われるかもしれない。が、かならずしもそうではない。名詞句によって指示される対象は、観念上の対象や心的な出来事であるかもしれないし、虚構世界や仮定の世界における対象であるかもしれない。また、それは、かならずしも時間・空間的な座標にのるような具体的対象でなくて、数や命題のような抽象的な対象であっても一向に構わないのである。たとえば、次の例を見よう。

(15) a. ぼくは、この歯痛を早くなくしたい。
 b. わたくしは、それを聞いて、義母にたいするわだかまりがすこしずつ解消した。
 c. 浦島太郎は竜宮城に着いた。
 d. この絵のなかで、ペテロは泣いている。
 e. 昨晩、三宅島が噴火したということは正しい。
 f. 4分の3は、3分の2より大きい。
 g. もし太郎が黒いチューリップを見つけたならば、彼は有名になるだろう。
 h. 洋子は、青い鳥を見つけた夢を見た。

(15a)の下線部は、ある感覚を指している。(15b)の下線部は、ある感情を指している。また、(15c)の下線部は、フィクションの世界のなかの人物や物を指示している。(15d)の下線部は、特定の絵のなかのある表示を指している。その意味でこれらはいずれも指示的名詞句である。(15e)の下線部は命題を指し、(15f)の下線部は数を指している。これらは、いずれも時間・空間の座標にのる具体的な対象ではなく、抽象的な指示対象である。(15g)の下線部は、現実世界での対象ではないとはいえ、仮定の世界での対象を指している。そして(15h)の下線部は、洋子の夢のなかの対象を指しているとはいえ、指示的であることになんら変わらない。これらの対象の質の違いは存在論的な問題であって言語学的問題ではない。言語学的意味論としては、(15)の下線部は、(9)(10)(11)(14)の下線部と同様、いずれも現実もしくは可能な世界におけるなんらかの対象を指示している名詞句であることを確認するだけで十分である。

さて、指示的名詞句との関係で直ちに生じてくる問題は、文中のある指示的名詞句についてその指示対象はいかにして決定されるのか、という点である。この問題は簡単なようで、高度に哲学的な問題もからみ、なかなかやっかいである。ここでは、この問題を詳しく論じる余裕はないが、のちの議論に関わるかぎりの要点を簡単に述べておこう。

まず、名詞句の指示対象は、当該名詞句の（言語的）意味と無関係でないことはいうまでもない。たとえば、(14a)の下線部を見てみよう。(14a)の「わたくしの母」の意味は、概略〈話し手を産んだ女親〉のようなものである。そして、この名詞句によって指示されている対象はまさにこの〈話し手を産んだ女親〉という言語的意味を満たしている個体でなければならない。他の例も同様である。ここから、(16)のような仮説をたてることも考えられるかもしれない。[4]

(16) 文中の名詞句が指示的であるとき、その指示対象は、その名詞句の意味が決定する。

しかし、(16)には問題がある。まず、名詞句の意味は、その指示対象を決定するための必要条件ではあっても、十分条件ではないからである。たとえば、第1章4節でとりあげた「ぼくのパソコン」という名詞句をもう一度考えよう。この名詞句の言語的意味は、〈話し手と関係Rを有するパソコン〉以上のものではなかった。しかし、この意味情報だけでは、(14e)に登場する「ぼくのパソコン」の指示対象を決定するにはあまりにも不十分である。

まずなによりも、話し手が具体的に誰であるかを発話状況から固定する必要がある。さらに、Rのようなスロットを含むこの種の表現は意味的に完全でないばかりか、不明瞭であり、Rの値次第で《話し手が所有しているパソコン》《話し手が使用しているパソコン》《話し手が販売しているパソコン》《話し手が設計したパソコン》《話し手が製作したパソコン》…のように多様な解釈が可能となる。したがって、聞き手は、話し手がそれらのうちのどの解釈を意図しているかを、発話のコンテクスト情報を手がかりにして決定しなければならない。その際、関連性の原理が駆使されることは第1章3節で説明した。つまり、(14e)の聞き手は、この発話にたいしてできるだけ少ない処理労力で十分な認知効果もつような解釈をあてがうのであるが、その過程で下線部にたいして《山本太郎が昨晩使用したパソコン》とみなすのが最適であると判断したとしよう。そのとき、まさに、山本太郎が昨晩使用したパソコンであるような対象が(14e)の「ぼくのパソコン」の指示対象だ、ということになる。

こんどは、次の例を見よう。

(17) a. <u>これ</u>は、80％リサイクル紙で出来ているんだよ。
  b. <u>これ</u>は、ビタミンEが強化されているんだよ。

(cf. Blakemore 1995)

(17)の「これ」はもちろん指示的名詞句である。今、スーパーマーケットの食料品売場で、あるクラッカーの箱を指差しながら、(17a)(17b)を発話したばあい、(17a)では「これ」は箱そのものを指すが、(17b)では「これ」はその箱の内容物（クラッカー）を指す、と解釈するのが自然であろう。いうまでもなく、この解釈は、言語的に決定できるものではない。(17)の発話を耳にした聞き手は、発話状況のなかで「これ」の指示対象についてなんらかの仮説をたて、その仮説が関連性の原理と合致しているかぎり、正しいと判断するのである。もちろん、(17a)の「これ」を箱の内容物（クラッカー）を指し、そのクラッカーがリサイクル紙でできている、という解釈も論理的には不可能ではない。（事実、21世紀の中頃起こるかもしれない食品革命後ではそのようなこともありうるであろう。）同様に、論理的には、(17b)の「これ」で箱そのものを指し、箱がビタミン強化されている、という解釈も不可能ではない。しかし、(17)の発話が少なくとも21世紀初頭になされたとみなすかぎり、そのような解釈は、聞き手の側に正当化しえない処理労力を課すことになる。したがって、このような解釈は関連性の原理に

よって排除されるのである。このように、一般に、指示的名詞句の指示対象を決定するには、名詞句の意味だけではなく、コンテクスト情報に基づいて語用論上の原理を駆使することが不可欠なのである。そこでひとまず(18)を仮定しておこう。

(18) 文中の名詞句が指示的であるとき、名詞句の意味は、その指示対象を決定するための必要条件ではあっても十分条件ではない。指示対象を決定するためにはコンテクスト情報に基づいた語用論上の原理が不可欠である。

1．2．属性的用法と指示的用法

指示的名詞句の中身について今すこし考察してみよう。ひとくちに「指示的名詞句」と言っても、すべての指示的名詞句が一様の働きをするわけではない。Donnellan(1966)によれば、確定記述句（definite description）には、「属性的用法（attributive use）」と「指示的用法（referential use）」という本質的に異なる二つの用法がある、とされる。「確定記述句」とは元々哲学者 Russell が導入した術語であるが、英語であれば、*the present king of France* とか *Smith's murderer* のような定記述表現を言う。[5]

さて、このような確定記述句が、筆者の言う文中の指示的名詞句の立ちうる位置に現れた次の文を見よう。[6]

(19) 洋子を殺した奴は、精神異常者だ。

今、洋子の父親が、娘の洋子があまりにもひどい殺され方をしている現場に遭遇し、思わず(19)を発したとしよう。このばあい、父親は、「洋子を殺した奴」でもって、特定の人間を念頭においているわけではない。そうではなくて、「洋子をこんな仕方で殺した奴は、どこの誰であれ、精神異常者だ」と主張しているのである。つまり、「洋子を殺した奴」の記述内容にあてはまるひとについてコメントしているのである。Donnellan によれば、このようなばあい、(19)の下線部は属性的に用いられているとされる。この状況では、父親は、洋子を殺した奴は誰であるか知らないのがふつうであろう。しかし、たとえ父親がある特定の人間が洋子を殺した奴にちがいないと堅く信じていたとしても、この発話によって父親が、「誰であれこの記述にあてはまるひと」について何かを主張しているかぎり、下線部は属性的用法であるという点は変わらないのである。[7] 要するに、属性的用法では記述にあては

まるひとや物について述べているという点で、確定記述句の意味内容が本質的なのである。

こんどは、(19)が用いられる別の状況を考えよう。田中太郎が洋子殺しの容疑で裁判にかけられているとしよう。法廷での被告人、田中太郎の奇妙な振る舞いを見て、傍聴人のひとり甲が、隣の傍聴人である乙に、思わず(19)をささやいたとしよう。この場合、甲は、「洋子を殺した奴」を用いて、被告席にいる田中太郎を指示しており、文全体は、被告人、田中太郎について、「彼は精神異常者だ」と主張しているのである。このようなばあい、Donnellanによれば、(19)の下線部は指示的に用いられているとされる。この指示的用法においては、「洋子を殺した奴」という確定記述句は、甲が指示しようとした個体を聞き手（乙）にも選びだすことができるようにするための一種の道具立てにすぎず、記述句の意味内容そのものは本質的ではない。つまり、甲が被告席にいる田中太郎を指すという目的にかなうものであれば、別に「洋子を殺した奴」という表現ではなくても、(20)のごとく、「田中太郎」「被告人」「あのあわれな男」などを用いても、（あるいは指を差すという身体的行為であっても）実質的には同じ主張が可能なのである。

(20) a. 田中太郎は、精神異常者だ。
　　 b. 被告人は、精神異常者だ。
　　 c. あのあわれな男は、精神異常者だ。

つまり、Donnellanによれば、法廷での甲の発話(19)が主張している内容は、(20)のいずれの発話でも表現可能なのである。この点、上で見た、殺人現場での洋子の父親による(19)の発話のばあいとは大きく異なるのである。[8]

さて、実際は田中太郎は洋子殺しの犯人ではない、としよう。そして甲も乙もそのことを知らないと仮定しよう。このばあいでも、もし甲も乙も被告を洋子殺しの犯人だと信じているかぎり、甲は(19)を発話することによって、「被告席にいるあの男は精神異常者だ」を伝達することができるであろう。かりに甲は、田中太郎が洋子殺しの犯人ではないことを知っていたとしても甲は、乙がその事実を知らないと想定しているかぎり、やはり、(19)を用いて同じ主張をすることもできるのである。このばあい、被告、田中太郎は、確定記述句「洋子を殺した奴」の内容を客観的には満たしていないにもかかわらず、甲は、この表現を用いて、田中太郎を指示することに成功するのである。このように、確定記述句の指示的用法においては、誤った記述ですらそれを用いることによって、意図した個体を指示することに成功する可

能性があるのである。要するに、ここでは、話し手がその表現を用いてある個体を指示しようとする意図の方が重要なのであって、表現自体の内容は指示対象の決定に寄与していない、とされる。

確定記述句のもつ属性的用法と指示的用法の違いは、当の記述にあてはまる対象が存在しないとき、いっそう顕著になる。洋子は殺されたとされているが、実は洋子は病死したのであって、洋子殺しの犯人はもとより存在しなかったと仮定しよう。このばあい、(19)の下線部が属性的に用いられた発話であれば、その主張内容は真でないことになる。[9] 一方、(19)の下線部が指示的に用いられた発話であれば、話し手は、話し手が指示しようと意図した個体、たとえば、被告席にいる田中太郎について語っていることになる以上、Donnellanによれば、もし田中太郎が実際に精神異常者であれば「真」、そうでなければ、「偽」ということになるのである。

Donnellanによる概略以上の分析はきわめて興味深いものであるが、いくつか注意すべきことがある。第一に、Donnellanによる「属性的用法」と「指示的用法」という術語は、指示的に用いられた記述句だけが指示的名詞句であって、属性的に用いられた記述句があたかも非指示的名詞句であるかのような誤解を与えるので注意を要する。上でも触れたように、(19)が殺人現場で洋子の父親によって発話されたばあい、父親は、世界のなかの個体について、すなわち、「洋子を殺した奴」の記述内容にあてはまる人間についてあることを述べているのである。したがって、(19)の下線部が属性的用法として使用されたとしても、下線部が筆者の言う指示的名詞句であることに変わりないのである。もとより、(19)は、第3章2節で説明する「措定文」である。後述するように、一般に、措定文の主語名詞句は指示的名詞句である。したがって、(19)の下線部を「属性的用法」と読んでも「指示的用法」と読んでも主語名詞句が指示的名詞句であることには影響しないはずである。要するに、Donnellanは、筆者の言う文中の指示的名詞句の位置に現われる確定記述句の用法について、「属性的用法」と「指示的用法」の区別をおこなっているのである。つまり、「属性的用法」も「指示的用法」も筆者の言う指示的名詞句の下位区分にすぎないのである。この点は、本書のあとの議論にかかわるので、特に注意を要する。本章2節で詳しく論じることであるが、筆者の言う「指示的名詞句」に対立する「非指示的名詞句」のなかに「変項名詞句」と呼ばれるものがある。ところが、言語学者のなかには、「変項名詞句」とDonnellanの言う「属性的用法」とを同一視するひとが少なくない。これは、「属性的用法」として用いられた名詞句が実は文中の意

味機能としては指示的名詞句なのである、という重要な点を看過したところから生じた混乱にほかならない。[10]

　第二に、Donnellan は、指示的用法においては、確定記述句は、話し手が指示しようとした個体を聞き手にも選びだすことができるようにするための道具立てであって、記述句の内容は本質的ではない、と主張しているがこの主張にも問題がある。筆者の見解では、たとえ、記述句が指示的に用いられたとしても、記述句の内容は発話の主張内容に影響を与えると思われる。Donnellan は、(19)が法廷の傍聴人である甲によって発話されたばあい、実質的には同じ主張が(20)の各文の発話によっても可能であるとしたが、筆者の考えではこれは正しくない。(19)および(20)の各文の発話は、いずれも同一の個人について精神異常者だということを述べているという点では共通しているとはいえ、それらが表す主張内容は互いに異なるのである。要するに、指示的に用いられた記述句は単に個体を選び出すこと以上の仕事をしているのである。たとえば、甲が(19)を用いたばあいは、もちろん甲は被告席にいる特定のひと X について述べていることは事実であるが、発話の主張内容は、単に「X は精神異常者だ」だけではなく、「"洋子殺しの犯人" X は精神異常者だ」というものであろう。いうまでもなく、(20)の各文ではそのような主張は伝えられていないのである。その上、(19)と(20)の各文では、その文脈的含意（contextual implication）も異なるのである。[11]

　第三に、Donnellan によれば、洋子殺しの犯人が存在しなかったばあいでも、(19)の下線部が指示的に用いられた発話であるかぎり、甲が指示しようと意図した人物が実際に精神異常者であれば「真」、そうでなければ「偽」になる、ということであるが、これも問題である。このばあいの発話の主張内容が「"洋子殺しの犯人" X は精神異常者だ」であるかぎり、甲の主張は厳密には偽というべきである。

　第四に注意すべきは、Donnellan の言う「属性的用法」と「指示的用法」の区別はあくまで語用論上の区別であって、意味論上の区別ではない、という点である。この区別は、結局、話し手が指示的名詞句を用いて何を意図をしているかという点での相違である。したがって、(19)という文自体は意味論的には曖昧でないという点に注意すべきである。

1．3．指示的に不透明な文脈における名詞句

　よく知られているように、「さがす」「信じる」「知っている」「〜したがっ

ている」「望む」のような命題的態度（propositional attitude）を表す述語は、その埋め込み文中に登場する名詞句を、それと同一対象指示の他の名詞句表現で置き換えることができないという点で、（「指示的に透明な文脈」に対立して）「指示的に不透明な文脈」（referentially opaque context）と呼ばれる。このような指示的に不透明な文脈に登場する名詞句を「非指示的名詞句」と主張する論者は少なくないが、筆者の見解では、この種の名詞句は、世界のなかの個体を指示しようとしている点で、やはり指示的な名詞句の一種であると思われる。この点を簡単に説明しておこう。(21)と(22)の推論を比較しよう。

(21)a. オイディプス王はイオカステと結婚した。
　　b. イオカステ＝オイディプス王の母親
　　それゆえ
　　c. オイディプス王は自分の母親と結婚した。

(22)a. オイディプス王はイオカステと結婚したがっている。
　　b. イオカステ＝オイディプス王の母親
　　それゆえ
　　c. オイディプス王は自分の母親と結婚したがっている。

(21)の推論が妥当であることは誰しも疑わないであろう。では、(22)はどうであろうか。(22)も(21)と同様、妥当な推論である、と読むことは十分可能である。たとえば、「イオカステ」で、テーバイの王宮のバルコニーに立っている髪の長いある女性を指すとしよう。(22a)からして、オイディプス王は、その女性と結婚したがっているわけである。さて、(22b)が正しいということは、その女性は、客観的には、オイディプス王の母親にほかならないということである。もちろん、オイディプス王は、その女性が自分の母親であるということに気づいていないのである。それにもかかわらず、オイディプス王がバルコニーに立っているその女性と結婚したがっているということは、とりもなおさず、客観的には、オイディプス王は自分の母親と結婚したがっている、ということになる。したがって(22)は妥当な推論とみなすことができる。このような読みは、通常、(22a)(22c)を「指示的に透明な文脈（referentially transparent context）として解釈する読み」（略して「透明な読み」）と言われる。

しかし、(22)にたいするより自然な解釈はこの推論を妥当としない読み、

すなわち、(22a)(22b)が正しいとしても、オイディプス王自身が(22b)に気づいていないかぎり、(22c)は導出できない、とする読みの方である。事実、あるひとが(22a)と(22b)の真を確認した上で、オイディプス王に、「あなたは、自分の母親との結婚をお望みですか」と尋ねると、王は真っ赤な顔をして「誰が自分の母親と結婚したいと思うであろうか、馬鹿なことをきくな」と憤慨して答えるであろう。つまり、この読みでは、(22c)は偽であり、この推論は妥当ではないことになる。このような読みは、(22a)(22c)を「指示的に不透明な文脈として解釈する読み」(略して「不透明な読み」) と言われる。要するに、不透明な読みでは、(22a)の下線部「イオカステ」を同一対象指示の別の表現「オイディプス王の母親」で置き換えると真理値が変わってしまうのである。いうまでもなく、ギリシャ古典期の詩人ソポクレースの書いた戯曲では、まさにこの不透明な文脈での解釈が意図されており、(22)を正しい推論とはみなしていない。それだからこそ、オイディプス王は妻イオカステが自分の母親であることを知った時点で、荒れ狂うのである。さもなければあのギリシャ悲劇は悲劇でもなんでもないことになる。ちなみに、『オイディプス王』の悲劇に登場する盲目の予言者、テイレシアースは、以前から(22b)を知っていたとされる。したがって、テイレシアースは(22a)を聞いたとき、そこから(22c)をただちに推論し、これは恐ろしいことになった、として頭をかかえるのである。しかし、このことは、(22)の推論を妥当にするわけではない。(22)の推論の妥当性の問題は、(22a)(22b)が客観的に真であるとき、そこから(22c)の真が保証されるかどうかということ、そのことだけである。

　それはともかく、指示的に透明な文脈であれ、不透明な文脈であれ、文中の名詞句を同一対象指示の他の名詞句で置き換えできるか否かが問題になるということは、当の名詞句の指示性を前提にしているのである。つまり、たとえ(22)を不透明な文脈で読むばあいであっても、「イオカステ」や「オイディプス王の母親」は世界のなかの対象を指示することが意図されている名詞句（すなわち指示的名詞句）なのである。もし、これらの名詞句が非指示的であれば、「その名詞句の指示対象を指す別の表現で置き換える」という言い方自体が不合理であるということになるであろう。

　同様に、

　(23)　太郎の母は、太郎が洋子と結婚したことを知っている。

は曖昧であり、この文を透明な文脈で解釈するばあいは(24)の推論は妥当と

なるが、不透明な文脈で解釈するばあいは(24)の推論は妥当ではなくなる。

(24) a. 太郎の母は、太郎が洋子と結婚したことを知っている。
b. 洋子＝その村一番の金持ち
それゆえ
c. 太郎の母は、太郎がその村一番の金持ちと結婚したことを知っている。

つまり、指示的に不透明な文脈においては、真理値を変えることなく、同一対象指示の別の表現で置き換えることができないのである。(24b)が真であることからして、「洋子」と「その村一番の金持ち」が客観的には、(あるいは現実世界では)同一対象を指すのであるが、太郎の母はたまたまその客観的事実を知らないがゆえに、(24c)が偽となるのである。いいかえれば、太郎の母の知識の世界のなかでは、「洋子」と「その村一番の金持ち」が同一対象を指さないところに、不透明な解釈を産む原因があるのである。ただ、このばあいであっても、「洋子」と「その村一番の金持ち」が「なんらかの世界の対象を指示する」という意味で指示的名詞句である点はなんら変わらない点に注意すべきである。

したがって、筆者の見解では、指示的に不透明な文脈における名詞句は、同一対象指示の表現で置き換えできないにもかかわらず、世界のなかのある個体を指示しようとしている点で、やはり指示的な名詞句の一種である、と言わざるをえない。要するに、筆者の言う「指示的名詞句」は、「同一対象指示の他の名詞句で置き換え可能な名詞句」と同じ概念ではないのである。

なお、本章1.2節で見た「属性的用法としての名詞句」は、ここで問題にしている「指示的に不透明な文脈で用いられた名詞句」としばしば混同されるが、まったく別の概念であることに注意すべきである。たとえば(19)は、コピュラ文であって、命題的態度を表す述語は関与せず、したがって指示的に透明な文脈であるにもかかわらず、下線部の名詞句を属性的用法として読むことができるのである。

2. 非指示的名詞句

さて、文中のすべての名詞句が、世界のなかの個体を指示するという意味でつねに指示的機能を有するわけではない。文中で名詞句の登場する位置によっては、指示的名詞句という機能を本来的にもたないばあいもあるのであ

る。以下、そのようなケースとして、「叙述名詞句」と「変項名詞句」をとりあげよう。

2．1．叙述名詞句

次の例を見よう。

(25)　太郎は学生だ
(26)　バッハは、偉大な音楽家だ。
(27)　洋子は天才だ。

　第3章で詳しく論じるが、このようなコピュラ文は「措定文」(predicational sentences) と呼ばれる。これらの文の主語名詞句が世界のある個体を指示し、それについて何かを語っていることは問題ないであろう。問題は述部に登場する下線部の名詞句である。「学生」、「偉大な音楽家」、「天才」は世界のなかのなんらかの個体を指示するのではない。たとえば、(25)は、「学生」である個体を指し、その個体について語っている文ではない。もちろん(25)は、「太郎」である人物を指示し、「学生」である人物を指示し、前者と後者は同一物だ、といっているのでもない。むしろ、このばあいの「学生」は、「学生性」とでもいうべき属性を表し、その属性を主語「太郎」の指示対象に帰しているのである。(26)(27)も同様である。これらの文の述語に登場する名詞は属性を表しており、(28)(29)の述語に登場する形容詞や形容動詞と同種の意味機能を有している。

(28)　あのバラは赤い。
(29)　洋子は元気だ。

(28)(29)は述語の位置に形容詞や形容動詞が登場しているが、述語の表す性質や状態を主語の指示対象に帰している。(25)(26)(27)も本質的に同様で、「学生」、「偉大な音楽家」、「天才」のような名詞（句）は対象を指示するという機能をもたず、属性を表しているのである。この種の名詞句は、「属性名詞句」(property NPs) とか「叙述名詞句」(predicate nominal) と呼ばれる。「属性名詞句」という術語は本章1.2節で見た「名詞句の属性的用法」と混同されやすいので[12]、ここでは「叙述名詞句」という術語を用いることにしよう。叙述名詞句は、非指示的名詞句の一種である。[13] いうまでもないが、「叙述名詞句」という術語は、「コピュラ文の述語の位置に登場する名詞

句」の意味を表す「述語名詞句」と混同されるべきではない。後者は、「主語名詞句」に対立する概念であり、ここで言う「叙述名詞句」とは独立である。

2．2．変項名詞句

　非指示的な名詞句には、叙述名詞句と一見類似してはいるものの、これとは質的に異なった別のタイプのものも存在する。それは、筆者が「変項名詞句」と呼んでいるものである。[14] ここでは、まず、ある種のコピュラ文の解釈には「変項名詞句」という概念が不可欠であることを論証する。そのあとで、あるタイプの非コピュラ文の解釈とコピュラ文の解釈とのあいだには、変項名詞句を介して密接な意味関係があることを指摘する。

2．2．1．コピュラ文の解釈と変項名詞句

　コピュラ文については、Higgins(1979)、上林(1984,1988)、西山(1985,1988,1990a,1992b,1994a,1994b,1995,1996,1997a,2000b)、熊本(1989b,1992,1995b,1996,1998,2000)、Declerck(1988)、坂原(1989,1990a,1990b)などによって最近研究がすすみ、多くの興味深いことがわかってきた。コピュラ文の分類やその詳細な分析については第3章に譲ることにして、ここでは、ある種のコピュラ文の解釈には変項名詞句という概念が要求されることだけを指摘しておこう。まず、次の文を見よう。

(30) a.　あの男は天才だ。
　　 b.　こんな落書きをする奴は精神異常者だ。

これらの文は(25)(26)(27)と同様、「AはBだ」という形式をもつ「措定文」である。つまり、Aは対象を指示するという意味で指示的名詞句であり、Bは、属性を表す叙述名詞句であるという意味で非指示的名詞句である。そして、文全体は、Aの指示対象について属性Bを帰すという意味をもつのである。Aは、(30a)のごとく特定の対象を指すばあいもあれば、(30b)のごとく、不特定の対象を指すばあいもある。(30b)の主語名詞句は、「属性的用法」であるが、本章1.2節で述べたように、それが指示的名詞句であることには変わりない。措定文「AはBだ」は、(31)のように「BがAだ」で言い替えると、たとえ文法的になっても、元の文と同じ意味を表すことはできない。

(31) a. 天才が、あの男だ。
   b. 精神異常者が、こんな落書きをする奴だ。

こんどは次の文を見よう。

(32) a. 洋子の指導教授はあのひとだ。
   b. 祖母の好物はおはぎだ。
   c. 夫の欠点は、すぐかっとなることだ。
   d. 委員長は田中だ。
   e. 優勝者は山田花子だ。

(32a)は、洋子の指導教授は一体誰かとさがせば、ああ分かった、あの人がそうなのだ、と主張しているのである。(32)の他の例も同様である。このような文について注意すべきことは、このばあい、「AはBだ」はまったく意味を変えずに「BがAだ」によって言い替えることができる、という点である。たとえば、(32)の各文は、(33)の対応する各文に、意味を変えることなく言い替えることができる。

(33) a. あのひとが洋子の指導教授だ。
   b. おはぎが祖母の好物だ。
   c. すぐかっとなることが、夫の欠点だ。
   d. 田中が委員長だ。
   e. 山田花子が優勝者だ。

上林(1984, 1988)に従い、(33)のような「BがAだ」の形式を「指定文」と呼び、同じ意味をもつ(32)のような「AはBだ」の形式を「倒置指定文」と呼ぶことにする。[15]

指定文(33)に登場する「が」は、(34)のような、いわゆる「中立叙述文」に登場する「が」とは本質的に異なり、久野(1973b)の言う「総記」の「が」に近いものである。[16]

(34) a. 大変だ、社長が病気だ。
   b. 1000円札が1枚あった。
   c. 雪が降っている。

さて、(32)のような倒置指定文「AはBだ」について、重要な特徴は、主語名詞句Aは世界のなかの個体を指示するような働きを一切もたず、非

指示的である、という点である。たとえば、(32a)についていえば、この文は、「洋子の指導教授」である特定の人物を指し、その人物をあのひとでもって同定するとか、その人物はあのひとという属性を有しているとか、その人物とあのひととが同一人物である、などと言っているのではない。そうではなくて、この文は「誰が（＝どれが）洋子の指導教授であるか」という問いにたいする答えを「あのひと」でもって指定しているのである。つまり、倒置指定文は、項の位置にある値を問う Wh-疑問文とそれにたいする答えを単一文のなかで実現している構文である、といえる。このことを別のことばで言い替えれば、倒置指定文「A は B だ」の発話の背後には「A であるようなものをさがす」という関心があり、文全体は、それをさがし当てて「ああ、分かった、B だ」と答えることによって、その関心を満たしているわけである。したがって、(32a)は、

(35) [x が洋子の指導教授である] を満たす x の値はあのひとだ。

を言わんとしている文であると思われる。倒置指定文「A は B だ」の A が指示的でないと言う理由は、A が、[x が洋子の指導教授である] という命題関数を表示していることにある。このような名詞句 A を筆者は「変項名詞句」と呼ぶ。変項名詞句は論理的には 1 項述語であるといってさしつかえない。もっとも、措定文の述語に登場する叙述名詞句も論理的には 1 項述語であるがその意味論的性格は大きく異なる。叙述名詞句が主語の指示対象に帰すべき属性を表示しているのにたいして、変項名詞句は、(36)のように、変項を埋める値をさがし、それを B によって指定するという緊張関係を表示しているのである。[17]

(36)　　　A　は　B　だ
　　　[...x...]　値

倒置指定文(32a)の「洋子の指導教授」が変項名詞句であって、非指示的であるということをみるために、次のような推論を考えよう。

(37) a. 洋子の指導教授はあのひとだ。（＝32a）
　　 b. 洋子の指導教授＝山田三郎
　　ゆえに、
　　 c. 山田三郎は、あのひとだ。

この推論はどことなく奇妙であるがなぜであろうか。まず、コピュラ動詞「デアル」は命題的態度を表す述語ではない以上、(37a)は、本章1.3節で見た不透明な文脈を構築しない。したがってこの推論の奇妙さは不透明な文脈とは無関係である。今、(37a)の下線部が指示的であると仮定しよう。[18] すると、(37a)と(37b)が正しいならば、(37a)の下線部を「山田三郎」で置き換えた(37c)も正しいはずである。「山田三郎」が指示的であるかぎり(37c)は、「山田三郎」である人物を指し、その人物はあのひとだ、といっているわけである。[19] このばあい、(37)は妥当な推論となるが、注意すべきはこのとき(37a)を倒置指定文として読んでいないという点である。もし(37a)を倒置指定文として読むならば、(37)の推論は奇妙である。なぜなら、倒置指定文「AはBだ」におけるAは命題関数を表している以上、Aをそれと同一対象指示の他の表現で置き換えて真理値が変わるかどうか、ということは元来意味をなさないからである。

倒置指定文や指定文のようなコピュラ文はもちろん、日本語ばかりでなく、いかなる言語にも観察できる。たとえば、

(38) a. The bank robber is John Smith.[20]
(銀行強盗はどいつかといえばジョン・スミスだ。)
b. John Smith is the bank robber.
(ジョン・スミスが、銀行強盗だ。)

(38a)は倒置指定文に対応し、(38b)は指定文に対応する。したがって *the bank robber* は変項名詞句である。また、次のような分裂文は倒置指定文にほかならないが、*What I don't like about John* はやはり変項名詞句である。[21]

(39) What I don't like about John is his tie.
(ジョンについて気に入らないのは、彼の絞めているネクタイだ。)

こんどは(40)と(41)を比較しよう。[22]

(40) What John was looking at was a picture of himself.
(ジョンが見ていたのは、自分の写真（ヲ）だった。)
(41) What John was looking at was a picture of him.
(ジョンが見ていた対象は、自分の写真だった。)

(40)は倒置指定文である。(40)の *What John was looking at* は変項名詞句

で、*a picture of himself* がその変項の値になっている。したがって、意味的には、*a picture of himself* は、*John was looking at* の目的語になっている。それにたいして、(41)は措定文である。つまり、*What John was looking at* は指示的名詞句であり、その対象について、*a picture of him* でもってコメントしているわけである。このばあい、*a picture of him* は、*John was looking at* の目的語になっているのではない。*a picture of him* は叙述名詞句である。

2．2．2．潜伏疑問文と変項名詞句

こんどは次の文を見よう。

 (42) 太郎は、次郎に、<u>洋子の一番好きな作曲家</u>を紹介した。

この文の下線部は指示的機能をもつ名詞句である。この文において、太郎は、「洋子の一番好きな作曲家」という条件を満たすある人間を次郎に紹介したのである。つまり、(42)は、太郎、次郎、洋子の一番好きな作曲家という３者のあいだの関係を表している文にほかならない。この意味で、(42)の下線部は指示的名詞句である。では次の例はどうであろうか。

 (43) 太郎は、次郎に、<u>洋子の一番好きな作曲家</u>を教えた。

この文は、〈太郎は次郎に、「洋子の一番好きな作曲家」という条件を満たすある人間、たとえば、ジョン・ケージについてなにか教えた〉という意味ではない。また、下線部の名詞句を属性的用法ととるわけにもいかない。つまり、(43)は、〈「洋子の一番好きな作曲家」という条件を満たす人間であれば誰であれ、そのひとを太郎が次郎に教えた〉という意味でもない。要するに、(43)は(42)と異なり、太郎、次郎、洋子の一番好きな作曲家という３者のあいだの関係を表している文ではないのである。そうではなくて、(43)は、〈太郎は次郎に、洋子の一番好きな作曲家は誰であるかを教えた〉という意味なのである。したがって、この文の下線部は世界のなかの個体を本来的に指示しようとする働きと無縁である。いいかえれば、(43)によって、〈太郎は次郎に、(44)という疑問文にたいする答えを提供した〉ということを言っているのである。

 (44) 洋子の一番好きな作曲家は誰であるか。

したがって、(43)の下線部は、名詞句ではあるが、意味的には、「項の位置にある値を問う Wh-疑問文」であることがわかる。(43)のような非コピュラ文を「潜伏疑問文」と呼ぶことにしよう。(43)のような潜伏疑問文においては、下線部の名詞句は指示的ではなく、[x が洋子の番好きな作曲家である]という命題関数を表示している「変項名詞句」になっているのである。

(43)の下線部が指示的名詞句でないことは、次の事実からも裏づけを得られる。今、仮に(43)の下線部が指示的であり、たとえば、ショパンを指していると仮定しよう。つまり、(45)が正しいと仮定するのである。

(45) 洋子の一番好きな作曲家＝ショパン

(45)が正しいかぎり、(43)の下線部を「ショパン」で置き換えて(46)と言い替えることができるはずである。[23]

(46) ? 太郎は、次郎に、ショパンを教えた。

ところが、実際は、この置き換えは不可能である。そもそも、(46)自体が何を言っているのかその意味が不明である。[24]

なぜこのようなことが生じたのであろうか。それは、(43)の下線部は元来指示的ではないにもかかわらず、それを指示的であるかのようにみなして、同一対象指示の他の表現で置き換えるという乱暴なことを行ったからなのである。したがって、「洋子の一番好きな作曲家＝ショパン」だからといって、(43)から(46)を推論することはできないのであるが、そのような推論が不可能である理由は、本章1.3節で見た、指示的に不透明な文脈である(22)や(24)のケースとは根本的に異なるのである。(22)や(24)のケースは、同一対象指示の他の表現で置き換えるという操作自体は意味をもつわけであるが、(43)(45)から(46)への推論のばあいは(43)の下線部「洋子の好きな作曲家」が変項名詞句であって非指示的名詞句であるため、「同一対象指示の他の表現」ということ自体が意味をなさないのである。次の例も同様である。

(47) 警察官は、その女の子に彼女の通っている小学校をきいた。

この文は、警察官はその女の子に「x が彼女の通っている小学校である」を満たす x の値をきく、という意味である。警察官は、その女の子の通っている小学校の中身について内容のある情報を求めているわけではない。その意味で、(47)は

(48) 警察官は、その女の子に彼女がどの小学校に通っているかをきいた。

と言い替えることができるであろう。したがって(47)も潜伏疑問文である。つまり、(47)の下線部も変項名詞句なのである。

同様に次の諸例の(a)は意味的には、(b)で言い替えができ、いずれも潜伏疑問文である。

(49) a. 山本教授は、<u>鈴木助手の研究している細菌</u>を問いただした。
　　 b. 山本教授は、鈴木助手の研究している細菌は何であるかを問いただした。
(50) a. 太郎は<u>洋子の趣味</u>を尋ねた。
　　 b. 太郎は洋子の趣味は何かを尋ねた。
(51) a. 母に問いつめられて、わたくしは、ついに<u>自分の好きなひと</u>を白状した。
　　 b. 母に問いつめられて、わたくしは、ついに自分の好きなひとは誰であるか白状した。
(52) a. 刑事は、盗難車の写真リストを太郎に見せながら、<u>太郎がその時目撃した車</u>を尋ねた。
　　 b. 刑事は、盗難車の写真リストを太郎に見せながら、太郎がその時目撃した車はどれであるかを尋ねた。
(53) a. 花子は、<u>自分の欠点</u>が分からないようだ。
　　 b. 花子は、自分の欠点が何であるかが分からないようだ。
(54) a. 客は、<u>その本の定価</u>に関心がある。
　　 b. 客は、その本の定価がいくらであるかに関心がある。

これらの文の(a)の下線部が世界の対象を指示せず、その意味で非指示的であることは、対応する(b)の文に言い替えできることからもあきらかであろう。これら文の(a)は、下線部の名詞句の指示対象について語っているのではない。そうではなくて、それぞれの名詞句が変項名詞句であって、その変項の値を「問いただす」、「尋ねる」、「白状する」、「分からない」、「関心がある」と述べているのである。

ここで、「尋ねる」「問う」「教える」「白状する」などが、いずれも間接疑問を構築する述語であることに注意しよう。結局、名詞句が間接疑問をとる述語の直接目的語であるばあい、その名詞句は意味的には、疑問文の役割を

果たし、個体を指示せず、変項名詞句の解釈を受けることがわかる。これが潜伏疑問文の本質である。[25] 要するに、これらの文における下線部の名詞句は、述語の意味論的な選択制限からして、非指示的な解釈しか可能ではないのである。

すでに触れたように、代名詞や直示的（deictic）名詞句は、指示的名詞句が立ちうる位置にしか生起しないという意味で本来的に指示的名詞句であった。このことは、この種の名詞句が「尋ねる」「きく」「問う」「白状する」といった述語と共起しないことからも裏づけを得ることができる。

(55) ?太郎は<u>目の前の灰皿</u>を質問した／きいた／尋ねた。[cf. 太郎は目の前の灰皿について質問した／きいた／尋ねた]
(56) ?宿の主人は<u>慶應義塾大学</u>を質問した／きいた／尋ねた。
(57) ?警察官は<u>彼女</u>を質問した／きいた／尋ねた。[cf. 警察官は彼女に質問した]
(58) ?山本教授は、<u>チフス菌</u>を問うた。
(59) ?山田は<u>あの男</u>を白状した。

これらの文における下線部の名詞句はその本来的性質からして文中の指示的な位置にしか生じないにもかかわらず、「質問する」「きく」「尋ねる」「問う」「白状する」といった述語は変項名詞句を要求するため、矛盾が生じるのである。

因みに、「関心がある」「知っている」「分かる」などの述語は目的語に変項名詞句（非指示的名詞句）と指示的名詞句のいずれとも共起する。[26] したがって、(60)(61)のように、目的語に直示的名詞句、代名詞をともなった文は意味的に正常である。

(60) a. 客は、<u>あの本</u>に関心がある。
     b. 太郎は、<u>君</u>に関心があるようだ。
(61) a. ぼくは、<u>こいつ</u>をよく知っている。
     b. 花子は、<u>この男</u>が分からないようだ。
     c. わたくしは、太郎と結婚して20年にもなるが、いまだに<u>彼</u>がよく分からない。

これらの下線部は、指示的名詞句であって、変項名詞句でない。このことは、(60)の各文を「どれがあの本であるかに関心がある」「どのひとが君であるかに関心がある」と解釈することはできないし、(61)の各文を「どいつ

がこいつであるかをよく知っている」「どのひとがこの男であるか分からない」「どのひとが彼であるか分からない」と解釈することはできない事実からも明らかである。

　さて、興味深いことに、名詞句のなかには、それ自体の意味からして、変項名詞句の解釈が優先するものがある。たとえば、数字もしくはそれに類する抽象的なものを含む名詞句はそうである。[27] 次の例を見よう。

　　(62)　太郎は惑星の数を知っている。

(62)にたいする自然な解釈は「太郎は惑星の数がいくつであるかを知っている」というものであろう。つまり、〈[x が惑星の数である] を満たす x の値を太郎は知っている〉と読むべきであろう。このばあい、「惑星の数」は変項名詞句となる。もし、「惑星の数」をあえて指示的に解釈すると、(62)は、《太郎は惑星の数そのもの、つまり、9 という数について知っている、たとえば、9 は 8 より大きくて 10 より小さい自然数であること、9 は 3 の倍数であること、といった知識をもちあわせている》という解釈になろう。これは、(62)にたいする自然な解釈とはいいがたい。

　(63)も同様である。(63)も、〈[x が花子の身長である] を満たす x の値を知っている〉と読むべきであろう。ここでも「花子の身長」を指示的に読むわけにはいかない。

　　(63)　太郎は花子の身長を知っている。

いまかりに、花子の身長が 165 cm だとすると、(63)は、〈[x が花子の身長である] を満たす x の値が 165 cm だという知識を太郎はもちあわせている〉という意味であって、〈165 cm という長さそのものについて太郎があれこれ知識をもっている〉ということを意味するわけではけっしてない。このことは、次の推論が妥当ではないことからも裏づけを得られる。

　　(64) a.　太郎は花子の身長を知っている。
　　　　b.　花子の身長は裕子の身長と同じく 165 cm である。
　　　それゆえ
　　　　c.　太郎は裕子の身長を知っている。

数とは関係ないが、理由、方法、位置を表す名詞句も、「知る」の目的語になったばあい、変項名詞句になりうることは次の例が示している。

(65) a. 花子は、太郎がそのパーティーに欠席した理由を知っている。
    b. 花子は、太郎がそのパーティーに欠席した理由は何かを知っている。
(66) a. 花子は、太郎がその危機から脱出した方法を知っている。
    b. 花子は、太郎がその危機から脱出した方法は何かを知っている。
(67) a. 花子は、太郎がそのイスを置いた位置を知っている。
    b. 花子は、太郎がそのイスを置いた位置はどこかを知っている。
(68) a. 王子はその城への行き方を知っている。
    b. 王子はその城への行き方は何かを知っている。

これらの文の(a)が潜伏疑問文であることは、対応する(b)の文に言い替えできることからも明らかであろう。(a)の下線部は世界の対象を指示せず、変項名詞句なのである。この点に関して、次の推論を考えてみよう。

(69) a. 花子は、太郎がそのパーティーに欠席した理由を知っている。
    b. 太郎がそのパーティーに欠席した理由は、次郎がそのパーティーに欠席した理由と同じく、洋子がそのパーティーの主催者だったことにある。
  それゆえ
    c. 花子は、次郎がそのパーティーに欠席した理由を知っている。

この推論は明らかに妥当ではない。(69a)(69b)が真だとしても、(69c)の真が保証されるわけではない。花子は次郎がそのパーティーに欠席した理由など考えたこともなければ、花子はそもそも次郎なる人物の存在すら知らなかったかもしれないからである。この事実は、(69a)は、〈[太郎がそのパーティーに欠席した理由は x である] を満たす x の値を花子は知っている〉と読むべきこと、つまり(69a)における「太郎がそのパーティーに欠席した理由」という名詞句は変項名詞句であることを強く示唆している。

　ここで、潜伏疑問文とコピュラ文との密接な意味関係について触れておこう。本節の冒頭で、潜伏疑問文(43)の下線部は、変項名詞句であって、意味的には(44)のような *Wh-*疑問文であることを見た。

(43) 太郎は、次郎に、洋子の一番好きな作曲家を教えた。
(44) 洋子の一番好きな作曲家は誰であるか。

そして、(43)全体は、太郎は次郎に、(44)にたいする答えを教えた、という

意味であることを述べた。(44)にたいする答えは、たとえば、(70)(71)のようなものである。

(70) 洋子の一番好きな作曲家はショパンである。
(71) ショパンが洋子の一番好きな作曲家である。

ここで、(70)は「倒置指定文」であり、(71)は対応する「指定文」であることに注意しよう。ここに、潜伏疑問文と指定コピュラ文との密接な意味関係を読みとることができるのである。

本質的に同様のことは、他の潜伏疑問文についてもいえる。結局、潜伏疑問文「人間PがAを知っている/教える/白状する…」の意味構造は、

(72) ［xガAデアル］を満たす変項xの値を人間Pが知っている/教える/白状する…

となるのであるが、(72)における［xガAデアル］は指定コピュラ文構造を有しているのである。もちろん、(72)で規定される潜伏疑問文はきわめて狭いもので、人間Pが介在しない(73)のようなケースまで潜伏疑問文に含めるためには、この概念をさらに拡張する必要があるであろう。

(73) <u>大相撲秋場所の優勝者</u>は決まっている、朝青龍だよ。

(73)の下線部を指示的にとるわけにはいかない。というのも、「大相撲秋場所の優勝者」を指示的ととり、ある力士、たとえば朝青龍を指すとみなし、(73)を、《朝青龍は土俵入りも素晴らしいし、歩き方もかっこいいし、決まっているな》、と読むわけにはいかないからである。むしろ、(73)の下線部の名詞句は、変項名詞句であると思われる。(73)の意図された意味は、いうまでもなく(74)である。

(74) 大相撲秋場所の優勝者は誰であるか、それにたいする答えは決まっている、それは朝青龍だよ。

いいかえれば、(73)の前半は、(75)という指定コピュラ文のxに入る値が決まっている、という読みにほかならない。

(75) xが大相撲秋場所の優勝者である。

ここでも、(73)のような非コピュラ文と指定コピュラ文(75)との意味的つながりは明白であろう。

従来の言語研究においても、もちろん潜伏疑問文の存在に注目されることはあったが、それらはもっぱら統語論の立場からおこなわれていた。たとえば、Baker(1968)の研究以降、Grimshaw(1979)、千葉(1977)などのように、主として、動詞のsubcategorizationの観点から、生成文法理論のsyntaxの枠組みのなかで研究がなされてきた。[28] これらは貴重な研究であるが、問題がないわけではない。第一に、統語論的研究を強調するあまりに、そこに登場する名詞句の意味論的性質、とりわけその非指示的な性格に注意が十分払われてこなかった。たとえば、Bakerは、(76)-(79)の各(a)の文が、対応する(b)の文の意味と同じであることに注目し、(a)文の下線部は、疑問文の役割をもつこと、つまり、一般に間接疑問をとる述語の目的語は潜伏疑問の解釈をとることを指摘する。

(76) a. James figured out <u>the plane's arrival time</u>.
　　　b. James figured out what the plane's arrival time would be.
(77) a. John told the police <u>the fellows who did that</u>.
　　　b. John told the police which fellows did that.
(78) a. Fred tried to guess <u>the amount of the stolen money</u>.
　　　b. Fred tried to guess how much money had been stolen.
(79) a. John can't remember <u>the kind of wine she likes most</u>.
　　　b. John can't remember what kind of wine she likes most.
　　　　　　　　　　　　　　　　　　　　　　　　　　　(Baker 1968)

ところが、Baker(1968)は、(80)(81)のように、間接疑問をとる述語であっても、目的語に固有名詞や人称代名詞がきたばあいはどういうわけか、潜伏疑問の読みができないことをも指摘する。

(80)　I remember <u>Bill</u>. I can still see him vividly in my mind's eye.
(81)　I don't know <u>him</u>.

しかし、これは事実の単なる記述であって、なぜ(80)(81)では潜伏疑問の解釈が不可能であるかの説明がどこにもない。筆者は、上で述べたように、潜伏疑問文の解明には、「名詞句の指示性・非指示性」いう意味論的観点が不可欠である、と考えている。日本語の例と同様、英語の(76)-(79)の各(a)についても、下線部の名詞句は、世界の対象を指示するのではなく、「変項名詞句」であり、「下線部が Wh-疑問文の意味を有する」という事実はその自然な帰結である、と考えている。そして、固有名詞や人称代名詞のように

本来的に指示的な名詞句のばあいは、変項名詞句になりえないがゆえに、(80)(81)のように、間接疑問をとる述語の目的語の位置に生起して潜伏疑問を構築しにくいのである。[29]

潜伏疑問文をめぐる従来の研究の第二の問題は、潜伏疑問文とコピュラ文の意味との関係を掘り下げて研究するという視点が欠如していたという点である。そのため、潜伏疑問文における変項名詞句（非指示的名詞句）と本質的に同様の性質をもつ名詞句が、構文的には無関係の広範囲の構文にも登場しているという事実を看過してきたように思われる。以下では、潜伏疑問文以外の多様な構文においても、変項名詞句が介在し、その構文の意味の深いところでコピュラ文の働きが隠れている現象に注目してみたいと思う。

2.2.3. 変化文と変項名詞句

まず、次のような変化を表す文を考えよう。

(82) 10年ぶりに会ったが、彼は、すっかり変わったね。

(82)における「彼」は、人称代名詞であるゆえ、指示的名詞句としてしか解釈できない。つまり、(82)は、「彼」の指示対象について、その風貌や性格などが変化したことを表している。「Aが変わる」にたいするこの種の読みを「変貌の読み」と呼ぶことにしよう。これは、より厳密にいえば、たとえば、(83a)から(83b)への変化であると言うことができるかもしれない。

(83) a. （時刻 T_k において）彼はやせている。
　　 b. （時刻 T_{k+j} において）彼は太っている。

ここで、(83a)(83b)がコピュラ文であり、しかも措定文の形をしていることに注意しよう。ということは、「変貌の読み」は、措定文の変化、つまり、同一指示対象についての属性の変化を表していることを意味している。

こんどは、次のような変化文をみよう。

(84) 太郎の好物が変わった。
(85) 夫について気になる点が、最近変わった。
(86) 職場での太郎の地位が最近変わった。
(87) 洋子の住所が変わった。
(88) 結婚式の日取りが変わった。
(89) 田中の机の位置が変わった。

これらの下線部を対象を指示する指示的名詞句ととることは無理である。た とえば、あえて(84)の下線部を指示的とみなし、たとえば、バナナを指すと しよう。すると、(84)は「バナナが変わった」という意味になり、意図して いる読みから大幅に逸脱してしまう。(84)の意味は、〈以前はある食べ物 A が太郎の好物であったが、今では別の食べ物 B が太郎の好物である〉のよ うなものであろう。このばあい、(84)の下線部「太郎の好物」は「Wh-疑 問文の意味を有する名詞句」すなわち、変項名詞句という意味で非指示的で あり、(90)という疑問文にたいする答えがたとえば、(91a)から(91b)に変 わったと読むべきである。

(90) 　太郎の好物は何か？
(91) a. 　（時刻 T_k において）太郎の好物は、バナナだ。
   b. 　（時刻 T_{k+j} において）太郎の好物は、西瓜だ。

同様に、(85)にたいする自然な読みは、たとえば、《わたくしは、以前は夫 の締めるネクタイが気になって仕方がなかったが、最近はそれは気にならな くなったものの、今度は夫の食べ方がどうも気になって仕方がない》という ようなものであろう。[30]

　要するに、この読みでの「変わる」は、変項を埋める値が、ある値から別 の値へ変化することを言わんとしている。「Aが変わる」にたいするこの種 の読みを「入れ替わりの読み」（もしくは「値変化の読み」）と呼ぶことにし よう。ここで、(91a)(91b)がコピュラ文であり、しかも倒置指定文の形式 を有している点に注意しよう。ということは、「入れ替わり」の読みは、指 定文の変化を表していることを意味している。(86)-(89)の例も同様であり、 「値変化の読み」という意味で「入れ替わりの読み」を表す変化文である。

　結局、変化文の「変貌の読み」と「入れ替わり」の読みの違いは、コピュ ラ文の措定文の変化と倒置指定文の変化に還元できることになる。ここに変 化文の意味構造の背後にあるコピュラ文をみてとることができよう。

　(84)-(89)のような変化文は間接疑問を要求する述語をとらず、いかなる 意味でも潜伏疑問文とは言えない。それにもかかわらず、下線部は、変項名 詞句という意味で非指示的であり、意味的には「Wh-疑問文の意味を有す る名詞句」を要求している点に注意すべきである。

　さて、本章 2.2.2 節で、名詞句の意味に、数字もしくはそれに類する抽象 的なものを含むばあいは変項名詞句として解釈される傾向が強いことを指摘 した。この事実は次のような変化文が「変貌の読み」は無理で、「入れ替わ

りの読み」しか可能でない事実とも首尾一貫する。

(92) 天王星の発見により、惑星の数が変わった。
(93) 子供たちが食べたために、この箱のなかのケーキの数が変わった。
(94) 花子の身長が伸びた。
(95) 洋子の体重が減った。
(96) 火星の表面温度が最近上昇した。

(92)では、名詞句「惑星の数」は指示的ではない。なぜなら、惑星の数、たとえば、9なら、9という数そのものが別の数に変貌する、ということは数の特性からいってそもそもありえないからである。むしろ(92)は、〈[xが惑星の数である]そういうxの値がある数から別の数になった〉という意味であろう。(93)-(96)の例も同様である。

数のような抽象的なものを表す名詞句でなくても変項名詞句の解釈しか許さないものがある。次の例をみよう。

(97) a. 悪天候のため、この飛行機の着陸地が変わった。
　　 b. 風向きが南から北に変わった。
　　 c. この食堂のメニューは毎回変わる。
　　 d. 1989年、元号が変わった。

これらの文における下線部の名詞句を指示的ととり、文全体を変貌の読みで解釈することは無理である。たとえば、(97a)は、

(98) [xがこの飛行機の着陸地である]を満たす変項xの値がある土地Aから別の土地Bに入れ替わった。

と読むのがより自然であろう。したがって、(97a)の下線部は変項名詞句であり、全体は入れ替わりの読みとして解釈すべきであろう。(97b)(97c)(97d)も同様である。

われわれの以上の考察が正しければ、「変わる」という述語にたいする通常の辞書記述は十分ではないということになる。通常の辞書では、この語には、(ⅰ)変貌する、(ⅱ)入れ替わる、の意味がある、とだけ述べているわけであるが、このような辞書記述では、「入れ替わりの読み」が主語名詞句に非指示性を要求することも、また、「入れ替わりの読み」と Wh-疑問文や指定コピュラ文とのあいだに密接な関係があるという肝心の意味論的事実が捉えられていない。(84)-(89)、(92)-(96)、(97)については「入れ替わりの読

み」しか可能でないのにたいして、(82)については「変貌の読み」しか可能でないという事実を説明するためには「変項名詞句」や「指示的名詞句」という概念の導入が不可欠なのである。

2.2.4. 存在文と変項名詞句

　名詞句の指示性・非指示性は存在文の意味を分析する際にも、重要な要因となる。次のような存在文を考えよう。[31]

　(99)　隣の部屋に、<u>洋子の好きな作曲家</u>がいる。

　(99)は(100)という形式をしており、場所を必須とする存在文であるので「場所存在文」と呼ばれる。

　(100)　何処に、何々が ある/いる。

(99)のような場所存在文においては、下線部「洋子の好きな作曲家」は世界のなかのある個体を指示しており、その個体がしかじかの場所に場を占めていることを表す。その個体がショパンであるとき、(99)の下線部を「ショパン」で置き換えることは可能であるばかりでなく、そうしてできあがった(101)は(99)と真理値も変わらないのである。

　(101)　隣の部屋に、ショパンがいる。

なお、(99)は、「誰かが洋子の好きな作曲家である」ことはいわば前提となっていることにも注意しよう。

　こんどは、次のような文を考察しよう。

　(102)　<u>洋子が教えることのできない科目</u>がある/存在する。

たとえば、(102)は、下線部「洋子が教えることのできない科目」である科目(たとえば数学)を指すかあるいは念頭におき、その対象について、それが世界のどこかに存在しているということを述べているのではない。そもそも、(102)にたいして、「どこに、洋子が教えることのできない科目があるか」と問うことはナンセンスである。そもそも数学のような科目が空間的な場所を占めることはありえない。結局、この文は、「洋子はある科目を教えることができない」ということを述べているにすぎない。したがって、(102)が真であるかどうかを確認するためには、洋子に直接インタビューすれば十分で

あって、そのような科目がどこかに存在するかどうかを確認しようとして世界中をさがしまわる必要はないのである。結局、(102)は、(103)という疑問文にたいする答えが存在すること、いいかえれば(104)における変項 x を満たす値が存在することを述べている、と言うことができる。

(103) 洋子が教えることのできない科目は何であるか。
(104) x が、洋子が教えることのできない科目である。

したがって、(102)の下線部「洋子が教えることのできない科目」は変項名詞句であり、この文全体は変項の値が空でないことを述べていると理解すべきである。この意味で、(102)の下線部は、場所存在文の主語とは根本的に異なり、指示的名詞句ではないのである。このことは、今かりに、「洋子が教えることのできない科目＝数学」であるとき、(102)の下線部を「数学」で置き換えて(105)をつくるわけにはいかないという事実からも明らかである。

(105) ?数学が存在する／ある。

同様に、次の文の下線部も変項名詞句であって、指示的ではない。

(106) <u>100 m を 3 秒で走ることのできるような人間</u>はいない。

たとえば、(106)を聞いたひとが、「あなたは一体誰について言及しているのですか」「100 m を 3 秒で走ることのできるような人間って、一体どんなひとですか。その人は背が高いですか、アメリカ人ですか」などと問うことはありえないであろう。この文は、下線部の指示対象についてなにかを述べているのではないからである、むしろ、(106)は、(107)という命題は偽である、ということを述べているにすぎない。

(107) 誰かが 100 m を 3 秒で走ることのできるひとである。

(102)や(106)のようなタイプの存在文を「絶対存在文」と呼ぶことにしよう。ここで注意すべきは、(104)や(107)が「指定コピュラ文」の形式を有していることである。この事実は、絶対存在文と指定コピュラ文とあいだに意味的に密接な関連があることを示しているといえる。

次の例も絶対存在文にほかならない。

(108) 君たちのなかに、<u>洋子を殺したひと</u>がいる。

(108)の下線部を指示的名詞句ととり、「君たちのなかに」を場所辞と解釈す

るわけにはいかない。(108)には「場所存在文」としての読みはないのである。実は、(108)の下線部「洋子を殺したひと」は「xが洋子を殺したひとである」と解釈すべき変項名詞句なのであり、(108)は、そういうxを埋める値が「君たち」の指示対象のなかに収まるということを述べているのである。結局、(108)はその意味表示を(109)で明示できる絶対存在文の一種にほかならない。

(109) 「xが洋子を殺したひとである」を満たすxの値は、君たちのなかのひとりだ。

結局、(108)のこの読みは、日常の言葉で言い替えると、(110)のようになる。

(110) 君たちのなかの誰かが洋子を殺した。

次の諸例も絶対存在文にほかならない。

(111) なにか質問したいひとはありませんか。　　　　（寺村1982）
(112) こんなことを言うひとがある。　　　　（益岡 & 田窪 1989）

よく知られているように、日本語の存在文においては、一般に対象（A）が人や動物のごとく「有情のもの」であるばあい「いる」が用いられ、対象がそれ以外のものであるばあい「ある」が用いられる、とされる。興味深いことに、(111)(112)の下線部は人間であるにもかかわらず、「ある」が使用されている。[32] 筆者の考えでは、その理由は、これらの文の下線部が変項名詞句であり、文全体が絶対存在文であるという点が深く関与しているように思われる。つまり、(111)は、「xが質問したいひとである」を満たすxの値が空ではないかどうかを尋ねているのである。(112)も、「xがこんなことを言うひとである」を満たすxの値が空ではないことを述べているのである。いずれもxの値という、有情のものかどうかという区別から抽象化されたレベルでの存在・非存在を問題にしているがゆえに、当の名詞が人間であるにもかかわらず、「ある」の形が使用可能となるのである。このことは、次例のように、この種の文に場所表現を付して、場所存在文にしてしまうと、「いる」の形しか許されないことからも裏づけられる。

(113) a. 隣の部屋にこんなことを言うひとがいる。
　　　 b. ?隣の部屋にこんなことを言うひとがある。

以上の観察から、存在動詞の「いる」と「ある」の分布に関して、ひとまず

次の仮説を立てることができそうである。

(114) 存在文「Aが存在する」において、Aが人間や動物であるにもかかわらず、「ある」の形が使用可能なのは、Aが変項名詞句として解釈され、存在文全体がその変項を埋める値の有無を問題にしているばあい、すなわち、絶対存在文のばあいにかぎられる。

もちろん、(114)は、人間や動物を表すAが変項名詞句として解釈されるとき、(106)や(108)のように「Aがいる」の形も許容されるということを排除するものではない。

なお、次の文は一般に「所有文」と呼ばれているものであるが、下線部はやはり変項名詞句であり、文全体は絶対存在文に準じるものである。

(115) a. 太郎には、好きな食べ物がある。
b. 洋子には好きなひとがいる。
c. 次郎には、欠点がたくさんある。

たとえば、(115a)は、下線部「好きな食べ物」でなにかある対象（例えばバナナ）を指し、「太郎にはバナナがある」ということを述べようとしているのではない。そうではなくて、この文は、「太郎はある食べ物がとくに好きだ」ということ、いいかえれば、(116)のxを埋める値が空でないことを言っているにすぎない。

(116) xが太郎の好きな食べ物である。

そして、(116)は指定文にほかならない。この事実は、(115a)のような所有文の背後に(116)のような「指定コピュラ文」が関係していることを示しているといえよう。(115b)(115c)の例も同様である。

このように、絶対存在文や準絶対存在文の主語名詞句は変項名詞句であり、文全体はその変項の値の有無を述べているだけであって、その値がどこかの場所に存在すること、つまり、空間的な一定の位置を占めていることを述べているわけではない。この点で、絶対存在文は、場所存在文と本質的に異なるのである。絶対存在文と場所存在文の相違については、第9章でさらに詳しく論じる。

本節では、名詞句の意味機能に注目して、コピュラ文のみならず、潜伏疑問文、変化文、存在文、所有文のような非コピュラ文の意味解釈をも検討した。この検討を通して、一見無関係に思われる多様な構文の意味の背後に変

項名詞句を介して、コピュラ文の働きが内在することが明らかになった。

3. 指示性に関して曖昧な文

　名詞句が指示的名詞句と、(変項名詞句という意味での) 非指示的名詞句という二つの意味機能をもつとすれば、述語によっては両解釈を許すばあいがあり、文全体は、曖昧になりうる。本節では、この種の曖昧な文の具体例を見ておこう。

3．1．コピュラ文の曖昧性：措定文と倒置指定文

　上で見たように、「AはBだ」というコピュラ文は、とくにBが名詞句であるばあい、措定と倒置指定という相異なった解釈が可能となり、倒置指定の方だけが、「BがAだ」と同じ意味になる。ということは、一般に「AはBだ」の形式の文は（Bが名詞句のばあい）曖昧になるはずである。事実、この予測は正しい。次の例を見よう。

　　(117)　わたくしの意見は党の意見です。　　　　　　（上林 1988: 68）

いま、ある政党の実力者が、憲法改正に関する見解を長々と表明し、最後に、咳払いをしたあとで、(117)を口にしたとしよう。この場合、「わたくしの意見」は、その実力者党員が今しがた述べた憲法改正に関する見解を指示しており、もちろん指示的名詞句である。そして、文全体は、その見解は「党の意見」という性質をもつことを述べているわけであるから、これは措定文の解釈となる。[33]

　(117)にたいするもう一つの解釈はこうである。ある政党で憲法改正にする党の意見が割れ、対応に苦慮した党の委員長は、緊急幹部会を開き、幹部党員ひとりひとりから率直な意見を求めることにしたとしよう。その際、委員長から意見を求められたある日和見主義の党員が、(117)を口にしたとする。このばあい、「わたくしの意見」でもって、特定の見解を指示しておらず、〈xがわたくしの意見である。そういうxに入る値は党の意見である〉という意味であり、結局、「わたくしは党が決めた意見に従います」と述べていることになる。これは、倒置指定文の解釈である。この解釈のばあいは、(117)を(118)で言い替えたとしても意味は変わらない。

　　(118)　党の意見がわたくしの意見です。

もちろん、(117)にたいする前者の解釈（措定文の読み）のばあいは、(118)で言い替えるわけにはいかない。同様に次の文も措定文読みと倒置指定文読みの両方の解釈を許す。

(119) 息子の家庭教師は東大生ではなかった可能性がある。

この文にたいする一つの読みは、息子の家庭教師であったA君は自称「東大生」ということであり、われわれもそう信じてきたが、ひょっとするとA君はにせ東大生であった可能性がある、というものである。これは、「息子の家庭教師」が指示的に解釈されており、文全体は、措定文となっている。

(119)には、《息子の家庭教師であったA君は事実、東大生であるが、もしあの受験の日にA君が交通事故に遭遇していたら、受験ができず、東大生になっていなかった可能性もある》という読み（反事実仮想の読み）もある。これも、下線部を指示的ととっているので、やはり措定文の読みである。措定文のこのふたつの違いは、「可能性がある」の曖昧性からくるものである。

さて、(119)にたいしては、まったく別の解釈もある。受験生の息子だけを日本に残し、両親は海外に滞在している状況を仮定しよう。息子には東大生の家庭教師をつけていたはずである。そのような両親の会話に(119)が登場したとしよう。このばあい、《息子の言葉を信じれば、息子の家庭教師は東大生のA君であったということであるが、ひょっとすると、これは、われわれが息子にだまされていたかもしれず、息子の家庭教師は本当は、慶應義塾大学生のB嬢であった可能性がある》、という読みが出てくる。これは、下線部が「xが息子の家庭教師である」という変項を含む命題を表しており、そういう変項xにたいして東大生とは別の値が入る可能性を述べているわけである。したがって、文全体は、倒置指定文の解釈である。

(119)を倒置指定の解釈にとったばあいでも、もうひとつ別の読みがある。息子の家庭教師は事実、東大生のA君にほかならないが、もし、あの時、慶應義塾大学生のB嬢を知っていたら、息子の家庭教師をB嬢にお願いしていた可能性がある、という読み（反事実仮想の読み）である。この読みでも、「息子の家庭教師」は変項を含む命題を表している。つまり、「xが息子の家庭教師である」そういう変項xにたいして東大生という現実の値とは別の値が入る可能性があることを述べているわけである。したがって、これも倒置指定文の読みである。

(119)にたいする倒置指定文の読みのばあいだけ、(119)は、意味を変えずに(120)で言い替えることができる。

(120)　東大生が息子の家庭教師でなかった可能性がある。

措定文と指定文の両方の解釈を許す、おもしろい例をもうひとつ挙げておこう。

(121)　<u>ハイドンが最後に作曲した作品はピアノソナタだ。</u>

いま、ハイドンが最後に作曲したと思われる楽譜の断片が発見された状況を想像しよう。その楽譜は、ハイドンが死の直前に書いたものだけに筆もかなり乱れており、音符も判読しがたく、それが一体いかなるジャンルの曲であるか判断しがたいものであった、と仮定しよう。その楽譜を音楽学者たちが長い年月をかけて慎重に鑑定した結果、結論が得られ、(121)を発表した、とする。このばあい、(121)は措定文として解釈される。なぜなら、下線部でもって特定の楽譜を指示しており、それに「ピアノソナタ」という性質を帰す、と言っているからである。

(121)にたいするもうひとつの解釈は、こうである。ハイドンが、どの作品を一番最後に作曲したかをめぐって音楽学者のあいだで長い論争があったとしよう。その可能性のある作品として、特定の弦楽四重奏曲、あるオラトリオの作品、あるピアノソナタなどが挙げられていたとする。音楽学者がそれらの作品を詳細に検討した結果、ピアノソナタこそが、一番最後の作品だと判断して(121)を口にしたとしよう。このばあい、(121)にたいする解釈は指定読みである。なぜなら、この読みは、

(122)　ハイドンが最後に作曲した作品はどれかといえば、それはピアノソナタだ。

と言い替えることができるからである。

ここで注意すべきは、(121)にたいする上で観察したふたつの解釈は、真理条件的には違いがない、という点である。ハイドンがピアノソナタを最後に書いたという客観的事実が与えられさえすれば、その事実のもとでは、(121)の指定文としての解釈はもちろん真であるが、同時に措定文としての解釈も真になるはずである。つまり、(121)の指定文としての解釈を真としながら、措定文としての解釈を偽とするような状況は考えにくいであろう。ということは、(121)にたいするふたつの解釈すなわち、指定と措定の区別はいわば

非真理条件的な側面である、といえるかもしれない。しかし、われわれが言語を用いて思考するとき、指定と措定の区別はきわめて重要である。対象の存在をまず肯定し、それについて性質を述べるという思考と、変項をもつ命題を考え、その変項を具体的な値で指定するという思考とはまったく異質である。日本語の「AはBだ」はたまたまその措定、倒置指定の両方を表しうるが、「BがAだ」は曖昧ではなく指定しか表しえないのであった。このように、思考上の違いは、日本語の言語形式の上でも部分的に反映されているのである。指定と措定の区別のように、思考において本質的な区別がかならずしも真理条件のレベルではとらえることができないという事実がもしあるとすれば、それは、言語形式と思考との関係を解明するのに真理条件的意味論だけでは十分ではないことを示唆している。

日本語の「は」と「が」の問題に関しては、これまでに多くの研究がある。とくに、最近では、それを文文法の枠組みではなく、談話文法もしくは語用論のレベルで処理しようとする傾向は強い。事実、その観点から、「新情報」と「旧情報」あるいは、「重要度のより高い情報」と「重要度のより低い情報」という機能主義的な概念で「は」と「が」の意味・用法を規定しようとする試みがさかんにおこなわれてきた。[34] また、前提（presupposition）と焦点（focus）という概念を用いて、「は」と「が」の問題を分析しようとする試みも珍しくない。さらに、関連性理論の概念を用いて、「は」と「が」の問題を解明しようという試みもあった。[35] これらの試みはいずれも興味深いものではあるが、「AはBだ」が措定と指定の二通りに解釈でき、曖昧であるという事実、そして、後者だけが、「BがAだ」と同一の意味である、という事実は、「「は」は旧情報を担い、「が」は新情報を担う」という機能主義的な仮説を用いてもうまく説明できないし、前提と焦点という概念を用いてもうまく説明できない。さらにまた「は」と「が」の問題は、「関連性」の概念をどんなに駆使しても原理的に説明できないものなのである。

日本語のように、「は」と「が」の区別を持たない英語のばあいは、措定と指定の曖昧性は気づきにくいが、やはり存在する。たとえば、(123)は曖昧である。

    (123)   *What I don't eat* is food for the dog.   (Declerck 1988)

まず、(123)の *What I don't eat* を指示的にとり、わたくしが食べないで残している物を指すとしましょう。文全体は、その食べ物について、それは、犬

の餌という属性をもつ、と主張している、と読むのである。このばあい、(123)は(124)という意味になる。

(124) わたくしが食べ残したものは犬にくれてやれ。

これは、措定文の解釈である。一方、(123)の *What I don't eat* を変項名詞句ととり、その変項の値を *food for the dog* の指示対象で埋めていると読むこともできる。このばあい、文全体は、(125)という意味になる。

(125) わたくしはなんでも食べるが、ドッグフードだけは、食べない。

これは、倒置措定文の解釈である。
こんどは、次の例を見よう。

(126) *What Bill whispered to Nancy* is a military secret. (Gundel 1977)

まず、(126)の *What Bill whispered to Nancy* を指示的にとり、ビルがナンシーにささやいた言葉を指すと仮定する。するとこの文は、その言葉は、「軍事上の機密」という属性をもつ、と主張していることになる。これは、措定文の解釈である。一方、(126)の *What Bill whispered to Nancy* を変項名詞句ととり、その変項の値を *a military secret* で埋めていると読むこともできる。このばあい、文全体は、〈ビルがナンシーにある軍事上の機密をささやいた〉という読みになる。これは、倒置指定文の解釈である。ビルが軍の幹部であるかぎり、前者の読みでも後者の読みでも、ビルは軍法会議にかけられるであろう。このように、両者の読みは真理条件的には区別できないのである。日本語でも(127)は同様の曖昧性をもつであろう。

(127) ビルがナンシーにささやいた内容は、軍事上の機密だ。

3.2.「Aに関心がある」の曖昧性

こんどは、非コピュラ文を考えよう。次の文を見よう。

(128) 太郎は、花子の好きな作曲家に関心がある。

この文の下線部は、指示的解釈と非指示的解釈（変項名詞句という意味での非指示的解釈）とを許し、文全体が曖昧である。まず、下線部を指示的にとれば、「花子の好きな作曲家」によってある対象を指し、太郎はそのひとに関心がある、という読みになる。実は、この読み自体、語用論的にはさらに

いくつかの変種に下位区分されうるのである。第一に、この対象が特定の作曲家、たとえばメシアンを指し、太郎がたまたまメシアンに関心をもつという読みがある。このばあい、花子の好きな作曲家はメシアンだということを太郎が知らなくてもかまわないし、さらに太郎は花子とまったく面識がなくてもかまわないのである。つまり、この読みでは、太郎がメシアンに関心をもつ動機は、メシアンが花子の好きな作曲家であるという事実と独立でありうるのである。第二に、太郎は、「花子の好きな作曲家」で特定のひとを念頭においているわけではなく、とにかく花子の好きな作曲家であれば誰であれ、そのひとに太郎は関心をもつ、という読みがある。この読みのばあい、(128)の下線部の名詞句の表現内容そのものが本質的に効いているわけであり、本章1.2節で問題にした、Donnellanの言う「属性的用法」にほかならない。しかし、いずれの読みでも下線部の名詞句は、「世界のなかの対象を指示する」という意味では指示的な使い方の変種である。

　一方、(128)の下線部を変項名詞句ととるならば、この文は上の二つの読みとはまったく異なる読みをもつ。すなわち、「太郎は、花子の好きな作曲家は誰であるか、に関心をもっている」という読みである。このばあい、太郎は、(129)という命題の変項 x の値を埋めることに関心があるのである。

(129)　x が花子の好きな作曲家である。

この読みでは、太郎の関心は、特定であれ、不特定であれ、世界のなかのある個人に向かっているのではない。むしろ、太郎が関心を向けているのは、人間ではなく、あくまで「花子の好きな作曲家はいったい誰か」という疑問およびそれに答えることなのである。したがって、かりに花子の好きな作曲家がメシアンだとしても、太郎は、メシアン個人になんら興味はなく、「メシアンが、花子の好きな作曲家である」という命題全体に興味を示すだけなのである。これは、潜伏疑問の読みにほかならない。ここで、(129)が指定コピュラ文の形式を有している点に注意しよう。本章2.2.2節で見たように、潜伏疑問の読みと指定コピュラ文の読みとのあいだには意味的に密接な関係があるのである。

　同様に、「知っている」という述語は間接疑問を構築する述語ではあるが、目的語の位置に、指示的名詞句と変項名詞句（非指示的名詞句）の両方を許容するため、文全体は意味が曖昧になる。次の例を見よう。

(130)　洋子は、太郎の勤務している大学を知っている。

(130)にたいするひとつの解釈は、「洋子は、太郎の勤務している大学、たとえば慶應義塾大学についていろいろな知識をもちあわせている」という読みである。このばあい、下線部は指示的に解釈されており、洋子はたとえば、「太郎の勤務している大学は、福沢諭吉によって創設された大学であり…」といった措定文としての知識を有していることを意味している。(130)にたいするこの読みでは、この文は、洋子が慶應義塾大学についての知識をもっていさえすれば真になるのであって、洋子は太郎が慶應義塾大学に勤務しているという情報をもちあわせている必要はない。いや、そればかりか、この読みでは、洋子は太郎の存在すら知らなくてもかまわないのである。

(130)にたいするもうひとつの解釈は、「洋子は、太郎がどの大学に勤務しているかを知っている」というものである。このばあい、洋子は(131)の変項xの値を指定する能力がある、という意味である。

(131)　xが太郎の勤務している大学である。

この読みでは、洋子は太郎の存在も知っている必要があることは当然である。ここでも、(131)が指定コピュラ文の形式を有している点に注意しよう。

「関心がある」「知る」と同様に、間接疑問を構築する述語でありながら、直接目的語の名詞句の解釈が曖昧になる述語として「分かる」がある。(132)を見よう。

(132)　洋子には、どうしてもピカソの絵が分からなかった。

(132)は、その下線部を指示的名詞句にとるならば、「洋子はピカソの絵を神秘的で不可解だと思っている」という読みになる。一方、下線部を変項名詞句ととるならば、「洋子は（多くの絵のなかで）どれがピカソの絵であるかを認定できない」という読みになる。

こんどは、次の例を見よう。

(133)　ぼくに、きみの好きな外国語を教えてくれよ。

この文には「きみの好きな外国語の教授をしてくれ」という読みもあるが同時に、「どれがきみの好きな外国語であるかを教えてくれ」という読みもあり曖昧である。前者は下線部を指示的とみなしていたのにたいして、後者は下線部を変項名詞句と解釈したのである。[36]

最後に次の文を考えてみよう。

(134)　この子が出世できるかどうかは、<u>この子の将来の奥さん次第だ</u>。

この文にはいくつかの解釈が可能である。まず、下線部を Donnellan の言う指示的用法とみなし、「この子が出世できるかどうかは特定の女性（この子の許嫁）の力次第だ」と解釈する読みがある。第二に、下線部を Donnellan の言う属性的用法とみなして「この子が出世できるかどうかは、この子の将来の奥さんが誰であれ、その女性の力次第だ」と解釈する読みがある。いずれの読みでも、下線部は世界の個体を指そうとしているという点で指示的名詞句である点に注意しよう。

ところが、(134)には下線部を「変項名詞句」として、非指示的に読む解釈も存在する。このばあい、

(135)　この子が出世できるかどうかは、誰がこの子の将来の奥さんであるかに依拠する。すなわち、「xがこの子の将来の奥さんである」を満たすxの値次第でこの子は出世できるかもしれない。

となる。この変項名詞句の読みは、第二の属性的用法の読みと混同されやすいがまったく別である。属性的用法の読みでは、この子の将来の奥さんになるようなある女性Aの力、つまり個人の力（いわゆる内助の功）がこの子の出世を左右するという意味なのであった。一方、(135)のような変項名詞句の読みでは、この子の出世を左右するのは、個人A（の力）ではなくて、(136)という命題なのである。

(136)　ある女性Aがこの子の将来の奥さんである。

たとえば、この子の将来の奥さんとなるその女性Aが実は、大変な悪妻で、夫の出世を妨げることばかりするひとだと仮定しよう。ところが、そのような悪妻をもっているということが、逆に夫を自立させ、結果的には夫を出世に導くということもあるのである。このばあい、その夫の出世にとって、女性Aの力は、なんら影響を与えていないのであるが、(136)という命題がその夫の出世に影響を与えているのである。そして(136)はいうまでもなく指定コピュラ文である。このことは、(134)のような非コピュラ文にたいする第三の解釈の背後に指定コピュラ文の意味構造が埋め込まれていることを裏づけているといえよう。[37]

3.3. 変化文「Aが変わる」の曖昧性

本章2.2.3節で、変化文「Aが変わる」には、Aにたいする指示性の解釈に応じて、「変貌の読み」と「入れ替わりの読み」とがあることを見た。また、「Aが変わる」にたいする変貌の読みは、措定コピュラ文と密接に関係していること、一方、「Aが変わる」にたいする入れ替わりの読みは、変項を埋める値の変化であるから指定コピュラ文と密接に関係していることを指摘した。ということは、Aが両方の解釈を許容するばあい、文全体は曖昧になる。

たとえば、(137)のような変化文は下線部を指示的と読む解釈と変項名詞句(「項の位置にある値を問う Wh-疑問文の意味を有する名詞句」) と読む解釈の両方が可能であり曖昧である。

(137) <u>洋子の一番好きな作曲家</u>が変わった。

下線部を指示的と解釈すれば、「洋子の一番好きな作曲家、たとえば、ジョン・ケージの性格や容貌などが変貌した」という読みになる。これは「変貌の読み」である。一方、(137)の下線部を変項名詞句と解釈すれば、「以前はあるひとが洋子の一番好きな作曲家だったが、いまでは別のひとが洋子の一番好きな作曲家になった」という読みになる。これは、「入れ替わりの読み」である。これは、

(138) 洋子の一番好きな作曲家は誰であるか。

という Wh-疑問文にたいする答えが変わった、と言うこともできる。結局、(137)にたいする変貌の読みは、主語の指示対象についてあてはまる属性の変化を主張しているので、措定文の変化であることがわかる。一方、(137)にたいする入れ替わりの読みでは、下線部を「x が洋子の一番好きな作曲家である」という変項を含む命題ととり、文全体は、その変項の値が、ある値から別の値に変わった、と解釈しているので、指定文の変化であることがわかる。[38] 同様に、

(139) <u>そのホールのピアノ</u>が最近変わった。

(139)の下線部を指示的と読めば、そのホールに置かれている特定のピアノについてその属性変化を述べている文ということになり、たとえば《すばらし

い調律師のおかげで、そのピアノの音色、響き、タッチなどが最近変わった》という意味になる。一方、(139)の下線部を変項名詞句ととれば、〈そのホールのピアノがピアノAからピアノBに入れ替わった〉という読みとなる。つまり、(140)に入る値の入れ替わり読みなのである。

(140) xがそのホールのピアノである。

実は、変化文「Aが変わる」の曖昧性は、変化文の延長線上にある「Aが増える」という構文についてもあてはまるのである。たとえば、(141)のような「増える」構文を考えてみよう。

(141) 鈴木の研究している細菌が増えた。

(141)は、実に多様な解釈ができるが[39]、ここでは、「鈴木が研究している特定の細菌が増殖した」という読みと、「鈴木がより多くの細菌を研究するようになった」(つまり研究上のレパートリーが増えた)という読みの二つに焦点をあてて考えてみよう。前者の読みは下線部を指示的名詞句とみなした解釈であり、対象のもつ属性変化の一種である。後者の読みは下線部を変項名詞句とみなした解釈である。このばあい、

(142) 鈴木の研究している細菌はどれか。

にたいする答えがたとえば、5年前は、

(143) 鈴木の研究している細菌はペスト菌である。

であったのにたいして、今は、

(144) 鈴木の研究している細菌はペスト菌、コレラ菌、ボツリヌス菌、エルシニア菌、赤痢菌、チフス菌である。

となるようなばあいである。つまり、(141)の下線部を、変項を含む命題

(145) xが、鈴木の研究している細菌である。

と解釈し、そういうxを埋める値の個数が多くなった、という意味である。ここでも、(143)(144)がいずれも倒置指定文であることに注意しよう。

次の例も変化文の一種であるが、曖昧である。

(146) A航空の機内食がだんだん悪くなってきた。[40]

(146)の下線部を個体指示の表現と解釈しよう。そのばあいは、たとえば、あるA航空の特定便の冷蔵庫が故障したためにその機内食がだんだん腐ってくる、といった状況での読みになる。これは、より正確にいえば、(147a)から(147b)さらに(147c)への変化とみなすことができる。

(147) a. A航空の機内食は時刻$_t$においては、おいしい。
  b. A航空の機内食は時刻$_{t+1}$においては、あまりおいしくない。
  c. A航空の機内食は時刻$_{t+2}$においては、まずい。

(147)の各文は、措定文であるので、これは、属性変化の一種といえよう。一方、(146)の下線部を変項名詞句と解釈しよう。これは、A航空の機内食の質は昔はよかったのに、最近では、まずくなってきたという読みになる。このばあい、

(148)　xがA航空の機内食である。

という変項を含む命題が関与しており、(146)全体は、この変項を埋める値が時間の系に従って入れ替わり、しかもそれらの個々の値のもつ属性をおいしさという観点から比較すると次第に悪くなっているということを述べているのである。(148)が、指定コピュラ文の形式であることに注意しよう。したがって、ここでも、(146)のように、コピュラ文と一見まったく無縁であるかに思われる構文の曖昧性が、意味の深いレベルではコピュラ文の構造と密接に関係していることがわかる。[41]

3．4．存在文の曖昧性

　名詞句の指示性・非指示性は存在構文の意味を分析する際にも、きわめて重要な要因である。本章2.2.4節で、われわれは、存在文「Aが存在する」は、Aにたいする指示性の解釈如何で、「場所存在文の読み」と「絶対存在文の読み」がありうることを指摘した。同一名詞句がしばしば変項名詞句（したがって、非指示的名詞句）とも指示的名詞句とも解釈されうる以上、存在文が意味的に曖昧になることは十分予想されうる。たとえば、次の文を考えよう。

(149)　この会社のなかに、<u>洋子を殺したひと</u>がいるはずだ。

(149)のような存在文は、下線部の解釈に応じて三通りの読みが可能である。

まず、下線部を指示的名詞句ととり、「この会社のなかに」を場所表現と解釈しよう。今、話し手が「洋子を殺したひと」で特定のひと、たとえば、田中太郎を念頭においていたとしよう。そのばあい、(149)は(150)のような読みを得る。

 (150) 建物としてのこの会社のどこかに、田中太郎がいるはずだ。

次に、話し手が洋子殺しの犯人をまだ特定化できていないとしよう。しかし、状況証拠からして、洋子殺しの犯人はこの会社のどこかに潜んでいるはずだ、と推定されるばあい、(149)を口にすることができる。このばあい、(149)は(151)のように言い替えることができる読みをもつ。

 (151) 建物としてのこの会社のどこかに、誰であれ、洋子殺しの犯人がいるはずだ。

これらいずれの読みも場所存在文の解釈であることに注意しよう。第一の読みでは、「洋子を殺したひと」がDonnellanの言う「指示的用法」として使用され、第二の読みでは、「属性的用法」として使用されているのである。これら二つの読みの区別は語用論的なものである。

 ところが、(149)には以上の二つとはまったく異なる別の読みもある。それは、(149)の下線部を変項名詞句ととり、全体を絶対存在文と解釈する読みである。このばあい、(149)は(152)によって言い替え可能となる。

 (152) この会社の内部の人間が洋子を殺したはずだ。

この絶対存在文の読みをより厳密に言えば、(153)のようになる。

 (153) [xが洋子を殺したひとである]を満たすxの値は、この会社の社員のなかのひとりだ。

ここで注意すべきは、このような絶対存在文の読みでは(149)の「この会社のなかに」が空間的場所を表す表現ではありえない、という点である。いうまでもなく、(149)が(152)の読みで真であるとき、当の犯人は建物としてのこの会社のどこかに潜んでいる必要がないのである。また、今、洋子殺しの犯人が田中太郎だと仮定しよう。(149)にたいするこの第三の読みでは(149)の下線部「洋子を殺したひと」を「田中太郎」で置き換えて、(154)とするわけにはいかないのである。

(154)　この会社のなかに、田中太郎がいるはずだ。

(149)の下線部は変項名詞句である以上、非指示的であり、同一対象指示の他の表現で置き換えることなどそもそもできないからである。

　なお、(153)に登場している(155)が「指定文」の形式であることに注意しよう。

(155)　x が洋子を殺したひとである。

この事実は、絶対存在文が「指定文」の意味と内的に密接な関連があることを示しているといえよう。

　一般に、「A が存在する」という存在文は、主語名詞句 A が指示性に関して曖昧であるかぎり、文全体も曖昧になるのである。上で述べたように、(149)にたいする第一と第二の読みは、いずれも場所存在文であったが、第三の読みは絶対存在文である。場所存在文の読みと絶対存在文の読みの区別は意味論的なものである。したがって、(149)は意味論的には、場所存在文として読みと絶対存在文としての読みという二通りの読みがあり曖昧であるが、場所存在文として読み自体が、主語名詞句 A を指示的用法ととるか属性的用法ととるかに応じて語用論的に二通りに解釈されるのである。なお、場所存在文と絶対存在文の曖昧性については、第9章でさらに詳しく論じる。

4. 名詞句の意味特性と意味機能との相互関係

　われわれは第1章において、「NP_1 の NP_2」のような名詞句に焦点をあてて、名詞句自体のもつ意味を語用論的解釈から区別した上で、意味論的には少なくとも5つのタイプの「NP_1 の NP_2」が存在することを指摘した。一方、本章では文中における名詞句のもつ意味機能をその指示性・非指示性という観点から考察した。指示的名詞句についてはDonnellanのいう「指示的用法」と「属性的用法」の区別に注目し、それは意味論的な区別でなく、語用論的な区別であることを論じた。そして、非指示的名詞句についてはとくに「叙述名詞句」と「変項名詞句」という意味機能に注目した。

　さて、第1章の冒頭で述べたように、このような名詞句自体がもつ意味特性と、文中における名詞句のもつ意味機能とは互いに独立のことである。もちろん、そのことは両側面が相互に関係するということを否定するものではない。本節では、名詞句自体がもつ意味特性と、文中における名詞句のもつ

意味機能との相互関係について具体例で見ておこう。

第1章で見た5つのタイプの「NP_1 の NP_2」のうち、タイプ[C]だけは、主要語の性質上、文中ではつねに指示的名詞句としてしか機能しないが、他のタイプはいずれも、文中の述語次第で、指示的名詞句にもなれば、非指示的名詞句（叙述名詞句や変項名詞句）にもなりうるのである。以上のわれわれの分析を整理すると、次のようになる。

(156)

タイプ	NP_1	NP_2	「NP_1 の NP_2」の意味機能
[A]	付加詞 〈NP_1 と関係 R を有する NP_2〉	飽和名詞	イ 指示的名詞句 ロ 非指示的名詞句 　（a） 叙述名詞句 　（b） 変項名詞句
[B]	関係節 〈NP_1 デアル NP_2〉	飽和名詞	イ 指示的名詞句 ロ 非指示的名詞句 　（a） 叙述名詞句 　（b） 変項名詞句
[C]	時間領域	飽和名詞	イ 指示的名詞句
[D]	パラメータの値	非飽和名詞	イ 指示的名詞句 ロ 非指示的名詞句 　（a） 叙述名詞句 　（b） 変項名詞句
[E]	項	行為名詞	イ 指示的名詞句 ロ 非指示的名詞句 　（a） 叙述名詞句 　（b） 変項名詞句

まず、タイプ[A]の「NP_1 の NP_2」から見ていこう。たとえば、第1章5.1節で挙げた

(157)　洋子の首飾り（＝第1章(28)）

はタイプ[A]であった。そこで述べたように、この名詞句は、〈洋子と関

係Rを有する首飾り〉の意味であり、コンテクスト次第では、たとえば《洋子が所有している首飾り》とか《洋子が製作した首飾り》のごときより特定的な解釈が与えられるのであった。さて、この名詞句が登場する次の文を見よう。

(158)　洋子の首飾りが盗まれた。（非コピュラ文）
(159)　これは、洋子の首飾りだ。（措定文）
(160)　洋子の首飾りは、鏡台の上にあるあの黄色い奴だ。（倒置指定文）

これらの文における「洋子の首飾り」の機能は異なる。まず、(158)の下線部は指示的名詞句であることは明らかであろう。一方、(159)は措定文であるので、下線部は叙述名詞句（非指示的名詞句）として機能している。この場合、「洋子の首飾り」は世界のなかの個体を指示しているのではなく、主語名詞句「これ」の指示対象に帰す属性を表しているのである。一方、(160)は倒置指定文であり、下線部は変項名詞句（非指示的名詞句）として機能している。このばあい、(160)全体は、〈xが洋子の首飾りである、そういうxの値を「鏡台の上にあるあの黄色い奴」の指示対象で指定している〉と読むことができる。

次に、第1章5.2節で挙げたタイプ［B］の「NP_1のNP_2」の例をもう一度見よう。

(161)　コレラ患者の大学生（＝第1章(36)）

第1章5.2節で述べたように、この名詞句の言語的意味は〈コレラ患者デアル大学生〉であり、この読みに限定するかぎり、「コレラ患者」と「大学生」との関係についてこれ以上の語用論的解釈が入り込む余地はなかったことを思い起こそう。さて、この名詞句が登場する次の文を見よう。

(162)　コレラ患者の大学生が死んだ。（非コピュラ文）
(163)　あのひとは、コレラ患者の大学生だ。（措定文）
(164)　コレラ患者の大学生は、あの男だ。（倒置指定文）

そして、「コレラ患者の大学生」は(162)においては指示的名詞句、(163)においては叙述名詞句、(164)においては変項名詞句、という意味機能を果たしていることは明らかであろう。

次に、第1章5.3節で述べたタイプ［C］の「NP_1のNP_2」の例をとりあげよう。

(165) 東京オリンピック当時の君（＝第1章(76)）

第1章5.3節で述べたように、このタイプの名詞句は一般に、主要語 NP_2 が「定指示の名詞句」であり、NP_1 の時点での NP_2 を表示するため、基本的に指示的な機能しかもたない。したがって、このタイプの名詞句は文中でも指示的名詞句の位置にしか登場しないようである。

(166) 東京オリンピック当時の君は太っていたね。（措定文）
(167) 洋子は、東京オリンピック当時の君に憧れていた。
(168) わたくしは、東京オリンピック当時の君に関心がある。
(169) ？あそこに立っている男は、東京オリンピック当時の君だ。（措定文）

(166)(167)(168)の下線部が指示的名詞句の機能を果たしていることは明らかであろう。本章3.2節で見たように、一般に「Aに関心がある」はAを指示的名詞句ととるか変項名詞句としてとるかに応じて曖昧であり、後者のばあいにかぎり、潜伏疑問の読みが得られる。ところが、(168)には潜伏疑問の読みはなく、曖昧でない。また、(169)の下線部を叙述名詞句と解釈し、文全体に措定文の読みをあてることはできない。「あそこに立っている男」について「東京オリンピック当時の君」という属性を帰す、と読むわけにはいかないのである。[42]

こんどは第1章5.4節で挙げたタイプ［D］の「NP_1 の NP_2」の例をとりあげよう。

(170) 太郎の上司（＝第1章(86)）

主要語「上司」は非飽和名詞であり、「太郎の」はそのパラメータを設定している。このタイプの名詞句は、次の文のように、指示的名詞句の位置にも非指示的名詞句の位置にも登場することができる。

(171) 太郎の上司が汚職で逮捕された。
(172) あのひとは、太郎の上司だ。（措定文）
(173) 太郎の上司は、部長席にいるあの男だ。（倒置指定文）

(171)の下線部は指示的名詞句であるが、(172)の下線部は叙述名詞句、(173)の下線部は変項名詞句であり、非指示的名詞句なのである。

では第1章5.5節で挙げたタイプ［E］の「NP_1 の NP_2」はどうであろうか。このタイプの主要語は行為名詞であった。一般に行為名詞を主要語と

するタイプ［E］の名詞句は指示的名詞句にはなりうる。

(174) a. この町の破壊は無意味だ。
　　 b. 軍隊の放棄は重要だ。
　　 c. この事件の調査は難航している。
　　 d. 被害者の救助が遅れている。

ところが、この種の名詞句が叙述名詞句や変項名詞句になっているケースは少ないが、ないわけではない。

(175)　あの行為は、まるで<u>この町の破壊</u>だ。（措定文）
(176)　これが、<u>田中教授の指摘</u>だ。（指定文）（＝第1章(127)）

(175)の下線部は叙述名詞句としての機能をはたしているといって良いであろう。(176)は第1章5.5節で述べたように、「田中教授が指摘したことは何かといえば、これだ」ということを主張している文と読むならば、指定コピュラ文の読みであり、下線部は変項名詞句となる。

このように、「NP$_1$のNP$_2$」という名詞句自体がもつ多様な意味と、これらの名詞句が文中で果たす意味機能とは独立であるが、名詞句を含む文は、それら二つの側面に依拠してその意味が決まるのである。したがって、たとえば、(177)のような文は（ⅰ）下線部における「この町」と「弁護士」の緊張関係をどう捉えるかという側面から生じる曖昧性、（ⅱ）下線部が指示的名詞句で文全体が措定文であるか、それとも下線部が変項名詞句で文全体が倒置指定文であるかの曖昧性があり、理論的には4通りに曖昧であるいうことになる。

(177)　<u>この町の弁護士</u>は、山田だ。

第1章5.4節で述べたように、「弁護士」という語は「弁護士資格を有する者」という飽和名詞の意味と、「Xを弁護する任務を担う弁護士資格を有するひと」というパラメータXを要求する非飽和名詞の意味とがあり、曖昧である。つまり、「この町の弁護士」は、タイプ［A］の読み〈この町と関係Rを有する、弁護士資格を有する者〉と、タイプ［D］の読み〈その町を弁護する顧問弁護士〉の二つの読みがある。

まず、(177)の下線部をタイプ［A］とみなし、Rにたいする語用論的解釈を施して、たとえば《この町在住の弁護士》、と読むのである。このとき、もしこの下線部を指示的名詞句ととり、「山田」を叙述名詞句とみなせば、

(177)は(178)で言い替えることができる措定文になる。

 (178) この町在住の弁護士は、「山田」という名前の持ち主だ。

次に(177)の下線部をタイプ［A］とみなし、Rにたいして同様の解釈をし、しかも変項名詞句ととるならば、(177)は倒置指定文になる。このばあい、(177)は(179)で言い替えることができる読みをもつ。

 (179) この町在住の弁護士は誰（＝どのひと）かといえば、それは山田だ。

こんどは、(177)の下線部をタイプ［D］で解釈してみよう。つまり、《（この町が訴訟をおこされていて）この町を弁護する顧問弁護士》と読むのである。このとき、もしこの下線部を指示的名詞句ととり、「山田」を叙述名詞句とみなせば、(177)は(180)で言い替えることができる措定文になるであろう。

 (180) この町を弁護する顧問弁護士は、「山田」という名前の持ち主だ。

次に(177)の下線部の名詞句をタイプ［D］とみなし、しかも変項名詞句ととるならば、(177)は倒置指定文になる。このばあい、(177)は(181)で言い替えることができる読みになる。

 (181) この町を弁護する顧問弁護士は誰（＝どのひと）かといえば、それは山田だ。

かくして、(177)は4通りに曖昧であることがはっきりした。

最後に、もうすこし複雑なケースを考えよう。第1章7節で「あの時の横綱」という名詞句については、タイプ［A］、タイプ［C］、タイプ［D］の解釈が可能であることを見た。一方、本章3.2節で見たように、(134)は下線部を指示的名詞句ととるか、変項名詞句としてとるかに応じて曖昧であった。

 (134) この子が出世できるかどうかは、<u>この子の将来の奥さん</u>次第だ。

このことを念頭において(182)を見よう。

 (182) この会社が倒産するか否かは、<u>その時の課長</u>次第だ。

(182)は上の両方の曖昧性が組合わさっており、5通りの読みをもつことがわ

かる。(182)の下線部の「その時の課長」は〈その時デアル課長〉という意味にはなりえないので、タイプ［B］は無関係である。また、「課長」は項構造をもつ行為名詞ではないので、タイプ［E］も無関係である。結局、「その時の課長」については「あの時の横綱」と同様、タイプ［A］、タイプ［C］、タイプ［D］の解釈のみが可能である。

(182)における「課長」は「この会社の課長」を表すものと仮定しよう。まず、(182)の下線部にタイプ［A］の解釈を与えてみよう。すると、「その時の」が、複数の「この会社の課長」のなかから、特定のひとを選択する限定詞として働いていることになる。結局、(182)の下線部は、意味的には、

(183)　「その時」で指示される時点と関係Ｒを有している（この会社の）課長

と言い替えることのできる読みをもつことになるが、この関係Ｒの中身は語用論的に固定される。たとえば、あるコンテクストでは、「その時の課長」は、(184)のような表意をもつものとして解釈することができるであろう。

(184)　例の重要な商談の交渉にあたる（この会社の）課長

さて、このばあい、(182)の下線部の名詞句を「指示的名詞句」と解釈すれば、(182)は、たとえば(185)もしくは(186)と言い替えることができる。

(185)　この会社が倒産するか否かは、例の重要な商談の交渉にあたる（この会社の）課長、すなわち田中課長次第だ。
(186)　この会社が倒産するか否かは、例の重要な商談の交渉にあたる（この会社の）課長が誰であれ、そのひと次第だ。

(185)はDonnellanの言う指示的用法であり、(186)は属性的用法である。いずれの解釈でも、下線部は特定であれ、不特定であれ世界のなかの個体を指示しようとしており、ひとりの人間の力次第でこの会社が倒産するか否かが決定する、ということを述べている。

次に、(182)の下線部の名詞句にタイプ［A］の解釈を与え、さらに「変項名詞句」と解釈すれば、(182)は(187)と言い替えることができる。

(187)　この会社が倒産するか否かは、例の重要な商談の交渉にあたる（この会社の）課長が誰であるかに依存する。

この読みでは、課長であるようなある個人の力次第でこの会社が倒産するか

否かが決まるのではなく、(188)という疑問文にたいする答えが、この会社の運命を決めるのである。

(188) 誰が、例の重要な商談の交渉にあたる（この会社の）課長であるか。

次に、(182)の下線部の名詞句にタイプ［C］の解釈を与えてみよう。このばあい、「課長」は特定の課長（たとえば田中課長）を指すのが普通である。すると、(182)は、概略(189)の意味になるであろう。

(189) この会社が倒産するか否かは、田中課長のその時の言動や精神状態などによって左右される。

最後に、(182)の下線部にタイプ［D］の解釈を与えてみよう。今、「課長」を時間のパラメータをもつ非飽和名詞と考える。すると、下線部を〈その時、（この会社の）課長職についているひと〉と読むことができる。このばあい、この名詞句をもし「指示的名詞句」と解釈すれば、(182)は、(190)もしくは(191)と言い替えることができる。

(190) この会社が倒産するか否かは、その時（この会社の）課長職についている特定のひと（たとえば、田中太郎）次第だ。

(191) この会社が倒産するか否かは、その時の（この会社の）課長職についているひとが誰であれ、そのひと次第だ。

ただし、(190)と(191)の区別は Donnellan のいう指示的用法と属性的用法に対応するものであり、語用論的な区別である。

次に、(182)の下線部にタイプ［D］の解釈を与え、さらに「変項名詞句」と解釈すれば、(182)は、(192)と言い替えることができる。

(192) この会社が倒産するか否かは、誰がその時の（この会社の）課長職についているひとであるかに依存する。

この読みでは、課長であるようなある個人の力次第でこの会社が倒産するか否かが決るのではなく、

(193) その時、誰が（この会社の）課長職についているひとであるか。

という疑問文にたいする答えが、この会社の運命を決めるのである。
結局、(182)は、意味論的には、下線部の解釈としてタイプ［A］については二通り、タイプ［C］については一通り、タイプ［D］については二通りの

読みがそれぞれ可能であるので、結局、5通りに曖昧であることになる。

註

1 「指示的名詞句」という術語は、「同一対象指示の（co-referential）他の名詞句で置き換え可能な名詞句」の意味で用いられることもあるが、これは本書における用法と異なる。これは単に「指示的名詞句」という語の術語上の問題に還元すべきことではなく、「指示的名詞句」という概念をどのように捉えるのが正しいかという点にもかかわる重要な問題である。筆者は、後述するように、不透明な文脈に登場する名詞句は同一対象指示の表現で置き換えできないにもかかわらず、信念世界におけるなんらかの対象を指示し、指示的名詞句であるとみなすべきであると考えている。

2 照応的に用いられる表現は、人称代名詞に限られるわけではない。たとえば、
　　（ⅰ）小泉純一郎がその村を訪れた。日本の総理大臣もなかなか顔色が良いね。
における下線部「日本の総理大臣」は定記述表現ではあるが照応的に用いられている指示表現であろう。もちろん、このことは、（ⅰ）の「日本の総理大臣」が照応的機能しかもたなくて、概念的には空虚である、という意味ではない。その点は、（ⅰ）を（ⅱ）と比較すれば明らかである。
　　（ⅱ）小泉純一郎がその村を訪れた。彼もなかなか顔色が良いね。
（ⅰ）は（ⅱ）と、発話の表出命題という点でも、また、そこから導出される文脈含意（contextual implication）という点でも、大きく異なる。この点についてさらに詳しくは、Blakemore (1992: Ch. 5) を参照。

3 (12b)のようなコピュラ文は「措定文」と呼ばれている。措定文の意味および叙述名詞句については、第3章2節で詳しく論ずる。また、(13b)は筆者が「絶対存在文」と呼んでいるものである。絶対存在文については第9章で詳しく論ずる。

4 (16)は、「語の内包（intension）が外延（extension）を決定する」という論理哲学の伝統的な見解の延長線上にある仮定であり、多くの哲学的議論を呼んだ。この点についての詳しい議論は、Putnam (1975)、西山 (1977) を参照されたい。

5 ただし、固有名詞「田中真紀子」や指示詞を含む「あの車」「ここ」は「確定記述句」とは呼ばない。確定記述句が筆者の言う文中の指示的名詞句の位置に現れたばあい、この記述句はある決まった対象を指示している、とされる。しかし、確定記述句がつねに、文中の指示的名詞句の位置に現れるわけではない。次の文中の下線部は確定記述句ではあるが、対象を指示しているとは思われない。
　　（ⅰ）　現在のフランス国王は存在しない。
　　（ⅱ）　あのひとは現在のフランス国王ですか。
しかし、Donnellan は、確定記述句の（ⅰ）（ⅱ）のような用法に気づいているが、深い考察をしているわけではない。そして、Donnellan (1966) は、文中の指示的名詞句の位置に現れれる確定記述句の用法に話を限定して、「属性的用法」と「指示的用法」の区別をおこなっているのである。
　筆者の見解では、（ⅰ）（ⅱ）の下線部の位置はまさに非指示的名詞句が現れる位置であり、注目に値する。本章3節以下で議論するのは、まさに（ⅰ）（ⅱ）のような非指示的名詞句の用法である。

6 Donnellan (1966) の元の例は、*Smith's murderer is insane.* である。

7 つまり、特定の人や物が記述内容にあてはまるということを話し手が信じているかどうかは、属性的用法と指示的用法の区別にとって本質的ではないのである。
8 殺人現場での(19)の発話のように、下線部が属性的に用いられたばあいは、かりに客観的には、(ⅰ)が成立しているとしても、そのことを知らない話者が(19)によって主張している内容は(ⅱ)によっても表現されるとはいえないであろう。
 （ⅰ） 洋子殺した奴＝田中太郎
 （ⅱ） 田中太郎は、精神異常者だ。
 つまり、属性的用法の名詞句は、指示的用法の名詞句と異なり、同一対象指示の表現で置き換えると主張内容が変わりうるのである。
9 自然言語の論理に「論理的前提」を認めないRussellであれば、このケースを「偽」と予測するであろうし、「論理的前提」を積極的に認めるStrawsonやFregeであれば、このケースはまさに存在の前提が満たされていないので、「真でも偽でもない」と予測するであろう。（この点について詳しくは、Russell(1905)、Strawson(1950)、Frege(1892)の議論を参照されたい。）いずれの立場にたつにせよ、このケースは「真でない」ことになる。
10 属性的用法の名詞句が指示的であること、そして後述の「変項名詞句」という概念は「属性的用法の名詞句」とは別の概念であること、DonnellanはDonnellan(1966)において両概念を混同していたこと、などについての詳しい議論は、Nishiyama(1997b)を参照。
11 この点についてさらに詳しくは、Rouchota(1992)およびBezuidenhout(1997)を参照。
12 叙述名詞句は意味論上の概念であるのにたいして、本章1.2節で論じた「名詞句の属性的用法」は「指示的用法」に対立するものであり、語用論上の概念なのである。
13 もちろん、コピュラ文の述語に登場する名詞句がつねに叙述名詞句になるわけではない。たとえば、(ⅰ)の述語に登場する「ハイド氏」は指示的名詞句であり、叙述名詞句ではない。(ⅰ)は、主語「ジキル博士」の指示対象は述語「ハイド氏」の指示対象と同一だということを述べている。
 （ⅰ） ジキル博士はハイド氏だ。
したがって、(25)(26)(27)の述語と(ⅰ)の述語とは意味機能が本質的に異なるのである。第3章6.1節で論じるが、(ⅰ)のような文は「同一性文」(identity sentence)と呼ばれている。また、(ⅱ)の述語「あの男」も「叙述名詞句」ではない。
 （ⅱ） 委員長は、あの男だ。
このように、コピュラ文の述語に登場する名詞句がつねに叙述名詞句になるわけではないのである。(ⅱ)のような文は「倒置指定文」と呼ばれる。(ⅱ)の述語「あの男」は指示的名詞句であるが、倒置指定文の述語がつねに指示的名詞句であるとはかぎらない。たとえば、(ⅲ)を見よう。
 （ⅲ） 一番肝心なことは、その部屋の家賃だ。
(ⅲ)は〈一番肝心なことは、その部屋の家賃がいくらか、ということである〉という意味である。仮にその部屋の家賃が75000円だとしたばあい、(ⅲ)を
 （ⅳ） 一番肝心なことは、75000円だ。
で言い替えることはできないのである。したがって、「その部屋の家賃」は指示的で

はないのである。この点については第3章3.3節で詳しく論ずる。
14 本書ではもっぱら日本語の例をとりあげるが、「変項名詞句」という概念によって説明される現象は、あらゆる言語に存在すると思われる。
15 日本語の措定文と倒置指定文の区別をはじめて明示的に論じたのは上林(1984)である。「措定文」と「倒置指定文」「指定文」という術語も上林(1984)によるものである。
16 (33)のような指定文に登場する「が」を本書では「[指定]の「が」」と呼ぶ。厳密には[指定]の「が」は久野(1973b)の言う「総記」と同一概念ではない。この点については、第3章3.1節を参照されたい。なお、「中立叙述」の「が」は久野(1973b)によれば、(34)のように述部が一時的な状態を表すか、存在を表すか、動作を表すばあいにかぎられる。
17 叙述名詞句と変項名詞句の違いは、当の名詞句を疑問詞に置き換えて疑問化可能かどうかの違いにも現われる。この点については第3章3.4.節で詳しく論ずる。
18 (37a)の下線部がDonnellanの言う属性的用法でもないことも明らかであろう。(37a)を《洋子の指導教授は誰(＝どのひと)であれ、そのひとはあのひとだ》という読みにとることができないからである。したがって、(37)の推論が成立しない理由を(37a)の下線部が属性的用法である点に求めるわけにもいかない。
19 もちろん、(37c)を〈「山田三郎」という名前をもつひとはどいつかといえば、あのひとだ〉という倒置指定文の意味にとることもできる。しかし、このばあい、「山田三郎」は変項名詞句であり、したがって非指示的名詞句であって、(37)を妥当な推論とするときに(37c)にたいして帰されている読みとは異なる。
20 (38a)には、主語の *the bank robber* を指示的名詞句ととり、また述語の *John Smith* を叙述名詞句ととり、全体を〈銀行強盗はジョン・スミスという名前を有している〉と読むこともできる。これは措定文の読みである。したがって、厳密にいえば(38a)自体は曖昧なのである。
21 (39)の例はHiggins(1979)によるものである。
22 (40)(41)の例はAkmajian(1979)によるものである。
23 ただし、「教える」は指示的に不透明な文脈をつくる述語であることにも注意しよう。たとえば、(ⅰ)(ⅱ)から(ⅲ)への推論は妥当とは思われないであろう。
　　(ⅰ)　太郎は洋子に、日本の首都は東京であることを教えた。
　　(ⅱ)　日本の首都＝東京
　　　ゆえに
　　(ⅲ)　太郎は洋子に、日本の首都は日本の首都であることを教えた。
不透明な文脈をつくる述語が一般にそうであるが、ここでは「Pを教える」における補文Pのなかの名詞句を同一対象指示の表現で置き換えようとしている点に注意しよう。それにたいして(43)の下線部は主文の目的語であり、不透明な文脈とは独立なのである。
24 (46)を、〈太郎は、次郎に、ショパンについてなにか教えた〉という意味に解釈することは無理である。(本章の註36を参照。)もちろん、(46)を許容するコンテクストがないわけではない。たとえば、集合写真のなかで、どのひとがショパンであるかを太郎が次郎に教える、というばあいには、(46)も自然に用いられるであろう。しか

し、(43)はもともと、《集合写真のなかで、どのひとが洋子の一番好きな作曲家かを教える》という意味で解釈されるものではない以上、(45)の仮定のもとで、(43)の下線部を「ショパン」で置き換えて(46)を導出するという操作が許されないという点は変わらない。

25　潜伏疑問文（concealed question）の存在そのものは、Baker(1968)など初期の生成文法の時代から（そして旧くは Jespersen の頃から）気づかれてはいた。また、Dor(1996)は次例について、（ⅰa）が、対応する（ⅰb）と意味が同じであることを論じている。
　（ⅰ）a. John knew <u>the surface temperature on Mars</u>.
　　　 b. John knew what the surface temperature on Mars was.　　(Dor 1996)
このように、下線部の名詞句が Wh-疑問文の意味を有する表現に対応することは以前から指摘されているが、この名詞句がコピュラ文、とりわけ、われわれの言う指定文と密接な意味関係をもつことには注意されてこなかった。

26　この点については、本章3.2節で詳しく述べる。

27　Higgins(1979: 216)参照。

28　もっとも最近では Dor(1996)のような形式意味論的な研究もあるが、本書のアプローチとは異なる。

29　ただし、本章1.1節で言及した(13b)における「田中花子」のように、固有名詞については特殊な文脈では変項名詞句になりうる点に注意すべきである。

30　もし(85)の下線部をあえて指示的とみなし、文全体を変貌の読みで解釈するならば、たとえば、《夫についてわたくしの気になる点は、夫の締めるネクタイであるが、それが最近色あせて、変色してしまった》というグロテスクな読みになってしまうであろう。

31　存在文の意味については、第9章で詳しく論ずる。

32　柴谷(1978: 189)によれば、生物について「ある」が用いられるときは、「存在動詞」ではなくて、「所有動詞」であるとされる。しかし、(111)(112)の文においては、所有者が登場しない以上、これらの文を所有文とみなすわけにはいかない。したがって、そこに登場する「ある」を「所有動詞」とみなすわけにもいかない。

33　措定文については、第3章2節で詳しく論ずる。

34　たとえば、久野(1973b,1983)、井上(1983)を参照。

35　たとえば、Kato(2000)を参照。

36　本章2.2.2節において(43)をあげ、この文の下線部が変項名詞句の解釈しか許さないこと、したがって、この文は、〈太郎は、次郎に、誰が洋子の一番好きな作曲家であるかを教えた〉という読みしかもたないことを説明した。
　　（43）　太郎は、次郎に、洋子の一番好きな作曲家を教えた。
(43)のように、一般に「…ヲ教える」という構文は、目的語を変項名詞句（したがって、非指示的名詞句）と解釈するのが自然であり、指示的な解釈は無理である。このことは、
　　（ⅰ）? 太郎は、次郎に、<u>あの男</u>を教えた。
　　（ⅱ）? ぼくに、<u>この本</u>を教えてくれよ。
が、正常でないことからも分かる。ところが、逆に次の文は目的語を指示的名詞句と

解釈するのが自然であり、変項名詞句の解釈は無理である。
　　（ⅲ）　ねえ、この教科書を教えてくれない、分からないところがたくさんあるんだ。
　　（ⅳ）　山田は、大学でヘーゲルを教えている。
さらに、(133)のようなケースがある、という事実は、「教える」の目的語が指示的であるばあいは、目的語にたいしてさらに別種の意味的制約が課せられており、(133)や(ⅲ)(ⅳ)の下線部はその制約を満たしているが、(ⅰ)(ⅱ)の下線部はその制約を満たしていないことを示唆している。「教える」という語にたいする意味規定はこの種の制約を明示しないかぎり完結しないのである。ちなみに、日本語の「教える」と異なり、英語では teach は目的語に指示的名詞句を要求し、tell は目的語に変項名詞句を要求するのは興味深い。日本語にかぎらずいかなる言語についても言えることであるが、個々の述語について正しい意味を与えるためには、述語の項の位置にくる名詞句の指示性・非指示性という観点、とりわけ変項名詞句を要求するかどうかという観点が不可欠なのである。

37　英語でも同様で、たとえば、(ⅰ)の最初の文は the fellow who did that の指示性に関して曖昧である。後に続く第2文次第で、(ⅰa)のように指示的になったり、(ⅰb)のように変項名詞句になったりするのである。
　　（ⅰ）a.　I remember *the fellow who did that*. I can still see him vividly in my mind's eye.
　　　　　b.　I remember *the fellow who did that*. It was Alvin Wooster.
　　　　　　　　　　　　　　　　　　　　　　　　　　　　　　　　　　　　　（Baker 1968）

38　(137)や(139)のような変化文の曖昧性は、英語でもいえる。たとえば、
　　（ⅰ）　Mary's favorite composer has changed.
(ⅰ)は(137)と同様に曖昧である。ただ、日本語の書き言葉では、漢字という独特の表記法を用いるため、たとえば、(137)のふたつの解釈のうち、入れ替わりの読みを明示するばあいには次のように書くこともできよう。
　　（ⅱ）　洋子の一番好きな作曲家が替わった。
あるいは、「変わる」を多義語とみなし、片方の意味だけが「替わる」と同じだ、と規定することもできるかもしれない。ここから、日本語のばあいは、英語などと違い(137)の曖昧性を（少なくとも書き言葉のレベルでは）解消できるとし、ここに、意味を反映する表記法を有している日本語の利点をみてとることができる、と主張するひとがいるかもしれない。しかし、この主張に関してはいくつか注意すべき点がある。第一に、(ⅱ)のような、入れ替わりの読みしかもたない表記が存在するからといって、(137)という文自体の曖昧性が解消されるわけではない。(137)の曖昧性はそのままなのである。第二に、漢字の使い分けによって、「Aが変わる」のもつ二通りの意味を明示的に表すことができるとしても、そのことは、変化文のような非コピュラ文とコピュラ文とのあいだに内的連関性があるとする筆者の論点になんら影響を及ぼさない。たとえば、たしかに(ⅱ)は曖昧ではないが、(ⅱ)の下線部は変項名詞句であるという意味で非指示的であり、指定コピュラ文と内的関係をもつ、という主張は否定できないのである。つまり、ここで筆者が強調した点は、(137)が曖昧であるということ自体ではなくて、(137)のもつ相異なる意味がそれぞれ、指定コピュラ文と措定文とに

内的に連関している、という点である。第三に、「変わる」のばあいは、「替わる」という漢字がたまたま存在するため、肝心の意味の違いが表記上にも反映されている幸運なケースであるが、この面で日本語の漢字表記にあまり期待しすぎないほうがよい。すぐあとで見るように、(141)(146)も同様の点で曖昧であるが、この曖昧性を解消する漢字を日本語はもちあわせていないのである。註41を参照。

39 (141)にたいする多様な解釈については、西山 (1996) を参照。

40 Fauconnier (1985: 40) に、(146) と同様の例文 (i) がある。

 (i)　The food here is worse and worse.

Fauconnier は、筆者が (146) の下線部を変項名詞句と解釈する読みを「役割関数」(role) という概念を用いて説明しようとしている。この役割関数という概念は、筆者の言う「変項名詞句」という概念と類似しているが、両者は同一概念ではない。この点についての詳細な議論は第3章4節を参照。

41 本章の註38で述べたように、曖昧な述語「変わる」にたいして、そのうちの一つの意味だけを表す述語「替わる」が存在したのであるから、同様の点で曖昧な述語「増える」や「悪くなる」についても、その意味を区別するような異なった漢字が存在していてもしかるべきであろう。たとえば、「変項に入る値の数が増える」の意味のばあいは別の漢字があてがわれる、という風になっていてもよさそうであるが、実際の日本語の漢字表記はそうなっていない。たしかに、漢字表記なるものは、日本語の表現の意味を判断する上で、たいへん好都合である。しかしながら、漢字表記に日本語の重要な意味の区別、すなわち、日本語による思考の型がどこまで反映されているかという点になると、はなはだ心もとないのである。純理論的な観点からすれば、現行の漢字表記は十分ではないばかりか、かならずしも首尾一貫した体系になっていないことがわかる。今後、この角度から、日本語の漢字表記に内在する問題を検討することも意味があるであろう。

42 もっとも、(169) は措定文としては解釈できないが、別の解釈は不可能ではない。たとえば、(169) における「あそこに立っている男」を映画における登場人物を指すものとし、下線部の「東京オリンピック当時の君」で目の前にいる相手を指し、両者は同一人物だ、と読むことは十分可能である。このばあいは、(169) を (i) と同様の「同一性文」として読んでいるわけである。

 (i)　ジキル博士はハイド氏だ。

しかし、(169) にたいするこの読みでも下線部が指示的名詞句であることには変わりない。なお「同一性文」については、第3章6.1節を参照されたい。

第3章

コピュラ文の意味と名詞句の解釈

1. コピュラ文の分類

　よく知られているように、文のなかには、単一の主語と述語からなるいわゆる単文もあれば、ある文のなかに別の文が埋め込まれている複文もある。単文のなかでも、これ以上単純な形式はないと思われる構文は、(1)のような文であろう。

(1) a.　AはBだ。
　　 b.　AがBだ。

これは、主語名詞句と述語名詞句[1]を「繋辞」(コピュラ) と呼ばれる特殊な動詞「である」「だ」で結びつけたものであり、「コピュラ文」と呼ばれる。コピュラ文は(2)のように、いかなる言語にも存在し、われわれが、ある外国語を学ぼうとして、初級文法書を開くとき、最初に出会うタイプの基本的な構文である。

(2) a.　A is B.
　　 b.　A est B.
　　 c.　A ist B.
　　 d.　A 是 B

生成文法理論が開発されて、かれこれ40数年もたつが、不思議なことに、コピュラ文に関する統語論的研究はさほど進んでいない。もっとも、生成文法理論のごく最近の研究は、このきわめて単純に見える構文の統語論が見か

けほど単純ではないことを示唆している。[2] では、コピュラ文の意味論研究についてはどうであろうか。この構文は、もっとも原始的な思考の言語表現であるにもかかわらず、言語学者は一般にコピュラ文の意味論にさほど関心を示してこなかったように思われる。ただひとつ例外がある。それは日本語研究者によってしばしばとりあげられた

(3) ぼくはうなぎだ。

のタイプのいわゆる「ウナギ文」である。形式的にはウナギ文もコピュラ文であることには違いがないが、ウナギ文はかなり特殊なタイプの文であるので、第7章で別に論じることにする。筆者は、ウナギ文について正しい理論をつくるためにも、まず、ウナギ文以外のコピュラ文について妥当な理論を構築しておかなければならない、と考えている。そこで、本章では、ウナギ文を除くコピュラ文について論じることにする。

　歴史的にいえば、コピュラ文に重大な関心を示してきたのは、言語学者よりも、論理・哲学者の方であった。というのも、第一に、「AはBだ」は古典的論理学における判断の基本型であるからであり、第二に、西洋哲学における伝統的存在論では、「である」という概念と「がある」という概念は、いずれも「存在」概念の下位区分とみなされ、哲学的議論の出発点となったからである。そのような論理・哲学の伝統では、「AはBである/だ」というコピュラ文には、「包摂判断」と「同一判断」の区別があることが指摘されてきた。この区別がその後の言語学者によるコピュラ文の分析に少なからず影響を与えてきたことは否定できない。[3] 本章における筆者の論点のひとつは、自然言語のコピュラ文を「包摂判断」と「同一判断」の区別の観点から扱おうとする立場は不備であるという点にある。

　コピュラ文に関する言語学者による関心が次第に高まってきたのは、比較的最近のことである。その大きな理由は、1980年代に行われた、生成文法家による英語やフランス語の分裂文 (cleft sentence) や疑似分裂文 (pseudo-cleft sentence) の研究が、間接的とはいえ、コピュラ文の意味分析に強く関わることが認識されたからである。[4] また、そのような分裂文の研究と無関係ではないが、最近になって、とくに日本語や英語のコピュラ構文を構築する名詞句の意味解釈や指示に関して意味論的・語用論的研究が急速に進み、かなり興味深い言語学的事実が解明されはじめた。[5] その結果、コピュラ文の意味構造は予想以上に厄介で、論理・哲学者のいう「包摂判断」や「同一判断」ではとても処理できないことが分かってきた。興味深い

ことに、コピュラ文の研究の意義は、単に、コピュラ文というきわめて特殊な構文の解明にとどまるわけではない。後述するように、筆者の見解では、コピュラ文以外の多様な構文の背後に、コピュラ文の意味構造が隠されているのであり、自然言語の意味上の重要な特徴がコピュラ文に凝縮されていると言っても過言ではない。したがって、コピュラ文の研究は、自然言語における思考と言語形式の関係をさぐる上でもきわめて有意義であるといえる。

コピュラ文そのものはいかなる言語にも存在するとはいえ、その言語形式への実現の仕方は個々の言語によって多様である。たとえば、タイ語、ラオス語、カンボジア語のように、二通りのコピュラ形式を使い分ける言語もあれば[6]、日本語のように、コピュラ動詞自体は「である/だ」という単一であるが、「は」と「が」の区別があるため、「AはBである」と「AがBである」という二つのコピュラ文形式が存在する言語もある。したがって、これらの言語は、"A is B"という単一のコピュラ文形式しか有さない英語など以上に、言語形式と思考の原型との関係を検討する上で重要な材料を提供してくれるように思われる。本章では、前章で考察した名詞句の指示性の問題を日本語のコピュラ文の意味分析に適用し、これまで国語学者はもとより、日本語を研究する生成文法家たちによっても看過されてきた日本語のコピュラ構文の意味構造を浮彫りにしてみよう。

日本語のコピュラ文「AはBだ」には少なくとも措定の解釈（predicational reading）と指定の解釈（specificational reading）とがあるということは、実質的にはすでに50年以上も昔に、文法学者、三上章によって、曖昧なかたちながら、示唆されていたものである。[7] ところがどういうわけか、その後の国語学界においても、また日本語を研究する生成文法学者のあいだでも、いや三上章自身によっても、この問題の重要性はさほど認識されず、いわば、無視されてきたのは不幸なことであった。周知のように、いわゆる「三上文法」をめぐる論争といえば、「題目についての議論」「主語否定論」「二重主格構文"象は鼻が長い"に関する議論」などが中心であって、「措定と指定」についての三上の主張が真面目にとりあげられたことはほとんどなかった。現代の言語理論において、三上文法におけるこの忘れられた問題を「は」と「が」の問題に関連づけて注目し、はじめて明確なかたちで論じたのは上林（1984, 1988）である。筆者の一連の研究をはじめ、この10年間に登場したこの面での研究はいずれも直接・間接に上林（1984, 1988）に刺激されたものである。以下はこれらの研究成果をふまえたものである。[8]

筆者は、日本語のコピュラ文「AはBだ」あるいは「BがAだ」は、意味構造上、次のように分類できると考えている。

（4）

	「AはBだ」	「BがAだ」
1.	措定文 「あいつは馬鹿だ」	
2.	倒置指定文 「幹事は田中だ」	指定文 「田中が幹事だ」
3.	倒置同定文 「こいつは山田村長の次男だ」	同定文 「山田村長の次男がこいつだ」
4.	倒置同一性文 「ジキル博士はハイド氏だ」	同一性文 「ハイド氏がジキル博士だ」
5.	定義文 「眼科医（と）は目のお医者さんのことだ」	
6.		提示文 「特におすすめなのがこのワインです」

まず、1の措定文および5の定義文につては「BがAだ」という形は存在しないし、また6の提示文につては「AはBだ」という形は存在しない。それにたいして、2、3、4、に関しては、「AはBだ」という形に対応して意味を同じくする「BがAだ」という形が存在する。ここでは、「BがAだ」が基本形で、「AはBだ」はその倒置形とみなすことにする。[9] これらのコピュラ文のタイプの区別に決定的に効いてくる要因は、A、Bに登場する表現のもつ意味特性、とりわけ名詞句の指示性・非指示性である、と思われる。そこで、以下では、コピュラ文における名詞句の意味特性の観点から言語学的にも興味があり、また研究も比較的進んでいる「措定文」、「(倒置)指定文」、「(倒置)同定文」を中心にとりあげ、その特性を論じると同時に、コピュラ文相互の関係を説明しよう。

2. 措定文

　措定文（predicational sentence）については、第 1 章でも触れることがあったが、ここで措定文の特徴をより詳しく見てみよう。措定文「A は B だ」は次のように規定されるコピュラ文である。

　（5）　A で指示される指示対象について、B で表示する属性を帰す。

措定文の典型的な例は次のようなものである。

　（6）　五嶋みどりはヴァイオリニストだ。
　（7）　モーツァルトは天才だ。
　（8）　鯨は哺乳動物だ。

たとえば、（6）は、「五嶋みどり」によってある人物を指し、その人物について、ヴァイオリニストである、と叙述している。このばあい、主語の「五嶋みどり」は世界のなかの対象を指示しているが、述語の「ヴァイオリニスト」の方は対象指示の表現ではなく、属性・性質を表している点に注意しよう。（6）において、名詞「ヴァイオリニスト」がどのひとを指しているのか、と問うことはナンセンスであろう。ここでは、いわば、「ヴァイオリニスト」なる性質を表すというべきであろう。同様に、（7）（8）の述語名詞句はいずれも世界のなかの対象を指示するのではなく、あくまで性質・属性を表すのである。[10] 第 2 章 2.1 節で述べたように、このような措定文「A は B だ」の B の位置に登場する名詞句を本書では「叙述名詞句」と呼ぶ。[11]

　措定文「A は B だ」についていくつか注意すべきことがある。第一に、「措定文の主語名詞句 A は指示的名詞句である」という言い方にはすこし注釈が必要である。ここでいう「指示的名詞句」とは、（6）（7）の下線部のように、話し手・聞き手にとって認定可能（identifiable）な個体であるばあいもあるが、（8）のようにかならずしも個体とはいえないばあいもある。（8）は「鯨」なる種について、それは哺乳動物というカテゴリーに属していることを述べているのである。また、次のような文を見よう。

　（9）a.　学生は怠け者だ。
　　　b.　医者は金持ちだ。

たとえば（9a）は、「学生というものは、一般に怠け者だ」という意味であ

り、学生という類のメンバーについて一般的な性質を述べており、「総称文」と呼ばれる。(9b)も同様である。総称文については不明な点も多いが、とにかく、なんらかの意味で対象を認め、その対象について叙述している措定文であることは否定できないであろう。さらに、あるひとが電車のなかの落書きを見て、思わず、(10)を口にしたとしよう。

(10) <u>こんな落書きをする奴</u>は馬鹿だ。

この話し手は、「こんな落書きをする奴」でもって特定の人物を念頭に置いているわけではもちろんない。むしろ(10)の下線部は、「こんな落書きをする奴はどこのどいつか知らないが、そいつが誰であれ」の意味であろう。つまり、Donnellan(1966)のいう属性的用法（attributive use）にほかならない。[12] それにもかかわらず、この文は世界のなかのある個人について「馬鹿だ」という属性を帰しているのであり、その意味で措定文である。要するに、「措定文の主語名詞句 A が指示的名詞句である」と言うときの「指示的名詞句」はこれらのケースをもすべて包括する広い概念であることに注意されたい。

措定文について第二に注意すべき点は、「～のは…だ」の形をもつ文（これはしばしば「分裂文」(WA-cleft sentence) と呼ばれる。）は、本章3.2節で述べるように倒置指定文の解釈になることが多いとはいえ、(11a)のように措定文としても解釈される可能性がある、という点である。

(11) a. <u>あそこを歩いているの</u>は美人だ。
   b. 美人があそこを歩いている。
   c. あそこを歩いているひとは、どのひとかといえば美人だ。
   d. あそこを歩いているひとは美人だ。

もし(11a)を(11b)のような非コピュラ文から（いわゆる「分裂化操作」によって）派生された文とみなすならば、(11a)は(11c)のような倒置指定文の解釈をもつことになる。(11a)にたいするこの解釈も不可能ではないが自然な読みとはいえない。むしろ(11a)にたいする自然な読みは、(11)の下線部であるひとを指示し、その指示対象について、「美人だ」と叙述していると読む解釈（措定文の解釈）なのである。このばあい、(11a)の下線部における「の」は補文標識（complementizer）ではなく、「者」、「ひと」の意味を表す形式名詞である。したがって(11a)は(11d)と実質的には同じ意味を表していると解すべきである。[13]

措定文について第三に注意すべきことは、措定文「AはBだ」におけるBの位置には、「ぼく」「彼」のような人称代名詞、「あいつ」「この車」のような直示的（deictic）な要素、「お互い」「自分」のような照応形、「三匹の子豚」「多くの本」など数量詞を含む表現は登場することができない、という点である。これは、これらの表現が本来的に指示的名詞句の位置に登場し、叙述名詞句にはなりえないからである。したがって

(12) あの少年はぼくだ。
(13) これはこの車だ。

はしかるべきコンテクストでは十分解釈が可能な文ではあるが[14]、措定文ではない。

ただし、しばしば誤解されることであるが、措定文「AはBだ」のBの位置に定名詞句が排除されるわけではない。次の文を見よう。

(14) 父は、<u>この会社の社長</u>だ。
(15) 小泉純一郎は、<u>日本の総理大臣</u>だ。

これらの下線部はあきらかに定名詞句であるが、主語に帰す属性を表す名詞句であり、したがって非指示的なのであり、文全体は措定文である。それは、英語の(16)(17)の述語名詞句が定名詞句であるにもかかわらず、叙述名詞句であり、文全体が措定文であるのと同様である。

(16) John is *the president of this company*.
(17) Your father was *the greatest French soldier*.

(16)(17)のイタリック部分が叙述名詞句であって非指示的であるという事実は、この種の定名詞句がいわゆる「存在の前提」（presupposition of existence）と無縁であるということからも裏づけることができる。一般に定名詞句が指示的な位置に登場したばあい、指示対象の存在は前提されると言われる。[15]

(18) *The king of France* is not bald.
(19) Is *the king of France* bald?

(18)(19)は措定文であるが、定名詞句 *the king of France* が措定文の主語という指示的な位置に登場している。(18)においては、（その自然な解釈では）フランス国王の存在は前提とされ、当の国王について禿でないというこ

とが主張されているのであり、(19)においても、(その自然な解釈では) フランス国王の存在は前提とされ、当の国王について禿であるかどうかが問われているのである。それにたいして、同じ定名詞句が措定文の述語の位置に登場した(20)(21)のばあいその種の前提はもとより問題にならないことに注意しよう。

(20) De Gaulle is not *the king of France*.
(21) Is De Gaulle *the king of France*?

つまり、フランス国王が存在する、しないと無関係に、(20)は適切な主張でありうるし、(21)は適切な疑問でありうるのである。

注意すべきは、「AはBだ」のBの位置に固有名詞が現れた(22)のようなばあいである。

(22) あのひとは田中太郎だ。

(22)は実は曖昧で、ひとつは、「田中太郎」で、聞き手のよく知っている特定の個体を指示し、その指示対象によって主語名詞句「あのひと」を同定するという読みである。これは本章5節で説明する「同定文」のケースである。(22)にたいするもうひとつの読みは「田中太郎」は、「「田中太郎」という名前の持ち主」という性質を表している叙述名詞句(非指示的名詞句)とし、主語の指示対象にその属性を帰すという読みである。これは措定文のケースである。(22)にたいする措定文の読みは(23)によって言い替えることができる。

(23) あのひとは「田中太郎」という名前を有している。

この事実は、(24)のような通説が誤りであることを示す。

(24) 固有名詞は強い指示性をもち、つねに指示的にのみ用いられる。

措定文「AはBだ」で第四に注意すべき点は、第1章5.2節でも触れたことであるが、Bの位置に名詞の連言が現れたばあいの振る舞いである。次例を見よう。

(25) a. ?パデレフスキーは、政治家とピアニストだ。
　　　b. 　パデレフスキーは、政治家でピアニストだ。
(26) a. ?洋子は、金持ちと天才だ。

b.　洋子は、金持ちで天才だ。
(27) a.？あのひとは、福永武彦と加田伶太郎だ。
　　b.　あのひとは、福永武彦で加田伶太郎だ。

パデレフスキーにたいして、政治家であると同時にピアニストでもあるという属性を帰す表現としては、(25a)は許容されず、(25b)で表現しなければならない。(26)(27)も同様である。たとえば(27b)で意図されている読みは、あのひとは、「福永武彦」という名前を有していると同時に「加田伶太郎」という名前を有していること、つまり、二つの名前を同時に有しているというものである。しかし、(27a)をこの意味で読むことはできないであろう。このように、2個以上の叙述名詞句を連言にするばあい、「と」で結ぶことはできず、「で」で結合しなければならない。それにたいして次例のように、指示的名詞句を連言にするばあいは、「と」で結ぶことができる。

(28)　<u>政治家とピアニスト</u>は金持ちだ。
(29)　<u>小泉純一郎と橋本龍太郎</u>は、慶應義塾大学の卒業生だ。
(30)　わたくしは、<u>小泉純一郎と田中真紀子</u>に会ったことがある。

(28)(29)は措定文であり、下線部は指示的である。(30)の下線部は、「会う」の目的語であるから当然指示的名詞句である。ここから、次の仮説をたてることができよう。

(31)　複数個の指示的名詞句を連言にするばあい、「と」で結ぶことができるが、複数個の叙述名詞句を連言にするばあい、「と」で結ぶことはできず、「で」で結合しなければならない。

第1章5.2節で指摘したように、タイプ［A］の「NP_1 の NP_2」における NP_1 を(32)のように連言にすることは可能であるが、タイプ［B］の「NP_1 の NP_2」における NP_1 についてはそれを(33)のように連言にすることはできないのである。

(32)　［太郎と花子］の車
(33)　［フランス文学者とピアニスト］の政治家

そして、〈フランス文学者であり、しかもピアニストでもある政治家〉の意味を表現するためには、(34)のように「で」でつなげる必要があった。

(34)　［フランス文学者でピアニスト］の政治家

この事実は、(31)の仮説からして、タイプ［B］のNP₁が指示的名詞句ではなく叙述名詞句であることを裏づけるものである。

さて、(35)(36)は(25a)(26a)(27a)と一見似ているにもかかわらず、文法的である。

(35) この会社の副社長は、田中太郎と佐々木次郎だ。
(36) われわれが求めている人は、政治家とピアニストだ。

このことは、(35)(36)における述語名詞句「田中太郎と佐々木次郎」「政治家とピアニスト」が叙述名詞句ではなく、指示的名詞句であることを示している。(35)(36)は、それぞれ、

(37) 誰がこの会社の副社長の地位を占めているかといえば、田中太郎と佐々木次郎の二人がそうだ。
(38) 政治家とピアニストが、われわれの求めているひとだ。

という意味である。つまり、(37)はこの会社には二人の副社長がいることを前提にしており、(38)はわれわれが二人のひとを求めていることを前提にしている。(37)(38)は、措定文ではなく、次節で述べる「倒置指定文」にほかならない。英語では(39)のようにその点が曖昧になる。

(39) What we saw in the park was a man and a woman.
(Higgins 1979: 7)
(40) われわれが公園で会ったのは、男で女であった。
(つまり、男であり同時に女であるような両性のひとだった)
(41) われわれが公園で会ったのは、男と女だった。

(39)を措定文ととれば(40)の読みになるし、倒置指定文ととれば(41)の読みになる。

さて、措定文「AはB（だ）」におけるBの位置には名詞以外に、(42)-(45)のように形容詞や形容動詞が現れることも珍しくない。[16]

(42) この犬は賢い。
(43) 彼は彼女より背が高い。
(44) 洋子は元気だ。
(45) 今日の海は静かだ。

とくに、(42)(43)のように形容詞が述語の位置に来るばあいは、コピュラ

(「だ」「である」)が登場していないので、形式の上ではコピュラ文とはいえない、という議論もあるかもしれない。しかし、これらはいずれも、主語名詞句の指示対象について、述語の表す属性を帰しているという点で、(6)-(11)と意味的には同一タイプであると思われる。また、日本語の形容動詞は意味の上では形容詞と変らないし、形容動詞と「名詞+だ」の区別については第1章でも述べたように、多くの議論があるものの、いまだはっきりしないところがある。また、日本語の品詞論において、そもそも形容動詞なるものを認めるべきではないとする議論さえある。そこから、「静か」「元気」などのように述語として使うときにはコピュラを要求する語を「形容動詞」と呼ばず、「状名詞」(渡辺1971)とか「名詞的形容詞」(寺村1982)と呼ぶ文法学者も出てくるわけである。さらに(42)-(45)に対応する英語では、(46)-(49)のようにいずれもコピュラ動詞 be が登場する。

(46) This dog is clever.
(47) He is taller than she.
(48) Yoko is fine.
(49) The ocean is calm today.

また、先に措定文で述語が名詞句の例としてあげた(9b)を思い起こそう。

(9b) 医者は金持ちだ。

(9b)に対応する英語は(50)であるが、これは述語名詞文ではなく形容詞文である。

(50) Doctors are rich.

(9b)が措定文であるならば、それと同じ意味を表す(50)は形容詞文ではあるがやはり措定文であろう。もし(50)が措定文であるならば、形容詞文である(46)-(49)を措定文から排除する理由はない。そして、もし英語の(46)-(49)が措定文であるならば、それと同じ意味を表す日本語の(42)-(45)も、形容詞文・形容動詞文ではあるとはいえ、措定文とみなすのが自然である。したがって、(42)-(45)のような、述語に形容詞や形容動詞が登場した文を「コピュラ文の一種」とみなすことはあながち不自然ではないであろう。もちろん、(42)-(45)を「コピュラ文」と呼ぶかどうかは、あくまで術語上の問題であって、ここでの議論の要点ではない。筆者がここで主張しようとしていることは、(42)-(45)と(6)-(10)のあいだの形式上の相違面よりもむし

ろ〈Aで指示される指示対象にたいして、Bで表示する属性を帰している〉という意味上の共通性に注目して、両者をともに同一のグループに帰属させるという点にほかならない。

佐久間(1936,1940,1941)は、日本語の基本構文を「物語り文」(動詞文)と「品定め文」(名詞文)とに二分し、「品定め文」のなかに、(6)-(11)のような名詞を述語とする文と、(42)-(45)のような形容詞や形容動詞を述語とする文とを区別した。佐久間は、前者のタイプの品定め文は「何々は何かだ」という判断を表す文であり、この「だ」を「措定語」と呼んだ。そして、後者のタイプの品定め文は「何々はどんなかだ」という性状を規定する表現である、とした。しかし、筆者の見解では、(6)-(10)のように述語が名詞であるばあいだけでなく、(42)-(45)のように述語が性状を規定する表現であってもやはり判断を表しているわけで、述語が名詞であるかどうかは判断を表すか否かの決め手にならないように思われる。事実、上の(9b)は日本語では名詞「金持ち」が述語に登場しているがゆえに佐久間流で言えば、判断文であるが、同じ意味を表す英語(50)は、形容詞文であるがゆえに判断を表さない文だ、という奇妙なことになる。したがって、「品定め文」のなかの形式上の区別をそのまま意味上の区分に対応させることはあまり適切ではない。むしろ、同じ判断文が言語によっては多様な表現形式をとって実現する、とみなすほうが良いであろう。そのうえ、佐久間のように、もし、(6)-(10)と(42)-(45)とを別のタイプに分類するならば、〈Aで指示される指示対象にたいして、Bで表示する属性を帰している〉という措定文の共通性を捉えるレベルがなくなるであろう。

なお、措定文「AはBだ」については、Bが名詞句のばあいでも意味を変えずにAとBを倒置して、「BはAだ」とするわけにはいかないし、「は」を「が」に変えて「BがAだ」とするわけにもいかない。[17] たとえば

(51) ヴァイオリニストが五嶋みどりだ。
(52) 天才がモーツァルトだ。
(53) 哺乳動物が鯨だ。
(54)a. 怠け者が学生だ。
　　 b. 金持ちが医者だ。

はそれぞれある種の解釈をもつが、対応する(6)(7)(8)(9a)(9b)と同じではないのである。ところが、次節でみるように、倒置指定文「AはBだ」については同様の操作が許されるのである。

言語学者のなかには、措定文「AはBだ」を集合とそのメンバーの関係で捉えようとする者も少なくない。[18] たとえば、益岡 & 田窪(1992: 28)では(Bが名詞句であるとき)「AはBだ」におけるAとBの関係には次の三つがある、としている。

(55) a. Bが指し示す集合にAが属する場合
  b. AとBが同一のものを指し示す場合
  c. AとBの間に直接的な論理関係が存在しない場合

益岡 & 田窪(1992: 28)が挙げている(55)に対応する例はそれぞれ次のようなものである。

(56) a. 源氏物語は平安時代の作品だ。
  b. 源氏物語の作者は紫式部だ。
  c. わたくしは源氏物語だ。

(56b)はわれわれの言う倒置指定文の例であるように思われる。もっとも、本章3.5節で論じるように、(55b)は倒置指定文の規定としては明らかに不備である。一方、(56c)はいわゆる「ウナギ文」であり、第7章で詳しく論じるので、ここでは考慮しないことにする。さて、(56a)はまさにわれわれの言う措定文である。ということは、益岡 & 田窪(1992)は措定文を(55a)のように規定していることになる。しかしながら、措定文「AはBだ」をこのように集合とそのメンバーの関係で捉えることには問題がある。たしかに(6)(7)のような例だけ見るかぎりは、この規定があてはまりそうである。五嶋みどりはヴァイオリニストの集合のメンバーであるし、モーツァルトは天才の集合に属するメンバーであるからである。しかし、(8)はどうであろうか。

(8) 鯨は哺乳動物だ。

鯨は哺乳類の真部分集合であっても、鯨は哺乳類の集合のメンバーではない。[19] したがって、益岡 & 田窪(1992)による(55a)のような規定では、(8)を措定文といえなくなる。さらに次の例を見よう。

(57) 東京は、日本の現在の首都である。
(58) ブッシュは、第43代米国大統領である。
(59) 洋子はこのクラスで一番背が高いひとだ。

これらは主語の指示対象に述語の表す属性を帰している文であるので、明らかに措定文であるが[20]、「Bが指し示す集合にAが属する」と捉えるわけにはいかないのである。[21]

3. 倒置指定文

3．1．倒置指定文とは

次にコピュラ文「AはBだ」にたいする倒置指定文の解釈を検討する。倒置指定文（inverted specificational sentence）については、第2章2.2.1節でも触れたが、本節では倒置指定文の特徴を今すこし詳しく見てみよう。日本語の倒置指定文「AはBだ」とは、たとえば、

(60) a. 花子殺しの犯人はあの男だ。
    b. 洋子の好きな作曲家はバッハとブラームスだ。
    c. 太郎について気になる点は、彼の話し方だ。
    d. 賢いのは太郎だ。
    e. 幹事は、あそこに立っているひとだ。
    f. 花子の仕事はその会議の通訳だ。
    g. ぼくが批判したのは、この論文だ。

のようなものをいう。(60a)は、「花子殺しの犯人」は一体誰かと探せば、ああ分かった、あの男がそうだ、と指定しているのである。(60)の他の例も同様である。このような倒置指定文の特徴として以下の点をあげることができる。

第一の特徴は、第2章2.2.1節で強調したように、倒置指定文の主語Aは世界のなかの個体を指示するような働きを一切もたず、非指示的であるという点である。(60a)についていえば、「花子殺しの犯人」である人物を指し、そのひとは、あの男という属性を有しているとか、その人物とあの男とが同一人物である、などと言っているのではない。そうではなくて、(60a)の「花子殺しの犯人」は、[xが花子殺しの犯人である]という命題関数を表しているのである。そして、(60a)全体は、命題関数の変項xを埋める値があの男だ、と主張しているのである。換言すれば、倒置指定文のAは、[...x...]という変項を含む名詞句なのである。このことは、Aは形は名詞句でありながら、意味論的には1項述語にほかならない、ということを意

味する。われわれは、Aのような名詞句を「変項名詞句」と呼んだ。

第2章2.2.1節で述べたように、倒置指定文の主語Aが変項名詞句であって、それがゆえに非指示的であるということは、次の推論が奇妙であることからも裏づけを得られる。[22]

(61) a. 花子殺しの犯人はあの男だ。(＝60a)
　　 b. 花子殺しの犯人＝山田太郎
　　ゆえに、
　　 c. 山田太郎は、あの男だ。

「花子殺しの犯人＝山田太郎」だとしても、倒置指定文「AはBだ」におけるAはそもそも指示的でない以上、Aをそれと同一対象指示の他の表現で置き換えて真理値が変わるかどうか、ということが元来意味をなさないのである。

倒置指定文の主語Aが非指示的であるということは、Aを「彼」「彼女」「彼ら」のような人称代名詞では置き換えることができないことからも裏づけを得られる。

(62) a. 花子殺しの犯人、それはあの男だ。
　　 b. ?花子殺しの犯人、彼はあの男だ。

いうまでもなく、(62a)の「それ」はdeicticな代名詞ではない。一般に、人称代名詞やdeicticな代名詞は変項名詞句と両立しないのである。[23]

倒置指定文の第二の特徴は、この構文は、「誰が(＝どれが)…であるか」という疑問文とそれにたいする答えを単一文のなかで実現している文である、という点である。西山(1988,1990b,1992b)では、変項名詞句の特徴を、この名詞句が「項(argument)の位置にある値を問う *Wh*-疑問文」に意味的には還元できる、という点に求めた。一般に、変項名詞句は、「誰」「どれ」「どいつ」「どこ」といった項の位置にある値を問う疑問詞を内に含んでいる名詞句であるともいえる。つまり、(60a)では、主語名詞句「花子殺しの犯人」は、意味的には「誰が花子殺しの犯人であるか」という疑問文を表しているのであり、(60a)全体は、その答えはあの男だ、と指定しているわけである。倒置指定文の主語名詞句が変項名詞句であって非指示的である、としたのは、まさに、この「項の位置にある値を問う *Wh*-疑問の意味を表す」という意味にほかならない。[24]

結局、倒置指定文「AはBだ」は、Aであるようなものをさがして「あ

あ、分かった、これだ」と答えているわけである。倒置指定文「AはBだ」の発話の背後には「Aであるようなものをさがす」という関心があるとしばしば言われるが、これは、倒置指定文の第二の特徴からでてくる語用論的な帰結である。

　倒置指定文の第三の特徴は、倒置指定文「AはBだ」は意味を変えずに「BがA（だ）」によって言い替えることができるという点である。たとえば、(60)の各文は、(63)の対応する各文に、意味を変えることなく言い替えることができる。

(63) a. あの男が花子殺しの犯人だ。
　　 b. バッハとブラームスが洋子の一番好きな作曲家だ。
　　 c. 太郎の話し方が、彼について気になる点だ。
　　 d. 太郎が賢い。
　　 e. あそこに立っているひとが幹事だ。
　　 f. その会議の通訳が花子の仕事だ。
　　 g. この論文が、ぼくが批判したものだ。

(63)のような「BがA（だ）」の形式は第2章2節で「指定文」と呼ばれたものである。[25] いうまでもないが、指定文(63)に登場する「が」は、(64)のような、いわゆる「中立叙述文」に登場する「が」とは本質的に異なる。

(64) a. おや、空が青い。
　　 b. 山田が死んだ。
　　 c. あっ、バスが来たよ。

　指定文(63)に登場する「が」は、久野(1973)の言う「総記」の「が」にほぼ相当する。久野によれば、「Aが」が「総記」の意味をもつとは、「今話題になっている事物の中で、AそしてAだけが」ということである。つまり、「該当するものをことごとく列挙し尽くす」という意味である。しかし、西山(1979: 141-142)でも注意したように、久野の言う「総記」には、(ⅰ)「該当するものを挙げる」(listing) という意味論的な側面と、(ⅱ)「他のものを排除する」(exhaustive) という語用論的な側面とが混在しており、誤解を招きやすい。指定文(63)に登場する「が」の意味・用法のうち、(ⅱ) exhaustive の側面は、語用論的に処理できることなので、文-文法のレベルでは無視してさしつかえない。結局、文-文法のレベルでは、指定文(63)に登場する「が」の意味・用法としては、久野の言う「総記」のうち、(ⅰ)

listing の側面だけに限定することで十分である。そこで、指定文 (63) に登場するような「が」の意味・用法を本書では「総記」とは呼ばないで、「[指定]の「が」」と呼ぶことにする。われわれの言う [指定] の「が」は、文-文法のレベルで意味論的に規定されるものであるが、もしそれが語用論的に解釈されれば、しばしば、久野 (1973b) の言う「総記」に対応する解釈になる、と理解すべきである。[26]

倒置指定文の四番目の特徴は、第2章2.2.2節で論じたように、変項名詞句という概念をとおして、コピュラ文と無縁であるように思われる (65) のような文の意味にも倒置指定文の意味構造が反映されているという点である。

(65) a. 花子は、母に、<u>一番好きなひと</u>を打ち明けた。
　　 b. 警察は、<u>その火事の原因</u>が気になっている。
　　 c. わたくしには、<u>洋子殺しの犯人</u>がすぐ分かった。
　　 d. <u>慶應義塾大学へ行く道</u>を教えてください。

筆者の見解では、(65) の各文の下線部の名詞句は、変項名詞句であり、それぞれ、「花子の一番好きなひとは誰か」「その火事の原因は何か」「洋子を殺したひとは誰（どいつ）か」「慶應義塾大学へ行く道はどれか」といった指定コピュラ文の疑問文に還元できるのである。これらの名詞句はその意味で非指示的なのである。

以上のような諸特徴をもつ倒置指定文「AはBだ」あるいは指定文「BがA（だ）」の読みは (66) のように規定できる。

(66) 　Aという1項述語を満足する値をさがし、それをBによって指定 (specify) する。

倒置指定文（あるいは指定文）について、いくつか注意すべきことがある。以下、それらを述べよう。

3.2. 倒置指定文と分裂文

コピュラ文である倒置指定文・指定文は、しばしば非コピュラ文と意味上密接な関係をもつ。前節で指摘したように、たとえば、倒置指定文 (60a) は、(67a) もしくは (67b) というコピュラ疑問文にたいする答えを「あの男」で与えている。

(60a) 　花子殺しの犯人はあの男だ。

(67) a. 誰が花子殺しの犯人であるか。
　　 b. 花子殺しの犯人は誰であるか。

　興味深いことに、倒置指定文(60a)にたいするこのような意味解釈は、コピュラを用いない疑問文(68a)にたいする答え(68b)と意味的には平行的である。(このような非コピュラ文を以下では「動詞文」と呼ぶことにする。)

(68) a. 誰が花子を殺したのか。
　　 b. あの男が、花子を殺した。

(68b)では、「xが花子を殺した」における項xを「あの男」で埋めているわけである。そして、(68b)の「花子を殺した」を文頭におき、それに「のは」を付し、助詞「が」を削除して「～のは…だ」という文形式に収めれば、(69)が得られる。

(69)　花子を殺したのは、あの男だ。

(68b)から(69)が得られる操作は古典的な生成文法理論では「分裂化」と言われ、(69)は「分裂文」(WA-cleft sentence)と呼ばれるパターンに収まっている。このように、(69)についてそれが動詞文(68b)から分裂化操作によって派生した文であるとみなす解釈においては、「殺した」と「あの男」とのあいだに「主語-述語」という直接の関係がある。つまり、(69)における「花子を殺したのは」は、「xガ花子を殺した」のごとく空所を含み、その空所を「あの男」が埋める、という関係になっているのである。もちろん、(69)における「花子を殺したのは」の「の」は補文標識である。したがって、(69)のもつこの意味をより明示的に表せば、(70)のようになる。

(70)　誰が花子を殺したかといえば、それは、あの男(ガ)だ。

このように解釈された(69)は、もちろん、コピュラ文であり、倒置指定文でもある。
　ところが注意すべきは、(69)それ自体には、倒置指定文の解釈でありながら、(70)の読みとは別の読みも存在する、という点である。それは、(69)における「花子を殺したのは」の「の」を補文標識とみなさず、「者」「奴」「ひと」などの意味を表す形式名詞ととる解釈である。(69)のもつこの意味をより明示的に表せば、(71)のようになる。

(71)　花子を殺した者/奴/ひとはどいつかといえば、あの男(ガ)だ。

(71)では、「殺した」と「者/奴/ひと」とのあいだに主語-述語という緊張関係があるのであって、「殺した」と「あの男」とのあいだには主語-述語という関係がないのである。そして、(71)の主語名詞句「花子を殺した者/奴/ひと」を「花子殺しの犯人」として表現すれば、(60a)が得られるわけである。事実、(60a)は(71)と実質的な意味は変わらないであろう。

(71)のように解釈された(69)をも「分裂文」と呼ぶかどうかは「分裂文」という術語にたいする定義の問題である。もし日本語の分裂文を「〜のは…だ」という形式を有する文という風に形だけで定義するならば、(69)はその形式からして分裂文であり、この文は、(70)と(71)という二つの意味があり曖昧であるということになる。(もっとも、(70)と(71)の意味は、実質的には差はほとんどなく、真理条件的には等価である。)

一方、もし日本語の分裂文を〈「〜のは…だ」という形式を有し、かつ対応する動詞文が存在する文〉と定義するならば、(69)は、(70)の解釈においてのみ分裂文である、ということになる。このばあい、「〜」の部分は空所を含み、「…」の部分が空所を埋める焦点として機能しているのである。そして、「〜のは」の「の」は補文標識にほかならない。ここでは、「分裂文」という術語にたいする後者の定義を採用することにする。

結局、(69)にたいする(70)の解釈では、対応する動詞文(68b)が存在するのにたいして、(69)にたいする(71)の解釈では、対応する動詞文は存在せず、(72)のような指定コピュラ文が存在することになる。

(72) あの男が、花子を殺した者/奴/ひとだ。

こんどは次の例を見よう。

(73) あの男が殺したのは花子だ。

(73)にたいして、〈あの男が殺したひとは「花子」という名前を有している〉という措定文の解釈も不可能ではないが、より自然な解釈は、倒置指定文として読むものである。ただし、倒置指定文としての解釈自体、(74)と(75)という二つの異なった読みがあり曖昧なのである。

(74) あの男が殺したのは花子（ヲ）だ。
(75) あの男が殺したのは花子（ガ）だ。

(73)にたいする(74)の解釈では、(73)が動詞文(68b)から派生した分裂文であるとみなす解釈であり、(73)における「殺したのは」の「の」は補文標

識である。このばあい、「殺した」と「花子」とのあいだに「述語-目的語」という直接の緊張関係がある。したがって、「だ」の前で通常は削除される助詞を復元すると(74)のごとく、「花子ヲだ」となるのである。

一方、(73)にたいする(75)の解釈では、「殺したの」の「の」は補文標識ではなく、「者」「奴」「ひと」などの意味を表す形式名詞にほかならない。このばあい、「殺した」と「花子」とのあいだに「述語-目的語」という直接の緊張関係はなく、むしろ「殺した」と「者/奴/ひと」とのあいだに「述語-目的語」という直接の緊張関係があるのである。したがって、「だ」の前で強制的に削除される助詞をあえて復元すると(75)のごとく「花子ガだ」となる。(75)に対応して(76)のような指定コピュラ文は存在するが、対応する動詞文は存在しないのである。

(76) 花子が、あの男が殺したひとだ。

以上の考察は、前節で述べた〈倒置指定文「AはBだ」はまったく意味を変えずに指定コピュラ文「BがAだ」によって言い替えることができる〉という倒置指定文にたいする特徴づけに注釈を付けねばならないことを意味する。一般に倒置指定文「AはBだ」は対応する指定コピュラ文「BがAだ」を有するのであるが、倒置指定文が分裂文「A(の)はBだ」のばあいは、対応する指定コピュラ文「BがAだ」は存在しないのである。日本語の分裂文をめぐる研究において、(69)や(73)が曖昧であるという事実、そして一方の解釈では対応する動詞文が存在し、他方の解釈では対応する指定コピュラ文が存在するといった事実には、これまでほとんど注意が払われてこなかったように思われる。その主な理由は、従来の日本語研究においては、「措定文」や「倒置指定文」という概念がほとんど理解されていなかったこと、したがってまた、倒置指定文と分裂文とのあいだの微妙な関係が十分認識されてこなかったことにあるように思われる。

3．3．倒置指定文における値表現の指示性

倒置指定文「AはBだ」(あるいは指定文「BがAだ」)において、Aは非指示的であるとしても、値を表すBの方の指示性はいかなるものだろうか。これまで、値表現Bは指示的名詞句であるとみなされることが少なくなかった。[27] しかし、これは問題である。Bの機能は、あくまでAに含まれる変項の値を指定する(specify)ということであって、かならずしも世界

のなかの対象を指示する必要はないように思われる。もちろん、(60a)の「あの男」のように、多くのばあい、倒置指定文「AはBだ」のBは個体指示的である。しかし、次の例を見よう。

(77) この種の実験で一番大切なことは、その実験室の温度だ。

(77)は、「この種の実験で一番大切なことはなにかといえば、実験室の温度だ」と読むことができるので、あきらかに倒置指定文である。このばあい、「AはBだ」のBにあたる下線部は、23度とか、17度という特定の温度を指す表現ではない。このことは、次の推論が成立しないことからも裏づけを得られる。

(78) a. この種の実験で一番大切なことは、その実験室の温度だ。
 (＝(77))
 b. その実験室の温度＝17度
 ゆえに、
 c. ? この種の実験で一番大切なことは、17度だ。

そもそも、(78c)はそれ自体奇妙な文である。むしろ、(77)は、(79)によって言い替えることができるような意味をもつはずである。

(79) この種の実験で一番大切なことは、その実験室の温度が何度であるかだ。

ここから明らかなように、「その実験室の温度」は特定の温度を指す指示表現ではなく、むしろ疑問の意味を表し、それ自体一種の変項名詞句であり、したがって非指示的名詞句であるといえる。それにもかかわらず、この表現は、変項を埋める値を指定するという機能を十分果たしているのである。同様に、

(80) a. 国民の最大の関心事は、誰が次の首相になるかである。
 b. わたくしの質問は、君がこの会社を辞めるかどうかだ。

(80)の各文は倒置指定文であり、主語が「xが国民の最大の関心事である」「xがわたくしの質問である」という変項名詞句を構成している。そして、「誰が次の首相になるか」「君がこの会社を辞めるかどうか」がそれぞれの変項を埋める値を表す表現になっている。これらの述語表現は疑問表現であることから明らかなように、指示的ではありえない。このように、非指示的表

現であっても変項を埋める値を指定するという機能を十分果たしうるのである。

以上の考察は、変項を埋める値を表すBは指示的名詞句であることが少なくないとはいえ、かならずしも指示的名詞句である必要はないということ、より一般的にいえば、ある表現が変項の値を表すということと、それが指示的であるということは独立である、ということを示す。

3．4．叙述名詞句と変項名詞句

措定文「AはBだ」におけるB、つまり叙述名詞句は、論理的には1項述語であり、その点で倒置指定文「AはBだ」(あるいは、指定文「BがAだ」)におけるA、つまり変項名詞句と共通している。さらに、叙述名詞句と変項名詞句とは、言語表現の分布上でもしばしば重なることも事実である。つまり、叙述名詞句であるような名詞句は、しばしば同時に変項名詞句にもなりうるように思われる。たとえば、次の例を見よう。

(81) 山本は社長だ。［措定文］
(82) 山本が社長だ。［指定文］

(81)におけるごとく、「社長」という語はあるひとについての属性を表すために用いられる。と同時に、(82)におけるごとく、この語は、［xが社長である］という変項名詞句を表すためにも用いられる。したがって、変項名詞句と叙述名詞句とはきわめて近い存在であるかのように思われるかもしれない。それにもかかわらず、両者は、意味機能上も分布上もまったく別物だという点に注意すべきである。まず、叙述名詞句と変項名詞句が、分布上でつねに一致するわけではないことは、次の例から明らかである。

(83) 漏電がこの火事の原因だ。
(84) この火事の原因は漏電だ。

(83)は指定文、(84)は倒置指定文である。ということは、(83)(84)の下線部は変項名詞句であることを示す。もし、「この火事の原因」が同時に、なにか対象の属性を表す叙述名詞句にもなるのであるならば、(83)の「が」を「は」に置きかえて、たとえば、次のような措定文を作ることも可能のはずである。

(85) ?漏電はこの火事の原因だ。[28]

ところが、(85)は意味的に適格とはいえない。ということは、「この火事の原因」という表現は変項名詞句にはなりえても、漏電が有する性質を表すことができないことを示している。同様に、指定文(63c)の「が」を「は」で置きかえると、(86)ができるが、(86)は措定文として解釈するのは無理がある。

(63c) 太郎の話し方が、彼について気になる点だ。
(86) ? 太郎の話し方は、彼について気になる点だ。

「彼について気になる点」を、太郎の話し方がもつ性質とみなすわけにはいかないからである。「彼について気になる点」は変項名詞句になりえても、叙述名詞句になりえないのである。

また、叙述名詞句と変項名詞句の違いは、疑問化の側面でも顕著である。(87)のように、措定文については下線部の叙述名詞句を疑問詞で置き換えることによって、措定疑問文を作ることができる。

(87) a. あのひとは、学生だ。(措定文)
    b. あのひとは、どんなひとか。

(87b)は、主語の指示対象の属性を問うている文である。ところが、(88)のように、指定文については、下線部の変項名詞句を疑問詞で置き換えることによって、指定疑問文を作ることはできない。そのことは、(89)のような倒置指定文についても言える。

(88) a. あのひとが 委員長だ。(指定文)
    b. ? あのひとが、何であるか。
(89) a. 委員長は、あのひとだ。(倒置指定文)
    b. ? 何は、あのひとであるか。

もともと(倒置)指定文は、変項名詞句の変項を埋める値を指定しようとする文であるから、(90)のように値を表す表現を疑問詞で置き換えることはできても、(88b)(89b)のように変項名詞句自体を疑問詞で置き換えるわけにはいかないのである。

(90) a. 誰が 委員長であるか。(指定文)
    b. 委員長は、誰であるか。(倒置指定文)

このように、叙述名詞句と変項名詞句は、論理的にはともに1項述語であ

るが、文のなかでの意味機能は互いに異なるのである。

3．5．倒置指定文と同一性文

　言語学者のなかには、倒置指定文「AはBだ」や指定文「BがAだ」の意味をAとBのあいだの等号や同一性という概念で捉えようとするひともいる。本章2節で触れたように、益岡＆田窪(1992: 28)では、「AはBだ」をAとBの関係に注目して三つに分類し、われわれの言う倒置指定文「AはBだ」を(91)によって捉えようとしていたことを思い起こそう。

　　(91)　AとBが同一のものを指し示す場合（＝(55b)）

益岡＆田窪(1992: 28)が挙げている(91)に対応する例は(92a)と(92b)である。

　　(92)a.　紫式部は源氏物語の作者だ。
　　　　b.　源氏物語の作者は紫式部だ。（＝(56b)）

(92a)にたいするもっとも自然な解釈は措定文もしくは、後述する同定文の解釈であって、倒置指定文ではないであろう。したがって(92a)の例をここで出すことはきわめて誤解を招きやすい。一方、(92b)は「源氏物語の作者は誰かといえば、それは紫式部だ」と読むことができるので、明らかにわれわれの言う倒置指定文である。しかし、倒置指定文を(91)のような同一性の関係で捉えることには問題がある。(91)の規定では、倒置指定文「AはBだ」におけるAとBはいずれも指示的だ、ということになる。しかし、上で見たように、倒置指定文「AはBだ」におけるAは変項名詞句という意味で非指示的名詞句であり、一方、Bは本章3.3節で論じたように、指示性と独立であるから、(91)は倒置指定文の規定としては誤りである。益岡＆田窪(1992)の説明では、(92b)は、〈「源氏物語の作者」であるひとを指し、「紫式部」であるひとを指し、両者は別の人物かと信じられていたが、実は同一人物である〉を主張している文、つまり、後述の「同一性文」だということになってしまう。これは、(92b)を(93)と同様のやり方で読むことを意味する。

　　(93)　ジキル博士はハイド氏だ。

もちろん、(92b)に「同一性文」の読みがないわけではないが、おそらくこ

れは、益岡 & 田窪(1992: 28)が(92b)について意図していた読みではないであろう。(92b)にたいするもっとも自然な読みは「源氏物語の作者は誰かといえば、それは紫式部だ」という倒置指定文の読みであり、益岡 & 田窪(1992: 28)がこの例文で意図していたものはこの読みであったはずである。さもなければ、本章3.1節で問題にした(60)のような倒置指定文は、益岡 & 田窪(1992)の主張する「AはBだ」の3分類のいずれにも属さないことになり、彼らの分類(55)はまさにその点で不備であると言わざるをえなくなるであろう。そこで、彼らの分類(55)は不備ではなく、そこにも倒置指定文が含まれていると考えるかぎり、(91)がまさに倒置指定文の規定であり、(92b)がその例文であるとみなすのが自然であろう。ところが、上で見たように、(91)は倒置指定文にたいする規定としては正しくないのである。

3.6. 指示対象の同定と倒置指定文

さて、上で述べたことと密接に関係するが、倒置指定文「AはBだ」について注意すべき点は、この構文の本質を(94)のように捉えるべきではない、という点である。

(94) 倒置指定文「AはBだ」(あるいは、指定文「BがAだ」)とは、Aの指示対象をBで同定する、という機能をもつ文である。つまり、倒置指定文「AはBだ」は、Aの指示対象を同定できない相手に対して、指示対象を教えるために使われる文である。[29]

(94)は、「Aの指示対象を…」とあるところからして、Aの指示的な性格を前提としているが、これは変項名詞句Aのもつ非指示的な性格を否定することにつながる。(94)の後半は、(95)のような例だけを見ていると一見正しいように思われるかもしれない。

(95) この芝居の主役は、太郎だよ。

しかし、(96)のような反例がある。

(96) a. この芝居の主役は誰ですか。
b. この芝居の主役は、太郎ですか。
c. この芝居の主役は、太郎かしら。

(96)の各文は「倒置指定文」であるが、いずれもA(「この芝居の主役」)

の指示対象を同定できない相手に対して、指示対象を教えるために使われるケースではない。

　実は、(95)についてもこれは、「この芝居の主役」の指示対象を同定できない相手に対して、指示対象を教えるために使われる文ではないのである。なぜなら、「AのBの指示対象をBで同定する」という言い方は、言語表現とその指示対象とのあいだの緊張関係を表そうとしているわけであるが、倒置指定文(95)は、言語表現「この芝居の主役」とその指示対象とのあいだの緊張関係を表している文ではないからである。(95)は「この芝居の主役」でもって「xがこの芝居の主役である」を表し、そういうxの値を「太郎」でもって指定している文であって、「この芝居の主役」の指示対象を「太郎」でもって同定している文とは無縁の文なのである。

　ところがやっかいなことに、「AはBだ」という構文の解釈のなかには、「Aの指示対象をBで同定する」に近い解釈を要求するケースもないわけではない。この点をより明確にするために、次の例を考えよう。

(97) a.　甲：山本弁護士を殺したひとはどいつだ。
　　 b.　乙：あの、赤いセーターを着た男だよ。

実は、あまり気づかれないかもしれないが、(97)は曖昧なのである。ひとつの読みは、山本弁護士は誰に殺されたかに甲は関心をもち、それを知ろうとして、「山本弁護士を殺したひとはどいつか」と問い、乙はそれに答えている、ととる読みである。これがまさに、(97)にたいする標準的な倒置指定文の読みである。このばあい、甲は、実質的には「山本弁護士は誰によって殺されたか」の答えを要請しているのであって、「山本弁護士を殺したひと」の指示対象の同定を要請しているのではない点に注意しよう。いうまでもなく、ここでは「山本弁護士を殺したひと」は非指示的名詞句（変項名詞句）である。

　ところが、興味深いことに、(97)は次のような別の状況でも使用されうる。今、山本弁護士を殺したひとが逮捕されて、護送されていると仮定する。護送車のなかには数人の男が乗っていて、そのうちどの男が当の犯人であるかが、まぎらわしいとしよう。そこで、野次馬のひとりである甲は、苛立って、(97a)を口にしたとしよう。このばあい、甲の発話の関心は、「誰によって山本弁護士が殺されたか」にあるのではない。むしろ、「山本弁護士を殺したひと」の指示対象がまぎれこんでいるため、護送車のなかの男たちのなかからそれを選択することに甲の関心があるのである。この二番目の

読みは最初の標準的な倒置指定文の読みとはまったく異なる。この読みでは、「山本弁護士を殺したひと」は指示的名詞句になっており、そのままでは変項名詞句とみなすことができないからである。もし(97)が使用されるこのケースを〈甲が「山本弁護士を殺したひと」の指示対象の同定を問い、乙がそれを「赤いセーターを着た男」でもって同定している〉と解釈できるならば、上の(94)は、まさにこのケースには当てはまるかもしれない。この二番目の読みは、筆者が「第二タイプの指定文」と呼ぶもので、標準的な（倒置）指定文から区別されるべきである。[30]

このように、(97)自体には二つの読みがあるのであるが、少なくとも、標準的な倒置指定文の読みにたいしては、上の(94)は適用できないこと、標準的な倒置指定文「AはBだ」のAは、いかなる程度であれ指示性を有さず、その意味で純粋に「非指示的名詞句」であることを強調しておこう。

4. メンタル・スペース理論におけるコピュラ文の分析

ここで、本書で導入した「変項名詞句」という概念ときわめて近い概念を用いてコピュラ文の分析を展開しているメンタル・スペース理論の議論に触れておこう。[31] メンタル・スペース理論は、Fauconnier によって創設され、意味論と語用論を統合するダイナミックな言語理解を目指しているものとして、近年各方面から注目を浴びている。この理論は、「文の意味をまず文法レベルで規定し、それに語用論的解釈を与える」という筆者のような立場を「古典的な意味論・語用論」として批判する。[32] メンタル・スペース理論は、意味をどこまでもコンテクストにおける発話解釈の観点から直接捉えようとするものであり、発話をメンタル・スペースと呼ばれる心的表示（mental representation）を構築するための指令とする手続き的意味論（procedural semantics）の立場をとっている。[33] 認知言語学・認知意味論に関心をもつひとが増えているわが国でも、このようなメンタル・スペース理論の枠組みで日本語の分析を試みる者が少なくない。筆者はここで、この壮大な理論の全体について論じるつもりはない。メンタル・スペース理論におけるコピュラ文の扱いをめぐる一般的な問題点について、筆者は、すでに西山(1993c, 1994b, 1994c)において、詳しく論じた。本節では、コピュラ文の意味と解釈の問題をメンタル・スペース理論の枠組みで扱おうとしている坂原(1989, 1990a, 1990b, 1996)などの分析に焦点をしぼり、本章1節、2節、3節において論じてきた筆者の分析と比較しながら、批判的な検討を加えることにす

る。

4．1．役割関数と変項名詞句[34]

　メンタル・スペース理論における、もっとも重要な概念装置のひとつに「役割（role）と値（value）」というものがある。[35] Fauconnierが、メンタル・スペース理論において、「役割と値」という概念装置を導入したのは、「名詞句が常に同じ対象を指すわけでなく、使用状況に応じて異なる対象を指すことができる[36]」という事実を捉えるためのものであった。この点を説明するためにしばしば持ち出される例は、「大統領」という名詞句である。この表現は、国や年代によって、別の人間を指示する。つまり、「大統領」は、2003年においてアメリカ人が用いれば、ジョージ・ブッシュを指すが、1992年においてロシア人が用いれば、エリツィンを指す。そこで、「大統領」という語は、国名と年代を変域にして、特定の大統領を値とする役割関数とみなすわけである。[37] この役割関数は単に「役割」とも呼ばれる。より一般的にいえば、役割とは、名詞句の記述内容が与える一種の関数であり、時間、状況、メンタル・スペースなどを変域とし、当該の記述を満足する個体の集合を値域にする関数である。メンタル・スペース理論によれば、この「役割と値」という概念装置は、名詞句の解釈にとって重要であるばかりでなく、「NP₁ は NP₂ である」（"NP₁ be NP₂"）というコピュラ文の意味解釈にとっても本質的である、とされている。本節では、コピュラ文の分析にとって、この「役割-値」という概念装置がどこまで有効であるかを検証する。

　メンタル・スペース論者によれば、名詞句の第一次的意味は、役割であるが、第二次的には、その役割をとおしてある特定の値を指すこともできるのである。前者を「役割解釈」、後者を「値解釈」と呼ぶ。このような役割解釈と値解釈の区別によって、次のような文のもつ曖昧性が説明できる、とされる。[38]

　(98)　大統領が変わった。

　これは、第2章3.3節で取り上げた「変化文の曖昧性」にほかならない。つまり、(98)にたいするひとつの読みは、ある国、ある時期において、たまたま大統領である特定の人間、たとえば、ブッシュ大統領の容貌が変わるとか、性格が変わるといった「変貌の読み」である。(98)にたいするもうひと

つの読みは、米国大統領が、ある個人（たとえば、クリントン）から別の個人（たとえば、ブッシュ）に入れ替わるという「入れ替わりの読み」である。メンタル・スペース論者によれば、変貌の読みは、主語名詞句にたいする「値解釈」をあてがったばあいであり、「大統領」という役割はそれほど重要ではないとされる。一方、「入れ替わりの読み」は「大統領」という役割そのものの属性を表しており[39]、役割解釈をあてがっている、とされる。なお、後者の役割解釈は、変域の変化に応じて役割の与える値が変化するので、「値変化の役割解釈」とか「値交代の解釈」と呼ばれる。[40] ここで、「値解釈」と「値変化の役割解釈」という概念を次のように整理しておこう。

(99) ある名詞句が値変化の役割解釈をもつとは、異なった変域（パラメータ）の設定に応じて、その名詞句に該当する個体が交代するような意味をもつことである。

(100) ある名詞句が値解釈をもつとは、その名詞句が役割のある特定の値を指すための方便として用いられるような意味をもつことである。

さて、メンタル・スペース論者である坂原は、坂原(1989: 7-9)において次のようなコピュラ文を論じている。

(101) 源氏物語の作者は紫式部である。

坂原によれば、これは、役割「作者」が、特定の変域設定「源氏物語」において、値「紫式部」をとることを表わしている、とされる。これを図示すれば、(102)のようになる。

(102) 源氏物語　の　作者は　紫式部である。
　　　変域要素　　　役割　　値

このように、コピュラ「デアル」には、主語にたいする（値変化の）役割解釈をその値に結びつける機能があり、この種のコピュラ文を、メンタル・スペース論者は「同定文」と呼ぶ。[41] ここで術語上の問題があるので注意しておこう。本章5節で詳述するが、西山(1985, 1990a)、熊本(1989b, 1992)、Higgins(1979)は、「同定文」(identificational sentences) という術語をメンタル・スペース論者の用法とはまったく別の意味で用いている。そこで、術語上の無用の混乱を避けるために、Higgins・西山・熊本の意味での「同定文」を単なる「同定文」、メンタル・スペース論者の言う「同定文」を以下、「M-同定文」と呼ぶことにする。

さて、坂原によれば、M-同定文は、役割とその値との結びつきを表す文であり、次のように定義される。

(103) コピュラ文「AはBだ」がM-同定文であるとは、その主語名詞句Aが、値変化の役割解釈を受ける名詞句であり、述語名詞句Bがその役割の値を表す文であるとき、そしてそのときにかぎる。Aは、通常、変域要素と役割とからなる。

さて、M-同定文「AはBだ」は、主語と述語名詞句を交換して、「BがAだ」に（意味を変えないで）変換できる。したがって、(101)を(104)のように変換しても意味は変わらない。

(104) 紫式部が、源氏物語の作者だ。

(104)は、「倒置されたM-同定文」である。

坂原は、コピュラ文「AはBだ」には、M-同定文とは意味構造上まったく別の用法もあることを指摘している。[42] それは、主語名詞句Aが値解釈をもち、その値が属性Bをもつことを表すばあいであり、「記述文」と呼ばれる。(105)は記述文の典型である。

(105) a. 紫式部は平安時代の作家だ。
　　　b. 私は教師です。

記述文は、(106)のごとく、主語と述語名詞句を交換し、「は」を「が」に変えると意味が変わってしまう。

(106) a. 平安時代の作家が紫式部だ。
　　　b. 教師が私です。

4．2．倒置指定文とM-同定文

われわれは、本章3節までの議論で、(101)(104)(105)と同種のデータを「役割-値」という概念を一切用いず、「指示的名詞句」と「変項名詞句」という概念装置によって次のように説明してきた。まず、(101)はより正確には曖昧であった。そのひとつは「措定文」の読みである。つまり、主語名詞句「源氏物語の作者」は指示的名詞句であり、なんらかの対象を指示し、述語名詞句「紫式部」はその指示対象についての属性（つまり、「『紫式部』という名前の持ち主」という性質）を表す叙述名詞句である、と読むものである。

(101)にたいするもうひとつの読みは「倒置指定文」の読みである。主語名詞句「源氏物語の作者」を、「xは源氏物語の作者である」という意味を表す変項名詞句とみなし、述語名詞句「紫式部」を変項xを埋める値であると読むのである。倒置指定文として解釈された(101)は、主語と述語名詞句を交換して、「は」を「が」に変えても意味は変わらず、こうしてできた(104)のようなタイプの文をわれわれは「指定（コピュラ）文」と呼んできた。一方、(105)の各文は主語が指示的名詞句であり、述語名詞句はその指示対象についての属性を表しており、「措定文」にほかならない。措定文(105)は主語と述語名詞句を交換して(106)のごとく言い替えることができない。

このように見てくると、筆者の言う「倒置指定文」「指定文」は、メンタル・スペース論者の言う「M-同定文」「M-同定文の倒置形」にそれぞれ対応することがわかる。また、筆者の言う「措定文」はメンタル・スペース論者の言う「記述文」に対応することは明らかであろう。以上を整理すると(107)のようになる。

(107)

「AはBだ」		「BがAだ」	
西山	メンタル・スペース論者	西山	メンタル・スペース論者
措定文	記述文	φ	φ
倒置指定文	M-同定文	指定文	M-同定文の倒置形

さらに、倒置指定文「AはBだ」の主語名詞句A（あるいは、指定文「BがAだ」の述語名詞句A）に登場する筆者の言う「変項名詞句」は、メンタル・スペース論者の言う「（値変化の）役割解釈を受ける名詞句」という概念にきわめて近く、両概念は単なる術語上の言い替えにすぎないように思われるかもしれない。はたしてそうであろうか。結論を先取りしていえば、実は「変項名詞句」と「（値変化の）役割解釈を受ける名詞句」とのあいだには、単なる術語上の言い替え以上の大きな違いがあり、また、メンタル・スペース論者の言う「M-同定文」と筆者の言う「倒置指定文」とは同一の概念でないのである。それはまたコピュラ文研究にたいするメンタル・スペース論者のアプローチと筆者のそれとのあいだに本質的な違いがあることを

反映しているのである。この点を以下説明しよう。

メンタル・スペース論者によれば、M-同定文の主語名詞句は、値変化の役割解釈を受ける名詞句であった。この点について、坂原(1990a：58-59)は、次のように述べる。

> (108) 役割は、変域要素の変化に伴い、取る値を変えるというのが普通の事態である。つまり、いつも同じ値を取る定値関数である役割は例外である。例えば、ある競技に関しても、「優勝者」は競技会ごとに別の優勝者がいるのは普通だから、「優勝者」は役割と解釈しやすい。[中略]「優勝者」は、「源氏物語の作者は紫式部で、枕草子の作者は清少納言だ」のように、作品により値を変える役割「作者」と似ている。ところが、「男の子」はある個体の恒常的属性であり、「あの時に」男の子であれば、別の時も男の子である。そこで「あの時の男の子」は指示的名詞句と取られやすい。つまり、「男の子」の名詞修飾要素「あの時の」は、役割の変域を表わすものではなく、多くの男の子からある特定の個体を取り出すための限定を与えている。

そして、坂原は、(109)を挙げ、この例文は、「あの時の」が「優勝者」という役割の変域を表すので、M-同定文の読みが自然であるのにたいして、(110)は、「昔知っていた男の子がだれだか分からなくなったのを、それが太郎であると確認する」という「再認の間スペース的解釈」が自然である、とする。[43]

> (109) あの時の優勝者は、太郎だった。
> (110) あの時の男の子は、太郎だった。

もっとも、坂原は、「男の子」という語を〈祭りやパレードにおける特別な役を演じる者〉ととるならば、この語も、変域要素の変化に伴い、取る値を変えるという意味で、役割と解釈することができ、そのばあいは、(110)もM-同定文の読みが可能となる、と述べている。また、このことから逆に、(109)にも、M-同定文とは別に、「再認の間スペース的解釈」が可能である、としている。

4.3. 値解釈と（値変化の）役割解釈

前節で見た坂原の議論には、いくつかの問題がある。第一に、坂原の説明は、コピュラ文「AはBだ」における主語名詞句Aは「あの時の優勝者」

のように、〈変域要素＋役割関数〉から成るとき、役割解釈を受けること、一方、主語名詞句 A が「あの時の男の子」のように、「単なる限定詞＋名詞」であって〈変域要素＋役割関数〉でないときは、役割解釈を受けないということを示唆しているが、これはきわめて誤解を招きやすい。

　まず、「あの時の優勝者」という表現は、第1章7節で「あの時の横綱」の例について述べたように、タイプ［A］、タイプ［C］、タイプ［D］の三通りの解釈が可能であるが、坂原が(109)を M-同定文として解釈したときに念頭においている「あの時の優勝者」は、「あの時優勝したひと」の意味である。したがって、これは、「優勝者」を、筆者が言う「非飽和名詞」とみなす解釈にほかならず、「あの時」が「優勝者」の要求するパラメータを表す関係になっていることは明らかであろう。つまり、名詞修飾語「あの時の」と主要語「優勝者」との関係は、第1章5節で論じたタイプ［D］に属する関係なのである。同様のことは、(101)における「源氏物語」と「作者」の関係についても言える。「作者」が筆者の言う非飽和名詞であり、「源氏物語」が「作者」の要求するパラメータを表していることは明らかであろう。このように、(101)(109)の例に関するかぎり、M-同定文の主語名詞句の変域要素と役割との関係は、筆者の言うタイプ［D］の関係、すなわち〈パラメータと非飽和名詞〉の関係にほかならないのである。

　ここで注意すべきは、坂原は述べていないが、実は、(101)と同様、(109)には、M-同定文の読みとは別に、(111)によって言い替え可能な「記述文」（筆者の術語でいえば「措定文」）の読みもある、という点である。

(111)　あの時の優勝者は、「太郎」という名前の持ち主だ。

そして、(109)をこのように記述文（措定文）として読んだばあいの主語名詞句「あの時の優勝者」は、やはり、「あの時」が「優勝者」という役割の変域を表しているのであり、その点で、(109)を M-同定文として読んだばあいの「あの時の優勝者」と同じである点に注意しよう。筆者の用語でいえば、(109)にたいするこの措定文の読みにおいても、「あの時」が「優勝者」の要求するパラメータを表しているのである。[44]

　この事実は、「あの時」が「優勝者」という役割の変域を表していること、いいかえれば、「優勝者」は、変域要素の変化に伴い取る値を変える役割関数であるということは、別に M-同定文の主語名詞句だけにあてはまることではなく、記述文の主語名詞句にも適用できる、ということを示している。つまり、コピュラ文「A は B だ」における主語名詞句 A は「あの時の優勝

者」のように、〈変域要素＋役割関数〉から成るからといって、役割解釈を受けやすいとはかぎらないのである。結局、「あの時の優勝者」が〈変域要素＋役割関数〉を構築しているということは、この名詞句が役割解釈を受けるかそれとも値解釈を受けるかという点にとっては独立のことなのである。筆者の用語でいえば、「あの時の優勝者」が〈パラメータ＋非飽和名詞〉を構築しているということは、この名詞句が変項名詞句の解釈を受けるかそれとも指示的名詞句の解釈を受けるかにはなんら影響を与えないのである。

　坂原の(108)における第二の問題は例文(110)に関してである。坂原は、(110)を用いて、コピュラ文「AはBだ」における主語名詞句Aは、「あの時の男の子」のように、「単なる限定詞＋名詞」であって〈変域要素＋役割関数〉を構築しないときは、役割解釈を受けないことを示唆しているが、これもまた誤解を招きやすい説明である。

　今、話を簡単にするために、「男の子」という語を、坂原の言う「祭りやパレードにおける特別な役を演じる者」という特殊な意味[45]ではなく、通常の意味で用いることにしよう。この通常の意味での「男の子」が第1章で述べた「飽和名詞」であることはいうまでもない。このばあい、「あの時の男の子」には、第1章で述べたタイプ［A］とタイプ［C］の意味が可能であるが、坂原が(110)を「再認の間スペース的解釈」としたときに念頭においている、「あの時の」と「男の子」との関係は、多くの男の子からある特定の個体を取り出すための限定を与えている読みであるので、タイプ［A］に属することは明らかである。つまり、「あの時の男の子」は、〈「あの時」で指された時点と関係Rを有する男の子〉のような言語的意味をもち、適切なコンテクストが与えられれば、たとえば、《あの時、公園でぶつかった男の子》とか《あの時、溺れそうになっていた男の子》のような語用論的解釈が可能となる名詞句表現なのである。

　ところが、坂原は述べていないが、実は、(110)については、(112)のような解釈も可能なのである。

　(112)　［xがあの時の男の子である］を満たすxの値は、太郎だった。

これは、より具体的にいえば、(113)のような状況で(110)が発話されるときの読みである。

　(113)　たしかあの時、公園で誰か男の子に出会ったはずだけど、どの男の子に出会ったのか忘れてしまった。太郎だったかな、次郎だったか

な、それとも三郎だったかな、…。あっ分かった、あの時の男の子は太郎だった。

このばあい、「あの時の男の子」でもって、特定の男の子を念頭におき、その男の子の名前を思い起こそうとしているのではない。そうではなくて、あの時出会ったのは、どの男の子だったかを思い起こそうとしているのである。この読みでは、「あの時の男の子」は非指示的であり、筆者の言う「変項名詞句」になっている。したがって、(110)にたいするこの解釈は、坂原の言う「再認の間スペース的解釈」とは別物であり、(112)から明らかなように、「倒置指定文」の読みなのである。以上の考察は、(110)については、「男の子」を通常の意味に限定したとしても、坂原の言う「再認の間スペース的解釈」のほかに、「倒置指定文」の読みもあることを示している。

　注意すべきは、(110)をこのように倒置指定文として読んだばあいにおいても、主語名詞句「あの時の男の子」における「あの時の」は多くの男の子からある特定の個体を取り出すための限定を与えているのであり、そのかぎりで(110)にたいする再認の間スペース的解釈における「あの時の男の子」と同じである、という点である。筆者の用語でいえば、(110)にたいするこの倒置指定文の読みにおいても、「あの時」と「男の子」の関係は、タイプ［A］であることには変わりないのである。坂原は、(108)において、(110)の主語名詞句「あの時の男の子」のように、「単なる限定詞＋名詞」であって〈変域要素＋役割関数〉を構築しないときは、指示的名詞句となり、役割解釈を受けないことを示唆している。一方、M-同定文の主語名詞句は、定義(103)からして、変域要素の変化に応じて値を変える役割であった。(110)の主語名詞句「あの時の男の子」はこの条件を満たさないので、(110)をM-同定文と読むわけにはいかない。したがって、(110)にたいする上の倒置指定文の読みは、M-同定文の読みではないことになる。以上の考察は、M-同定文にたいする坂原の定義(103)を保持するかぎり、M-同定文と筆者の言う倒置指定文とは別物であることを証明するといえるであろう。また上で、「あの時の男の子」のような名詞句は、役割解釈を受ける名詞句ではないにもかかわらず、変項名詞句になりうることを見た。そのことは、坂原の言う「値変化の役割解釈」という概念と筆者の言う「変項名詞句の解釈」とは等価でない、ということを示すといえよう。結局、(108)のような坂原の議論に内在する問題は、(110)にたいする上の倒置指定文の読みは坂原の立場ではどこにも位置づけられない、という点である。

(108)のような坂原の議論に内在する第三の問題は、第二の問題とも関わるが、「優勝者」は変域要素の変化に応じて値を変えるがゆえに役割解釈を受けるのにたいして、(通常の意味での)「男の子」は恒常的属性を表すがゆえに役割解釈を受けない、とする坂原の説明にある。坂原のこのような説明は、名詞句のなかに役割解釈を持てるものとそうでないものとがあることを示唆している。事実、坂原は、坂原(1989)において、フランス語の例を挙げて、このことを明確に述べている。

坂原(1989)によれば、フランス語の *mon fils*(「わたくしの息子」)は、それが、コピュラ文の主語の位置に登場した場合、表面的には同種の名詞句と思われる *mon mari*(「わたくしの夫」)とまったく異なった振る舞いを示すのである。*mon fils* は、人称代名詞 *il* や固有名詞 *Paul* と本質的には同様の振る舞いを示し、記述文の主語にはなれても、M-同定文の主語にはなれないのである。

(114) a. Mon fils est etudiant.
　　　b. *Mon fils est un etudiant.
　　　c. *Il est un etudiant.
　　　d. *Paul est un etudiant.

(114a)は、*mon fils* によって同定された個体にたいして属性を付加する文、すなわち「記述文」(われわれの術語でいえば「措定文」)であり、とくに問題はない。(114b)-(114d)が非文法的であることは、通常これらの文が、形式の上では M-同定文の解釈をもつべきなのに、主語名詞句の性質からして、M-同定文の解釈が得られないことを示している、と坂原は言う。つまり、*mon fils* のような名詞句、*il* のような人称代名詞、*Paul* のような固有名詞などは坂原によれば M-同定文の主語に本来的になれないのである。坂原は、*mon fils* のような名詞句は、「非指示的に用いられた主語名詞句の指示対象を指示的な属詞で同定する、というコピュラ文の一つの用法と相いれない性質」[46]をもつ、と主張する。

一方、坂原によれば、*mon mari* の方は、(115a)のように記述文の主語にもなれるが、(115b)のように、M-同定文の主語になることもできる、とされる。

(115) a. Mon mari est etudiant.
　　　b. Mon mari est un etudiant.

(115b)は、非指示的に使われた mon mari にその記述を満たす個体を割り当てる文、つまり、M-同定文であり、「私の夫はどの人かというと、学生の一人です」ということを意味しているのである。[47]

では、表面的には類似している(114b)と(115b)の違いはいったいどこにあるのであろうか。坂原は、「値解釈」と「役割解釈」という概念を用いて次のように説明する。名詞句のなかには、役割解釈をもてるものとそうでないものがあり、*mon fils* は値解釈しか可能でないが、*mon mari* は、値解釈に加えて、役割解釈も可能である。この点に関する坂原の説明は次のようなものである。

> 次の(116a)は、'son fils' のある属性の変化（例えば性格や外見が変わる）を表す解釈しかできない。これは値解釈である。'son fils' はある人の恒常的な属性でその役割を占める人（つまり値）が変化したりしない。これは固有名詞や人称代名詞が主語でも同じである。
>
> (116) a. Son fils change souvent.
>   b. Paul change souvent.
>   c. Il change souvent
>
> 息子が複数いるときには、'son fils' は状況に応じて異なる人を指せるが、それはその複数の人がもともとこの属性を持っていたからにすぎない。
>
> これに対し 'son mari' というのは単にそれを満たす人の一時的な属性でしかなく、次々に別の人がその役割を占めることができる。つまり時間が異なれば、指示対象が異なっても構わない。この理由で次の文は値解釈に加え、彼女の夫がちょくちょく変わるという値変化の役割解釈を持つ。
>
> (117) Son mari change souvent.
>
> [M-]同定文には値変化の役割解釈を持つ名詞句が必要である。ところが名詞句には値変化の役割解釈を持てるものとそうでないものがある。[48]

坂原の上の説明を筆者の術語を使って言い直せば、(116)は「変貌の読み」しか可能でないが、(117)については、「変貌の読み」と「入れ替わり読み」の両方が可能である、ということになる。たしかに、*son fils* と *son mari* とのあいだには、前者は値解釈だけが、後者は値解釈に加えて（値変化の）役割解釈が可能であるということは、常識的にはいえるであろう。[49] しかし、注意すべきは、このことは、*son fils* を主語にした倒置指定文が構築できないということをなんら含意しない、という点である。たとえば、(118)を、混雑したパーティーのなかで、「彼（彼女）の息子さんはどの方ですか」と聞かれた状況での応答と考えよう。

(118) Son fils est ce garçon.

(118)は、明らかに倒置指定文である。もし坂原が、(118)は、主語名詞句 *son fils* にたいして値解釈しか可能でないがゆえに、M-同定文ではない、と主張するならば、ここでも、M-同定文と筆者の言う倒置指定文とは別物であることが裏づけられることになる。こんどは、日本語の次の例を見よう。

(119) わたくしの長男は、あの男です。
(120) わたくしの夫は、あの男です。

坂原の上の説明をそのまま日本語に適用すれば、〈「わたくしの長男」はあるひとの恒常的な属性でその役割を占めるひと（つまり値）が変化したりしない。つまり、「わたくしの長男」は、値変化の役割解釈をもつタイプではない。これにたいし「わたくしの夫」というのは単にそれを満たすひとの一時的な属性でしかなく、次々に別のひとがその役割を占めることができる。つまり時間が異なれば、指示対象が異なっても構わない。つまり、「わたくしの夫」は、（値解釈に加えて）値変化の役割解釈をもつタイプである。〉ということになる。したがって坂原の立場では、「わたくしの長男」のような名詞句は、非指示的に用いられた主語名詞句の記述を満たす個体を割り当てるというM-同定文の用法と相いれない性質をもつので、M-同定文の主語になれないのにたいして、「わたくしの夫」のような名詞句は、非指示的に用いられた主語名詞句の記述を満たす個体を割り当てるというM-同定文の用法と合致するので、M-同定文の主語になりうる、ということになる。それゆえ、坂原の立場では、(120)にたいしてM-同定文の読みは可能であるが、(119)にたいしてM-同定文の読みは不可能である、と予測してしまう。しかしながら、この予測は直観に反する。(119)における「わたくしの長男」は、(120)における「わたくしの夫」と同様、非指示的に用いられた主語名詞句の記述を満たす個体を割り当てるというM-同定文の用法と合致するように思われるからである。

仮に(119)がM-同定文ではないとしても、(119)を、筆者の言う倒置指定文としての読むことはきわめて自然である。つまり、(119)は、

(121) ［x がわたくしの長男である］を満たす x の値はあの男だ。

と言い替えができる意味をもつ。このばあい、「わたくしの長男」は変項名詞句である。同様に(120)も倒置指定文の読みをもち「わたくしの夫」は変項

名詞句である。したがって、(119) と (120) はいずれも、主語が変項名詞句であり、文全体は倒置指定文であるということになる。このように、筆者の立場では、(119) と (120) とのあいだで、コピュラ文の特徴づけとしては本質的な相違はないのである。ところが、坂原の立場では、(120) は M-同定文だが、それと類似した (119) を M-同定文ではないと予測をしてしまうのであり、問題である。さらに、坂原の立場では、もし (119) が M-同定文でないとするならば、いかなるタイプのコピュラ文とみなされるべきなのかという別の問題も生じる。(119) の述語名詞句「あの男」は叙述名詞句でない以上、この文は記述文（われわれの言う「措定文」）ではありえない。では、(119) は、(110) と同様、「再認の間スペース的解釈」であるとみなすべきであろうか。なるほど、(119) にたいして間スペース的解釈をとることは、状況によってはあながち不可能ではない。しかし、(119) は、複数の人々のなかで、「あなたのご長男はどの方ですか」と聞かれた状況での応答と考えるのがもっとも自然である。この自然な読みでの (119) は「再認の間スペース的解釈」ではありえない。ということは、坂原の立場では、(119) の自然な読みをコピュラ文のどこにも位置づけることができないことになってしまう。しかし、これは奇妙である。(120) を M-同定文としながら、それと本質的には同じと思われる (119) を M-同定文から排除するような「M-同定文」という概念はコピュラ文の自然なクラスを構成するとは筆者には思えないのである。この点、(119) と (120) を共に「倒置指定文」に属すると規定できる筆者のアプローチの方が、少なくともコピュラ文の分析に関してはすぐれているように思われる。

　以上の考察は、*son fils* や「わたくしの長男」のような名詞句と *son mari* や「わたくしの夫」のような名詞句を二分し、前者は値解釈だけが、後者は値解釈に加えて（値変化の）役割解釈が可能であるとする坂原の分析は、両名詞句とも変項名詞句になりうるとする筆者の分析と根本的に異なること、とりわけ、「(値変化の) 役割解釈を受ける名詞句」という概念と「変項名詞句」とは異なった概念であることを明確に示している。「変項名詞句」という概念なしでは (119) と (120) の共通性を把握できないのにたいして、「(値変化の) 役割解釈を受ける名詞句」という概念を用いて説明できるようなコピュラ文の有意義な特性は存在しない以上、「(値変化の) 役割解釈」という概念、およびその背後にある「役割と値」というメンタル・スペース理論における概念装置は、少なくともコピュラ文の意味解釈にとってなんら本質的でない、と言わざるをえない。[50]

　そのうえ、*son fils* や「わたくしの長男」のような名詞句はあるひとの恒

常的な属性でその役割を占めるひと（つまり値）が変化したりしないので値解釈だけが可能であり、一方 son mari や「わたくしの夫」のような名詞句は値解釈に加えて（値変化の）役割解釈も可能である、とする坂原の分析が正しいならば、次例はいずれも値解釈だけが可能な名詞句である、ということになろう。

(122) a. エリザベス・テーラーの 6 番目の夫
　　　b. 洋子を殺した男
　　　c. 5 と 9 のあいだの素数
　　　d. 火星

「エリザベス・テーラーの 6 番目の夫」は、ある人の恒常的な属性であって、その役割を占めるひと（つまり値）が時間や状況の変化に応じて、変化したりしないであろう。したがって、この表現は、値解釈だけが可能な名詞句なのである、事実、(123)は、通常、変貌の読みしかもたないであろう。[51]

(123) エリザベス・テーラーの 6 番目の夫が変わった。

同様に、「洋子を殺した男」は「男の子」と同様、ある個体の恒常的属性であり、時間や状況の変化に応じて、異なった値をとるとは考えにくい。「5 と 9 のあいだの素数」や「火星」に該当する値が状況によって交代することはありえない。これらの表現には、変域要素は含まれていないばかりか、コンテクストから補充できるような変域要素がそもそも存在しないのである。つまり、変域要素は省略されてもいないのである。[52] したがって、(122)の各表現は、変域要素の変化に応じて値を変える役割解釈を受ける名詞句とみなすことは難しく、「値解釈」しか可能ではない、といってさしつかえないであろう。それにもかかわらず、(122)の各表現を主語にして、次のような倒置指定文をつくることができることに注意しよう。

(124) a. エリザベス・テーラーの 6 番目の夫は、あいつだ。
　　　b. 洋子を殺した男は、このひとだ。
　　　c. 5 と 9 のあいだの素数は、7 だ。
　　　d. 火星は、あの星だ。

坂原の枠組みでは、これらを、その主語名詞句が、「値解釈」しか可能ではないがゆえに、M-同定文とみなすことができず、またいかなるタイプのコピュラ文にも分類できないのである。ここに、坂原(1989, 1990 a, 1990 b)で

展開されているメンタルスペース理論におけるコピュラ文分析の難点のひとつがある。また、ここでも、倒置指定文とM-同定文の違い、および変項名詞句と「値変化の役割解釈を受ける名詞句」との本質的な違いをみてとることができよう。

4.4. メンタル・スペース理論からの反論

筆者は概略、以上のような議論を西山(1992b)で展開したが、これにたいして、井元(1995)は、メンタル・スペース理論を擁護する立場から次のような反論をしている。

(125) Fauconnierがしばしば用いるスペースの例に、特定の人物の外界理解というのがある。[中略][名詞句の]役割は、スペースが異なれば異なった値を与える関数なのである。このことは、西山(1992b)が意味論上の理由から本来的に役割解釈を受けない名詞句とした
　　　(122a)　エリザベス・テーラーの6番目の夫　　　(西山 1992b: 205)
も同様である。太郎がエリザベス・テーラーの6番目の夫を、クラーク・ゲーブルであると思っていれば、(122a)の役割は太郎のスペースの中では、値としてリチャード・バートンではなくクラーク・ゲーブルを与える。さらに、「エリザベス・テーラーの10番目の夫」という役割は現実スペースの中では値を持たない。[53]

井元は、役割関数の変域を「太郎の信念」のようなメンタル・スペースにまで拡大することによって、「エリザベス・テーラーの6番目の夫」のような表現も、変域要素の変化に応じて値を変える役割解釈を受ける名詞句とみなすことができるとする。役割は、そのようなスペースのなかで値をとるのであって、「スペースが異なれば異なった値を与える関数なのである」(井元 1995: 100)。井元はそこから、「「エリザベス・テーラーの6番目の夫」のような表現は値解釈しか可能ではない」とする西山の主張に反論するわけである。この種の名詞句についても役割解釈が可能であるならば、それを主語にした構文(124a)は、M-同定文にたいする坂原の定義(103)を満足し、M-同定文とみなすことができるからである。[54]

このような井元の議論の第一の問題は、この説明は、同じくメンタル・スペース理論の立場でなされている坂原の説明、すなわち、〈名詞句には値変化の役割解釈をもてるものとそうでないものとがある〉という説明と明らかに矛盾する、という点である。本章4.3節で見たように、坂原によれば、

son fils や「わたくしの長男」、(通常の意味での)「あの時の男の子」のような名詞句は値解釈だけが可能であるのにたいして、*mon mari* や「私の夫」、「優勝者」は、変域要素の変化に応じて値を変える役割解釈を受ける名詞句であるとされていた。ところが、井元の議論に従えば、前者の名詞句も、スペースが異なれば異なった値を与える関数と読むことができるので、役割解釈を受ける、ということになる。たとえば、「あの時の男の子」は、実際は太郎であるにもかかわらず、甲が「あの時の男の子」を次郎であると信じていれば、「あの時の男の子」の役割は甲の信念スペースのなかでは、値として太郎ではなく次郎を与える、ということになる。すると、坂原によればM-同定文の解釈は不可能で「再認の間スペース的解釈」しかもたないとされていた(110)のような文は坂原の説明と異なり、M-同定文だ、ということになる。

(110) あの時の男の子は、太郎だった。

坂原は、(110)の「あの時」は変域を表さず、したがって、(110)はM-同定文の定義(103)を満たさない、とした。ところが、井元の議論を進めていくならば、(110)には、「甲の信念スペース」とか「現実のスペース」といった変域が隠されており、それを考慮するかぎり「あの時の男の子」全体は、役割解釈が可能となる、となるのである。もし井元のこの議論が正しいならば、坂原が提起した、値変化の役割解釈をもてるか否かによる名詞句の区別は、実質的には意味をなさないことになる。役割解釈が不可能で、値解釈しか可能でないとされたいかなる名詞句についても、スペースが異なれば異なった値を与える関数と読むことが原理的にできる以上、そのかぎりでは、いかなる名詞句も役割解釈を受けることができるからである。ということは、坂原によって、コピュラ文「AはBだ」におけるAが値解釈しか可能でないがゆえにこの文にはM-同定文の解釈が不可能である、とみなされているケースも、井元の議論を使えば、M-同定文の解釈がつねに可能だ、ということになってしまうであろう。このように、同じメンタル・スペース理論の立場であっても、M-同定文の扱いは、論者のあいだで一致していないのである。[55]

井元の議論の第二の問題は、こうである。本章4.3節における(116)(117)に関する坂原の議論から明らかなように、名詞句Aに役割解釈が可能かどうかの基準は、「時間が異なれば、役割Aを占める値が変わる」ということであった。したがって、(116a)に入れ替わりの読みが不可能であるという事実は、*son fils* が値変化の役割解釈をもちうる名詞句でないことを示すのであ

り、一方、(117)が入れ替わりの読みが可能であるという事実は、主語名詞句 son mari が値変化の役割解釈をもちうる名詞句であることを示すのであった。西山(1992 b)および本章4.3節における筆者の議論の要点は、もし坂原のこの基準を忠実に適用するならば、「エリザベス・テーラーの6番目の夫」という名詞句についても、変化文(123)に入れ替わり読みが不可能であるという事実からして、値変化の役割解釈をもちうる名詞句でないことになってしまう、という点であった。ところが、井元の主張は、役割関数の変域にメンタルスペースをとりこむことによって、「エリザベス・テーラーの6番目の夫」は、変域要素の変化に応じて値を変える役割解釈を受ける名詞句とみなすことができる、というものである。しかし、ここで注意すべきは、たとえ「信念スペース」というメンタル・スペースを変域にとりこんだところで、「エリザベス・テーラーの6番目の夫」を占める値が状況に応じて交代することはありえない、という点である。つまり、(123)には入れ替わりの読みはなく、変貌の読みしかないという事実は、「信念スペース」を考慮してもなんら変わらないのである。

(123) エリザベス・テーラーの6番目の夫が変わった。

井元が「太郎がエリザベス・テーラーの6番目の夫を、クラーク・ゲーブルであると思っていれば、(122a)の役割は太郎のスペースの中では、値としてリチャード・バートンではなくクラーク・ゲーブルを与える」と主張しているとき、井元は、実は、「エリザベス・テーラーの6番目の夫」という表現ではなくて、暗黙のうちに次のような別の表現を考慮しているのである。

(126) エリザベス・テーラーの6番目の夫と信じられているひと

たしかに、(126)のような名詞句であれば、信じるひとが異なれば（あるいは、同一人物の信念であっても時間が異なれば）異なった値が(126)の役割を占めることができるであろう。その意味で(126)は、値変化の役割解釈をもつことができるといえる。しかし、このことは、「エリザベス・テーラーの6番目の夫」という表現が値変化の役割解釈をもちうることの証明にならないばかりでなく、(123)に入れ替わりの読みが可能であることの証明にもならないのである。一般に、「A」と「Aと信じられているもの」とは別の表現である。「5と9のあいだの素数」と「5と9のあいだの素数と信じられている数」を混同するひとはいないであろう。「5と9のあいだの素数」はいかなる変域も要求せず、状況に応じて異なる値をとることがありえないのにたい

して、「5と9のあいだの素数と信じられている数」は「信じているひとが誰であるか」や「その信念はいつのものであるか」といった状況設定に応じて異なる値をとりうるのである。結局、井元は、「5と9のあいだの素数と信じられている数」は状況によって異なりうるということを根拠に、「5と9のあいだの素数」は、それを占める値が状況によって交代するという間違った議論を展開しているわけである。もし以上のわれわれの考察が正しければ、井元の議論は、(122)の各表現が値変化の役割解釈を受けうることを証明するものではない、と言わざるをえない。したがって、本章4.3節で展開した坂原の議論にたいする筆者の批判は維持できるのである。

　井元の議論における第三の問題は、あきらかに指示的名詞句でしかないはずの「あいつ」「この女」「例の事件」のような直示的表現も、また「彼」「君」のような人称代名詞すらも、役割解釈を受けることのできる名詞句である、と井元の立場では主張せざるをえない、という点である。この種の名詞句も「太郎の信念スペース」「仮定スペース」、「現実スペース」「ある映画のスペース」のようななんらかのメンタル・スペースのなかに登場しうるわけであるから、井元の議論に従えば、これらの表現もスペースが異なれば異なった値を与える役割関数である、と言わざるをえないのである。すると、

(127) a. あいつは、こいつだ。
　　　b. 彼は、こいつにちがいない。

のような文の主語「あいつ」「彼」も省略されたメンタル・スペースを変域としてとり、変域要素の変化に応じて値を変える役割解釈を受ける名詞句である以上、(127)の各文はM-同定文だ、ということになってしまう。しかし、(127)は、坂原であればおそらく「再認の間スペース的解釈」とみなされるものであって、M-同定文ではないであろう。事実、直観的にも、(127)の各文をM-同定文とみなすのはかなり無理がある。この点でも井元の議論には問題がある。

　ここで、誤解のないようにつけ加えておくが、筆者は、文が具体的に使用されるときは、暗黙のうちになんらかのメンタル・スペースが仮定され、発話はそのスペースのなかに埋め込まれているものとして理解されているという事実を否定しているわけではない。たとえば、(110)のような文は、話し手の信念内容として使用されるかもしれないし、第三者の信念スペースのなかでの文として使用されるかもしれない。それはまた、仮定のなかでの文として使用されるかもしれないし、小説や映画のなかでの発話としても使用され

ることもありうるであろう。しかし、そのことは、(110)というコピュラ文がもつ言語的意味の構造になんら影響を与えないという点を強調しておきたい。筆者が上で、(110)を倒置指定文と読むことができると主張したことの要点は、(110)の主語名詞句「あの時の男の子」を変項名詞句ととり、「太郎」がその値を表示していると読むことができる、ということにほかならない。このように主張するということは、もし甲が(110)を信じていれば、甲の信念内容は倒置指定文の読みで解釈できると言っているだけのことであり、もし(110)が仮定されているのであれば、その仮定内容を倒置指定文の読みで解釈できる、と言っているにすぎないのである。[56]

今、コピュラ文「AはBだ」の具体的な発話がなんらかのメンタル・スペースMに埋め込まれていることを(128)のように表すことにしよう。

(128)　M［AはBだ］

コピュラ文の意味が問題にされるとき、われわれは、Mとは独立に、(128)における［　］のなかの文「AはBだ」の意味論的研究をおこなっているのである。たとえば、「AはBだ」は措定文であるかどうか、それとも倒置指定文であるかどうか、それらの意味構造はいかなるものであるか、もし「AはBだ」が倒置指定文であれば、それは同時にM-同定文でもありうるのかどうかなどを考察の対象にしているのである。たとえば(101)や(110)が具体的な状況で用いられたとき、その発話は、なんらかのメンタル・スペースMに埋め込まれていると解釈されるはずであり、(129)のように書くことができるであろう。

(129) a.　M［源氏物語の作者は紫式部である］
　　　b.　M［あの時の男の子は、太郎だった］

そして、いうまでもなく、メンタル・スペースMに埋め込まれている文は別にコピュラ文にかぎらず、いかなるタイプの文でも可能である。

(130) a.　M［太郎が泳いだ］
　　　b.　M［雪が降っている］
　　　c.　M［洋子が太郎と結婚した］

しかし、筆者が強調したいことは、このようにある文Sがメンタル・スペースMに埋め込まれうるということは、Sの意味構造の分析にはなんら効いてこないという点である。たとえば、(101)(110)のようなコピュラ文が措定

文であるか、それとも倒置指定文であるか、あるいは M-同定文であるか、といったことは、その文が埋め込まれているメンタル・スペース M とは独立に規定できる事柄なのである。事実、坂原が、(101)について、「作者」は役割を表し、その変域が「源氏物語」であり、「紫式部」が値を表すこと、そして全体は M-同定文である、と主張するとき、(129a)の左端のメンタル・スペース M は無関係なのである。同様に、坂原が、(110)について、「男の子」は役割でなく、「あの時の」は変域を表すのではないこと、そして全体は「再認の間スペース的解釈」でしかないことを主張するとき、(129b)の左端のメンタル・スペース M はいかなる影響も与えていないのである。つまり、メンタル・スペース M は、それに埋め込まれている文の主語名詞句の変域でもなんでもないということに注意すべきである。したがって、井元が変域をメンタルスペースにまで拡張すると主張するとき、坂原の立場では元来、変域ではないものを役割の変域とみなしていることになり、奇妙である。坂原が、(110)について、〈「あの時の男の子」はメンタル・スペース M を変域にとる役割関数であるから、文全体は M-同定文である〉と主張しなかったのも、(129b)において、変域でない M と「あの時の男の子」とが直接関係しえないからにほかならない。

　ところが井元は、コピュラ文「A は B だ」の主語名詞句 A だけをとりだし、A は役割であってメンタル・スペース M で値を取りうる、と主張するのである。井元のこの主張を具体例に即して述べれば、(101)や(110)がある状況で用いられたとき、主語名詞句「源氏物語の作者」「あの時の男の子」は、なんらかのメンタル・スペースのなかで値をとる役割である、ということになるであろう。今「甲の信念スペース」が暗黙のうちに仮定されており、そのような状況下で(101)や(110)が発話されるとしよう。井元の立場では、それらの発話は、(131a)(131b)をそれぞれ意味していることになる。

　(131) a.　甲が源氏物語の作者と信じているひとは、紫式部である。
　　　 b.　甲があの時の男の子と信じているひとは、太郎だった。

しかし、注意すべきは、(131)は、(129)の M を「甲の信念スペース」と読んだ(132)と根本的に異なるということである。

　(132) a.　甲は〈源氏物語の作者は紫式部である〉と信じている。
　　　 b.　甲は〈あの時の男の子は太郎だった〉と信じている。

(131)と(132)のあいだの構造上の違いは一見分かりにくいかもしれないが、次

のような二つの文を比較してみれば、両者がまったく別の構造を有していることは明らかとなる。

(133) 甲が源氏物語の作者と信じているひとは、女性である。
(134) 甲は〈源氏物語の作者は女性である〉と信じている。

(133)では、述語「女性である」が甲の信念スペースの外にあるのにたいして、(134)では述語「女性である」が甲の信念スペースの内側にある。(131)と(132)の違いも同様である。たしかに、(131)のような解釈を考えるならば、(131a)ばかりでなく、(131b)についても主語名詞句が値変化の役割解釈を受け、定義(103)に従ってM-同定文である、といえることは事実である。しかし、そのことは、(132b)の〈……〉に登場する「あの時の男の子」、(つまり、(110)の主語名詞句「あの時の男の子」)が値変化の役割解釈を受け、(110)がM-同定文であることをなんら証明しないのである。それと同様に、(135)は、主語名詞句「太郎がエリザベス・テーラーの6番目の夫と信じているひと」が値変化の役割解釈を受け、定義(103)に従ってM-同定文であることは事実である。

(135) 太郎がエリザベス・テーラーの6番目の夫と信じているひとは、クラーク・ゲーブルである。

しかし、そのことは、(136)の〈……〉に登場する主語名詞句「エリザベス・テーラーの6番目の夫」が値変化の役割解釈を受け、(136)の〈……〉がM-同定文であることをなんら証明しないのである。

(136) 太郎は〈エリザベス・テーラーの6番目の夫はクラーク・ゲーブルである〉と信じている。

結局、井元の誤りは、(131)と(132)、あるいは、(135)と(136)のあいだの重要な区別を看過した点にある。したがって、筆者がM-同定文について西山(1992b)および本章4.3節で展開した批判にたいする井元(1995)の反論は正当化できないであろう。

本書でこれまで筆者がコピュラ文に関して展開してきた議論は、コピュラ文の意味解釈を正しく把握するためには、「変項名詞句」や「指示的名詞句」という概念が不可欠である、というものであった。そして、第2章2.2.3節において、これらの概念を変化文のような非コピュラ文の意味分析にも適用できる、という議論を展開した。つまり、変化文には「変貌の読み」と「入

れ替わりの読み」とがあり曖昧であるが、「入れ替わりの読み」のばあいは主語名詞句はかならず変項名詞句になっていることを主張した。さらに、第2章2.2.2節において、変項名詞句という概念は、潜伏疑問文の意味分析においても不可欠であることを論じた。このように、筆者の議論は、あくまでコピュラ文から出発し、その意味分析に必要な概念装置を用いて、非コピュラ文の意味分析にまで適用しようとするものであった。

　ところがメンタル・スペース論者は、まず変化文の分析を基礎にし、その曖昧性を説明するのに必要と思われる「(値変化の) 役割解釈」対「値解釈」という概念を導入し、それをコピュラ文の分析に適用しようとした。「主語が役割解釈であり、属詞がその値を表す」とする「M-同定文」にたいするかれらの規定はかくして生まれたのである。要するに、筆者のアプローチでは、コピュラ文の分析を出発点にし、非コピュラ文の分析へ向かっているのにたいして、メンタル・スペース理論のアプローチでは、逆に非コピュラ文の分析を出発点にして、コピュラ文の分析へ向かっており、方向が逆である。本節でわれわれは、メンタル・スペース理論のコピュラ文にたいするアプローチを批判的に検討し、「異なったパラメータの設定に応じて、名詞句の指示対象が変化する」という意味での「(値変化の) 役割解釈」という概念は、コピュラ文の分析にとって有効ではないことを論じた。この概念に基づく「M-同定文」なるものがコピュラ文の自然なクラスを構成するとは思えないからである。もし以上のわれわれの議論が正しいならば、それは、メンタル・スペース理論の中核を占める「役割-値」という概念装置は、少なくともコピュラ文の規定には関与するものでないこと、そして、コピュラ文について適切な意味分析をするためには本書でこれまで主張してきた「指示的名詞句」、「変項名詞句」という概念装置を用意しなければならないことを示すといえるであろう。

5. 同定文

　コピュラ文「AはBだ」は、措定文か倒置指定文かのいずれかの意味に解釈されることが多いとはいえ、これ以外の解釈も不可能ではない。ここでは、そのような解釈のひとつである「同定文」の解釈をとりあげよう。同定文は、英語では、Higgins(1979: 265 ff.)によって'Identificational sentences'としてその存在が指摘され、Declerck(1988: 95 ff.)によって'Descriptionally identifying sentences'と呼ばれているものであるが、熊本

(1989 b, 1992, 1995 b)の一連の研究によって日本語・英語についてさらに深く論じられている。まず熊本(1989 b)の次の例を見よう。

(137) 山田さんは、何でも反対するひとだ。

この文にはいくつかの意味解釈が可能である。まず、主語名詞句「山田さん」を指示的にとり、「何でも反対するひと」を叙述名詞句ととるならば、措定文の読みが得られる。

次に「山田さんって、どのひとですか」と尋ねられ、反対意見ばかり言っている特定の人物を指して、〈何でも反対する（あの）ひとがそうだ〉というばあいは、倒置指定文の読みが得られる。このばあい、「山田さん」は「x が山田さんである」という命題関数を表す変項名詞句であり、「何でも反対するひと」が変項 x を埋める値になっている。もちろん、(137)がもつこの読みは、指定文(138)でも表すことができる。

(138) 何でも反対するひとが山田さんだ。

ところが(137)には、さらに別の読みがある。今、あるひとが会議で提案をしたところ、山田さんの反対に出あってがっかりしているとしよう。そこへ、同僚がやってきて、(137)を言って慰めるとしよう。このときの読み（表意）は、概略、《山田さんというひとはね、なんでも反対する悪評の高い人物なんだよ》というものである。このばあい、山田さんなる人物の指定が問題になっているのではない。誰が山田さんかは先刻分かっているからである。むしろ、山田さんなる人物はいったい何者かが問題になっており、〈その人は何でも反対する、そういうひとなのだ〉と言っているわけである。興味深いことに、(137)がもつこの読みは、主語名詞句と述語名詞句を倒置し、「は」を「が」で置き換えてできた(138)によっても表すことができる。(138)のように「B が A だ」の形式でこの読みを有しているときそれを「同定文」と呼び、(137)のように「A は B だ」の形式でこの読みを有しているときそれを「倒置同定文」と呼ぶ。

ここで術語上の問題に注意する必要がある。本章4節でも述べたように、われわれの言う「同定文」は、メンタル・スペース理論における「M-同定文」と混同されるべきではない。「M-同定文」は、われわれの言う「倒置指定文」と完全に同一ではないものの、部分的に重なる概念であった。しかし、本節で扱う「（倒置）同定文」は、「M-同定文」とはまったく別のものであることを強調しておこう。

さて、以上の分析が正しければ、結局、(137)は、(ⅰ)措定文(ⅱ)倒置指定文(ⅲ)倒置同定文、の三通りの読みが可能であるということになる。

熊本(1989b, 1995b)からとった(倒置)同定文の例をもうすこし挙げておこう。(139)は同定文、(140)は倒置同定文の例である。[57]

(139) a. 涙なしにドイツ語をマスターできるのが本書です。
b. 結婚し多少お金も貯まると欲しくなるのが家だ。
c. 社長の片腕として信任の厚いのが、あの男だ。
d. 出涸らしになったコーヒー豆を乾燥させて固めたのがこれです。
e. 山田村長の次男がこいつだ。

(140) a. 本書は、涙なしにドイツ語をマスターできるものです。
b. 家は、結婚し多少お金も貯まると欲しくなるものだ。
c. あの男は、社長の片腕として信任の厚いひとだ。
d. これは、出涸らしになったコーヒー豆を乾燥させて固めたものです。
e. こいつは山田村長の次男だ。

さて、倒置同定文「AはBだ」あるいは同定文「BがAだ」の解釈に関してまず注意すべきは、Aは変項名詞句ではなく指示的名詞句であるという点である。Aを同定するためには、Aの指示対象は固定されていなければならない。つまり、同定はなによりも同定される対象が指示されていることを前提としているのである。そのようなAの指示対象について、「それはいったい何者か」を問題にし、その答えを「Bにほかならない」と認定することが「BによってAを同定する」ことの意味なのである。この点が同じ形式の文にたいする倒置指定文「AはBだ」あるいは指定文「BがAだ」の解釈との大きな違いである。(倒置)指定文は、「Aはどれ(どのひと)か」という問いにたいする答えを提供するものであったのにたいして、(倒置)同定文は、「Aはいったい何者か」という問いにたいする答えを提供するものなのである。

Declerck(1988)は英語について、倒置指定文"A is B"のばあいは主語名詞句Aを it で受けるが、倒置同定文"A is B"のばあいは、主語名詞句Aを he/she/they で受けるということを指摘している。

(141) Who is your friend?……It is the son of the Prime Minister.
(142) Who is your friend?……He is the son of the Prime Minister.

(141)の最初の文は、(143)で言い替えることができる倒置指定文である。

(143)　Which one is your friend?

この場合、*your friend* は変項名詞句であり、非指示的であるがゆえに *he/she* ではなく、*it* で受けることができるのである。一方、(142)の最初の文は倒置同定文であり、*your friend* は指示的であるため、*he* で受けることが可能となる。熊本(1995 b: 151)は、日本語においても、倒置指定文と倒置同定文のあいだに、代名詞の使用に関する同様の違いが観察できるという興味深い事実を指摘している。

(144)　太郎の将来を見込んで学費を出したひと……それは、山田さんのお父さんです。

(145)　太郎の将来を見込んで学費を出したひと……彼/あの人は、山田さんのお父さんです。

(144)は、「どのひとが太郎の将来を見込んで学費を出したひとかというと、それは山田さんのお父さんである」ということを述べており、倒置指定文である。それにたいして、(145)は、「太郎の将来を見込んで学費を出したひとは何者かというと、山田さんのお父さんである」ということを述べており、倒置同定文である。

　また、Higgins (1979: 266) は、倒置指定文と倒置同定文のあいだの本質的な違いを表すものとして、次の例を挙げている。

(146)　The girl who helped us on Friday is Mary Gray.
(147)　The only girl who helps us on Fridays is Mary Gray.

(146)は、主語名詞句内の動詞の時制と主文の時制とが一致していないので、倒置指定文の読みは無理であり、倒置同定文の読みしか可能ではない。つまり、「金曜日にわれわれを助けてくれた例の少女は何者かといえば、ほかでもない、*Mary Gray* という名前の持ち主だ」、と言っているのである。一方、(147)では、主語名詞句に *only* が付いているため、指示的名詞句の解釈は無理であり、全体は倒置指定文の読みしか可能ではない。[58] つまり、「毎金曜日にわれわれを助けてくれるただひとりの少女は、どの子かといえば、*Mary Gray* だ」と言っているのである。

　倒置同定文「AはBだ」あるいは同定文「BがAだ」の解釈に関して注意すべき第二の点は、Bの意味上の特性である。同定文「BがAだ」のよ

うに、Bが「が」をとることができることから明かなように、Bは指示的名詞句である。ただ、(137)(138)における「何でも反対する(ひと)」は、指示的とはいっても、この表現でもって具体的にどのひとを指すかを問うことはナンセンスであろう。(倒置)同定文のBは、世界のなかの一次的な個体(人間や家、物など)を直接指示しているのではない。そうではなくて、Bは、Aを同定するための特徴記述を満たすものを指示するのである。Bの記述内容が決定的であるのはそのためである。たとえば、(137)(138)における「何でも反対するひと」は、山田さんを同定するための特徴記述を満たしている。したがって、この表現の内容自体が重要なのであって、それを他の表現に置き換えては意味をなさないのである。その意味で、(倒置)同定文のBは、同一対象を指示する別の表現で置き換えることのできない特殊な種類の指示表現であると言わざるをえない。[59]

たとえば、(148)の対話における(148b)は倒置同定文である。

(148) a. 知子：さっきから、あなたは「山田太郎さん、山田太郎さん」と言っているけれど、山田太郎さんっていったい誰よ？
　　　b. 正夫：山田太郎さんは、4年前、洋子の息子が溺れていたとき助けてくれた親切なひとだよ。

(148b)が真であるかぎり、(149)は成立する。

(149) 4年前、洋子の息子が溺れていたとき助けてくれた親切なひと＝山田太郎

しかし、だからといって(148b)を(150)で言い替えるわけにはいかない。

(150) 山田太郎さんは、山田太郎だよ。

また、(151)が客観的には成立していたとしても、もし、正夫が(151)の事実を知らなければ、(148b)を(152)で言い替えるわけにはいかない。

(151) 4年前、洋子の息子が溺れていたとき助けてくれた親切なひと＝6年前、飲酒運転で事故を起こして警察に捕まったひと
(152) 山田太郎さんは、6年前、飲酒運転で事故を起こして警察に捕まったひとだ。

したがって、倒置同定文「AはBだ」あるいは同定文「BがAだ」におけるBは指示的名詞句であるとしても、同一対象を指示する他の表現で置き

換えると主張内容を変えてしまうという意味で、一種の指示的に不透明（referentially opaque）な構文をつくるのである。

倒置同定文「AはBだ」あるいは同定文「BがAだ」におけるBのこのような特性は、倒置同定文と措定文との違いをまぎらわしくさせる要因にもなっている。たとえば、(137)は、「山田さん」を指示的ととるかぎり、倒置同定文と読むことができるが、同時に措定文とも読むことも可能である。(137)にたいする倒置同定文の解釈は、山田さんを「何でも反対するひと」という特徴記述を満たしているもの（ひと）として認定しているわけであるが、これは、(137)にたいする措定文の読みにきわめて近いのである。事実、倒置同定文と措定文の違いは微妙であり、しばしば混同されやすい。しかし、両者の読みは、次の点で本質的に異なるのである。

第一に、倒置同定文「AはBだ」は、措定文「AはBだ」と異なり、「BがAだ」の形に変えることができるが、措定文についてはそれは可能ではない。

第二に、倒置同定文「AはBだ」では、「Aは何者か」という「Aを他から識別する同定条件に関する情報」を与えているのにたいして、措定文「AはBだ」は「Aはどんなひと（もの）か」という属性に関する情報を与えている点に大きな違いがある。したがって、(153b)のように、Bの名詞句がAの単なる属性以上の情報を与えていない文は同定文としての解釈がしにくくなる。

(153) a.　甲：あのひとはいったい何者か。
　　　b.　乙：あのひとは背が高い女性です。

それにたいして、(154b)のように、Bの名詞句が、Aを他から識別するのに十分豊かな記述内容をもつ文は同定文としての解釈が可能となる。

(154) a.　甲：あのひとはいったい何者か。
　　　b.　乙：あのひとは、わたくしの息子のヴァイオリンの先生です。

(154b)では、「あのひと」（＝A）が指示的名詞句であり、「わたくしの息子のヴァイオリンの先生」（＝B）がAの正体がどのようなものであるかを説明する特徴記述となっている。このように、(倒置)同定文のBは、措定文のBと異なり、Aの正体を明確にする特徴的な記述であって、単なる属性以上の説明的情報を備えた内容をもっていなければならない。[60]

第三に、措定文「AはBだ」では、〈Aは、Bで表されるような属性を有

している〉と述べているのにたいして、倒置同定文では、〈Aは、Bで表されるような特徴記述を満たしているものにほかならない〉という風にAとBとの関係を述べている。つまり、措定文「AはBだ」では、Bが名詞句のばあい、叙述名詞句であり、意味論的には述語であるのにたいして、倒置同定文「AはBだ」では、Bは叙述名詞句ではなく、指示的名詞句であり、意味論的には述語ではないのである。熊本(1995b: 154)が、(倒置)同定文にたいする規定として(155)を提案したのも、まさにこの点を捉えようとしたものである。[61]

(155) 「A」は「B」という特徴記述を満たす「もの」であると述べることによって、「A」の指示対象を他から識別して認定する。

さて、以上のような(倒置)同定文にたいする規定は、単にコピュラ文の意味分析に有効であるばかりでなく、次のよう非コピュラ文の意味を分析するばあいも有効となる。

(156) 洋子は、最近ボケて、<u>自分の夫</u>が分からなくなったようだ。

これは、老人性痴呆症になった洋子が、目の前の人物が本当は自分の夫であるにもかかわらず、そのことを認知できない、という読みである。(156)は、〈洋子は、目の前の人物を、「自分の夫」という特徴記述を満たすものとして認定できなくなったようだ〉という意味であるから、〈洋子は、(157)の正しいことが分からなくなったようだ〉ということにほかならない。

(157) 目の前の人物は、自分の夫である。

(157)は、いうまでもなく、倒置同定文である。このことは、(156)の意味表示の一部に(157)のようなコピュラ文が隠されていることを示唆している。そして、上の説明からして、(156)における「自分の夫」という表現は、かけがえのない特徴記述であり、その意味で指示的に不透明な名詞句である。このことは、たとえ、

(158) 洋子の夫＝X銀行の元頭取

が客観的には正しくても、(156)を(159)で言い替えると真理値は変わってしまうという事実からも、裏づけを得られる。

(159) 洋子は、最近ボケて、<u>X銀行の元頭取</u>が分からなくなったようだ。

(156)のような「分かる」の使い方があるということは、一般的にいえば、「AはBである」を(155)の意味で倒置同定文であるとするとき、(160a)の意味で(160b)という形式を用いることができる、ということにほかならない。[62]

(160) a. 甲は、AはBであることが分かる。
　　　b. 甲は、Bが分かる。

次の各文の(a)は、語用論的解釈を施すことによって、対応する(b)のように読むことができる。

(161)　（現金輸送車強奪事件が発生し、警察は一斉検問をしている。警察は、当の現金輸送車強奪グループのボスを検問したが、パスさせた。それをたまたまモニターしていた強奪グループの一員の発言）
　　a.　しめた！　警察は、われわれのボスが分からなかったようだ。
　　b.　警察は、<u>検問をパスした人物は現金輸送車強奪グループのボスである</u>にもかかわらず、そのことが認知できなかったようだ。
(162) a.　手術がうまかったので、だれにも、傷あとが分からない。
　　b.　<u>それは傷あとである</u>にもかかわらず、手術がうまかったので、だれにも、そのことが分からない。
(163) a.　かわいそうに、あいつは、冗談が分からなかったようだ。
　　b.　<u>ぼくのあのときの発言は冗談である</u>にもかかわらず、かわいそうに、あいつは、そのことが分からなかったようだ。

このことから明らかなように、(161a)(162a)(163a)はいずれも、下線部のような同定文を内に含んだ「分かる」構文である。

　要するに、「(倒置)同定文」は、ある表現の指示対象が「どれ」であるかは了解されているが、それが何者であるかが不明であるばあいに、その情報を与えるタイプの文であると言うことができる。これは、ある条件を満たすものがどれであるかを指定する「(倒置)指定文」とは異なるし、また、ある表現の指示対象についてそれが「どんな属性を有しているか」を記述する措定文とも根本的に異なるのである。

6. その他のタイプのコピュラ文

　コピュラ文の分類としては、以上見た措定文、指定文、同定文の三種類が主要な区分であり、また言語学的にももっとも重要なものであるが、最後

に、これらのいずれにも属さず、周辺的と思われるタイプについて簡単に触れておく。

6.1. 同一性文

まず、次の文を見よう。

(164) こいつは、昨日公園の入口でぶつかったあの男だ。

この文は、「こいつ」（＝A）で話し手の目の前にいるあるひとを指し、そのひとは、「昨日公園の入口でぶつかったあの男」（＝B）で指されたひとと同一人物であることを主張しているのである。このばあい、AとBを倒置し、「は」と「が」を入れ替えてできた文(165)も同じ意味を表す。

(165) 昨日公園の入口でぶつかったあの男が（目の前の）こいつだ。

(164)を「倒置同一性文」、(165)を「同一性文」（identity sentences）と呼ぶ。要するに、(倒置)同一性文は、「A」の指示対象をまず念頭におき、それは「B」の指示対象にほかならない、と読むものである。

倒置同一性文「AはBだ」は、A、Bともに指示的に機能しているので、措定文「AはBだ」の解釈との違いは明らかである。また、倒置同一性文「AはBだ」と倒置指定文「AはBだ」との大きな違いは、Aが変項を含む1項述語になっていなくて、A自身も指示名詞句だ、という点にある。では、倒置同一性文「AはBだ」と倒置同定文「AはBだ」との違いはどこにあるのであろうか。倒置同定文「AはBだ」のばあいは、前節で述べたように、「Aはいったい何者か」という問いにたいする答えを提供するものである。したがって、Bは指示的名詞句であるとはいっても、特徴記述を表すのであって、世界の一次的な個体を直接指示するような表現ではない。それにたいして、「(倒置)同一性文」においては、Bは(164)(165)の「昨日公園の入口でぶつかったあの男」のように、「世界の一次的な個体を直接指示するような指示的名詞句なのである。そして、(倒置)同一性文のポイントは、あくまで「Aの指示対象はBの指示対象と同一である」という「同一性」に焦点があるのである。さらに、次の例も倒置同一性文である。

(166) ジキル博士は、ハイド氏である。
(167) 今朝電車の中で忘れた傘は、私が昨年パリで買った傘だ。
(168) あけの明星は宵の明星である。

上の例では、いずれも「AはBと同一の指示対象をもつ」ことが主張されている。ここで注意すべきは、倒置同一性文「AはBだ」は、あくまでAの指示対象をBの指示対象でもって同一と認定するのであってその逆ではないという点である。つまり、(166)と(169)は互いに意味が異なるのである。

(169)　ハイド氏は、ジキル博士である。

つまり、(166)はジキル博士について、そのひとはハイド氏と同一であることを主張しているのにたいして、(169)はハイド氏についてそのひとはジキル博士と同一であることを主張しているのである。このような方向性があるがゆえに、同一性文を多くの論理・哲学者が書き替えるように、"A＝B" と表示することは適切ではない。[63]

次の文は倒置同一性文の読みのほかに、倒置同定文、倒置指定文の解釈が可能であり、曖昧である。

(170)　江戸は現在の東京だ。

(170)を「江戸は、現在の東京と同じ町だ」と読むならば倒置同一性文であるが、「江戸って何」という問いにたいして、「江戸っていうのはね、現在の東京のことをいうのだよ」のように、江戸なるものについての特徴記述を示していると読むならば倒置同定文であろう。そして、「江戸」を「xが『江戸』という名前をもつ」というように変項名詞句として解釈し、「現在の東京」がその変項xを埋める値となっていると読むならば倒置指定文となる。これは「江戸」という名前をもつ対象をさがすような特殊なコンテクストでしか使用されないので語用論的には容認可能性の低い読みではある。

なお、上で、同一性文においては、AもBも指示名詞句である、と規定したが、そのことは、AやBが第2章1.2節で述べた指示的用法に限られることを意味しない。たとえば、倒置同一性文として解釈される(171)は、話し手が、「太郎を殺したひと」も「花子を殺したひと」についても特定のひとを念頭におかないで、「太郎を殺したひとは誰であれ、そのひとは花子を殺したひとにほかならない」と判断するときに使うことができるであろう。

(171)　太郎を殺したひとは、花子を殺したひとだ。

このばあい、AもBも指示名詞句であるが、Donnellan(1966)の言う意味での属性的用法として使用されているのである。

6.2. 定義文

五番目のタイプのコピュラ文は次のような定義文である。[64]

(172) 摂政は、天皇が女性・幼少であるとき、または病気のときなどに天皇に代わって政治をとる役（のひと）である。

　　　　　　　　　　　　　　　　　　［学研『国語大辞典』より］

上の文「AはBだ」において、Aは定義される項であり、Bは定義する項である。注意すべきは、Aは指示的名詞句であるとはいえ、世界のなかの一次的な具体的対象を指すのではなく、Aという概念を指すという点である。この種の指示は、token-referenceではなく、type-referenceであると考えることもできるかもしれない。その点、Aがtoken-referenceである倒置同定文との大きな違いである。そしてAの概念の内容がBによって説明されている。ただし、定義文のばあいは強い方向性があり、「BがAだ」のような形はあまり自然ではない。[65] 一般に、定義文は法令や規則、辞書記述などに登場し、その背後には、「人間がAという語をしかじかのように定める、あるいは命名する」という規約的行為がある。「AはBだ」という形式以外に、(173)(174)のように、「AとはBのことである」「AとはBのことをいう」の形式であらわれることが多い。

(173) a. 子供：お母さん、眼科医って何。
　　　b. 母親：眼科医とは目のお医者さんのことよ。
(174) 給与所得とは、俸給、給料、賃金、賞与、歳費やこれらの性質をもっている給与に係る所得のことである。
(175) 徐行とは車がすぐ停止できるような速度で進むことをいう。

　　　　　　　　　　　　　　　　　　　　　　　　［道路交通法より］

このような定義文「AはBだ」が措定文、倒置指定文、倒置同定文、倒置同一性文のいずれとも根本的に異なるタイプのコピュラ文であることは明らかであろう。

6.3. 提示文

最後に、「提示文」について簡単に触れておく。次の文は「B（の）がAだ」という形式を有している。

(176)　特におすすめなのがこのメニューです。

ところが、この文は、これまで見てきたどのタイプのコピュラ文にも該当しないものである。まず、形式からして、措定文「AはBだ」、定義文「AはBだ」ではありえない。では、指定文、同定文、同一性文かというと、そのいずれにもあてはまらないことも明らかである。まず、「このメニュー」（＝A）は指示的であり、変項名詞句でありえないため、指定文ではない。また、「このメニューとはそもそも何か」という同定に答える文ではないので同定文でもない。さらに、「このメニュー」（＝A）の指示対象が「特におすすめなの」（＝B）の指示対象と同一だ、と言っているわけでもないので同一性文でもないであろう。(176)は意味的には、「特におすすめなのはどれかいえば、このメニューがそうだ」と言っているように思われるので、むしろ倒置指定文(177)と類似しているともいえる。

(177)　特におすすめなのは、このメニューです。

天野(1995a)は、(176)の「特におすすめなの」（＝B）は「特におすすめなのがxだ」という前提を構成する要素であるみなし「前提名詞句」と呼ぶ。そして「このメニュー」（＝A）の方はxの値を示す焦点を構成する要素であるとみなし、「焦点名詞句」と呼ぶ。そして、天野(1995a)は、(176)のタイプの文を「『が』による倒置指定文」と呼ぶ。[66] 要するに、天野は、(176)のような文は(177)と非常に意味が似ており、倒置指定文の一種であると考えるのである。[67] もしこの天野の見解が正しいならば、倒置指定文には、本章でこれまで見てきた「『は』による倒置指定文」とは別に「『が』による倒置指定文」も存在することになり、われわれが提示したコピュラ文のタクソノミーは大幅に変更しなければならなくなるであろう。なによりも、変項名詞句を受けるのに「が」を用いることができるというのは、筆者の立場からすれば少なからぬ問題が残ることになる。[68]

熊本(2000)は、天野の見解を批判し、(176)は倒置指定文の変種ではないとする議論を展開した。その要点は、「特におすすめなの」（＝B）が変項名詞句が一般に有する意味特性を有していない、という点にある。

まず、本章3.1節で述べたように、倒置指定文「AはBだ」の主語Aは変項名詞句であった。そして、(62)の例で見たように、変項名詞句は非指示的であり、「彼」「彼女」「彼ら」のような人称代名詞ではなく、「それ」で受けることができるのであった。

(62) a.　花子殺しの犯人、それはあの男だ。
　　b.？花子殺しの犯人、彼はあの男だ。

ところが熊本(2000：85)が正しく指摘しているように、(176)の「特におすすめなの」は、代名詞「それ」で受けることができないのにたいして、(177)の「特におすすめなの」は、代名詞「それ」で受けることができるのである。

(178)？特におすすめなもの、それがこのメニューです。
(179)　特におすすめなもの、それはこのメニューです。

したがって、(176)の「特におすすめなの」は変項名詞句とはいいがたい。

熊本(2000)の二番目の議論は、もし(176)が倒置指定文の一種であり、「特におすすめなの」が変項名詞句であるならば、値を選び出すことを要求する疑問文を構築できるはずであるが、(180)が示すように、その種の疑問文が構築できない、という点である。

(180)　＊特におすすめなのがいったいどれだ。

これは、(177)のような倒置指定文について、(181)のような値を選び出すことを要求する疑問文が構築できることと好対照である。

(181)　特におすすめなのはいったいどれだ。

このことは、(176)において、「特におすすめなの」が変項名詞句であり、「このメニュー」が値を表すものとみなす見解が保持できないことを示している。さらに、熊本(2000)が指摘しているように、倒置指定文(177)とここで問題にしている文(176)との違いは、「このメニューです」を否定できるかどうかという点にも現れている。

(182)？特におすすめなのがこのメニューではありません。
(183)　特におすすめなのはこのメニューではありません。

倒置指定文の意味機能からして、(183)のように、「xが特におすすめなものである」という変項xを埋める値として「このメニュー」がふさわしくない、という言い方は十分可能であるはずだが、対応する(182)は不自然なのである。

以上の事実は、(176)を倒置指定文の一種だとみなす天野の見解には問題があることを示している。では、「B（の）がAだ」というタイプの文はどの

ように捉えるべきであろうか。このタイプの文については、これまでに、天野(1995a)以外にもさまざま提案がなされてきた。たとえば、砂川(1996)は「Aを特立的に提示するために用いられるもの」であり、「後項特立文」であるという。また、菊地(1997b)は、「〈関心の対象〉が〈前提&解答〉」型の文である、という。また、新屋(1994)、野田(1996：105-106)は、前提と焦点に分化しない「中立叙述文」である、という。野田(1996)の例でいえば、(184)のような文もこのタイプに属する、とされる。

(184) そこに現れたのが陽子だった。

一方、熊本(2000)は、このタイプの文の談話構造上の特徴に注目し、「提示機能」という観点からこのタイプの文を「提示文」の一種として分析することを提案している。「提示機能」とは、ある要素を談話に導入し、後続する談話においてとくにその要素に注意を喚起する機能である。このような提示機能は「変項名詞句の値を埋める」という意味機能とは独立のものである。提示文は、「BとAを分離して一方を他方の値と判断する」といった判断文ではなく、むしろ出来事を出来事として丸ごと述べるという中立叙述の働きと整合的である。したがって、熊本のようにこのタイプの文を提示文として捉える立場は、新屋(1994)、野田(1996)の見解、すなわち、このタイプの文を一種の中立叙述文として捉える立場と完全に両立するように思われる。提示機能の詳細については不明な点も多いが、このタイプの文の分析としては、筆者は、基本的には熊本の「提示文」として捉える立場を、したがってまた新屋(1994)、野田(1996)の中立叙述文として捉える立場を支持するものである。

以上、本章において、日本語のコピュラ文「AはBだ」(あるいは「BがAだ」)の多様な意味を分析してきた。その結果、コピュラ文の意味は、けっして均質的ではなく、いくつかのタイプに区別できることを見てきた。これらの考察を通して筆者がとくに強調したいことは、AおよびBの位置に登場する名詞句の指示性に関する特徴がコピュラ文の意味分析にとってきわめて重要である、という点である。とりわけ、〈「変項名詞句」と「値」〉という概念の重要性については、どんなに強調しても強調し過ぎることはないであろう。注意すべきは、〈「変項名詞句」と「値」〉という概念は、いわゆる〈「前提」と「焦点」〉という概念と類似しているだけに、しばしば混同されやすい、という点である。しかし、両者はまったく独立の概念である。〈「前提」と「焦点」〉という概念に訴えるだけでは、措定文も倒置指定文も

倒置同定文も提示文も互いに区別できなくなってしまうであろう。筆者の見解では、コピュラ文の豊かな意味構造を正しく分析するためには、これまで多くの論者が導入してきた〈「前提」と「焦点」〉という概念とはまったく別の概念装置（すなわち、「変項名詞句」など、名詞句の指示性にかかわる概念装置）が要求されるのである。

註

1 ここで言う「述語名詞句」は、第2章2.1節で導入された「叙述名詞句」(predicate nominal) と混同されるべきではない。前者は〈述語の位置に登場する名詞句〉という意味であり、後者は措定文の述語名詞句を特徴づける概念である。

2 Moro(1991)、Moro(1997)、Rothstein(2001)参照。

3 後述するように、益岡 & 田窪(1992: 28)では「AはBだ」におけるAとBの関係には、（ウナギ文を除けば）次の二つがある、としている。
  （ⅰ）Bが指し示す集合にAが属する場合
  （ⅱ）AとBが同一のものを指し示す場合
これは、「包摂判断」と「同一判断」の区別を言い替えたものにすぎない。これは、言語学者に与えた伝統的な論理・哲学者のコピュラ観がいかに根強いものであるか、を物語っている。益岡 & 田窪の挙げている具体例およびそれについてのかれらの説明に内在する問題点については、本章2節で論ずる。

4 たとえば、Akmajian(1979)、Declerck(1983)、Declerck(1984)、Higgins(1979)、Ruwet(1982)、Gundel(1977)がそうである。筆者のコピュラ文の研究はこれらの先駆的研究に負うところが少なくない。

5 たとえば、上林(1984,1988)、西山(1985,1988,1990a)、熊本(1989b,1992)、坂原(1989,1990a,1990b)、Higgins(1979)、Declerck(1988)、Fauconnier(1985,1991)を参照。

6 Kuno & Wongkhomthong(1981)、三上(1985)、コモンワニック & 沢田(1993)などを参照。

7 三上(1953)参照。

8 上林(1984,1988)、西山(1985,1988,1990a,1993c,1995)、熊本(1989b,1992)、小屋(1995)、天野(1995a,1995b,1996)、砂川(1996)を参照。

9 「AはBだ」と「BがAだ」のいずれを基本形とするかは、少なくとも意味論的にはそれほど重要ではないが、統語論的には重要な問題となる。上林(1984)は指定文と倒置指定文については、指定文を基本的とする統語論的根拠があることを指摘している。ただ、コピュラ文をめぐる日本語の統語論については、ほとんどなにも分かっていないので、ここでは立ち入らない。英語やイタリア語の（倒置）指定文をめぐる統語論については Moro(1991,1997)を参照。

10 措定文「AはBだ」のBの位置に現われる叙述名詞句が基本的に非指示的であることはよく知られている。このことは、英語の措定文において、叙述名詞句のあとに非制限的な関係節を付したばあい、(ⅰ)のように who ではなく which が用いられること、あるいは先行詞が叙述名詞句であるばあい(ⅱ)に見られるように、who の代わ

第 3 章 コピュラ文の意味と名詞句の解釈　181

りに that を使わなければならない、といった事実からも十分裏づけられている。
　　（ⅰ）　Mary is a pretty girl, which you are not.　　　　　　　（Kuno 1970）
　　（ⅱ）　I am not the man that I used to be.　　　　　　　　　（Higgins 1979）
11　「叙述名詞句」は「属性名詞句」（property NP）と呼ばれることもある
12　第 2 章 1.2 節で強調したように、Donnellan の言う属性的に用いられた名詞句は、本質的に指示的名詞句なのである。
13　上林（1984）参照。その点、「～のは…だ」の形をもつ文ではあっても、（ⅰ）は（11a）と根本的に異なる構文である。
　　（ⅰ）　<u>隣の部屋で歩いているのは</u>、きっとあの男だろう。
（ⅰ）は、「隣の部屋で誰が歩いているかといえば、きっとあの男だろう」あるいは「隣の部屋で歩いているひとは誰かといえば、きっとあの男だろう」と言い替えできる意味であり、後述する倒置指定文である。このばあい、（ⅰ）の下線部は指示的ではなく、変項名詞句なのである。このように、「～のは…だ」の形式をもつ文には、措定文の読みと倒置指定文の読みとがあるという事実は、「～のは…だ」の形をもつ文を形だけからすべて日本語の分裂文とみなしたり、倒置指定文とみなすべきではないことを意味する。
14　(12)は映画を見ながらの発話とし、(13)は車のカタログ写真を見ながらの発話とするならば自然であろう。
15　もっともこの「存在の前提」を意味論的なものとみなすか、それとも話し手の信念がからむ語用論的なものとみなすかをめぐっては古来から多くの議論がある。この問題に関する最近の論争については、Wilson（1975）、Kempson（1975）、Carston（1998）、Burton-Roberts（1999）を参照。
16　この種の文を「形容詞文」「形容動詞文」と呼ぶことにしよう。
17　上林（1984）、Declerck（1988）参照。
18　Halliday（1970）、Gundel（1977）参照。
19　この点は上林洋二氏との私的議論に負う。
20　(57)(58)(59)には、後述する同定文の読みも可能であるが、述語の表す属性を帰すという意味での措定文の読みもあるはずである。ところが、益岡 & 田窪は、(57)(58)(59)のような例を(55b)の規定に合致しているとして、措定文ではなく、われわれの言う倒置指定文に分類するかもしれない。しかし、それはそれで問題である。(57)(58)(59)は、主語名詞句が変項名詞句でないため、倒置指定文ではありえないからである。ここに、「A は B だ」にたいする益岡 & 田窪（1992）の規定(55a)および(55b)に内在する欠陥をみてとることができる。
21　同様の指摘は、Declerck（1988: 92）にもある。
22　もっとも、(61a)および(61c)を本章 3.6 節で述べる「第二タイプの指定文」と読むならば、(61)の推論は妥当となる。その読みでは(61a)(61c)の主語名詞句は変項名詞句ではなく、指示的名詞句となるからである。
23　同様の指摘は熊本（1995 b: 151）にもある。
24　すべての Wh-疑問文が項の位置にある値を問うわけではない。（ⅰa）（ⅱa）のように、項ではなくて述語の位置にある値（属性）を問う Wh-疑問文も存在する。
　　（ⅰ）a.　甲：太郎さんはどんな具合ですか。

b.　乙：彼はとても元気です。
　（ⅱ）a.　甲：あなたの上司はどんなひとですか。
　　　b.　乙：わたくしの上司は気が強い女性です。
（ⅰ）（ⅱ）の各文は措定文である。

25　上林(1984)に従い「AはBだ」を「倒置指定文」、それと同じ意味の「BがAだ」を指定文と呼ぶ。

26　柴谷(1990a: 287)は、久野(1973b)の言う「総記」の「が」について同様の批判を展開している。柴谷はこの批判を基礎に、「が」のもつ情報は純粋に統語的な機能に限るべきであるとし、久野による助詞「が」の記述をすべて文-文法から排除しようとした。しかし、久野(1973b)の言う「総記」の記述のうち(ⅰ)の「該当するものを挙げる」(listing)という側面は「が」のもつ重要な意味論的な機能であり、文-文法レベルで記述されるべき事柄であると思われる。その点、筆者は、柴谷と異なり、久野の助詞「が」の記述すべてが文-文法外の事柄であるとは考えていない。

27　たとえば、上林(1984)参照。

28　この例は、坂原(1990a: 57)において、容認不可能な例として挙げられているものであるが、明確な説明はなされていない。野田(1981: 52)は、(85)を、(83)の主格名詞「漏電が」にたいする主題化がブロックされたケースである、とみなしている。野田はその理由について、「この種の主題化が可能なのは、主格名詞と述語名詞が、措定ではなく指定(identification)の関係にあるときに限られるようである」と述べているが、筆者には野田の説明が理解できない。(83)の主格名詞「漏電が」と述語名詞「この火事の原因」は、まさに措定ではなく指定の関係にあり、野田の説明が正しければ、主題化が可能となるはずだからである。

29　(94)は、坂原茂氏が筆者との文通(1997年10月8日付)のなかで示唆したものである。さらに、坂原氏は、倒置指定文「AはBだ」において、Aはある程度の指示性を有しているとして(ⅰ)のような議論を展開した。(なお、ここで坂原氏の言う「同定文」は本章4節で「M-同定文」と呼ばれるべきものであり、筆者の言う「倒置指定文」にほぼ相当し、坂原氏の言う「記述文」は、筆者の言う「措定文」に相当する。)
　　（ⅰ）同定文の場合、記述文とは異なり、Aはある程度の指示性をもっている。同定文とは、Aの指示対象を同定できない相手に対して、指示対象を教えるために使われる。つまり、同定文が向けられる聞き手は、Aがなにかを指すのは知っているが、情報不足のため、Aの指示対象の同定に失敗しているのである。しかし、失敗した指示でも、ある程度の指示性をもつことができる。
筆者は坂原氏のこの考えに同意できない。倒置指定文「AはBだ」のAは、いかなる程度の指示性をももたず、したがって、「弱い意味での指示性をもつ」というのでもないのである。筆者は、Aはそもそも対象を指示することがありえない絶対的な意味で「非指示的な名詞句である」と考えている。

　　倒置指定文にたいする(ⅰ)および(94)のような見解は、変化文を扱う坂原(1996)においてすでに示唆されている。第2章2.2.3節で述べたように、(ⅱ)は「入れ替わりの読み」しかもたず、下線部は変項名詞句であり、非指示的である。
　　（ⅱ）<u>太郎の好物</u>が変わった。(＝第2章(84))

坂原(1996)はこのタイプの解釈を「値交代の解釈」と呼び、次のように主張する。
  （ⅲ）　値交代の解釈とは名詞句の指示対象がコンテクストに応じて変化するという、まさに名詞句の関数的性格を表す命題である。　　　　（坂原1996：147）
しかし、この主張は、(ⅱ)の下線部が指示的であることを前提にしており、筆者の見解と大きく異なる。筆者の言う変項名詞句と値との緊張関係を坂原(1996)は名詞句と指示対象の関係とみなしているのである。坂原氏が(ⅰ)および(94)において倒置指定文「AはBだ」に関して「Aの指示対象をBで同定する」と主張するのも、坂原(1996)の延長線上で考えているからである。

30　「第二タイプの指定文」の詳細については西山(2000b)を参照。
31　メンタルスペース理論については、Fauconnier(1985/1994², 1988, 1991)、および、その邦訳に付せられた解説、坂原(1989, 1990a, 1990b, 1996)、金水＆今仁(2000)、第7章などを参照。
32　メンタルスペース論者が「古典的な意味論」として批判するものは、「文の意味とは、その文の真埋条件にほかならない」とするいわゆる「真埋条件的意味論」（およびそれに基づく「形式意味論」）であった。筆者の立場は、コンテクスト情報から独立した文の意味を発話解釈から区別することを強調するという点では「古典的な意味論」に与しているとはいえ、「形式意味論」や「可能世界意味論」をも含むいかなる意味での「真理条件的意味論」にもコミットしていないことに注意されたい。筆者は、文の意味には、真理条件的側面だけではなく、非真理条件的側面がある、という立場にたっている。たとえば、第2章3.1節で述べたように、
  （ⅰ）　わたくしの意見は党の意見です。（＝第2章(117)）
のような文が「倒置指定文」と「措定文」とで曖昧でありながら、真理条件的には等価であるという事実は、文の意味には非真埋条件的側面があることを示している。
33　筆者は、言語表現の意味のなかには発話解釈における推論の方向を導く指令とみなさざるをえないものが存在し、この種の表現の意味については手続き的意味（procedural meaning）の観点でしか捉えることができないという見解には同意する。しかし、言語表現の意味のあらゆる側面が手続き的意味に還元できるものではないこと、言語表現の多くのものは、その意味を概念的意味（conceptual meaning）によってでしか捉えることができないことにも注意すべきである。ただし、後者の表現が完全な概念を表しているのか、それとも概念スキーマを表しているにすぎないのかは検討に値する問いである。
34　本節の論述の基になっているものは西山(1992b)である。
35　「役割」という概念はメンタル・スペース理論にとってもっとも基礎的で重要な概念ではあるにもかかわらず、その規定ははなはだ曖昧であり、これを用いる学者によってもその意味するところがすこしずつ異なっている。この点については、井元(1995)参照。ここでは、基本的には坂原(1989)の用法に基づいて記述する。
36　坂原(1990b：108)。
37　Fauconnier(1985：40-41)、坂原(1989：5-6)、坂原(1990a：31)参照。
38　Fauconnier(1985：40)、坂原(1989：6)、坂原(1990a：31)参照。
39　このように、(98)にたいする「入れ替わりの読み」を「役割自体の属性を表す」と規定することには問題である。そもそも役割自体が変わるという属性をもつというのは

奇妙である。これでは、(98)について意図されている「入れ替わりの読み」ではなく、むしろ、「大統領という職制について変化が生じた」という読みにとられかねないであろう。変化文における「入れ替わりの読み」をより正確に捉えるためには、「役割自体が変化した」ではなく、「役割とそれを満たす値との関係が変化した」と規定すべきであろう。

40 坂原(1989: 7)、坂原(1990a: 32)、坂原(1990b: 112)参照。

41 坂原(1989: 7-9)、坂原(1990a: 32)。

42 坂原(1989: 11 ff)、坂原(1990a: 33 ff.)参照。ただし、Fauconnier 自身が、コピュラ文について、M-同定文と記述文とを明確に意識して区別しているかどうかは疑わしい。むしろ、彼は最近、コピュラの分析にとってこの区別が不要であることすら示唆している。Fauconnier(1991: 202)参照。本稿では、コピュラ文に関する坂原の見解をメンタル・スペース理論の立場とみなして議論する。

43 坂原(1990a: 59)は、この読みでは、過去スペースで同定されている「男の子」が、現在スペースの「太郎」と同一人物であると断定しているので、複数のメンタル・スペース間の要素を結合する「間スペース的読み」と呼んでいる。

44 (101)についても同様である。本節の冒頭で指摘したように、(101)には、同定文の読みとは別に、(ⅰ)によって言い替え可能な「記述文」(筆者の術語でいえば「措定文」)の読みがある。
　(ⅰ) 源氏物語の作者は、「紫式部」という名前の持ち主だ。
この記述文の読みにおいても、「源氏物語」が「作者」という役割の変域を表している点は、M-同定文の読みのばあいと変わらない。

45 「男の子」にたいするこの特殊な意味では、この語は第1章5.4節で述べた「非飽和名詞句」であることは明らかであろう。

46 坂原(1989: 5)。ここで坂原の言う「コピュラ文の一つの用法」とは、いうまでもなく、M-同定文の用法ということである。ちなみに、「非指示的に用いられた主語名詞句の指示対象」という言い方は筆者には理解できない。ある名詞句が非指示的に用いられているにもかかわらず、その指示対象を問題にするとは、いったいどういう意味であるのかはっきりしない。本章註29を参照。

47 坂原(1989: 4)。

48 坂原(1989: 15-16)。傍点は原文のまま。例文の番号は変えてある。

49 ただし、この事実が *son fils* と *son mari* のあいだの意味論的な違いの反映なのか、それとも語用論的な違いに帰すべきものかは、別に検討する必要がある。筆者はこれは、語用論的な違いに帰すべきものである、と考えている。親と息子のあいだの養子縁組みの締結とその後の解消といったやや複雑な事態を想定すれば、次々に別の人が息子の地位を占めることは十分想像可能であろう。つまり時間が異なれば、*son fils* に該当する個体が異なっても構わないのである。したがって、(116a)は理論的には、値解釈に加え、「彼(彼女)の息子がちょくちょく変わる」という値変化の役割解釈をももちうるのである。ただ、現実には、このような事態はめったに生じないという語用論的な理由で値変化の役割解釈を想定しにくいだけのことである。
　その点(116c)のような、主語が人称代名詞のばあいは、値変化の役割解釈は言語的にも排除される。(116b)のような、主語が固有名詞のばあいは事情は複雑である。た

しかに、固有名詞は、指示的名詞句として解釈されるのがもっとも自然であるので、通常、値解釈しか可能ではない。しかし、コンテクストによっては、(116b)を「'Paul'と呼ばれているひとがちょくちょく変わる」という意味にとることができ、そのばあいは値変化の役割解釈の読みとなるであろう。

このように、(116)のデータ自体にも問題があるのであるが、以下の議論では、話を簡単にするために、(116)のデータについては、ひとまず坂原の判断に従うことにする。

50 もちろんこう述べることは、「役割と値」「(値変化の) 役割解釈」「値解釈」といった概念装置がコピュラ文以外の意味解釈においても有効でない、ということをなんら意味しない。ここでは、この種の概念が、コピュラ文の意味分析にとっては、本質的でない、と言っているだけである。

51 ただし、この事実は、おそらく意味論的なものというよりも、語用論的な理由に帰すべきものであろう。本章の註49を参照。

52 後述するように、(122)の各表現は、「エリザベス・テーラーの夫」「洋子を殺したと思われていた男」「5と9のあいだの素数と信じられていた数」「古代のひとびとが火星とみなしていた星」とは異なる点に注意すべきである。後者の表現は、該当する値が時間や状況によって交代することは十分ありうるのである。その意味で後者の表現は「値解釈」に加えて「値変化の役割解釈」も可能である名詞句なのである。

53 井元(1995: 100)。例文番号は変えてある。

54 井元(1995)ははっきりこう主張しているわけではない。しかし、井元は、(125)によって「坂原の立場では(124a)がM-同定文であることが説明できない」とする西山(1992b)の議論に反論しているのであるから、井元の意図を汲めば、こうなるであろう。ただし、次の点を指摘しておこう。西山(1992b)では、たしかに(122a)のような名詞句について値変化の役割解釈が不可能である理由は意味論的なものである、とした。しかし、(122a)および(122)の他の例が値変化の役割解釈が不可能である理由は、語用論的なものである可能性もあながち否定できない。(122a)および(122)の他の例について、値変化の役割解釈が不可能である理由が意味論的なものか語用論的なものかは、別に検討を要する課題である。ただ、坂原の議論にたいして、西山(1992b: 205)および本章4.3節で展開した批判の要点は、もし坂原の言うように、*son fils*や「わたくしの長男」のような名詞句が、ある人の恒常的な属性であるがゆえに値変化の役割解釈が不可能であり、値解釈だけが可能であるとするならば、それと同じ議論を、(122)の各表現にも適用できる、という点にある。これらの名詞句について値変化の役割解釈が不可能である理由が意味論的なものでなく、語用論的なものであるとしても、筆者の論点には直接影響しないのである。

55 本章4.3節で論じたように、筆者自身は、(110)にたいしては倒置指定文の読みが可能であるとした。もしメンタル・スペース理論が坂原の立場でなく、井元の立場をとり、(110)にたいしてM-同定文の読みも可能であるとするならば、そのかぎりで、倒置指定文とM-同定文が別物である、とする筆者の議論は崩れるように思われるかもしれない。しかし、筆者が(110)にたいして倒置指定文の読みが可能であるとしたときは、「甲の信念スペース」とか「現実のスペース」といった隠された変域を考慮した上でのことではなかった点に注意しよう。筆者が、(110)を倒置指定文と読むことがで

きると主張したのは、(110)の主語名詞句「あの時の男の子」を変項名詞句ととり、「太郎」がその値を表示すると解釈できる、ということにほかならない。そしてこの解釈は、「あるひとの信念スペース」とか「現実のスペース」「仮定のスペース」といったメンタル・スペースとは無縁の話である。

56 このことは、〈(110)の主語名詞句「あの時の男の子」が、「甲の信念スペース」や「仮定のスペース」のなかでこそはじめて値をとる役割である〉とする井元の説明とまったく異なる。

57 このように、日本語では、一般に、同定文「B が A だ」も倒置同定文「A は B だ」と同程度に観察されるが、Declerck(1988)によれば、英語では、倒置同定文 "A is B" に対応する同定文 "B is A" は不自然である、とされている。もっとも、熊本(1992)は、しかるべきコンテクストが与えられるならば、英語でも同定文 "B is A" が可能であることを指摘している。また、日本語でも、(ⅰ)に比して(ⅱ)はかなり不自然である。

　　(ⅰ)　あの男は何者か。
　　(ⅱ)？何者があの男か。

ここから、熊本(1995 b：155)が示唆しているように、日本語においても、倒置同定文「A は B だ」のほうが unmarked なケースであり、同定文「B が A だ」はある効果をねらった marked なケースである可能性も否定できない。これらの点について詳しくは、熊本(1992, 1995 b)の議論を参照されたい。

58 Higgins(1979：266)によれば、次の例が示しているように、主語名詞句に only が付くと、指示的名詞句の解釈が困難である。

　　(ⅰ)　*The only girl who helps us on Fridays is very tall.

この点は、指示的名詞句にたいする意味論的制約を示唆するものとして興味深い。

59 倒置同定文「A は B だ」あるいは同定文「B が A だ」に登場する B を厳密にどのように規定するかは難しい問題である。この問題をめぐっては、熊本(1989 b)以来、いろいろな提案がなされてきた。熊本(1989 b：311)は、それを「ある意味で弱い指示性をもつ名詞句」とし、西山(1990 a)は「token ではなくて、Jackendoff(1983)の言う type を指示する名詞句」あるいは、「カテゴリーを指示する名詞句」とした。また、熊本(1992)は「ある特定の個体を指示するものではあるが、その対象の特徴記述に重点が置かれた記述的用法の指示的名詞句」とし、西山(1993 c)は「A を他の対象から識別する条件を指示する名詞句」とした。そして、熊本(1995 b)は「B の特徴記述を満たすものを指示する名詞句」であるとした。いずれの提案も、B が指示的名詞句であるにもかかわらず、世界の一次的な個体を指示する通常の指示的名詞句とは質を異にする微妙な点を捉えようとしたものである。本書では、基本的には、熊本(1995 b)の提案に従い、「B で表示される特徴記述を満たす type としてのモノを指示する名詞句」としておく。

なお、(倒置)同定文の B は特定の個体を指示しないからといって、Donnellan(1966)の言う「属性的用法」とみなすわけにはいかない。なぜなら、(138)を

　　(ⅰ)　何でも反対するひとであれば誰であれ、山田さんだ。

と読みかえるわけにはいかないからである。

60 もちろん、A を他から識別するのにどの程度の内容であれば、十分であるかは、聞き

61　ただし、熊本(1995b: 158)は、(155)によって規定されるような(倒置)同定文とは別に、(ib)のようなタイプの同定文も存在することを指摘している。
　　（i）a.　甲：山田さんって誰。
　　　　 b.　乙：山田さんは昨日のパーティで洋子の横に座っていたひとだよ。
（ib）の下線部は、山田さんについての特徴を記述しているのではなく、「昨日のパーティで洋子の横に座っていたひとがいただろう、あのひと」と言い替えできる読みであり、世界のなかの一次的な個体を指示しているという点に注意しよう。このような直示的（deictic）な要素も倒置同定文「AはBだ」のBの位置に登場するという事実を捉えるために、熊本(1995b: 158)は、(ii)で規定されるような第二タイプの(倒置)同定文を提案している。
　　（ii）　Aの指示対象を、同定に必要な情報を求めている人の経験した個体「B」の
　　　　　指示対象と結びつけることにより、他から識別して認定する。
熊本によるこの観察はきわめて興味深い。ただ、第二タイプの(倒置)同定文は、AもBも世界のなかの一次的な個体を指示しているという点で、本章6.1節で見る「(倒置)同一性文」ときわめて近いが、両者をいかに区別するかという問題が残る。さらに、第二タイプの倒置同定文については、これを「Aは何者か」にたいする答えを提供する文とみなすわけにはいかないということにも注意すべきである。この点を解決するためには、「同定」という行為はそもそも何かという基本的な問題の考察がさらに必要であるように思われる。このように、第二タイプの(倒置)同定文についてはまだ不明な点が多いので、ここでは、(155)によって規定されるタイプの標準的な(倒置)同定文に限定して論じることにする。

62　いうまでもなく、(160b)を聞いて(160a)を理解するとき、「A」としていかなる情報を補充するかは、コンテクストを参照にして決める語用論的な作業である。

63　この点は、上林(1984)が指摘している。

64　英語の定義文については Declerck(1988: 113 ff.)に言及がある。

65　もっとも定義文のなかには(i)のように「BがAだ」という形式の文もないわけではない。
　　（i）　直線上にない三つの点のそれぞれを結ぶ線分によってできる図形が三角形で
　　　　　ある。
　　この点は松尾洋氏の指摘に負う。

66　天野(1995b)は(176)のタイプの文を「後項焦点文」と呼んでいる。また、天野(1996)および、天野(1998)は、基本的にはこの線で議論を進めている。

67　天野(1995a: 17)は「前提名詞句を『は』でマークする倒置指定文と『が』でマークする倒置指定文とは、非常に良く似た意味を表し、『が』と『は』を入れ替えてもほとんど意味の違いを生じない」と述べている。

68　(i)のような倒置指定文が(ii)-(v)のように従属文中に現れたばあい、変項名詞句「会長は」が「会長が」になる事実はここでの問題とは独立のことである。
　　（i）　会長はあいつだ。

（ⅱ）　もし会長があいつなら、ぼくはあいつに抗議しよう。
（ⅲ）　太郎は、会長があいつかどうか知らないだろう。
（ⅳ）　会長があいつと聞いて、ぼくは驚いた。
（ⅴ）　たとえ会長があいつでも、ぼくは抗議するつもりだ。

第4章

「象は鼻が長い」構文の意味解釈

　本章では、前章で見たコピュラ文における指定文・措定文の区別という観点から、「象は鼻が長い」およびそれに関連するいくつかの構文について考察する。まず、「象は鼻が長い」型の構文は、文全体としては措定文であり、主題をもつ文（有題文）であるが、述語に指定文を内在しているとみなすか否かに応じて二とおりの読みが可能であり、曖昧であることを論じる。そして、その曖昧性を無視したり、この構文を「象の鼻が長い」から派生しようとしてきた従来のアプローチには問題があることを指摘する。そして、「象」と「鼻」の関係についての従来の説を批判的に検討する。

1.「象は鼻が長い」の曖昧性

　「象は鼻が長い」型の構文は、日本語文法でもっともよく論じられてきた構文である。ここでは、この構文が「コピュラ文」（品定め文）であることを確認し、この種の構文が日本語のコピュラ文全体のなかでどのような位置を占めるかを明らかにする。前章で見たように、日本語のコピュラ文「AはB（だ）」は、意味構造上、次の5つのタイプに分類できることを論じた。

（1）　「AはB（だ）」
1. 措定文
2. 倒置指定文
3. 倒置同定文
4. 倒置同一性文
5. 定義文

「象は鼻が長い」という構文の検討の前に、この構文と密接に関係するとみなされている次のような形容詞文を見ておこう。

　（2）　象の鼻は長い。

この文は、「象の鼻」の指示対象が「長い」という性質を有していることを主張している。つまり、象の鼻について「長い」という性質をあてがっているわけであるから、第3章の(42)と同様の措定文である。ただ、このばあい、「象の鼻」は特定の具体的な対象ではなく、象の鼻というもの一般を指しているわけであるから、総称文（generic sentence）でもある。これは、

　（3）　子供はかわいい。

が措定文でありながら、総称文の意味をもつのと同様である。
　では、（2）の「は」を「が」に変えた次の文はどうであろうか。

　（4）　象の鼻が長い。

これは、長いのはどれかというと、ほかでもない、それは象の鼻だ、という意味であるので、指定文である。つまり、（4）の「長い」は変項をひとつ含む1項述語であり、「象の鼻」はその値を指定しているわけである。したがって、（4）の主語と述語を倒置して、

　（5）　長いのは象の鼻だ。

としても意味は変わらない。（5）はいうまでもなく、倒置指定文である。
　さて、本題の（6）の検討に移ろう。

　（6）　象は鼻が長い。

通説では、（6）は、（4）の「象の」が主題化（題目化）されてできた文である、とされている。たとえば、三上(1953, 1955, 1960)では、（6）の「象は」は（4）の「象の」の代行・兼務であることを主張している。そして、三上以来、最近の日本語文法学者に至るまで、一般に、（6）の基底形を（4）とみなし、（4）の「象の」が主題化されたとする分析が広く採用されている。[1] もっとも、久野(1973b)の扱いはやや複雑である。久野は、（6）のタイプの文の曖昧性に注目し、（4）の「象の」が直接主題化されて（6）になるばあいと、「象の」が「象が」という主語化をひとまず経たのち、それがさらに主題化されて（6）になるばあいとを区別している。久野の後者の考えは、野田

(1996: 32)において明確に述べられている。野田（1996）は、（7a）のような格関係から、「象」の部分が主題になって、（7b）を経て、最終的には、（7c）に至る、と主張する。

（7）a.　<u>象</u> の鼻が長い（こと）
　　　　主題
　　b.　<u>象</u> が鼻が長い（こと）
　　　　主題
　　c.　象<u>は</u>鼻が長い

しかし、いずれも（6）と（4）を主題化操作によって結びつけようとしていることには変わりない。このように、（6）を（4）からの主題化操作によって派生しようとする試みはきわめて一般的であるが、本章での筆者の論点のひとつは、この種の試みは誤りである、という点である。

まず、（6）については意味の異なった二つの解釈が可能である、ということに注意しよう。（6）にたいするひとつの（そして語用論的理由によってより自然な）解釈は、象について、「鼻長し」という属性を帰す読みである。これは、たとえば、次のような会話に登場するときに自然に得られる解釈である。

（8）a.　子供：お母さん、象って、どんな動物なの。
　　b.　母　：象はね、大きくてね、かしこくてね、鼻が長くてね、森に住んでいるの。

これは、象についての性状規定であり、（6）を（9）の意味での措定文とみなす解釈である。

（9）　象は、「鼻<u>が</u>長い」という属性を有している。

ここでの要点は、（9）における「鼻が長い」はひとつの属性を表しており、「鼻が」の「が」は指定文に登場する「が」とは無関係である、という点である。つまり、これは、われわれの言う［指定］の「が」ではない。[2] なぜなら、（6）にたいする（9）の解釈では、象は、どこが長いかと言えば、耳でもなく、尻尾でもなく、足でもなく、鼻がそうだ、という選択の意味はないからである。つまり、（6）の発話において、「どこかが長い」（「xが長い」）という情報は聞き手にとってあらかじめ前提となっていないのである。では、「鼻が」の「が」は、久野の言う［中立叙述］かというと［中立叙述］

とも若干異なる。久野(1973b: 32)によれば、[中立叙述]の「が」は述部が動作を表すか、存在を表すか、一時的な状態を表すかのばあいに限られているが、「長い」はむしろ、恒常的状態であるから、この定義にそぐわないのである。もっとも、[中立叙述]という術語を(10)のように弱く定義するならば、(6)にたいする(9)の読みでの「鼻が」の「が」は、[中立叙述]と呼ぶこともできよう。

(10) [指定]ではない「が」[3]はすべて[中立叙述]である。

本書では、以下、とくに断わらないかぎり、[中立叙述]という術語を(10)の広義の意味で使用することにする。[4] つまり、筆者は、この意味での「鼻が長い」を、(11)の「背が高い」や「髪が長い」の延長線上で考えているのである。

(11) a. 太郎は背が高い。
b. 洋子は髪が長い。

(11a)は、「太郎について高いところはどこかといえば、鼻ではなくて、声でもなくて、むしろ背だ」という意味ではけっしてない。(11)において、「背が高い」は、太郎についてあてはまるひとつの属性を表すまとまった慣用的表現であり、英語なら単一の語 tall ですむ表現である。したがって、(11a)の「背が」がわれわれの言う「指定」(すなわち、久野の言う[総記])でなく、(10)の意味での[中立叙述]であることは明らかであろう。(11b)も同様である。(11b)は、洋子について長いところはどこかといえば、脚でもなく、手でもなく、髪がそうだ、という意味ではけっしてない。(11b)は、「洋子は長髪だ」と言っているのにすぎないのである。[5] (6)にたいする(9)の解釈も同様である。(6)の「鼻が長い」の部分は、いわば「長鼻の」とか「長鼻だ」と言い替えることもできるような、ひとつのまとまった形容詞・形容動詞に匹敵する表現である。そこで、(6)にたいする(9)のような読みをここでは、[長鼻-読み]と呼ぶことにしよう。上で見た(11)の各文および次の(12)の各文も「BがC（だ）」の部分がひとまとまりの属性を表す慣用表現になっており、[長鼻-読み]の一種である。

(12) a. 太郎は、頭が良い。
b. 洋子は、声が美しい。
c. あのひとは、風采がりっぱだ。

d．　この子は、性格が良い。
　　　e．　田中先生は、顔が広い。
　　　f．　佐知子は、気が強い。

たとえば、(12a)は「太郎はどこが良いかといえば、歯でもなく、声でもなく、人柄でもなく、実は頭なのだ」という意味で解釈されるわけではない。つまり、「頭が良い」全体がひとまとまりで、話し手についてあてはまる属性表現であることを意味する。このことは、(12a)を英語で言い替えればTaro is smart. となることからも明らかである。(12b)の「声が美しい」は「美声だ」というひとまとまりの表現で言い替えることができる表現であるし、(12c)の「風采がりっぱだ」もこれ全体でひとまとまりの性状描写の慣用的な表現であろう。(12c)を、「あのひとについて、りっぱなところはどこかとさがすと、考え方でもなければ、歩き方でも、食べ方でもなく、ああ、分かった、風采がそうだ」、と読むことは無理であろう。(12d)(12e)(12f)も同様である。こんどは、(13)を見よう。

　(13) a．　チーズは消化が早い。
　　　b．　夏は湿度が高い。
　　　c．　秋は果物が豊富だ。
　　　d．　東京は人口が多い。
　　　e．　この部屋は、天井が高い。
　　　f．　戸外は気持ちが良い。

(13)の各文「AはBがC（だ）」に登場する「BがC（だ）」は慣用表現ではないが、「Bが」の「が」はけっして［指定］ではなく、「BがC（だ）」全体がひとまとまりでAのもつ属性を表す表現であり、したがって、［長鼻-読み］の解釈しか可能ではない。これらの文をそれぞれ「チーズは何が早いか」「夏は何が高いか」「秋は何が豊富か」「東京は何が多いか」「この部屋は何が高いか」「戸外は何が良いか」にたいする答えを提供している指定文とみるのは自然ではないであろう。これらは、(6)にたいする(9)の解釈と同様、［長鼻-読み］なのである。こんどは(14)を見てみよう。

　(14)　田中は、家が貧しかった。

「家が貧しい」は、田中のもつ厳密な意味での属性ではないが、属性に準ずるひとまとまりの表現である。「家が」の「が」は［指定］ではなく、「貧し

いのは家だ」という読みではもちろんない。田中は、何が貧しかったかといえば、心ではなくて、家がそうだった、ということではないからである。つまり、「何かが貧しかった」という情報は聞き手にとって予め前提となっている情報ではなくて、あくまでこの発話を聞いた時点で初めて得る新情報なのである。したがって、(14)は、[長鼻-読み] と言ってよいであろう。次の会話における応答(15b)も同様である。

(15) a. 教師：花子は今日欠席だが、いったいどうしたんだろう。
　　 b. 生徒：花子は、お父さんが病気です。

「お父さんが病気である」も、厳密にいえば花子の属性ではないが、花子について叙述できる広義の属性表現である。つまり、(15b)において、「お父さんが病気である」を花子について叙述することによって、花子の現にある状態を記述し、間接的に花子が欠席した理由を述べる認知効果をもたらしている。もちろん、このばあい、(15b)の聞き手である教師の側で、「花子の家で誰かが病気のはずだ」という前提があるわけではない。したがって、この「が」を [指定] とみなすわけにはいかず、(15b)は [長鼻-読み] である。こんどは次の例を見よう。

(16) a. 甲：田中って、たしか、君の大学時代の同級生だったよね
　　 b. 乙：そうだよ、
　　 c. 甲：なら、田中について、君の知っていることをなんでも良いから教えてくれないか。ちょっと彼について、調査しているのだ。
　　 d. 乙：田中は、A商事会社を5年前退職して独立したんだ。…フランス語がうまいよ。
　　 e. 甲：なるほど。ほかに何かないかね。
　　 f. 乙：田中は、奥さんがきれいだよ。

(16f)における「奥さんがきれいだ」は、田中が有する広義の属性とみなしてさしつかえない。田中の身内についての情報を述べるということは、間接的に田中についての情報を述べていることになり、この文全体は、田中について叙述している表現になっている。つまり、田中について「奥さんがきれいだ」と叙述することによって、聞き手に認知効果のある情報を提供しているのである。もちろん、どの程度の叙述が聞き手にとって認知効果のある情報であるかどうかは、コンテクスト次第である。[6] ここでも、「奥さんが」の

「が」は［指定］ではなく［中立叙述］である。したがって、この文も［長鼻-読み］の一種である。

　さて、(6)にたいする［長鼻-読み］の解釈では、象なるものをまず同定し、それについて「鼻が長い」という属性を帰しているわけであるから、「xが長い」を満たす変項の値をさがし、それを「象の鼻」の指示対象でもって指定するという解釈が与えられる(4)とはまったく別の意味であることは明らかであろう。したがって、この意味での(6)の基本形を指定文(4)に求め、(6)は(4)からの主題化の結果だ、と考えるわけにはいかないのである。

　(6)は、(4)の「象の」が主題化されてできた文であると考えるわけにはいかない根拠はほかにもある。まず、(4)は指定文であった点に注意しよう。第3章3節で論じたように、一般に、指定文「βがαである」(あるいは、倒置指定文「αはβである」)におけるβは、αという1項述語の変項を埋める値を表す表現であった。いいかえれば、「どれがαであるか」にたいする答えを提供するのがβであった。そのような値を表すβの一部(あるいは全部)を主題化するということは、そのような答えであるβの一部(あるいは全部)を、あらかじめ提示し、それについて何か叙述することを意味し、不合理である。それは、たとえば、(17a)や(17b)から(18)の派生が許されないことからも明らかである。

(17) a. この町の少年が、全国ピアノコンクールの優勝者だ。(指定文)
　　 b. 全国ピアノコンクールの優勝者は、この町の少年だ。(倒置指定文)
(18) ?この町は、少年が全国ピアノコンクールの優勝者だ。

(17)は、全国ピアノコンクールの優勝者は誰かといえば、ああ分かった、この町の少年がそうだ、と言っている文である。そのような答えの一部である「この町」を主題にすることが不可能であるのは当然であろう。そこから、西山(1985: 162)では、次のような仮説を立てておいた。

(19) (倒置)指定文における値を表す表現全体あるいはその一部を主題化することはできない。

ところが、(4)のような指定文を基底形にしてそこから(6)を派生しようとすることは、値の一部を主題化しようとしているわけであり、まさに(19)に抵触し、許されないのである。

（4） 象の鼻が長い。（指定文）
（6） 象は鼻が長い。

さて、(6)には(9)ほど自然ではないが、もうひとつ別の読みもある。それは、象の部位のなかでどこが長いかといえば、足でもなく、首でもなく、尻尾でもなく、鼻がそうなのだ、ととる読みである。これは、たとえば、次のような会話に登場するときに得られる解釈である。

（20）a. 子供：お母さん、象の長いところはどこ、首なの。
　　　b. 母　：いいえ、象は鼻が長いのよ。

つまり、(20b)は、「象は長いのは鼻（が）だ」の意味なのである。ここでは、「象はxが長い」という前提があり、変項xを「鼻」でもって指定している。したがって、このばあい「鼻が」の「が」は［中立叙述］ではなく、［指定］の「が」である。それにもかかわらず、［鼻が長い］全体は象についての叙述であり、文全体は措定文となっている点に注意しよう。[7] このように解釈された「象は鼻が長い」構文は「述語に指定文を内蔵した措定文」であり、以下略して、［指定内蔵-読み］と呼ぶことにしよう。結局、「象は鼻が長い」構文にたいする［指定内蔵-読み］の解釈は次のようにまとめることができる。

（21）「象は鼻が長い」構文「AはBがC（だ）」が［指定内蔵-読み］をもつとは、次の条件が満たされているときである。
　　　a.　「Bが」は［指定］の「が」であり、［xがC（だ）］のxを埋める値を表す。つまり、［xがC（だ）］自体は、指定文の意味構造をもつ。Cは1項述語を表し、形容詞・形容動詞・動詞のこともあれば、名詞のばあいもある。
　　　b.　「BがC（だ）」全体がAについての属性を表し、「AはBがC（だ）」は全体として措定文の構造をもつ。

したがって、(6)を［指定内蔵-読み］として解釈するとき、次の三つの情報が含まれている。

（22）a.　1項述語「xが長い」を満足する値を、象と関係するもののなかでさがす。
　　　b.　そのような値を鼻によって指定（specify）する。
　　　c.　指定文「鼻が長い」全体を象について叙述する。

この解釈が上で見た［長鼻-読み］の解釈とはまったく別であることは明らかであろう。結局、「象は鼻が長い」構文は、「鼻が長い」の「が」を［中立叙述］と解釈するかそれとも［指定］と解釈するかに応じて、異なった意味をもつのである。もちろん、しかるべきコンテクストが与えられれば、その曖昧性が解消することはいうまでもない。

（6）を［指定内蔵-読み］で解釈したばあいでも、これを（4）からの主題化による派生とみなすわけにはいかないことに注意しよう。このような主題化が(19)に抵触することは、（6）を［長鼻-読み］の解釈で読んだばあいと同様、［指定内蔵-読み］の解釈で読んだばあいでも同じである。（4）では「長いものはどれかというとそれは象の鼻だ」というのであるから、全体は指定文であった。つまり、「象の鼻」全体が指定の値として機能していたわけである。それにたいして、（6）にたいする［指定内蔵-読み］の解釈では、〈象と関係するもの（たとえば象の部位）のなかで、長いものはどれかといえば、それは鼻だ〉ということを象について叙述しているわけであるからまったく意味構造が別である。要するに、「象は鼻が長い」という構文は、［長鼻-読み］と［指定内蔵-読み］という二とおりの解釈が可能であるが、いずれの解釈でも、「象の鼻が長い」から主題化によって派生されるものではなく、この点、両者を主題化操作によって結びつけようとする通説は誤りであると言わざるをえない。

さて、次の文の各(b)はいずれも［指定内蔵-読み］で解釈するのが自然であろう。

(23) a. 甲：あなたは、どの歯が痛いですか。
　　 b. 乙：わたくしは、上の奥歯が痛いです。
(24) a. 甲：モーツァルトは、ピアノ曲が良いですか。
　　 b. 乙：いいえ、モーツァルトはピアノ曲よりもむしろ、オペラが良いです。
(25) a. 甲：日本は、どの山がきれいですか。
　　 b. 乙：日本は、富士山がきれいです。
(26) a. 甲：花子さんは、お母さんが病気ですか。
　　 b. 乙：いいえ、花子さんは、お父さんが病気です。
(27) a. 甲：東京カルテットで一番うまいのはどの奏者ですか。
　　 b. 乙：東京カルテットは、ビオラ奏者がうまい。
(28) a. 甲：イギリスは、ロンドンが住み易いですか。

b.　乙：いいえ、イギリスはロンドンよりもむしろエジンバラが住み易いですよ。
(29) a.　甲：生命保険の契約は、何が重要ですか。
　　　b.　乙：生命保険の契約は、保険金よりも毎月の保険料が重要です。
(30) a.　甲：岡山は、何がおいしいの。
　　　b.　乙：岡山は、桃がおいしい。

上文の各(b)は、いずれも、[BがC（だ）]の部分が指定文であるが、そのような[BがC（だ）]がAについての属性叙述でもあり、文全体は措定文になっているケースである。「象は鼻が長い」構文をめぐっては、三上(1960)以来、多くの議論があるが、いずれも、[長鼻-読み]読みと[指定内蔵-読み]読みとを明確に区別してこなかった点に問題があると思われる。

2.「花子は、父親が医者だ」構文

　これまでは、「象は鼻が長い」構文として、「AはBがC（だ）」のCにもっぱら形容詞・形容動詞・動詞、あるいは（「病気」のように）形容詞的な意味を表す名詞が来るものだけを問題にしてきたが、Cは述語である以上、Cが通常の名詞句のばあいも当然ありうる。次例を見よう。

(31)　花子は、父親が医者だ。
(32)　田中は、奥さんがフランス人だ。

これらを前節で挙げた(15b)(16f)と比較してみよう。

(15b)　花子は、お父さんが病気です。
(16f)　田中は、奥さんがきれいだよ。

(15b)が「象は鼻が長い」構文の一種であるならば、(31)も「象は鼻が長い」構文の一種とみなしてさしつかえないであろう。たとえば、「父親が医者だ」は、厳密にいえば花子の属性ではないかもしれないが、花子についての叙述表現になりうるものであり、コンテクスト次第では(31)全体が十分認知効果をもちうるのである。たとえば(33)を見よう。

(33) a.　甲：花子は身体の調子が悪いようだが、大丈夫かな。
　　　b.　乙：大丈夫だよ。花子は、父親が医者だ。

(33b)の二番目の文は、花子について「父親が医者だ」と叙述することで、「いざとなれば、花子の父親が医者として花子の面倒を見るであろうから心配無用だ」という推論をすることができ、(33a)にたいする応答としての認知効果を得るのである。(33b)において、「xが医者だ」という情報は聞き手（甲）にとって前提となっている情報ではなくて、この発話を聞いた時点で初めて得る新情報である。したがって、(31)の「父親が」の「が」は［中立叙述］であり、文全体は［長鼻-読み］であろう。

　同様に、(16f)が「象は鼻が長い」構文の一種であるならば、(32)を「象は鼻が長い」構文から排除する理由はないであろう。つまり、田中について「奥さんがフランス人だ」と叙述することによって、田中という人間についての関連情報を提供しているのである。もちろん、「奥さんが」の「が」は指定ではなく［中立叙述］であるので、この文も［長鼻-読み］の一種である。(32)を(34)と比べてみよう。

　(34)？田中は、奥さんが主婦だ。

この文は、「象は鼻が長い」構文の一種であり、田中について「奥さんが主婦（デアル）」ということを叙述している［長鼻-読み］を有し、意味論的にはなんら問題ないが、容認可能性が低い。なぜなら、「奥さんが主婦（デアル）」というのは、少なくとも現代の日本においてはそれほどマークされる記述ではないため、「だから、どうだっていうのか」という疑問を聞き手に抱かせるタイプの文だからである。つまり、(34)は、田中について実質的な、認知効果のある情報を与えていない点で語用論的に問題がある文である。(もっとも、結婚した女性は外で働くのがむしろふつうで、専業主婦が珍しいような社会が近い将来、訪れるかもしれないが、そのような状況下で(34)が発話されたばあいは、語用論的にも適格になるであろう。)それにたいして、(35)における「オリンピック水泳の金メダリスト」のように、世間から注目を浴び、マークされる属性を山田先生の身内が有しているばあいは、山田先生について、間接的とはいえ属性付与と解釈されるのは自然である。これも［長鼻-読み］である。[8]

　(35)　山田先生は、息子さんがオリンピック水泳の金メダリストだ。

　このように、(31)(32)および(33b)［の二番目の文］や(35)にたいする自然な解釈は［長鼻-読み］であるが、特殊なコンテクストのもとでは、［指定内蔵-読み］の解釈も得られないわけではない。

(36) a. 甲：花子は、息子さんが医者でしたっけ？
　　 b. 乙：いいえ、花子は、父親が医者です。
(37) a. 甲：田中さんは、お母さんがフランス人でしたよね。
　　 b. 乙：いいえ。田中さんは、奥さんがフランス人です。
(38) a. 甲：山田先生のお宅では、娘さんがオリンピック水泳の金メダリストですか？
　　 b. 乙：いいえ、山田先生は、息子さんがオリンピック水泳の金メダリストです。

　一般に、(11)(12)(13)のような慣用表現を除けば、「象は鼻が長い」構文は、しかるべきコンテクストを与えてやれば、［長鼻-読み］と並び［指定内蔵-読み］の解釈も十分可能となるのである。

3.「象」と「鼻」の関係：柴谷説について

　「象は鼻が長い」型の構文について、しばしば問題になるのは、「象」と「鼻」の関係である。(39)の各例が示すように、「AはBがC（だ）」という構文において、AとBのあいだが意味的に無関係であってはならないことはよく知られている。

(39) a. ？象は太郎が学生だ。
　　 b. ？犬は鉛筆が長い。
　　 c. ？辞書は2が偶数だ。
　　 d. ？太郎は人口が多い。
　　 e. ？フランスは、富士山が高い。
　　 f. ？東京は、大阪がきれいだ。

　野田(1996: 36-37)は、「象は鼻が長い」構文の「鼻」の部分の名詞は、「象」の部分の名詞と、「象の鼻」のように「の」でつながる関係にあることを指摘する。事実、前節の諸例で明らかなように、「象は鼻が長い」構文「AはBがC（だ）」にたいする［長鼻-読み］であれ、［指定内蔵-読み］であれ、AとBの関係は「AのB」という緊張関係が成立しているように思われる。この考えが、〈「象は鼻が長い」構文は、その基本形が「象の鼻が長い」であり、この基本形の「象の」が主題化されてできた文である〉とする通説を動機づけたであろうことは容易に想像できる。しかし、このような通

説が正しくないことは本章1節で論じたとおりである。

　ところが、この通説にコミットしない立場でありながら、「象」と「鼻」の関係についてはやはり「象の鼻」のように「の」でつながる関係であると考える立場も存在する。柴谷(1978: 208-209)は、「象は鼻が長い」やそれに類する構文を、「象の鼻が長い」における「象の」が主題化（題目化）されてできた文であるという立場は採用せず、むしろ、(40)のような深層構造をもっている、と考える。

(40)　[象は [象の鼻が長い]]
　　　 題目　　　述部

ここでのポイントは、「象は」という主題（題目）が深層構造のレベルで存在しているという点である。つまり、「象は」が主題化変形の結果生じたものではなくて、三上(1953)のいう「先行の題目」になっているのである。そして、述部文における重出の名詞句「象の」を削除して「象は鼻が長い」を派生するのである。[9] そして柴谷(1978: 209)は、(41)(43)についてはそれぞれ(42)(44)のような深層構造を仮定する。

(41)　太郎は頭が痛い。
(42)　[太郎は [太郎の頭が痛い]]
　　　 題目　　　述部
(43)　この辞書は表紙が非常にきれいだ。
(44)　[この辞書は [この辞書の表紙が非常にきれいだ]]
　　　 題目　　　　述部

柴谷のこのような分析のヒントになったものは次のような文型である。

(45)　[魚は [鯛がいい]]
　　　 題目　述部
(46)　[花は [桜がきれいだ]]
　　　 題目　述部
(47)　[辞書は [広辞苑がいい]]
　　　 題目　述部

柴谷は、「魚」と「鯛」、「花」と「桜」、「辞書」と「広辞苑」とのあいだに、「魚⊃鯛」「花⊃桜」「辞書⊃広辞苑」という包摂の関係があることに着目し、次のような意味的な深層構造制約が働いている、と考える。[10]

(48)　「象は鼻が長い」構文「AはBがC（だ）」における題目Aと述部

における名詞句Bとのあいだには、包摂もしくは「全体-部分」の関係が成立していなければならない。

そして、「象の鼻」は「象」の一部であるし、「太郎の頭」は「太郎」の一部であるし、「この辞書の表紙」は「この辞書」の一部であることから、柴谷は、「象は鼻が長い」構文については(40)のような深層構造を、また、(41)(43)についてはそれぞれ(42)(44)のような深層構造を仮定するのである。さらに、柴谷(1978: 219-220)は、親族関係も「全体-部分」の関係に入るとみなすことができると考え、(49)は深層構造(50)から派生されるという分析を提示するのである。

(49)　山田君は、お父さんが病気だ。
(50)　山田君は［山田君のお父さんが病気だ］
　　　　　題目　　　　　述部

さらに、性状・所有者の関係も一種の「全体-部分」の関係に入るとみなすことができるので、(51)は深層構造(52)から派生される、と柴谷は分析するのである。

(51)　山田君は、語感がするどい。
(52)　山田君は［山田君の語感がするどい］
　　　　　題目　　　　　述部

前節で見た(15b)(16f)(31)(32)(33b)(36b)(37b)(38b)などの例は、まさにこのような柴谷説を裏づけているように思われる。

しかし、柴谷のこのような分析にはいくつか問題がある。まず第一に、本章1節でも述べたように、(41)における「頭が痛い」は全体としてひとまとまりの属性表現であり、それがたまたま太郎にあてはまるということであって、「頭が痛い」をあえて「太郎の頭が痛い」の「太郎の」が削除されたのだと考える必要はすこしもないのである。「頭が痛い」の「頭」は「太郎の頭」という特定の頭を指すわけではなく、「頭痛し」というひとまとまりの表現、英語なら *having headache* で表されてしかるべき属性表現の意味上の成分でしかない。重要なことは、「頭が痛い」が太郎についてあてはまる属性表現であるという点だけであって、「頭が痛い」の「頭」が「太郎の頭」であるかどうかを問うことは意味がないのである。「頭が痛い」の「頭」は別に誰の頭でもなく、全体として「頭痛し」という属性を表し、それがたまたま太郎についてあてはまるばあいもあろうし、花子についてあてはまるば

あいもあるのである。(43)についても同様である。〈(43)における述語「表紙が非常にきれいだ」の表紙はこの辞書の表紙であるかどうか〉を問題にすることはまったく必要がない。要するに、(43)は、一般的な述語「表紙が非常にきれいだ」という属性が「この辞書」の指示対象にあてはまる、ということを言っているだけのことである。(41)を(42)から、また(43)を(44)から派生しようとする柴谷の見解は、(53)を(54)という基本形から、あるいは(55)を(56)という基本形から派生しようとする試みと同様、奇妙である。

(53) 洋子は髪が長い。
(54) ［洋子は［洋子の髪が長い］］
　　　題目　　　述部
(55) 太郎は背が高い
(56) 太郎は［太郎の背が高い］
　　　題目　　述部

(53)についていえば、「髪が長い」の「髪」は「洋子の髪」という特定の髪を指すわけでなく、「髪が長い」というひとまとまりの表現、つまり「長髪だ」で表されてしかるべき属性表現の成分でしかないのである。(53)における「髪」が「誰の髪を指すのか」と問うことは意味をなさないのは、ちょうど(57)における「髪」は「誰の髪を指すのか」と問うことが意味をなさないのと同様である。

(57) 洋子は長髪だ。

(53)(57)に対応する英語表現において「誰の髪か」を問うひとはいないであろう。もちろん、(53)あるいは(57)が真であれば、そこから(58)は論理的に推論できることは事実である。

(58) 洋子の髪は長い。

しかし、そのことは、(53)あるいは(57)の属性表現の一部である「髪」が「洋子の髪」を指示していることをなんら意味しない。要するに、(53)あるいは(57)における「髪」は誰の髪でもないという認識は重要である。(41)(43)(55)についても同様である。

　第二に、柴谷は、「象は鼻が長い」構文「AはBがC（だ）」の形式におけるAとBとのあいだの関係を「包摂」もしくはそれに準ずる「全体-部分」の関係として統一的にとらえようとしているが、これも問題である。本

章2節で［長鼻-読み］として挙げた例をもう一度見てみよう。

(13) a. チーズは消化が早い。
　　 b. 夏は湿度が高い。
　　 c. 秋は果物が豊富だ。
　　 d. 東京は人口が多い。
　　 e. この部屋は天井が高い。
　　 f. 戸外は気持ちが良い。

ここで、「チーズ」と「消化」、「夏」と「湿度」、「秋」と「果物」、「東京」と「人口」、「この部屋」と「天井」、「戸外」と「気持ち」のあいだには、ある種の関係があることはいうまでもないが、少なくとも、それが「包摂」とか「全体-部分」といった関係でないことは明らかである。同様に、以下の各（b）において、「モーツァルト」と「オペラ」、「生命保険の契約」と「保険料」、または「岡山」と「桃」のあいだに包摂関係があるとはいえないし、「全体-部分」の関係があるともいえない。

(24) a. 甲：モーツァルトは、ピアノ曲が良いですか。
　　 b. 乙：いいえ、モーツァルトはピアノ曲よりもむしろ、オペラが良いです。
(29) a. 甲：生命保険の契約は、何が重要ですか。
　　 b. 乙：生命保険の契約は、保険金よりも毎月の保険料が重要です。
(30) a. 甲：岡山は、何がおいしいの。
　　 b. 乙：岡山は、桃がおいしい。

こんどは次の例を見よう。

(59) モントルーは、サボイ・アルプスの山々がきれいだ。

モントルーは、スイスのレマン湖の湖岸にある有名な保養地である。レマン湖の対岸はフランス領で、モンブランをはじめとするサボイ・アルプスの山々がある。天気が良い日は、モントルーから、これらフランスの山々を見渡すことができる。(59)は、そのようなコンテストにおいて、モントルーのガイドブックに記載されている文である。もちろん、(59)は、「象は鼻が長い」構文であるが、「モントルーは、何がきれいか」という問いにたいする答えではないので［指定内蔵-読み］は無理であり、［長鼻-読み］で解釈するのが自然であろう。しかし、サボイ・アルプスの山々はフランス領に属す

以上、モントルーの一部でもなければ、「モントルー」が「サボイ・アルプスの山々」を包摂しているわけでもない。したがって、(59)は柴谷の深層構造制約(48)にたいする反例となる。次例も本質的には同様である。

(60)　信州は、月がきれいだ。

「象は鼻が長い」構文としてこのような例はいくらでもある以上、柴谷の仮説(48)をそのまま受け入れるわけにはいかない。

　第三に、(48)を提唱する柴谷の動機自体にも問題がある。柴谷は、(48)を仮定することによってはじめて、(6)(41)(43)のような「象は鼻が長い」構文と(45)(46)(47)のような構文—これを以下、「「魚は鯛がいい」構文」と呼ぶ—とを同列に扱うことができると主張する。たしかに「魚は鯛がいい」構文においては、AとBのあいだに包摂関係が成立する。一方、「象は鼻が長い」構文においては、AとBのあいだに「全体-部分」の関係が成立する。そして柴谷は、「全体-部分」の関係は包摂関係に準ずるものであり、包摂関係の特殊なものであると考え、それによって、「象は鼻が長い」構文と「魚は鯛がいい」構文を統一的に取り扱うことができる、と主張するのである。

　しかし、柴谷のこの議論が成立するためには、「象は鼻が長い」構文と「魚は鯛がいい」構文を統一的に扱うべきであるという大前提がある。しかし、そもそもこの二つの構文を同列に扱ってよいかどうかは慎重に検討する必要がある。筆者の考えでは、「象は鼻が長い」構文はこれまで述べてきたように、措定文である。他方、(45)(46)(47)のような「魚は鯛がいい」構文は、第5章で論じるように「領域限定つきの指定文」であって、措定文とは本質的に異なる。したがって、筆者は、このように本質的に異なっている二つの構文を統一的に扱うべきではないと考える。[11] 柴谷が、両構文を統一的に扱うべきだと考える根拠は、両構文が「AはBがC（だ）」という共通の形式を有しているという点にだけあるのではなく、AとBとのあいだの関係が類似している、と考える点にある。上で見たように柴谷は、「象は鼻が長い」構文の「象」と「鼻」のあいだに見られる「全体-部分」の関係は、「魚は鯛がいい」構文の「魚」と「鯛」のあいだに見られる包摂関係の特殊なものである、と主張する。[12] しかし、実は、この考えが間違いなのである。第5章3節で論じるように、「全体-部分」の関係と包摂関係はまったく無縁であり、前者が後者の特殊なものでもなんでもない。むしろ、筆者の見解では「魚は鯛がいい」構文のように、AとBのあいだに包摂関係があるということは、まさにこの構文が「象は鼻が長い」構文とは異質の構文であ

ることの証拠とさえなっているのである。つまり、AとBのあいだの包摂関係は、「象は鼻が長い」構文が満たしてはならない条件なのである。これらの点については、第5章で詳しい議論を展開するが、もし筆者の見解が正しいならば、(48)を提唱しようとする柴谷の動機は大きく崩れるであろう。

　このように述べたからといって筆者は、「象は鼻が長い」構文「AはBがC（だ）」におけるAとBのあいだになんら意味的・語用論的関係がないということを主張しているのではない。前節で述べたように、「AはBがC（だ）」は［長鼻-読み］の解釈であれ［指定内蔵-読み］の解釈であれ、文全体は措定文なのであり、「BがC（だ）」はAについての属性叙述の関係にある。したがって、この属性叙述であるという条件と矛盾しない程度に、AはBとのあいだにある種の関係があるのは当然である。AとBのあいだになんらかの緊張関係があるがゆえに、「BがC（だ）」はAについての属性叙述の関係になるわけである。(39)の各文はそのような関係を満たしていないがゆえに、容認不可能となるわけである。[13] ただし、その関係は、AとBとのあいだに、「AのB」のように「の」でつながる関係があると言っただけでは不十分である。本書第1章で詳しく述べたように、ふたつの名詞句NP_1とNP_2を「の」で結ぶ解釈は実に多様なものがあるからである。〈「象は鼻が長い」構文「AはBがC（だ）」におけるAとBの関係は「AのB」という緊張関係である〉と主張する論者が、第1章で論じた五つのタイプの「AのB」のうち、いずれを念頭においてそう主張しているのかすこぶる不明確なのである。第1章で「タイプ［A］」と分類されるものに限っても、「NP_1のNP_2」は意味的には、〈NP_1と関係Rを有するNP_2〉という情報しかもたず、その関係Rの中身はコンテクストを参照して語用論的に決まるのであった。したがって、「象は鼻が長い」構文「AはBがC（だ）」におけるAとBのあいだには、「AのB」のような関係がある、といっただけでは、「なんらかの関係がある」という以上の実質的な情報はなにもないのである。その点、柴谷の(48)は、「AのB」における「の」でつながる関係をより特定化しようとする試みであったとみなすことができる。筆者は、上で、この観点から(48)の妥当性を問題にしてきたのである。もし(48)が不備であるとすれば、「象は鼻が長い」構文「AはBがC（だ）」におけるAとBのあいだにはいかなる関係を認めるべきであろうか。

　われわれは、前節までの議論において、「象は鼻が長い」構文「AはBがC（だ）」にたいして［長鼻-読み］と［指定内蔵-読み］を区別する必要があることを強調してきた。柴谷はこのような区別をしていないが、これら二

つの読みの違いがAとBとの関係に影響を与えている可能性も無視できない。ここで深く論じることはできないが、筆者の暫定的な考えでは、「AはBがC（だ）」にたいする［指定内蔵-読み］については一般に次のような意味論上の制約が課せられているように思われる。

(61) 「AはBがC（だ）」にたいする［指定内蔵-読み］のばあい、「Bが」は、指定文［xガC（だ）］のxを埋める値を表す。そして、Aと関係Rを有する対象の集合をA′とすると、A′が変項xの走る領域を限定する。

ここで、関係Rの中身はコンテクストを参照にして語用論的に決定されるのである。要するに、「BがAの部分であるとか、BがAによって包摂されている」のではなく、Bは、Aを手がかりにして得られた集合A′のメンバーになっているのである。これを(20b)および(23)-(30)について例示すると以下のようになる。

(62)

例文	A	A′	B
(20b)	象	象の部位の集合	鼻
(23b)	わたくし	わたくしの歯の集合	上の奥歯
(24b)	モーツァルト	モーツァルトの作曲した作品の集合	オペラ
(25b)	日本	日本の山の集合	富士山
(26b)	花子	花子の家族の構成員の集合	お父さん
(27b)	東京カルテット	東京カルテットの構成員の集合	ビオラ奏者
(28b)	イギリス	イギリスの町・村の集合	エジンバラ
(29b)	生命保険の契約	生命保険契約上の概念の集合	保険料
(30b)	岡山	岡山産の食べ物の集合	桃

これを具体例(24b)について説明してみよう。

(24) a. 甲：モーツァルトは、ピアノ曲が良いですか。
    b. 乙：いいえ、モーツァルトはピアノ曲よりもむしろ、オペラが良いです。

(24b)において、「オペラ」が「モーツァルト」の部分であるとか「モー

ツァルト」によって包摂されているという関係にあるのではない。そうではなくて、まず、「モーツァルト」(A)を基盤にしてたとえば「モーツァルトの作曲した作品の集合」(A′)を語用論的に構築すれば、オペラはその集合のメンバーになっているのである。そして、「xが良い」の変項xの埋める値を「モーツァルトの作曲した作品の集合」の領域内でさがすならば、オペラがその値だということになり、そのことをモーツァルトについて叙述しているのが(24b)なのである。「モーツァルト」(A)から「モーツァルトの作曲した作品の集合」(A′)を構築する際、(24)に登場する「ピアノ曲」や「オペラ」という表現が重要な手がかりになるし、モーツァルトが有名な作曲家であり、多くの作品を書いたという百科全書的知識も効いてくることはいうまでない。もちろんこれは(24b)にたいする語用論的解釈の一例であって、他の解釈もありうる。たとえば、もし(24b)を、「モーツァルト」という名前の指揮者について語っているという前提で読むならば、「モーツァルト」(A)を基盤にして「モーツァルトが指揮するジャンルの集合」(A′)を構築するであろう。要するに、Aに基づくA′の構築には、語用論的推論が不可欠であることを強調しておこう。他の例についても同様である。

一方、「象は鼻が長い」構文「AはBがC(だ)」にたいする［長鼻-読み］のばあいは事情が若干異なる。ここでは、Aを手がかりにA′を構築し、A′とBとのあいだに、「集合とそのメンバー」といった関係をわざわざ認定することは必要ではない。たとえば、(11)(12)のような慣用表現のばあい、そのようなことを考える者はいないであろう。同様に、たとえば、(13a)において、「消化」をそのメンバーとするような集合A′を「チーズ」を手がかりに構築する必要なまったくないのである。では、「AはBがC(だ)」にたいする［長鼻-読み］のばあい、AとBとはどのような関係をもつというべきであろうか。まだ決定的なことは言えないが、「AはBがC(だ)」にたいする［長鼻-読み］については筆者は次のように考えている。

(63) 「AはBがC(だ)」にたいする［長鼻-読み］のばあい、Bは、「BがC(だ)」という叙述内容をAと結びつけるフックとしての機能を果たしている。

そのようなフックとしての機能を果たすBは、もっとも典型的には、Aの有している側面、Aの部分、Aの身内などであることが多いが、かならずしもそれに限定されることはなく、Aのある時点での様態、Aとの接触の過程で生じてくる特徴、Aと関わる行動のなかで得られる体験、Aの趣味

や特技、Aで観察されるもの、など多様でありうる。要は、「BがC（だ）」全体がAにたいする叙述として解釈できる程度にBがAと結びつける機能を果たしていれば十分なのである。たとえば、(13a)における「消化が良い」はひとまとまりで属性を表す表現であるが、「それを食べたばあいの結果」という関係によって、チーズについて語ることを可能とさせているのである。(13f)における「気持ちが良い」もひとまとまりで属性を表す表現であるが、「そこに居るばあいの心地」という関係によって、戸外について語ることを可能とさせているのである。(13)の他の例についてもそれぞれ実に多様な関係であり、これらを単純に「全体-部分」の関係、「所有者-所有物」の関係、「性状-所有者」の関係、親族の関係、などと列挙して規定するわけにはいかないのである。さきほどの例(59)もモントルーについて叙述するとき、モントルーから見ることのできる風景である「サボイ・アルプスの山々」をフックとして機能させている、とみなすことができよう。

(59)　モントルーは、サボイ・アルプスの山々がきれいだ。

以上の議論をまとめればこうなる。「象は鼻が長い」構文、「AはBがC（だ）」において、柴谷は、〈AはBとのあいだに包摂関係もしくは「全体-部分」の関係がなくてはならぬ〉とだけ述べているが、なぜ、そのような条件が必要であるかを説明していない。それにたいして、筆者は、まず、柴谷の条件が妥当でないことを指摘した上で、「象は鼻が長い」構文は文全体としては措定文であることに着目し、「BがC（だ）」がAについての属性叙述の関係にあるという条件を満たすためには、AとBとのあいだにいかなる関係があるべきかを検討し、［長鼻-読み］と［指定内蔵-読み］のそれぞれについて意味論上の制約(61)と(63)を仮説として提示したのである。結局、「象は鼻が長い」構文について意味論として言えることは、せいぜい(61)と(63)であり、それ以上の情報、たとえば、〈(6)における「鼻」は象の部位の一部である鼻を意図している〉といったことは、語用論的な解釈のひとつから帰結することでしかない。

4.「象は鼻が長い」構文と特徴づけ：高見(1996)について

本節では、「象は鼻が長い」構文の適格性条件を「特徴づけ」という概念を用いて論じている高見(1996)の議論について、触れておこう。高見は、「「象は鼻が長い」が「象の鼻が長い（こと）」から派生するかどうかはさて

おき…」という注釈を付しながらも、(64)のような問題を設定し、論じている。

(64) 「XのYが…」という構文パタンは、どのような条件のもとで、「XはYが…」という構文パタンになるのだろうか。

(高見1996: 289)

しかし、本章1節で述べたように、そもそも、「象は鼻が長い」が「象の鼻が長い（こと）」から派生するのでないのであれば、(64)のような問題設定そのものが意味をもたないであろう。ところで(64)は明らかに、「XのYが…」という構文パターンからの派生上の制約という形をとっている。したがって、高見は自分自身の注釈と矛盾した問題設定を立てていることになる。一方、高見の具体的な仮説は、(65)である。

(65) 「象は鼻が長い」構文における特徴づけの原則：「XはYが…」という構文パターンは、述部「Yが…」がXの特徴づけとして機能する場合にのみ、適格となる。

つまり、高見は、当初の問題設定(64)から逸脱したところで仮説(65)を提示しているのである。[14] もっとも、(65)は、当初の問題設定(64)から切り離されているだけに、かえってその適用範囲は広がるというメリットがあると高見は主張するかもしれない。たとえば、(66)を(67)からの派生と考える者はいない。

(66) この病院は、田中が院長だ。
(67) この病院の田中が院長だ。

このようなばあい、(66)のような「XはYが…」という構文パターンは、対応する「XのYが…」という構文パターンを有さないにもかかわらず、その適格性の問題は、高見の考慮の対象に収まると高見は主張するかもしれない。事実、高見は仮説(65)を(66)に適用して、「田中が院長だ」が「この病院」の特徴づけとして機能しているがゆえに、(66)は適格であるということを主張しようと思えばできそうだからである。ところがここに問題がある。筆者の見解では、(66)は、第6章で扱う「カキ料理構文」であって、「象は鼻が長い」構文ではないのである。したがって、高見の仮説(65)における「「象は鼻が長い」構文」を厳密に解釈するかぎり、そもそも「象は鼻が長い」構文でない(66)について(65)は適用できないのである。ということ

は、(66)のような「XはYが…」という構文パターンが適格であるという事実を、高見は仮説(65)とは別の規則で説明しなければならないことになる。このことは、(65)のような仮説が有意義な一般化を逸していることを意味する。

　もっとも、高見は、仮説(65)における「「象は鼻が長い」構文」をそれほど厳密に解釈せず、単に「「XはYが…」という形式の構文」と考えている可能性もある。もしそうであれば、(66)のような「カキ料理構文」についても仮説(65)が適用できることを阻止する理由はなくなる。しかし、もし(65)における「象は鼻が長い」構文をそのように緩く解釈するならば、(65)は、多くの反例に遭遇する。たとえば、第5章1節で論じる「鼻は、象が長い」という文は「象は鼻が長い」構文でないと筆者は考えているが、「XはYが…」という形式の構文ではあり、もちろん適格である。しかし、「鼻は、象が長い」における「象が長い」を「鼻」についての特徴づけとみなすひとはいないであろう。また、第5章で詳述するように、「魚は鯛がいい」も「象は鼻が長い」構文ではないが、「XはYが…」という形式の構文ではあり、もちろん適格である。ところが、「魚は鯛がいい」における「鯛がいい」を「魚」についての特徴づけとみなすことはかなり無理である。これらの事実は、「XはYが…」という構文が(65)の「特徴づけとして機能する」という条件を満たさないにもかかわらず、適格であるケースが多く存在することを示している。もし高見が、「この病院は、田中が院長だ」、「鼻は、象が長い」、「魚は鯛がいい」はいずれも「XはYが…」という構文パターンではあっても、「象は鼻が長い」構文でないがゆえに、(65)の条件の対象外である、と主張するならば、「象は鼻が長い」構文とは何かをあらかじめ明確に規定しておかなければならないであろう。

　高見の仮説(65)がもつ第二の問題は、「特徴づけ」という概念だけに依拠しては、「XはYが…」という構文の適格性をうまく説明できないという点にある。高見によれば、(68)が不可なのは、「姉が独身であることは、青森とは全く無関係であるため、その事実は青森という土地を何ら特徴づけるものではないからである」(高見 1996: 293)とされる。[15]

(68)　青森は姉が独身だ。

しかし、(68)は、たとえば(69)にたいする応答とみたばあいは容認可能となるであろう。

(69) 青森で、どなたか独身の方をご存知ありませんか。

だからといって、このコンテクストのもとで、(68)が青森という土地を特徴づける文になっているわけではない。この事実は、「XはYが…」という構文パターンと特徴づけ構文がかならずしも連動していないことを意味する。

高見の仮説(65)がもつもうひとつの重要な問題は、この仮説の言語理論上の位置づけが明確でない、という点である。そもそも(65)は、文法上の仮説であろうか、それとも語用論上の仮説であろうか。とりわけ、(65)で言う「適格な」は「意味的に適格である」ということであろうか。それとも、(65)で言う「適格な」は「容認可能である」あるいは「適切である」という語用論的なものであろうか。高見の説明ではこの肝心な点がはっきりしないのである。ちなみに、高見は、「XはYが…」という構文パターンの適格性はコンテクストに依拠することを強調する。そして、(65)の仮説は、コンテクストに依拠して決まる「適格性」をまさに捉えるものとされている。となると、(65)で言う「適格な」は語用論的な概念だということになる。そのことは、(65)は文法上の仮説ではなく、語用論上の仮説であることを意味するが、それで良いのであろうか。しかし、語用論上の原理や規則のなかに、(65)のような特定の構文に沿った仮説が導入される、というのもはなはだ奇妙である。したがって、(65)を語用論上の仮説とみなすわけにもいかない。この点をより具体的に検討するために、「XはYが…」という構文パターンの適格性はコンテクストに依拠するのだという主張についての高見の具体的な説明を見てみよう。

高見は、(70)の不適格性の理由を「バットがいいという記述は、太郎という人間とは独立したものであり、太郎がどういう人であるかの特徴づけには何らなっていない」(高見 1996: 204)ということに帰している。

(70) 太郎は、バットがいい。

ところが、高見は、(70)は(71)の[　　]で示したような文脈が与えられると適格になる、とも主張する。

(71) [太郎、次郎、正夫、明夫、大介がそれぞれ野球をするために、バット、グローブ、ボール、スパイク、ソックス、ユニホームを持っており、それを見たひと、あるいは知っているひとが次のように言った場合]
太郎は、バットがいい。(次郎は、ユニホームがいい。…)

高見によれば、これは、太郎、次郎…という限られた人物と、それぞれの人物の持ち物が与えられており、その限られた集合の中で、太郎は、バット（がいいという記述）によって特徴づけられ、次郎は、ユニホーム（がいいという記述）によって特徴づけられるためである、とされる。しかし、(71)のような文脈においても、「バットがいいという記述は、太郎という人間とは独立したものであり、太郎がどういうひとであるかの特徴づけには何らなっていない」という事実はすこしも変わらないはずである。ここに、われわれは、高見の仮説(65)における「特徴づけ」という概念の不明瞭性を見てとることができよう。

　筆者の考えはこうである。(70)は「象は鼻が長い」構文の一種であり、文全体は措定文である。したがって、第3章2節で見た措定文に定義からして、「バットがいい」はひとまとまりで太郎についての叙述になっており、そのかぎりで(70)は、統語論的にも意味論的にも適格な表現である。さて、この文がたとえば(71)のようなコンテクストにおいて使用されれば、さしたる処理労力を払わずにそれなりの認知効果（すなわち関連性）を得ることができるであろうし、この種のコンテクストなしに、たとえば談話の冒頭で用いられれば、聞き手は、認知効果を得るためにかなりの処理労力が要求されるであろう。しかし、このことは、高見の主張するように、〈コンテクスト次第で、「バットがいい」が太郎がどういう人であるかの特徴づけになったり、特徴づけにならなかったりする〉ということを意味するのではない。そうではなくて、(70)という文は、つねに太郎について何かを叙述をしている文である。ただ、そのような叙述文が具体的に使用されたとき、どの程度関連性を有しているかがコンテクストに依拠して決まるだけのことである。したがって、(意味論をも含む)文法と、しかるべき語用論(たとえば、関連性理論)の仮説があれば十分であり、(65)のような(文法にも語用論にも属さない)仮説は不要であると思われる。

5.「このクラスは太郎がよくできる」構文：久野(1973b)について

　この節では、「象は鼻が長い」構文に関するこれまでの議論をふまえて、(72)のような文の意味について検討する。

　久野(1973b: 36-47)は(72)のような文について詳しい分析を与えている。

　(72)　このクラスは男性がよくできる。

久野によれば、(72)は「男性が」の解釈に応じて、(ⅰ)このクラスは男の生徒（だけ）がよくできる。(ⅱ)このクラスは（他のクラスに比べて）男の生徒がよくできる、の二とおりの解釈ができる。(ⅰ)では、「男性が」の「が」が久野のいう［総記］とみなされており、(ⅱ)では、「男性が」の「が」が［中立叙述］とみなされている。(ⅰ)の解釈では、「このクラスの女性はよくできない」ことを示唆しているが、(ⅱ)の解釈ではそのような示唆はなく、このクラスの女性のほうが男性よりもよくできていても(72)は真でありうるのである。

　久野によるこの観察は概ね正しいと思われる。筆者の見解では、(72)は「象は鼻が長い」構文の一種であり、本章でわれわれが導入した［長鼻-読み］と［指定内蔵-読み］とをもち曖昧であると思われる。そして、久野の(ⅰ)の解釈は［指定内蔵-読み］にほぼ相当するものである。つまり、「よくできる」が1項述語であり、「このクラス」を手がかりにして語用論的に得られた領域、たとえば「このクラスの構成員」という領域のなかで、その値を「男性」によって指定し、そのこと全体を「このクラス」について叙述している文である。この読みでは、「男性が」の「が」はわれわれの言う［指定］であり、その意味で指定文を内蔵しているが、それにもかかわらず、文全体は措定文である。ただし、(72)にたいする久野の(ⅰ)の解釈が「文全体としては措定文であるとみなす解釈」にまでコミットしているかどうかは明白ではない。ひょっとすると、久野は、(72)は(73)と言い替えできるような（文全体としては）指定文であると読んでいる可能性もある。

(73)　このクラスで、よくできるのは男性だ。

もしそうであるならば、(72)についての久野の(ⅰ)の解釈は、われわれの言う［指定内蔵-読み］の解釈とは同一ではないことになる。

　一方、久野の(ⅱ)の解釈はわれわれの言う［長鼻-読み］に相当する。つまり、このクラスについて「男の生徒がよくできる」を叙述しており、「男性が」の「が」を［中立叙述］とみなしているからである。ただ、久野は、(ⅱ)の読みを得るために、(74)のような派生が必要であると主張している点に注意しよう。

(74) a.　このクラスの男性　よくできる。
　　 b.　このクラスの男性がよくできる。
　　 c.　このクラスが男性がよくできる。

    d.　このクラスが男性がよくできる。
    　　　［＋総記］
    e.　このクラスは男性がよくできる。
    　　　［＋主題］

(74a)における「このクラスの男性」に主格をマークする「が」が付せられて(74b)が生じる。ついで、(74b)の「このクラスの」に主語化という操作［文頭の「名詞句＋の」を「名詞句＋が」に変形して、新しい主語とする操作］を適用し、(74c)を派生する。(74c)の「このクラスが」に［総記］のマーキングの規則が適用されて(74d)が派生される。そして、(74d)の「このクラスが」に主題化を適用することによって、(74e)を派生する、というのである。(74d)において、「男性が」の「が」は［中立叙述］である、とされる。しかし、筆者は、(72)にたいする(ⅱ)の読みを得るために、わざわざ(74)のような派生を仮定する必要はないと考える。なによりも、(74e)が(74d)から派生するという考えには賛成できない。(74d)における「このクラスが」が［総記］であるということは、(74d)が「男性がよくできるのはどれか」にたいする答えを提供している文であることを意味する。われわれの術語でいえば、「xが男性がよくできる」という1項述語の変項xを「このクラス」でもって指定している文である。しかし、本章の(19)で述べた制約（(75)として再掲）からして、値である指定要素、つまり、答えを構成する要素が主題化されるはずがないのである。

    (75)　（倒置）指定文における値を表す表現全体あるいはその一部を主題化することはできない。［＝(19)］

このように、われわれの観点からすれば、(74)のような派生自体に問題があると思われる。それにもかかわらず、(72)にたいする久野の(ⅱ)の解釈はわれわれの言う［長鼻-読み］に相当する読みであることは疑いえない。
　では、(72)の「男性」を「太郎」に置き換えた(76)はどうであろうか。

    (76)　このクラスは太郎がよくできる。

久野(1973b: 38)は、(76)は(72)と異なり曖昧でなく、「太郎が」は［総記］の解釈、つまり、上の(ⅰ)に相応する「このクラスは太郎（だけ）がよくできる」の読みしかとれないことを主張する。いいかえれば、久野は(77)を主張しているわけである。

(77) 「このクラスは太郎がよくできる」における「太郎が」には［中立叙述］の意味がない。

事実、(76)にたいする解釈として、(72)にたいする(ⅱ)に相応する読み、すなわち(78)のような読みは通常、得られないことは直観的にも正しいように思われる。

(78) このクラスは（他のクラスに比べて）太郎がよくできる。

もちろん、久野(1973b: 39)が指摘しているように、いろいろなクラスに「太郎」という名前の学生がいるばあいや、同一人物太郎が複数のクラスに属しているばあいは別であるが、そうでないかぎり、(78)は奇妙である。太郎がこのクラスにしかいないばあい、ほかのクラスに比べて、「太郎がよくできる」か否かは問題にならないからである。そしてそのかぎりで、(76)の「太郎が」に［中立叙述］の意味をあてがうことは無理であるように思われる。

しかし、久野(1973b: 43)は、(77)の主張をこのような意味論的な根拠ではなく、次のような統語論的な根拠によって証明しようとしている。

(79) <u>このクラスの</u>太郎がよくできる。
(80) *このクラスが太郎がよくできる。

久野は、(79)の下線部「このクラスの」に主語化を適用して、(80)を派生することはできないという点に注意を払う。久野の議論は次の通りである。もし(80)が(79)から主語化によって派生できるならば、(80)の文頭の「このクラスが」が義務的に［総記］の解釈を受けてしまうので、(80)の「太郎が」は［総記］ではなく、［中立叙述］の意味をもつはずである。[16] そして(80)の「このクラスが」に主題化をかけて、(76)を得ることができるはずであり、そのようにして得られた(76)の「太郎が」はやはり［総記］ではなく、［中立叙述］の意味をもつことになるはずである。ところが、もともと(80)が派生できないので、この操作が最初からブロックされ、(76)の「太郎が」は［中立叙述］の解釈をもつことができないのである。

久野はこの現象を次のような一般化によって捉えようとしている。

(81) 「ＸハＹガ…」に［総記］、［（中立）叙述］の二通りの解釈ができる場合には、「ＸガＹガ…」も文法的な文であり、「ＸハＹガ…」に［総記］の解釈しかできない場合には、「ＸガＹガ…」が非文法

的な文である。　　　　　　　　　　　　　　　　　（久野 1973 b: 39）

　久野（1973 b: 47, 註 6）によれば、(79)にたいする主語化が阻止されるのは、(82)のような制約があるからである、とされる。[17]

　(82)　非制限的用法（non-restrictive）の「名詞句＋の」は主語化を受け得ない

　しかし、上述のごとく、(74)のような「主語化」「主題化」という派生にそもそも根拠がないならば、このような久野の議論は崩れるであろう。そのうえ、(77)は言語データとして正しいかどうかをも検討する必要がある。久野が主張するようにもし(77)が正しいとするならば、そこから(83)が導出される。

　(83)　「このクラスは太郎がよくできる」には、［長鼻-読み］の解釈がない。

しかし筆者の見解では、(83)は間違いであり、したがって、(77)も間違いである。なるほど、(76)にたいする自然な解釈が「このクラスは太郎（だけ）がよくできる」の読みであること、すなわち、われわれの言う［指定内蔵-読み］であることは事実であろう。しかし、コンテクスト次第では、(76)にたいする［長鼻-読み］の解釈も十分可能なのである。上述のごとく、いろいろなクラスに「太郎」という名前の学生がいるばあいや、同一人物太郎が複数のクラスに属しているばあいには、「太郎が」に［中立叙述］の意味があることは問題ないが、この種の特殊なケースを除外して考えよう。つまり、太郎という人物は、問題となっている特定のクラスにだけ存在すると仮定しよう。筆者の見解では、そのばあいであっても「太郎が」に［中立叙述］の意味がありうるのである。今、太郎は帰国子女であり、帰国子女がよくできるクラスは来月の公開授業の対象となると仮定しよう。(84)は教員同士の会話である。[18]

　(84) a.　甲：ねえ、君が担当しているそのクラスはどんなクラスなの。
　　　 b.　乙：このクラスは太郎がよくできるよ。
　　　 c.　甲：なら、君のクラスは来月の公開授業の対象になるね。

(84b)は「このクラスで誰がよくできるか」にたいする答えではないので、「太郎が」は［指定］ではなく、［中立叙述］の意味である。そして(84b)

は、「帰国子女である太郎がよくできる」ということを叙述することによって、このクラスの有する属性を述べているのである。もちろん、このクラスに太郎よりもよくできる生徒がいたとしても(84b)のような言い方は十分可能なのである。こんどは次の例を見よう。

(85)　日本は富士山がきれいだ。

(85)は「象は鼻が長い」構文である。この文を「日本はどの山がきれいか」にたいする応答と読めば［指定内蔵-読み］である。では、(85)にたいする［長鼻-読み］は可能であろうか。まず、(86)は明らかに語用論的に奇妙である。

(86)？日本は他の国に比べて富士山がきれいだ。

また、(87)のような文はいずれも適格ではない。

(87)a.？甲：どこが富士山がきれいか。
　　b.？乙：日本が富士山がきれい。

(87)のような「XガYガ…」という形式が適格ではない以上、久野の論理に従えば、〈(85)の「富士山が」には［中立叙述］の解釈は不可能で、［総記］の解釈しかできない〉はずである。しかし、次の会話を見よう。

(88)a.　甲：ねえ、日本について教えて、日本ってどんな国なの。
　　b.　乙：日本はね、ひとびとがとても親切だよ。それからね、日本は富士山がきれいよ。

(88b)の後半「日本は富士山がきれいよ」における「富士山が」は「日本はどこがきれいか」にたいする答えではないので、［指定］ではなく、［中立叙述］の意味なのである。

以上の考察は、(89)が正しいことを示している。

(89)　「象は鼻が長い」構文「AはBがC（だ）」において、(80)のごとく「AがBがC（だ）」という形式が不適格である（あるいは非文法的である）ということは、かならずしも「Bが」にたいして［中立叙述］の解釈が不可能である、ということに結びつかない。

また、久野は、(72)の「男性が」を［中立叙述］と読んだばあいの解釈を「このクラスは（他のクラスに比べて）男の生徒がよくできる」と言い替え

て説明しているが、これも誤解を招きやすい。たしかに、このような言い替えができるときは、(72)の「男性が」は［中立叙述］と解釈するのが自然であろうが、その逆はかならずしも成立しないのである。つまり、(72)や(76)における「男性が」や「太郎が」が［中立叙述］と解釈され、文全体が［長鼻-読み］の読みとして解釈されるときにはかならず、このクラスを他のクラスとの比較において問題にしているかというとかならずしもそうではないからである。このことは、(84)の例で見たように、(76)は、「このクラスは、太郎が他のクラスに比べてよくできる」と言い替えできないにもかかわらず、「太郎が」は［中立叙述］の解釈をもちうるという事実からも明らかである。一般に、「象は鼻が長い」構文「A は B が C（だ）」において、属性「B が C（だ）」が A 以外のものについては叙述できないからといって、「B が」にたいする［中立叙述］の解釈がブロックされるわけではないのである。

　もちろん、(76)は、「太郎が」をわれわれの言う［指定］ととり、文全体を［指定内蔵-読み］と解釈するのがもっとも自然である。〈太郎が帰国子女であり、帰国子女がよくできるクラスは来月の公開授業の対象となる〉といった特殊の状況が与えられないかぎり、(76)の「太郎が」を［中立叙述］ととり、文全体を［長鼻-読み］と解釈することは無理であろう。しかしその理由は、(79)から(80)へ至る主語化ができないといった統語論的要因に求めるべきではなく、「太郎がよくできる」がひとまとまりとして、当のクラスの属性を表すような状況が考えにくいという語用論的要因に求めるべきであるように思われる。

註

1　たとえば、野田(1996: 47)、菊地(1988: 213)参照。また、高見(1996)は、〈「象の鼻が長い（こと）」というパターンから「象は鼻が長い」という構文パターンが派生される際、後者の構文パターンの適格性を決定するのは何か〉という問題を設定し「象は鼻が長い」の性質を分析しているが、この際、(4)から(6)が派生されるという前提があることは明らかである。高見(1996)の分析にたいする検討は本章 4 節で行う。

2　久野(1973 b)の術語を使えば、この「が」は少なくとも［総記］ではない。

3　われわれの言う［指定］の「が」は、久野の言う［総記］の「が」にほぼ相当する。両者の違いについては、第 3 章 p.134-135 を参照。

4　［中立叙述］という概念をいかに定義すべきかはそれ自体興味深い問題ではあるが、ここでの議論の本質にかかわらないので、立ち入らない。ここでの実質的な論点は、(9)における「鼻が」の「が」がわれわれの言う［指定］の「が」ではないことを確認することにある。

5　(11b)における「髪」は別に「洋子の髪」という特定の髪を指すわけではなく、「髪が長い」というひとまとまりの表現、つまり「長髪だ」で表されてしかるべき属性表現の意味上の成分でしかない点に注意しよう。この点については本章3節の議論をも参照されたい。

6　この点については、Takami & Kamio (1996: 218-222) の議論を参照されたい。

7　(20b)における「象は鼻が長い」は、指定構造を叙述部分に含むとはいえ、文全体は指定文とみなすべきであるという見解については、松尾洋氏および上林洋二氏との私的議論に負うところが多い。西山(1989)では、(20b)における「象は鼻が長い」にたいする読みを概略、(ⅰ)によって言い替えできると考えていた。

　　(ⅰ)　象に関していえば、長いのは（ほかでもない）鼻だ。

これは、より厳密にいえば、(ⅱ)で捉えられるようなものであり、これを西山(1989)では「領域限定つきの指定文」と呼んだ。

　　(ⅱ)　「xが長い」という1項述語を満足する値を「象」という領域内でさがし、それを「鼻」の指示対象によって指定 (specify) している。

この考えでは、主語「象」はあくまで、「xが長い」という1項述語の可能な値にたいする領域を限定する役割を果たすものでしかなく、(20b)全体は指定文の変種とみなされていた。この考えは、「鼻が」の「が」を指定とみなす点で、後述の(22)の(a)と(b)という条件は共有しているが、(22c)の条件、すなわち、「長いのは鼻だ」という指定文構造を象についての叙述とみたて、(20b)全体をあくまで措定文であるとみなす観点が欠落していた。(20b)における「象は鼻が長い」にたいする分析としては、西山(1989)の分析よりも本書の[指定内蔵-読み]の分析のほうが適切であるといえよう。

　ちなみに、第5章で詳しく述べるように、(ⅲ)(ⅳ)(ⅴ)のような構文については西山(1989)で提唱した「領域限定つきの指定文」の分析はそのままあてはまるように思われる。

　　(ⅲ)　魚は鯛がいい。
　　(ⅳ)　花は桜がきれいだ。
　　(ⅴ)　車は軽自動車がいい。

これらの文において、「魚は」「花は」「車は」は、それぞれ、「魚という領域に限定すれば」、「花という領域に限定するならば」「車という領域に限定すれば」のごとく、「可能な値の領域を限定する」機能をはたしているにすぎない。つまり、これらの文を措定文（有題文）とみなすわけにはいかないのである。結局、(20b)における「象は鼻が長い」にたいする読みを「領域限定つきの指定文」とみなす西山(1989)の見解は、(20b)を(ⅲ)(ⅳ)(ⅴ)と同列に扱っていたという点で不適切であったといえる。

8　次の文も「AはBがCだ」の「Cだ」が「名詞＋コピュラ」という形をしている「象は鼻が長い」構文である。

　　(ⅰ)　太郎は、故郷が青森だ。

(ⅰ)にたいする自然な読みはいうまでもなく、[長鼻-読み]であろう。つまり「故郷が」は[中立叙述]である。ただし、(ⅰ)と内容が類似している(ⅱ)は「象は鼻が長い」構文ではない点に注意すべきである。

　　(ⅱ)　太郎は、青森が故郷だ。

(ⅱ)は、(ⅲ)と関係づけることができる「カキ料理構文」なのである。
　　(ⅲ)　青森が、太郎の故郷だ。
「カキ料理構文」については、第6章で詳しく論ずる。

9　Shibatani(1990 c: 274)および柴谷(1990 a: 294)は「象は鼻が長い」の基底形を(40)のようなものとは考えず概略、(ⅰ)のようなものとしている。
　　(ⅰ)　[象は [鼻が長い]]
　　　　　　題目　　述部文
ここでは、柴谷(1978)と異なり、述部文(コメント)に、題目と重出する名詞「象(の)」が仮定されていない点に注意しよう。この点について、柴谷(1990 a: 294)は次のように述べる。
　　(ⅱ)　[鼻が長い]の鼻が象以外のものを指示しているような状況では、「象は鼻が長い」という文が意味的に成立しないということは、「象は太郎が学生だ」の場合と同じように、主題に対する述部の意味的妥当性──いわゆる"aboutness condition"──によって一般的に説明できるので、統語構造において、変項や「象の」という名詞句を仮定する必要は無いと思われる。

筆者も基本的には(ⅱ)に賛成である。ただし、(ⅱ)の冒頭で「[鼻が長い]の鼻が象以外のものを指示しているような状況で…」と述べているということは、柴谷は(ⅲ)を当然のこととして仮定していることを意味する。
　　(ⅲ)　「象は鼻が長い」の「鼻」は象の鼻を指示している。
しかし、すぐあとで述べるように、筆者の考えでは、(ⅲ)を仮定する必要はまったくない。「鼻が長い」の「鼻」は別に誰の鼻でもなく、全体として「鼻が長い」という属性を表し、それが象についてあてはまるというだけの話である。「鼻が長い」の「鼻」が「象の鼻」であるかどうかを問題にすること自体が意味がないのである。なお、「象は鼻が長い」の統語構造を(ⅰ)とみなす柴谷の仮定についての問題点については、第5章2節で詳しく論じる。

10　「魚は鯛がいい」構文にたいする構造は、柴谷(1990 a)、Shibatani(1990 c)においても(45)と同じである。このような分析の妥当性については、第5章3節で詳しく論じる。なお、柴谷(1990 a)およびShibatani(1990 c)においても、「魚」と「鯛」のあいだには包摂の関係が、また、「象」と「鼻」のあいだには包摂の関係に準ずる「全体-部分」の関係があることが強調されている点に注意すべきである。

11　西山(1989: 124-126)では、措定文である「象は鼻が長い」構文と、指定文の変種である(45)のような「魚は鯛がいい」構文とを区別することを根拠に、柴谷(1978)による(ⅰ)にたいする(ⅱ)のような構造分析を批判した。
　　(ⅰ)　AはBがCだ。
　　(ⅱ)　[Aは [BがCだ]]
　　　　　　題目　　述部
この分析では、措定の意味をもつ「象は鼻が長い」構文と、指定文の意味をもつ「魚は鯛がいい」構文とを同列に扱い、題目文として統一化してしまう柴谷の分析は適切でない、と論じた。第5章で詳しく述べるように、この点に関する筆者の見解は現在も変わらない。ただ、西山(1989: 125)では、(ⅱ)のような構造では、(a)Bが久野の言う[総記]であるのかそれとも[中立叙述]であるのか区別できないこと、(b)(限定領域つきの)指定文と措定文とを区別できないこと、(c)指定文と措定文をあ

わせもつ「象は鼻が長い」の曖昧性（本書で言う［長鼻読み］と［指定内蔵-読み］）を捉えることができないこと、の三点で不備である、と主張した。これにたいして柴谷(1990a：295-296)は次のように反論した。

- (iii) 総記云々ということは助詞に内在する問題でも、統語構造自体に関する問題でもなく、統語構造が捉えるべき事柄ではない。
- (iv) 「象は鼻が長い」の曖昧性は、主題文の統語構造において反映されるべき類のものではない。
- (v) 措定文と指定文の意味構造の違いは、統語構造的にも、また文脈的な情報パターンと相関させない狭義の意味解釈においても反映されるべきではない。
- (vi) したがって、西山(1989：125)の(ii)のような構造分析にたいする批判は的を得たものとはいえない。

柴谷の反論(iii)(iv)は正しい。たしかに、［総記］（より厳密には［指定］）であるかそれとも［中立叙述］であるかという観点から生じる「象は鼻が長い」の曖昧性は、この文の統語構造上に反映されるべきものではないであろう。その意味で、西山(1989：125)がおこなった「(i)にたいする(ii)のような構造分析は、(a)(b)(c)の三点で不備である」とする批判は妥当なものとはいえない。しかし、［総記］（より厳密には［指定］）であるかそれとも［中立叙述］であるかという観点から生じる「象は鼻が長い」の曖昧性は、文-文法の問題の外かというと筆者はそうは考えない。それは、統語構造に反映されるようなものではないとはいえ、「文脈的な情報パターンと相関させない狭義の意味解釈」のレベルで規定されてしかるべきものと筆者は考えている。つまり、「象は鼻が長い」の曖昧性は語用論の問題ではなく、意味論の問題なのである。したがって、(v)については、筆者は同意できない。なお、第5章3節において筆者は、「魚は鯛がいい」構文にたいする柴谷の(ii)のような構造分析を批判的に検討するが、それは、「象は鼻が長い」構文と「魚は鯛がいい」構文とが統語構造的にも区別されるべきであること、また、文脈的な情報パターンと相関させない狭義の意味解釈のレベルでも両構文は本質的に異なることを根拠に論じるものであり、［総記］であるかそれとも［中立叙述］であるかという観点から生じる「象は鼻が長い」の曖昧性の問題とは独立の議論である。

12　柴谷(1978：209)参照。

13　より厳密に言えば、(39)の各文における「BがC（だ）」をAについての属性叙述の関係であると読もうとしても、それを可能にするようなコンテクストがアクセスしにくいがゆえに容認不可能となるわけである。

14　ただし、高見(1996)は結語として(i)のように述べている。

- (i) 本稿では、「XのYが…」という構文パターンから「XはYが…」という構文パターンが派生される際、後者の構文パターンの適格性を決定するのは、特徴づけという概念であることを主張した。　　　　　（高見1996：297）

ということは、高見は、(65)を派生制約のつもりで提案しているようでもある。

なお、高見(1996)と実質的に同じ議論はTakami & Kamio(1996)においてより詳しく展開されているが、そこで提案されている *Characterization Condition for the Zoo-wa hana-ga nagai Construction* は仮説(65)と同じであるが、やはり、「XのYが…」という構文パターンからの派生上の制約という形をとっていないのである。結

15 (68)はそもそも「象は鼻が長い」構文かどうかきわめて疑わしい。もし(68)が「象は鼻が長い」構文でないならば、(68)は仮説(65)の説明すべき対象外であり、高見は(68)の適格性を考慮する必要性はなかったことになる。しかし、高見が(68)を仮説(65)によって説明しようと試みているところから推察すると、高見は、「象は鼻が長い」構文を「XはYが…」という構文パターンと同一視しており、(68)も「象は鼻が長い」構文であるとみなしていた、と仮定せざるをえない。つまり、(68)の適格性・不適格性は、高見の考慮の対象であると高見自身は考えていると思われる。

16 久野(1973b: 40 ff.)は、「文頭の「名詞句＋ガ」がつねに［総記］であり、他の「名詞句＋ガ」は［中立叙述］である」と述べている。これは、概ね正しいと思われるが、次例のような反例と思われるものもある。
　　（ｉ）a.　甲：うまいのが（フグでもなく、ウナギでもなく）鯛料理であるような店をさがしているのだが、君、知らないか。
　　　　b.　乙：あの料理屋が鯛がうまいよ。
（ｉb）については「あの料理屋が」も「鯛が」もともに［総記］（われわれの言う［指定］）とみなすべきであろう。この種の例をどのように扱うかは、今後の検討課題である。

17 いろいろなクラスに「太郎」という名前の学生がいるばあいや、同一人物、太郎が複数のクラスに属しているばあいは「このクラスの太郎」は制限的用法の「名詞句＋の」とみなすことができる。そのばあいは、久野に従えば、(82)に抵触しないので(79)の下線部「このクラスの」に主語化を適用することができる。すると、(80)の「太郎が」が［中立叙述］の解釈をもち、そこから主題化を適用して得られて(76)の「太郎が」も［中立叙述］の解釈をもつことになる。ということは、(77)の主張のために久野が提出した統語論的な根拠は、実質的には、意味論的な根拠に連動していることになる。後述するように、筆者は、(76)の「太郎が」が［中立叙述］の解釈をもちうるか否かは、このような統語論的あるいは意味論的な根拠の存在とは独立である、と考えている。

18 (84)の例を筆者に提示してくれたのは松尾洋氏である。

第5章

「鼻は象が長い」と「魚は鯛がいい」構文の意味解釈

　本章では、前章で見た「象は鼻が長い」構文の分析をふまえて、この構文と形の上では類似しており、しばしば混同されやすい「鼻は象が長い」および「魚は鯛がいい」という構文を分析する。これらの構文は、「象は鼻が長い」構文と異なり、基本的には指定文であり、有題文ではないことを論じる。この議論を通して、「AはBがC（だ）」という構文のもつ意味の多様性と有題文との関係について考察する。

1.「鼻は象が長い」構文について：「モーツァルトはオペラが良い」と「オペラはモーツァルトが良い」

　この節では、（1）のような文をそれと類似している（2）と比較しながら検討する。

（1）　オペラはモーツァルトが良い。
（2）　モーツァルトはオペラが良い。

まず、（2）は、すでに触れたように、「象は鼻が長い」構文の一種である。「オペラが」の「が」の解釈次第で、［長鼻-読み］と［指定内蔵-読み］の両方の読みが可能である。語用論的理由により、後者の読みのほうが自然であるが、この読みについては第4章3節で説明したように、〈「xが良い」の変項xの埋める値をたとえば「モーツァルトの作曲した作品の集合」の領域内でさがすと、オペラがその値であり、そのことを人間モーツァルトについて叙述している〉というものであった。この読みは、（3）や（4）のような対

話に登場するこの文について自然に得られる解釈である。

(3) a. 甲：モーツァルトは、ピアノ曲が良いですか。
　　b. 乙：いいえ、モーツァルトはピアノ曲よりもむしろ、オペラが良いです。
(4) a. 甲：モーツァルトの作品では一体、どれが良いですか。
　　b. 乙：モーツァルトはオペラが良いよ。

このばあいの「オペラが」の「が」は、[指定] である。ここで、モーツァルトが多くのジャンルの作品を書いたという百科全書的知識が前提として働いている。「オペラ」は、そのなかから選択された値なのである。(事実とは異なるが) かりにモーツァルトがオペラしか書かなかったとしたら、この読みは自然ではないであろう。また、この読みのばあい、「モーツァルトの作品の他のジャンル、交響曲やピアノ曲などは、オペラほど良くない」という語用論的含意がある。

(2) については、[長鼻-読み] も不可能ではない。モーツァルトを他の作曲家と比べてコメントしているコンテクストで、次のような対話に登場するばあいがそうである。

(5) a. 甲：モーツァルトという作曲家について、君の知っていることを、なんでも良いから教えてくれないか。
　　b. 乙：モーツァルトはね、1756年ザルツブルグに生まれた天才的な作曲家だよ。…モーツァルトはオペラが良いね。あのような作品は他の作曲家には絶対書けないね。

(5b) のおける「モーツァルトはオペラが良いね」は、〈モーツァルトは、良いオペラを書いた作曲家だ〉を言わんとしているのである。モーツァルトの作品群のなかから「良いのはどれかといえば、オペラがそうだ」と選択しているわけではないので、「オペラが」の「が」は [指定] ではなく、[中立叙述] である。(事実とは異なるが) かりにモーツァルトがオペラしか書かなかったとしても、(5b) にたいするこの解釈は容易に得られるであろう。もちろん、この [長鼻-読み] のばあい、「モーツァルトの作品の他のジャンルは、オペラほど良くない」という語用論的含意はない。

　こんどは次の文を見よう。

(6) 　モーツァルトがオペラが良い。

これは、「オペラが良い作曲家は誰かといえば、モーツァルトがそうだ」という読みであり、(7b)(8b)と同じタイプの指定文である。

(7) a. 甲：背が高いひとは誰だ。
　　 b. 乙：洋子が背が高い。
(8) a. 甲：水泳が得意なひとは誰だ。
　　 b. 乙：太郎が水泳が得意だ。

つまり、(6)において、「xがオペラが良い」そういうxを埋める値をモーツァルトでもって指定しているのである。したがって、(6)の「モーツァルトが」は［指定］であり、一方、「オペラが」は［中立叙述］である。今、(6)の「オペラが」を文頭にとり出して「は」を付すと、冒頭の文(1)ができる。

(1)　オペラはモーツァルトが良い。

久野(1973b: 42)は、「このクラスが［＋総記］、男性がよくできる」の「男性が」を主題化することによって「男性は［＋主題］このクラスが［＋総記］よくできる」という文が派生できるとする分析を試みている。この分析を(1)に適用すれば、(1)はその基本形(6)からの主題化による派生である、ということになる。しかし、(1)の「オペラは」の「は」が本当に主題の「は」であるかどうかは議論の余地がある。ある文が主題をもつ文（有題文）であるかどうかについては第8章で詳しく論じるが、(1)は後述のごとく「モーツァルトが良い」がひとまとまりの述語でない以上、この文を〈「オペラは」が主題を表し、「モーツァルトが良い」が主題についての属性を述べている〉と考えるわけにはいかないであろう。

また、(1)と(6)を関係づけるのはそのような統語的派生が唯一の仕方ではない。(1)を(6)からの主題化による派生とみなさず、むしろ基底で生成する可能性もある。もちろん、そのような基底構造は、(6)の統語構造がなんらかの仕方で反映されたものでなければならない。統語論的には、それ以外の第三の立場もあるであろう。日本語の統語論がまだ確立していないうえ、ここでの筆者の論点に影響しないので、この種の統語論的問題には立ち入らない。われわれとっては、(1)と(6)とが統語論的になんらかの仕方で関係づけられなければならない、ということを確認するだけで十分である。以下、(1)は(6)の「オペラが」を文頭にとり出して「は」を付すことによって派生された構文であるとひとまず仮定した上で議論を進めるが、筆者が

(1)の「オペラは」が主題であるとみなす立場にコミットしているわけではないことを強調しておく。

さて、(1)は、「オペラ」に「は」が付いて文頭に登場しているという点を除くと、実質的には(6)と同じであり、とくに、「モーツァルトが」が［指定］の意味をもっていることはなんら変わりない。ただ、(1)における「モーツァルトが良い」はひとまとまりの述語ではない点に注意すべきである。

(9a)から「鼻が」を文頭にとり出して「は」を付して出来たと思われる(9b)も(1)と同じタイプの構文である。

(9)a. 象が、鼻が長い。
　　b. 鼻は、象が長い。

(9a)は、「鼻が長いのはどれかといえば、それは象だ」という意味である。つまり、「鼻が長い」全体が1項述語であり、その変項の値を「象」で埋める、という関係になっており、指定文にほかならない。[1] 注意すべきは、(9a)の「鼻が長い」は全体がひとまとまりの述語表現（変項をひとつ含む1項述語）であって、「鼻が」の「が」は指定文に登場する「が」ではない、という点である。つまり、「鼻が」の「が」は第4章の(10)の意味で［中立叙述］の「が」であるといえよう。

さて、(9a)は「鼻が長いのはどれかといえば、象だ」という意味を有していたが、実質的に同じ意味を(9b)も有しているのである。つまり、(9a)の「象が」と同様、(9b)の「象が」もやはり［指定］である。もちろん、(9b)の「象が長い」は「鼻」についてあてはまるひとつの属性を表しているのではない。そもそも「象が長い」はひとまとまりの述語ではないのである。したがって、(1)や(9b)のようなタイプの文が措定文ではないことは明らかであろう。(1)や(9b)のようなタイプの文をこれまで見てきた「象は鼻が長い」タイプの構文から区別するために、以下、「「鼻は象が長い」構文」と呼ぶことにする。「鼻は象が長い」構文は、実質的には、指定文「象が鼻が長い」の変種である。冒頭の「鼻は」は、後続の文にたいする付加的要素であり、概略「鼻という観点で言えば」のような意味を表す。そして、この構文の主要な部分は、あくまで「象が…が長い」という指定文なのである。これを樹形図で表すと次のようになる。

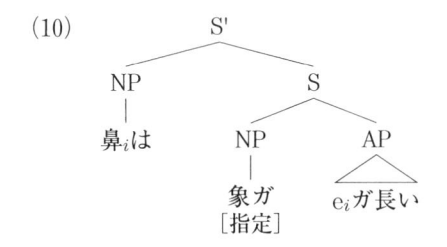

(10)
```
            S'
           / \
         NP   S
         |   / \
        鼻ᵢは NP  AP
              |  /\
             象ガ eᵢガ長い
            ［指定］
```

したがって、「鼻は象が長い」構文は、指定文の変種とみなすべきであろう。(11)の各文はいずれも、括弧のなかの文と対応することから明らかなように、「鼻は象が長い」構文である。たとえば、(11c)の述語、「チーズが早い」は主語「消化」がもつ属性を表しているのではないので、指定文ではありえないのである。

(11) a. 背は、太郎が高い。（←太郎が背が高い。）
　　 b. 声は、洋子が美しい。（←洋子が、声が美しい。）
　　 c. 消化は、チーズが早い。（←チーズが、消化が早い。）
　　 d. カキは、広島がおいしい。（←広島が、カキがおいしい。）
　　 e. 物価は、東京が高い。（←東京が、物価が高い。）
　　 f. 魚は、あの店が安い。（←あの店が、魚が安い。）

結局、「鼻は象が長い」構文の特徴は、(12)のように整理することができる。

(12) a. 次の条件を満たす「Aが、BがC（だ）」という構文パターンにおいて、「Bが」を文頭にとり出して「は」を付すと「鼻は象が長い」構文「Bは、AがC（だ）」ができる。[2]
　　　（ⅰ）「Aが」の「が」は［指定］であり、文全体は指定文である。
　　　（ⅱ）「BがC（だ）」はAについてあてはまる、ひとまとまりの述語を表す。
　　 b. 「AがC（だ）」は意味的にまとまった述語ではない。したがって、「Bは、AがC（だ）」という文は、指定文ではなく、むしろ指定文の変種である。また、「Bは、AがC（だ）」は〈「Bは」が主題を表し、「AがC（だ）」が主題についての属性を述べる〉という本来の意味での有題文（主題文）ではない。

c.　「Bは」は、〈Bという観点で言えば〉という意味をもつ。

このように見てくると、冒頭に出した（1）と（2）の違いがはっきりしてくる。

　（1）　オペラはモーツァルトが良い。
　（2）　モーツァルトはオペラが良い。

（2）は「象は鼻が長い」構文であり、［長鼻-読み］と［指定内蔵-読み］で曖昧である。語用論的理由で、［指定内蔵-読み］が優先するが、この読みでは、「オペラが」は［指定］であり、モーツァルトがオペラ以外の作品を書いていることが前提になる。一方、（1）は「鼻は象が長い」構文であり、曖昧ではない。（1）において、「xがオペラが良い」を満たすxの値をモーツァルトでもって指定しているのである。したがって、（1）における「モーツァルトが」は［指定］であり、モーツァルトがオペラ以外の作品を書いたかどうかは無関係であり、むしろ、オペラを書いた作曲家がモーツァルト以外にいるということが前提になる。

　Koya(1992: 93 ff.)は同様の問題を扱っているが、とくにKoyaの挙げている次例は興味深い。[3]

　（13）　フォートナム・メイソンは、ロイヤルブレンドが良い。
　（14）？ロイヤルブレンドは、フォートナム・メイソンが良い。
　（15）　アールグレーは、フォートナム・メイソンが良い。

（13）は、（2）と同様、「象は鼻が長い」構文であるが、［指定内蔵-読み］が自然である。フォートナム・メイソン社はロイヤルブレンド以外の紅茶を製造しており、それらの中からロイヤルブレンドを選択しているのである。（14）は、（1）と同様、「鼻は象が長い」構文である。ここでは、ロイヤルブレンドという紅茶がフォートナム・メイソン社以外でも製造されているという前提があり、それらの可能な会社の中からフォートナム・メイソン社を選択しているわけである。ところが、ロイヤルブレンドは、フォートナム・メイソン社独自のブレンドであるため、この前提は現実には満たされていない。したがって、（14）は、この前提が満たされていないことを知っているひとにとっては、（語用論的に）奇妙な文となる。一方、（15）も「鼻は象が長い」構文である。ここでは、アールグレーという紅茶はフォートナム・メイソン社以外でも製造されているということが前提になっているが、この前提

は現実に満たされているため、容認可能な文となる。[4]

「鼻は象が長い」構文のように、「AはBがC（だ）」という形式を有しているにもかかわらず「象は鼻が長い」構文と本質的に異なる構文はほかにも存在する。次節で論じる「魚は鯛がいい」構文もその例であるし、第6章で論じる「カキ料理は、広島が本場だ」のような構文もまた別の例である。従来、「AはBがC（だ）」という文は、「二重主語構文」とか「綜主の構文」と呼ばれて、なにかそこに共通の特性を有しているはずだという大前提で分析されてきた。[5] しかし、本章の考察が正しいならば、「AはBがC（だ）」という形式をもつ文は同質ではないこと、そしてこれらの構文の本質的な差異を無視してあえて統一的な扱いを試みる必要はないこと、などが明らかとなるであろう。

2.「魚は鯛がいい」構文について

本節では、「象は鼻が長い」構文と形の上では似ている(16)のような「魚は鯛がいい」構文を検討する。

(16)　魚は鯛がいい。

「魚は鯛がいい」は、「象は鼻が長い」構文と「AはBがC（だ）」という共通の形式を有している。「魚は鯛がいい」をめぐってはいろいろな説があるが[6]、「象は鼻が長い」構文の一種だと考える論者がすくなくない。たとえば、柴谷(1978: 209)、柴谷(1990a: 294)およびShibatani(1990c: 274)は、「象は鼻が長い」構文と「魚は鯛がいい」構文を統語論的に同列に扱い、「象は鼻が長い」構文が「象」を主題とする有題文であるのとまったく同様に、「魚は鯛がいい」構文も「魚」を主題とする有題文である考えている。両構文を統語論的に同列に扱わない立場であっても、「魚は鯛がいい」構文が「魚」を主題とする有題文であるとする考えは根強い。本節では、このような従来の見解の難点を指摘し、「魚は鯛がいい」構文は、統語論的にも意味論的にも「象は鼻が長い」構文とまったく異なり、無題文であることを論証する。

まず、(16)は以下のような対話でもっとも自然に用いられることに注意しよう。

(17) a.　甲：肉でおいしいのは、牛だ。
　　 b.　乙：では、魚では何がおいしいでしょうか。

c.　甲：魚は、鯛がいいよ。

つまり、(17c)は(18)の意味なのである。

　(18)　魚のなかでは、いいのは鯛だ。

したがって、(16)の「鯛がいい」の「鯛が」はもちろん、[指定]（久野の言う[総記]）であり、(16)という文全体は「xがいい」のxの値を「鯛」でもって埋めている指定文である。そして、冒頭の「魚は」は、「xがいい」の変項xに入る値が走る範囲を限定する機能を果たしているにすぎない。結局、(16)は、「魚という領域のなかで、いいものをさがせば、それは鯛だ」ということを言わんとしている文なのである。したがって、(16)は、魚について、「鯛がいい」という属性を帰しているのではないことに注意しよう。「指定の値が走る範囲を限定する」ということと「それについて属性を帰す対象である」ということとはまったく別である。ということは、「魚は」は主題ではないのである。つまり、(16)のような構文は、「象は鼻が長い」構文とはまったく別であることは明らかである。(16)のような構文を前章では「「魚は鯛がいい」構文」と呼んだ。

　(16)のような「魚は鯛がいい」構文における「鯛がいい」が魚についての叙述ではないことは次の事実からも裏づけを得ることができる。まず、(19)を見てみよう。

　(19) a.　象が、鼻が長い。（←何が鼻が長いか。）
　　　b.　太郎が、背が高い。（←誰が背が高いですか。）
　　　c.　洋子が、声が美しい。（←誰が声が美しいか。）
　　　d.　チーズが、消化が早い。（←何が消化が早いか。）
　　　e.　広島が、カキがおいしい。（←どこがカキがおいしいですか。）
　　　f.　あの店が、魚が安い。（←どこが魚が安いですか。）
　　　g.　田中が、奥さんが病気だ。（←誰が奥さんが病気なのですか。）
　　　h.　洋子が、父親が代議士だ。（←誰が父親が代議士なのですか。）

(19)の各文は、いずれもそれぞれ括弧のなかの疑問文にたいする答えになっている。したがって、これらの文において、「Aが、BがC（だ）」の「Aが」は[指定]であり、文全体はいずれも指定文になっているのである。つまり、「BがC（だ）」はひとまとまりの述語であり、〈「BがC（だ）」という述語を満たす値をさがせば、ああ、分かった、Aがそうだ〉と言ってい

るわけである。

　たとえば、(19a)についていえば、この文は〈「鼻が長い」という1項述語を満たす値は何かとさがせば、キリンでもなくて、サルでもなくて、象がそうだ〉という読みをもつのである。ということは、「鼻が長い」は象の属性になりうる資格を有していることを意味する。他の例も同様である。「背が高い」は洋子のもつ属性でありうるし、「消化が早い」はチーズのもつ属性でありうる。このように、(19)のような指定文「Aが、BがC（だ）」において、「BがC（だ）」はAがもちうる属性を表しているのである。

　では、(20)はどうであろうか。

(20)？魚が、鯛がいい。（←何が鯛がいいですか。）

(20)は明らかに奇異な文である。この文をもし(19)と同様にあえて読むとするならば、〈「鯛がいい」という述語を満たすものをさがせば、ああ、分かった、鳥でもなくて、獣でもなくて、魚がそうだ〉という読みとなるが、このような読みは明らかに正常ではない。このことは、「鯛がいい」が魚のもつ属性を表しえないことを示している。[7]

　「魚は鯛がいい」構文における「鯛がいい」が魚についての叙述ではないことを示すもうひとつの証拠は、(21)が適格でないという事実である。

(21)？鯛がいい魚

「鯛がいい」は魚のもつ属性を表すことができないが、まさにその同じ理由によって、「魚」を「鯛がいい」で修飾している(21)は不自然なのである。もちろん、「鯛がいい魚」と「鯛が良くない魚」があるはずがないので、(21)の「鯛がいい」は主要語「魚」にたいして制限的な修飾表現であるはずがない。しかし、「鯛がいい」を「魚」にたいする非制限的な修飾表現と解釈しても(21)はやはり不自然である。このことは、(22c)と(23c)を比較すれば明らかであろう。

(22)a.　甲：洋子は昨日、何を食べたの。
　　 b.　乙：洋子は昨日、イワシを食べたよ。
　　 c.　甲：あっそう、じゃあ、洋子は、魚を食べたっていうことね。
(23)a.　甲：洋子は昨日、何を食べたの。
　　 b.　乙：洋子は昨日、イワシを食べたよ。
　　 c.？甲：あっそう、じゃあ、洋子は、鯛がいい魚を食べたっていうこ

とね。

一般に、非制限的な修飾のばあいは、修飾表現を取り除いても文意は大きく変わらないはずであるが[8]、(22c)を言うつもりで(23c)を使うことは許されないのである。同様に、(24)において、甲は、「ということは、あれは魚なのですね」を意図して(24c)を使うことは許されないのである。

(24) a. 甲：あの妙なものは一体何ですか。
　　 b. 乙：ああ、あれはサンマです。
　　 c. ?甲：ということは、あれは、鯛がいい魚なのですね。

これまでに述べてきたように、「象は鼻が長い」構文「Aは、BがC（だ）」において、Aは「BがC（だ）」という属性をもつと解釈されるのであるが、この文から作られた「［BがC（の）］A」という表現は(25)のようにいずれも適格であることに注意しよう。

(25) a. 鼻が長い象
　　 b. 背が高い太郎
　　 c. 声が美しい洋子
　　 d. 消化が早いチーズ
　　 e. カキがおいしい広島
　　 f. 魚が安いあの店
　　 g. 奥さんが病気の田中
　　 h. 父親が代議士の洋子

以上の観察は、(16)のような「魚は鯛がいい」構文は、「象は鼻が長い」構文とまったく別の構文であることを示している。「象は鼻が長い」構文における「鼻が長い」は全体で「xが鼻が長い」という1項述語であるのにたいして、「魚は鯛がいい」構文における「鯛がいい」はそれ自身完結した命題を表し、1項述語ではないのである。1項述語である「赤い」が、「ポストが赤い」とか「あの屋根が赤い」となってはじめて真理値が決まるのと同様、1項述語である「鼻が長い」は、「象が鼻が長い」とか「あのキリンが鼻が長い」という命題になってはじめて真理値が決まるのである。それにたいして、「魚は鯛がいい」構文における「鯛がいい」は1項述語ではなく、完結した命題を表す以上、それ自体で真理値が決まるのである。「魚が鯛がいい」とか「あの鳥が鯛がいい」という言い方が意味をなさないことから明らかな

ように、「鯛がいい」を「xが鯛がいい」という1項述語とみたててxを「魚」が埋めている、と読むわけにはいかないのである。要するに、「魚」と「鯛がいい」とのあいだの緊張関係は、「象」と「鼻が長い」とのあいだの緊張関係と本質的に異なるのである。

　もちろん、こう述べたからといって、筆者は「鯛がいい」という表現自体が何かの属性を表す表現、すなわち1項述語にはなりえないことを主張しようとしているのではない。次の例を見よう。

　　(26)　あの料理屋は、鯛がいい。

(26)における「鯛がいい」は「あの料理屋」のもつ属性を表しており、全体は措定文である。つまり、(26)は「象は鼻が長い」構文である。前章で見たように、「象は鼻が長い」構文には［長鼻読み］と［指定内蔵-読み］とがあり曖昧であった。ということは、(26)も曖昧であり、(ⅰ)［長鼻読み］：「あの料理屋は、鯛料理がいいという属性をもつ」(鯛料理以外の料理も良いかもしれない)と、(ⅱ)［指定内蔵-読み］：「あの料理屋は、うまいのはほかでもない鯛料理である、そういう属性をもつ」(他の料理は鯛料理ほどうまくない)の二つの読みがあることになる。語用論的理由で、後者の読みが自然であろう。(26)の「鯛がいい」が属性表現であるということは、(27)の表現がいずれも適格であることからも裏づけられる。

　　(27) a.　あの料理屋が、鯛がいい。
　　　　 b.　今晩は、鯛がいいあの料理屋へ行こう。
　　　　 c.　君、鯛がいい料理屋をさがしておいてくれないかね。
　　　　 d.　昨日、ぼくたちは鯛がいいあの料理屋で、フグを食べた。

(27a)は、「どの料理屋が、鯛がいいかとさがせば、ああ分かった、あの料理屋がそうだ」という意味である。(27b)(27d)は「鯛がいい」が主要語「魚」にたいして非制限的な修飾になっているばあいであり、(27c)は、制限的な修飾になっているばあいであるが、いずれも自然な表現である。同様に(28)も「象は鼻が長い」構文であり、「鯛がいい」は属性表現である。

　　(28)　この辺りの海は、鯛がいい。

「鯛がいい」は「この辺りの海」のもつ属性を表しており、全体は措定文なのである。それにたいして、以下の例はいずれも「魚は鯛がいい」構文である。

(29) a. 花は桜がきれいだ。
   b. 酒は日本酒がうまい。
   c. スポーツは、サッカーが面白い。
   d. 猫は三毛猫がかわいい。

これらの文において、「花は」「酒は」「スポーツは」「猫は」は、それぞれ、「(話しを) 花という領域に限定すれば」「(話しを) 酒という領域に限定するならば」「(話しを) スポーツという領域に限定すれば」「(話しを) 猫という領域に限定すれば」のごとく、「可能な値の走る範囲を限定する」機能をはたしているにすぎない。これらの例からも明らかなように、「魚は鯛がいい」構文「AはBがC(だ)」において特徴的なことは、AとBとのあいだに、上位概念-下位概念 (hyponym) という関係が成立している、という点である。たとえば、「魚」と「鯛」、「花」と「桜」、「酒」と「日本酒」、「スポーツ」と「サッカー」、「猫」と「三毛猫」の関係は、いずれも上位語と下位語という意味関係になっている。したがって、(30)の各文はいずれも分析的 (analytic) である。

(30) a. 鯛は魚である。
   b. 桜は花である。
   c. 日本酒は酒である。
   d. サッカーはスポーツである。
   e. 三毛猫は猫である。

一方、「象は鼻が長い」構文である(26)(28)では、AとBとのあいだに上位概念-下位概念という意味論的関係が成立していない。次例もその意味で「象は鼻が長い」構文であることが明白である。

(31) a. 魚は、尻尾がおいしい。
   b. 魚は、不飽和脂肪酸が豊富だ。

このように、同じ「Aは、BがC(だ)」という形式を有していても、「魚は鯛がいい」構文は「象は鼻が長い」構文と大きく異なる。一般に、「AはBがC(だ)」において、BがAの下位概念であるばあい、「BがC(だ)」でもって、Aの特徴を述べるわけにはいかないのである。[9] たとえば、「魚」のより特殊な概念である「鯛」をもちだして、「鯛がいい」と述べたところで、そのことが魚についての属性を述べることにならないのは当然である。

それにたいして、(31a)のような「象は鼻が長い」構文のばあいは、B（「尻尾」）がA（「魚」）の下位概念でないため、「BがC（だ）」（「尻尾がおいしい」）でもって、Aの特徴を述べることができるのである。(31b)も同様である。そこから、筆者は、「AはBがC（だ）」という形式の文において、次のことが成立すると考える。

(32) 「AはBがC（だ）」において、もし、BがAの下位概念であるならば、「AはBがC（だ）」は「魚は鯛がいい」構文であって、「象は鼻が長い」構文ではありえない。「魚は鯛がいい」構文「AはBがC（だ）」とは、[xがC（だ）]を満たすxの値はBであることを述べた文であり、全体は指定文である。Aは主題ではなく、[xがC（だ）]のxの値の範囲を限定しているにすぎない。[10]

「BがAの下位概念」ということは、Bの概念のなかにAの概念が含まれていることであり、これを外延レベルで言い直せば、「Bの集合はAの集合に包摂される」ということにほかならない。したがって、(32)は、「AはBがC（だ）」が「象は鼻が長い」構文であるならばAとBのあいだには包摂関係がないということを述べており、前章で見た柴谷の仮説［48］(pp. 201-202)と明らかに両立しない仮説である。もっとも、AとBとのあいだに「上位概念-下位概念という関係」が成立していないばあいでも、(33)(34)のごとく、「象は鼻が長い」構文ではない可能性があることにも注意しよう。

(33) 背は、洋子が高い。（「鼻は象が長い」構文）
(34) この病院は、田中が院長だ。（カキ料理構文）

したがって、(32)は、(35)を含意するものではない。

(35) 「AはBがC（だ）」において、もしBがAの下位概念でないならば、「AはBがC（だ）」はつねに「象は鼻が長い」構文である。

さて、こんどは次の例を見よう。

(36) 辞書は広辞苑が良い。
(37) 日産の車は、マーチが良い。
(38) 魚は、これがおいしい。

これらの例では、「AはBがC（だ）」のBに「広辞苑」「マーチ」のような

固有名詞や「これ」のような直示的要素が登場している点に注意しよう。(36)は、「辞書という領域のなかで、良いものをさがせば、それは広辞苑だ」ということを言わんとしている指定文、すなわち、「魚は鯛がいい」構文に類似した読みをもつ。(37)も、「日産の車」は、「xが良い」のxの値の範囲を限定しているだけで、「日産の車」が「マーチが良い」という属性をもつという解釈は通常ない。[11] (38)も同様である。ただ、これらの文「AはBがC（だ）」において、AとBとのあいだに、上位概念-下位概念という意味論的関係はないことに注意しよう。「広辞苑」は「辞書」の下位語ではないし、「マーチ」は「日産の車」の下位語ではない。また「これ」は「魚」の下位語ではもちろんない。しかし、われわれの百科全書的知識や信念に照らせば、「広辞苑」は「「広辞苑」という名前の辞書」であり、「マーチ」は「「マーチ」という名前の日産の車」であることはすぐ分かる。また、(38)が使用されるもっとも自然な状況は、「これ」でもって「ある特定の魚」を指すことが意図されているばあいであろう。したがって、われわれの百科全書的知識や信念および自然なコンテクストで読めば、(36)(37)(38)は実質的には、(39)(40)(41)の意味を表すために用いられている、と語用論的に解釈することができる。

(39) 辞書は「広辞苑」という名前の辞書が良い。
(40) 日産の車は、「マーチ」という名前の日産の車が良い。
(41) 魚は、この魚がおいしい。

そして、(39)(40)(41)は「魚は鯛がいい」構文の一種であることは明白である。したがって、(36)(37)(38)は文としては「魚は鯛がいい」構文ではないが、その発話の意味、すなわち、これらの文を用いることによって明示的に伝達されている内容—これは「表意」(explicature) と呼ばれている—は、(39)(40)(41)のような「魚は鯛がいい」構文の意味になっているわけである。このような注釈を付したうえで、(36)(37)(38)のような文を、「「魚は鯛がいい」構文に準ずる構文」と呼ぶことはさしつかえないであろう。[12]

3.「魚は鯛がいい」構文に関する柴谷説について

第4章3節で触れたように、柴谷(1978: 209)は、(16)のような「魚は鯛がいい」構文にたいして(42)の構造を与え、(43)のような、われわれの言う「象は鼻が長い」構文にたいして(44)の構造を与えていた。

(16) 魚は鯛がいい。
(42) ［魚は［鯛がいい］］（＝第4章(45)）
　　　題目　　述部

(43) 太郎は頭が痛い
(44) ［太郎は［太郎の頭が痛い］］（＝第4章(42)）
　　　題目　　　　述部

つまり、柴谷は、(16)も(43)もいずれも有題文（題目文）であると考えるのであった。かくして、柴谷は、一般に「AはBがCだ」という形式の文について、もし、AとBとのあいだに、「包摂」の関係、もしくはそれに準ずる「全体-部分」の関係があるとき、(45)のような構造をもつ、と統一的に分析できる、としたわけである。

(45) ［Aは［BがCだ］］
　　　題目　述部

第4章3節で述べたように、柴谷のこのような考えを動機づけたものは、〈「太郎」と「頭」のあいだのような「全体-部分」の関係は、「包摂」関係の特殊なものであり、「包摂」関係に準ずる〉と捉えた点にある。ところが、「全体-部分」の関係は、「包摂」関係の特殊なものでもなければ、「包摂」関係に準ずるものでもなく、まったく無縁である。「包摂」関係は、概念のカテゴリー間の含む・含まれる関係である。AがBを包摂するとき、BはAの下位概念（hyponymy）である。つまり、BはAより意味的に強い概念を表す。したがって、「BはAである」という形式をとる(46)の各文はいずれも分析文となる。

(46) a. ピアノは楽器である。
　　 b. 机は家具である。
　　 c. 松は木である。
　　 d. 私立大学は学校である。

このばあい、外延を問題にすれば、Bの集合はAの集合の部分集合となる。
　一方、「全体-部分」の関係は、身体と頭、木と枝、本と表紙、家屋と居間とのあいだに見られる空間上の部分と全体の関係がその典型であるが、「大学」と「文学部」、「領事館」と「査証部」の関係のような組織体における全体と部分の関係もこれに含めてもよいであろう。これらはカテゴリー間の包

摂関係といかなる類似性もない。[13] したがって、「BはAである」という形式の(47)の各文は奇異である。

(47) a. ?枝は木である。
　　 b. ?表紙は本である。
　　 c. ?居間は家屋である。
　　 d. ?文学部は大学である。

この区別は自明なことであるが、しばしば混同されやすい。それは、Seto (1999)が指摘しているように、包摂関係も「全体-部分」関係もともに、(48)のような図で表示されることが多いからである。

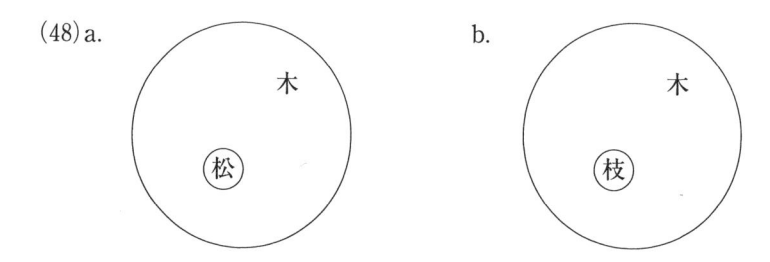

(48) a.　　　　　　　　　　　　　b.

　　　　　木　　　　　　　　　　　　　木
　　　　（松）　　　　　　　　　　　（枝）

このような図から、包摂関係と「全体-部分」関係のあいだになにか類似性があるかのような錯覚が生じやすいのも無理からぬことである。しかし、包摂関係を(48a)のように図示することは、概念関係をいわば空間のメタファーを用いて表示したにすぎず、そこに、世界における「全体-部分」の関係との類似性を見ることは明らかに間違いである。[14]

そして、筆者が「象は鼻が長い」構文を「魚は鯛がいい」構文と同列に扱ってはならないことを強調する根拠のひとつはまさにこの区別にある。上でも述べたように、「魚は鯛がいい」構文のAとBとの関係は、基本的に概念の包摂関係にある。(32)に示したとおり、そのような「AはBがC（だ）」において、「BがC（だ）」がAについての叙述になるはずがなく、したがって、「象は鼻が長い」構文ではありえないのである。つまり、「魚は鯛がいい」構文は、措定文ではなく指定文なのである。

それにたいして、「象は鼻が長い」構文は措定文である。そして、「AはBがC（だ）」におけるAとBとの関係は、たまたま「全体-部分」の関係になっているケースもあるが、第4章3節で論じたように「チーズは消化が良い」「信州は月がきれいだ」「戸外は気持ちがいい」などのごとく「全体-

部分」の関係に収まらないケースも少なくない。要は、「象は鼻が長い」構文において、「BがC(だ)」がAについての叙述としての意味機能を果たしていることが保証されているだけで十分なのである。

　柴谷(1990a:294)は(49)は主題文であるとし、(50)のような統語構造を仮定する。

(49)　雪は白い。
(50)　[雪$_i$ は　[e$_i$ 白い]]
　　　　題目　　述部文

(50)について、柴谷は次のように言う。

(51)　この,「雪は白い」という文の構造は,「何かが白い」という命題の「何か」が雪であるならば, その命題は真であるという意味解釈を受けるが, 翻って, 雪というものに話題を限れば, それが白いということは真であるという意味である。つまり, 主題の領域限定と述部による属性表現という, 主題構文の基本的意味機能の表示をも,[50]は意図している。

(柴谷1990a:294)

一方、柴谷は「象は鼻が長い」や「魚は鯛がいい」については、述部において述語の項が飽和的（saturated）であり、closed predicate であるとし、(52)のような統語構造を仮定する。

(52)a.　[象は　[鼻が長い]]
　　　　　題目　　述部文
　　 b.　[魚は　[鯛がいい]]
　　　　　題目　　述部文

(50)において、述部文の主語は空範疇 e であるが、この空の主語は、題目の「雪」によって束縛されている。ところが、(52a)では、述部文の主語は空ではなく、また題目「象」とは異なる名詞（「鼻」）で埋められている。したがって、一見、(50)と(52a)(52b)は「題目-述部文」関係が異なるように思われるかもしれないが、柴谷によれば、それは表面的なことで、(52a)において、題目「象」と述部文の主語「鼻」とは「全体-部分」という密接な関係で結ばれているのである。同様に、(52b)において、題目「魚」と述部文の主語「鯛」とは「包摂」という密接な関係で結ばれているのである。題目と述部文の主語とのあいだに存在するこのような密接な関係は "aboutness condition" と呼ばれる。[15] そして、柴谷(1990a:294)は「「象は鼻が長い」

や「魚は鯛がいい」のような有題文の解釈のためには、日本語では、このような述部によっても主題のpredicationが可能であると考えなければならない」と主張する。[16]

(49)が有題文であり、その統語構造が(50)のようなものであるとする柴谷の見解に反対する理由はとくにない。また、(50)についての(51)のような説明もよく理解できる。もっとも、「魚は鯛がいい」にたいする統語構造が概略、(52b)のようなものであるとする柴谷の仮定については、後述するように、これを「題目-述部文」の機能をもつとみなす点において賛成できない。しかし、ここでなによりも検討すべき問題は、「象は鼻が長い」の統語構造を(52a)とする柴谷の見解は妥当であろうか、という点である。まず、(52a)では、柴谷(1978)で主張された(53)と異なり、述部(文)に、題目と重出する名詞「象(の)」が仮定されていない点に注意しよう。

(53) ［象は ［象の鼻が長い］］［＝第4章3節(40)］
　　　題目　　　述部

その結果、(52)が示しているように、「象は鼻が長い」は「魚は鯛がいい」とまったく同じ統語構造をもつことになったのである。

しかし、「象は鼻が長い」にたいする統語構造を(52a)とする柴谷の見解にはいくつか問題がある。第一に、この扱いでは、筆者が上で指摘したような、「象は鼻が長い」構文と「魚は鯛がいい」構文の本質的な意味の違いが統語構造にはいっさい反映されていないことになる。柴谷は、両構文の意味の違いはこれらの文の統語構造が捉える事柄ではない、と主張するかもしれない。しかし、それでは、なぜ(54a)(54b)が自然であるのに(54c)(54d)が不自然であるかの説明が文-文法のレベルで説明できないことになる。

(54) a. 象が、鼻が長い。（＝19a)
　　 b. 鼻が長い象。（＝25a)
　　 c. ?魚が、鯛がいい。（＝20a)
　　 d. ?鯛がいい魚。（＝21)

第二に、「象は鼻が長い」の構造を(52a)とする立場では、(54a)のような無題文の統語構造をどのように書くべきかというやっかいな問題が生じる。

第三に、「象は鼻が長い」の「鼻が長い」が「象」についてのその属性を叙述しているという意味で「題目-述部文」関係であるというのはよく理解できるが、「魚は鯛がいい」の「鯛がいい」が「魚」についての属性叙述で

あるという意味で「題目-述部文」関係であるというのは筆者には理解できない。上で述べたように、「魚は鯛がいい」における「魚」は、あくまで「xがいい」の変項に入る値が走る範囲を規定するという機能を果たすだけであって、「魚」について「鯛がいい」という属性が叙述されているわけではないのである。「題目-述部文」関係にある文を「有題文」(「あるいは「主題文」) と呼ぶならば、筆者の見解では、「象は鼻が長い」は有題文であるが、「魚は鯛がいい」は有題文ではないのである。[17]「象は鼻が長い」と「魚は鯛が一番いい」がまったく同じタイプの句構造をもつと仮定する柴谷(1990a)やShibatani(1990c)の取り扱いは、有題文と非有題文の重要な区別を捉え損うことになるであろう。[18]

第四に、「鼻が長い」がclosed predicateであるとする柴谷(1990a)の見解にも問題がある。なるほど、「白い」と異なり「鼻が長い」自体は、主語-述語という統語構造を有しており、述語「長い」の項が飽和されている。しかし、「象は鼻が長い」構文においては、「鼻が長い」全体がひとまとまりで象にたいする1項述語になっていることも事実である。その点で、(49)における「白い」が雪にたいする述語になっていることと、「象は鼻が長い」において「鼻が長い」が象にたいする述語になっていることとはパラレルであるように思われる。ということは、「象は鼻が長い」の「鼻が長い」は全体としては、(49)の「白い」と同様にopen predicateと考えてしかるべきである。つまり、「象は鼻が長い」における「鼻が長い」は、「xが[鼻が長い]」とみなすべき1項述語なのである。したがって、(49)の構造を(50)であるとするならば、「象は鼻が長い」の構造は(52a)ではなくて、むしろ(55)であると考えるほうがはるかに首尾一貫性が保てるであろう。

(55) ［象$_i$は ［e$_i$ ［鼻が長い］］］
　　　題目　　　　述部文

このように考えるならば、上で問題にした無題文(54a)にたいする構造も(56)のように書くことができるのである。「象は鼻が長い」の構造を述部文に空範疇を含まない(52)とみなす柴谷の立場では、(54)にたいして(56)のような表示を書くことが困難であろう。

(56) ［象が［鼻が長い］］

また、「象は鼻が長い」の構造を(55)のように考えるならば、「雪は白い」の構造(50)について柴谷が述べた(51)と実質的に同じことを「象は鼻が長い」

の構造(55)について次のように述べることができるのである。

> (57) この、「象は鼻が長い」という文の構造は、「何かが［鼻が長い］」という命題の「何か」が象であるならば、その命題は真であるという意味解釈を受けるが、翻って、象というものに話題を限れば、それが［鼻が長い］ということは真であるという意味である。つまり、主題の領域限定と述部による属性表現という、主題構文の基本的意味機能の表示をも、(55)は意図している。

ところが、筆者が強調したい点は、「魚は鯛がいい」のような文については同様のことが主張できないという点である。つまり、「魚は鯛がいい」における「鯛がいい」を「xが鯛がいい」というopen predicateとみなすことは許されないのである。なぜであろうか。それは、すでに詳しく述べたように、「魚」と「鯛がいい」とのあいだの緊張関係が、「象」と「鼻が長い」とのあいだの緊張関係と本質的に異なるからである。「魚は鯛がいい」構文のばあい、「何かが［鯛がいい］」という命題の「何か」が魚であるならば、その命題は真であるという意味解釈を受けることがそもそもできないからである。ところが柴谷(1990a: 294)は次のように述べる。

> (58) …［52］のような構造にたいしても，鼻が長いということは，象について真であり，<u>鯛がいいということは、魚について真である</u>，という解釈が可能なものでなければならない。（下線部は引用者による）

「鼻が長いということは、象について真である」はよく理解できる。これは、集合論的にいえば、象の集合が鼻が長いものの集合の部分集合であること、すなわち、「象⊂鼻が長いもの」を意味する。ところが、「鯛がいいということは、魚について真である」は不可解である。「魚⊂鯛がいいもの」、つまり、「魚の集合が、鯛がいいものの集合の部分集合である」とはいったい何を言っているのか理解できないからである。また、「鯛がいいということは、魚について真である」が言えるということは、とりもなおさず、(20)が言えるということにほかならない。

> (20) ? 魚が、鯛がいい。

ところが、すでに確認したように、(20)はあきらかに奇妙である。ということは、「鯛がいいということは、魚について真である」とは言い得ないのである。要するに、「魚は鯛がいい」においては、「主題の領域限定と述部によ

る属性表現という、主題構文の基本的意味機能の表示」をもちえないのである。したがって、「魚は鯛がいい」は「象は鼻が長い」と本質的に異なり、主題文ではないと結論づけざるをえない。

　柴谷（1990 a : 292）は「は」の機能と主題について、次のように述べている。

(59)　知ることの，すなわち判断することの対象は事象（state of affairs）であるが，「は」が引き分ける機能を持つということは，判断の対象である事象のなかから，ある存在物を取りだし，2項を設定するとうことである。この2項が，主題（または題目），すなわち判断の対象の中心的存在物と，その属性を述べる述部である。

ここから、柴谷は、(60)を仮定していることがわかる。

(60)　有題文（主題文）の述部は、主題の属性を述べている。

「魚は鯛がいい」における「鯛がいい」は、「魚は尻尾がおいしい」や「魚は不飽和脂肪酸が豊富だ」などと異なり、「魚」の属性を述べている文でないことはこれまで筆者が力説してきたことである。「鯛がいい」が魚についての属性表現でない以上、(60)に従えば、「魚は鯛がいい」は、主題構文の基本的意味機能を満たしていないのである。したがって、「魚は鯛がいい」が有題文（主題文）ではないことはこの点からも証明される。したがって、筆者は、「魚は鯛がいい」にたいする統語構造が概略、(52b)のようなものであるとする柴谷の仮定については、これを「題目-述部文」の機能をもつとみなす点において賛成できない。

　「象は鼻が長い」と「魚は鯛がいい」にたいして(52)のような同一の統語構造を仮定する柴谷の立場に関して最後に次の点を指摘しておこう。この立場では、(61)のような文の統語構造をいったいどのように考えるのだろうか、という疑問が生じる。

(61)　鼻は、象が長い。［＝(9 b)］

本章1節で詳しく論じたように、(61)の「象が長い」は「鼻」についてあてはまるひとつの属性を表しているのではない。そもそも「象が長い」はひとまとまりの述語ではないからである。したがって、(61)が「象は鼻が長い」構文のような措定文ではないことは明らかであろう。(61)は、「鼻が長いのはどれかといえば、それは象だ」という意味をもつ指定文「象が、鼻が長

い」の変種であった。では、柴谷は、(61)をも(62)のような構造をもち、
［象が長い］のような述部によって、主題「鼻」についての predication が
可能である、と考えるのであろうか。

(62)　［鼻は［象が長い］］
　　　　 題目　　 述部文

おそらくそうではないであろう。柴谷も、(62)について、「［象が長い］ということは、鼻について真であるという解釈をあてがうことができる」とは考えないであろう。(61)において、「鼻」と「象」のあいだのいわゆる aboutness condition は満たされていない。それにもかかわらず、(61)は文として適格であり、意味もよく分かるのである。したがって、(61)は主題の領域限定と述部による属性表現という主題構文の基本的意味機能を満たしていない以上、柴谷の立場でも、有題文（主題文）ではない、と分類せざるをえないのである。[19] したがって、(61)については、(62)のような構造とは別の構造（たとえば、本章の(10)のような構造図）を考える必要がある。それにもかかわらず、(61)は鼻を話題にし、鼻についてあることを述べている文であるから、やはり「有題文」（主題文）であると論じるひとがいるとすれば、その論者は「有題文」という術語を、「題目とそれについての属性を叙述する述部文とからなる構文」という柴谷が意図していた本来の意味から逸脱して使用していることになる。

　筆者が「魚は鯛がいい」構文について言わんとしていることも本質的に同様なのである。上述のごとく「魚は鯛がいい」構文は、有題文の基本的意味機能を満たしていないにもかかわらず、「魚を話題にし、それについてあることを述べている文であるから、やはり有題文（主題文）である」という風に、柴谷をはじめ多くの論者が「有題文」という術語をルーズに使用していることに問題の発端があるのである。以上の考察は「AはBがC（だ）」という形式をもつあらゆる文が、(63)のような均質的な構造と機能をもつわけではないことを示している。

(63)　［Aは［BがC（だ）］］
　　　　 題目　　 述部文

4.「大西洋の魚は鯛がいい」構文について

　本章2節で見たように、(28)は「象は鼻が長い」構文であった。

(28)　この辺りの海は、鯛がいい。

では、次の例はどうであろうか。

(64)　大西洋の魚は、鯛がいい。

この文は、「魚」に修飾語が付いただけで、本質的に「魚は鯛がいい」と同じ構文であり、「大西洋の魚のなかで、いいのは鯛だ」という解釈をもつように思われるかもしれない。しかし、(64)において、「大西洋の魚」と「鯛」とあいだに上位概念-下位概念という関係が成立していない点に注意しよう。「大西洋の魚」という概念の特殊なものが「鯛」ではないのである。したがって、(64)は、「魚は鯛がいい」構文ではありえないのである。[20] さらに、(65)を(21)と比較してみよう。

(65)　鯛がいい大西洋の魚
(21)　? 鯛がいい魚

(65)は、(21)と異なり、きわめて自然である。[21] 前節で述べたように、もし(64)が「魚は鯛がいい」構文であるとするならば、そのようなことはありえないはずである。[22] 一方、「象は鼻が長い」構文「AはBがC（だ）」において、Aは「BがC（だ）」という属性をもつと解釈されるのである以上、この文から作られた「［BがC（の）］A」という表現は適格であったことを思い起こそう。(65)が適格であるということは、(64)は、実は「象は鼻が長い」構文であることを示唆している。つまり、(64)は、〈大西洋の魚は、ほかでもなく鯛がいいという属性をもつ〉と読むのが自然なのである。(64)において、「鯛がいい」は、大西洋の魚を、たとえばインド洋の魚や太平洋の魚から区別して特徴づけるという機能を有しているからである。[23] そのことは、(20)と(66)の違いにも反映されている。

(20)　? 魚が、鯛がいい。（←何が鯛がいいですか。）
(66)　大西洋の魚が、鯛がいい。（←どの海の魚が鯛がいいですか。）

上で述べたように(20)は不自然であるが、(66)は自然な文である。(66)は、〈「鯛がいい」という属性をもつのはどれかと探せば、インド洋の魚でもなく、太平洋の魚でもなく、大西洋の魚がそうだ〉という自然な読みを有しているからである。

こんどは次のケースを考えよう。

(67) 車は軽自動車が良い。

「軽自動車」は「車」の下位概念ゆえ、(67)は「魚は鯛がいい」構文、すなわち指定文である。つまり、「車のなかでは、軽自動車のタイプのものが良い」という意味であって、車についての属性叙述ではない。ところが、(68)では「軽自動車」は「日産の車」の下位概念ではないため、(68)は「魚は鯛がいい」構文ではなく、「象は鼻が長い」構文になっている。[24] つまり、「軽自動車が良い」は日産の車にたいする特徴づけになっており、文全体は措定文なのである。

(68) 日産の車は、軽自動車が良い。

(68)が「象は鼻が長い」構文であることは、(69b)(70)が自然であることからも明らかである。

(69) a. 甲：軽自動車が良いのはどこの車だっけ。
b. 乙：日産の車が、軽自動車が良いよ。
(70) 軽自動車が良い日産の車

5.「辞書は新しいのがいい」構文について

この節では、(71)のような構文を考察する。

(71) 辞書は新しいのがいい。

柴谷(1978: 207)は、(71)は、「魚は鯛がいい」や「花は桜がきれいだ」と同じタイプの構文とみなしている。その根拠は、(71)における「新しいの」は「新しい辞書」の意味であり、(72)と言い替えできるからである。

(72) 辞書は新しい辞書がいい。

「辞書」と「新しい辞書」のあいだに包摂関係が成立しているので、結局、(71)は「魚は鯛がいい」構文である、ということになる。[25]

(71)のような構文について、野田(1987: 93-114)および野田(1996: 54-55)は次のような説明をする。

(73) 新しい辞書がいい（こと）

(73)で「辞書」が主題に指定されると、「辞書」に「は」がつき、それが文

頭におかれる。しかし、もしここで(73)の「辞書」が消えてなくなると、(74)のような非文ができてしまう。

(74) *辞書は新しいがいい。

そこで、もともと「辞書」があったところに、かわりに「の」や「もの」を入れて、(71)のような文になると野田は考えるのである。

そして、野田もまた、「魚は鯛がいい」という文は、「辞書は新しいのがいい」構文の一種だとみなすのである。このような野田の分析も、(71)を(72)と関連づけ、(71)は「魚は鯛がいい」構文の一種であるとする分析であることには変わりない。

しかし、柴谷や野田のこのような分析には問題がある。まずなによりも、(71)を(72)と言い替えることの意味が筆者には理解できない。(71)の「新しいの」は別に「新しい辞書」のような意味ではなく、字義どおり「新しいもの」の意味以上でも以下でもないはずである。つまり、(71)の「新しいの」の「の」を「辞書」の代用形と読み込む必要はまったくないのである。このことは、(75)の応答を考えればいっそうはっきりする。

(75) a. 甲：新しいのがいいのは何だろう。
　　 b. 乙：うん、女房と畳がそうだ。
　　 c. 甲：なるほど、たしかに、女房と畳は、新しいのがいいね。他にないかね。
　　 d. 乙：辞書もそうだ。
　　 e. 甲：そうそう、辞書は新しいのがいいね。

まず、(75a)における「新しいの」の「の」を何かの代用形と考えることは無理であろう。また、(75c)における「新しいの」の「の」を「女房」および「畳」の代用形と考えるのも奇妙であるし、「女房と畳」の代用形と考えるのもこれまた奇妙である。そして(75e)における「新しいの」が(75a)における「新しいの」に呼応するものであるかぎり、「新しいの」の「の」を何かの代用形と考えることはできないであろう。

柴谷や野田のように、(71)の「新しいの」の「の」を「辞書」の代用形とみなす考えは(76)の「女性」を「女性秘書」の代用形だととみなす考えと同様、奇妙である。

(76) 秘書は女性がいい。

そして、(71)が(72)と言い替えることができない以上、(71)は「魚は鯛がいい」構文ではありえない。「辞書」と「新しいの」とのあいだに、上位概念-下位概念の関係がないからである。それは、(76)において「秘書」と「女性」とのあいだに、上位概念-下位概念の関係がないのと同じである。

筆者の見解では、(71)は、「魚は鯛がいい」構文ではなく、「象は鼻が長い」構文の一種なのである。女房や畳が「新しいのがいい」という属性をもつ（と言われる）のとまったく同じ意味で、辞書は「新しいのがいい」という属性をもつのである。(71)が「魚は鯛がいい」構文と本質的に異なるということは、(77)が適格であることからも裏づけを得ることができる。

(77) a. 甲：何が新しいのがいいの。
　　 b. 乙：辞書が新しいのがいいよ。

(77a)の「何が」および(77b)の「辞書が」は［指定］であり、文全体はいずれも指定文である。「新しいのがいい」はひとまとまりで属性を表し、〈「新しいのがいい」という属性をもつものを何かと探せば、ああ、分かった、辞書がそうだ〉と言っているわけである。ということは、「新しいのがいい」は辞書の属性になりうる資格を有していることを意味する。それにたいして、本章2節で詳述したように、「魚は鯛がいい」構文における「鯛がいい」が魚のもつ属性を表しえないことは、(20)が奇妙であることからも明らかである。

さらに、「象は鼻が長い」構文「AはBがC（だ）」において、Aは「BがC（だ）」という属性をもつと解釈されるであるが、この文から作られた「[BがC（の）] A」という表現は(25)の各表現のように適格であったことを思い起こそう。(71)が「象は鼻が長い」構文の一種であるとするわれわれの仮説が正しいならば、(78)は適格であるはずである。

(78) 新しいのがいい辞書

事実、この予測は正しい。(79)から明らかなように(78)の表現は適格である。

(79) 新しいのがいい辞書と古いのがいいヴァイオリンとを簡単に比較してはいけません。

それにたいして、上で述べたように、「魚は鯛がいい」構文については、(21)のような表現は適格でないのであった。したがって、「魚は鯛がいい」

構文については「［ＢがＣ（の）］Ａ」という表現は自然でないのである。

(21) ？鯛がいい魚

以上の考察は、(71)のような「辞書は新しいのがいい」構文は、実は「魚は鯛がいい」構文ではなく、「象は鼻が長い」構文の一種であることを明確に示している。(80)は野田(1996：56)が「辞書は新しいのがいい」構文の第一の変種として挙げているものであるが、われわれの分析では上述と同じ理由により、「象は鼻が長い」構文に属するのである。

(80) 辞書は例文が多いのがいい。

野田(1996：56-58)は「辞書は新しいのがいい」構文の第二の変種として(81)のタイプの文を挙げている。

(81) 辞書は白水社がいい。

しかし、筆者の見解では、(81)は、「辞書は新しいのがいい」構文すなわち「象は鼻が長い」構文ではなく、「鼻は象が長い」構文の一種なのである。つまり、(81)は、本章１節でみた、(11)の各文［(82)として再掲］とおなじタイプの文であるように思われる。

(82) a. 背は、太郎が高い。（←太郎が背が高い。）
 b. 声は、洋子が美しい。（←洋子が、声が美しい。）
 c. 消化は、チーズが早い。（←チーズが、消化が早い。）
 d. カキは、広島がおいしい。（←広島が、カキがおいしい。）
 e. 物価は、東京が高い。（←東京が、物価が高い。）
 f. 魚は、あの店が安い。（←あの店が、魚が安い。）

(81)の述語、「白水社がいい」は主語「辞書」がもつ属性を表していないので、指定文ではありえない。また、ひとまとまりの属性表現を表すのは「白水社がいい」ではなくて、あくまでが「辞書がいい」なのである。つまり、(81)は「辞書がいいのはどこかといえば、白水社だ」という意味を表している文であるので、(81)は(83)と統語論的に対応するものであると思われる。[26]

(83) 白水社が、辞書がいい。

「鼻は象が長い」構文は、「象は鼻が長い」構文とはまったく異なるものであ

る。また、「鼻は象が長い」構文は、しばしば「魚は鯛がいい」構文とまぎらわしいが、両者は別の構文である。したがって、(81)のような、本来「鼻は象が長い」構文であるはずの文を、(「象は鼻が長い」構文である)「辞書は新しいのがいい」構文の変種とみなしたり、さらにそれを「魚は鯛がいい」構文の変種とみなす野田の分析には難点があると言わざるをえない。

　野田(1996: 57-58)は「辞書は新しいのがいい」構文の第三の変種として(84)のタイプの文を挙げている。

　　(84)　辞書は新西和辞典がいい。

「新西和辞典」という概念のなかに「辞書」という概念が含まれている以上、これは、(71)(80)(81)と異なり、「魚は鯛がいい」構文にほかならない。ちなみに、野田(1996: 57-58)は(84)の派生について、(85)のような基本構造を仮定し、この「辞書」が主題になったと考えている。

　　(85)　新西和辞典という辞書がいい（こと）
　　　　　　　　　　　　　主題

そして、野田(1996: 57-58, 289)によれば、「魚は鯛がいい」構文はまさに(84)のタイプの文であるので、(86)のような基底形から主題化によって派生される、と考えている。

　　(86)　鯛という魚がいい（こと）
　　　　　　　　　主題

しかし、上で詳しく論じたように「魚は鯛がいい」は、主題構文の基本的意味機能を満たしていない。「鯛がいい」は、「魚」の属性を述べていない以上、「魚」は主題ではない。また、野田の仮定する(85)や(86)のような基底形から主題化操作を適用することはきわめてアドホックであり、およそ一般性をもつとは思われない。[27] 仮に、(86)のように「魚」が主題に指定され、「は」を伴って文頭に置かれたとしても、(87)のような非文法的な形ができてしまう。

　　(87)　*魚は鯛というがいい。

これを回避するためには、野田の分析では(87)の「という」を削除するという不自然な操作をも仮定しなければならなくなる。したがって、「魚は鯛がいい」構文を(86)から派生しようとする野田の試みは適切とはいえない。

また、野田(1987: 101)は、(88)を「辞書は新しいのがいい」型の一種だとする。

(88) 財政状況を示す経常収支率は堺がもっとも悪い。

しかし、筆者の見解では、(88)は「辞書は新しいのがいい」型ではなく、むしろ、「鼻は象が長い」タイプの文である。(88)は、〈「財政状況を示す経常収支率がもっとも悪い」があてはまる都市は、他でもない堺だ〉ということを、「財政状況を示す経常収支率」をマークしながら述べている文であるからである。そもそも、「堺がもっとも悪い」は、「財政状況を示す経常収支率」についてあてはまるひとつの属性を表しているのではないのである。それゆえ、(88)全体は「辞書は新しいのがいい」構文のような指定文ではない。もちろん、(88)は「魚は鯛がいい」構文とも異なる。「財政状況を示す経常収支率」と「堺」とのあいだには包摂関係が成立しないからである。結局、(88)は、〈財政状況を示す経常収支率がもっとも悪いのはどこかといえば、それは堺だ〉という意味をもつ指定文「堺が、財政状況を示す経常収支率がもっとも悪い」の変種なのであり、「鼻は象が長い」構文なのである。

以上、「辞書は新しいのがいい」に関する野田の分析の妥当性について考察してきた。その要点を整理すると以下のようになる。

(89) a. 「辞書は新しいのがいい」は「魚は鯛がいい」構文ではない。
　　 b. 「辞書は新しいのがいい」は、「象は鼻が長い」構文である。
　　 c. 「辞書は例文が多いのがいい」は「象は鼻が長い」構文である。
　　 d. 「辞書は白水社がいい」は、「鼻は象が長い」構文である。
　　 e. 「辞書は新西和辞典がいい」は、「魚は鯛がいい」構文である。
　　 f. 「辞書は新西和辞典がいい」は(85)から派生したものではない。
　　 g. 「財政状況を示す経常収支率は堺がもっとも悪い」は「辞書は新しいのがいい」構文ではなく、「鼻は象が長い」構文である。

野田は、「魚は鯛がいい」構文は「象は鼻が長い」構文から区別すべきであることを力説しており、その点では筆者の見解と共通している。しかし、野田の「辞書は新しいのがいい」という文をめぐる具体的な分析では、上述のごとく、(ⅰ)「象は鼻が長い」構文、(ⅱ)「鼻は象が長い」構文、(ⅲ)「魚は鯛がいい」構文が十分区別されていないのである。

最後に、「魚は鯛がいい」にたいする筆者の考えをまとめてみよう。筆者は、この種の構文の基底構造はきわめて単純で、(90)のようなものであると

考えている。

(90)　魚は［鯛がいい］

これは、一見、柴谷(1978, 1990a)、Shibatani(1990c)における「魚は鯛がいい」の基底構造にたいする仮説(52b)と同一であるかのように思われるかもしれない。

(52b)　［魚は［鯛がいい］］
　　　　題目　　述部文

しかし柴谷は、(52b)の「魚」に題目という機能を、また「鯛がいい」に、魚についての述部文という機能を帰していた点に注意しよう。それにたいして、筆者は本章2節で強調したように、「魚」は題目ではなく、「鯛がいい」は魚についての述部文でもないと考えている。(90)において「鯛がいい」はそれ自身、自立した完全な命題を表しており、1項述語ではないからである。それにたいして、「象は鼻が長い」構文の一種と思われる(26)については、その基底構造は、概略、(91)のようなものであると考えている。ここでは、「あの料理屋」に題目という機能を、また「鯛がいい」に、あの料理屋についての述部文という機能を帰しているのである。

(26)　あの料理屋は、鯛がいい。
(91)　［あの料理屋$_i$は［e$_i$が［鯛がいい］］
　　　　　題目　　　　　　述部文

(90)と(91)の構造上の違いが「魚は鯛がいい」構文と「象は鼻が長い」構文との本質的な違いを反映しているのである。

註

1　(9a)の主語「象が」と「鼻が長い」とを倒置し、「が」を「は」に入れかえると(ⅰ)のような倒置指定文が出来あがる。
　　(ⅰ)　鼻が長いのは象だ。
　(9a)は(ⅰ)と意味が同じである。
2　第4章(19)で述べたように、倒置指定文「αはβだ」、あるいは指定文「βがαだ」におけるβはあくまで、指定される要素であるから、β全体あるいはその一部を取り出して主題化することは許されない。それにたいして、1項述語であるαのほうは、もしそれが「BがCだ」のような複合表現であるばあい、その一部である「B」を文頭にとり出して主題化することは許されるのである。ただし、「鼻は象が長い」構文については未解決の問題もある。次の文を見よう。

（ⅰ）　花子は、お父さんが政治家だ。（「象は鼻が長い」構文）
（ⅱ）　花子が、お父さんが政治家だ。（指定文）
（ⅲ）？お父さんは、花子が政治家だ。（「鼻は象が長い」構文）

（ⅰ）は通常の「象は鼻が長い」構文である。（ⅱ）は、「お父さんが政治家なのは、誰か」にたいする応答とみたてたときの文であり、指定文である。（ⅱ）の「お父さんが」を文頭にとり出して「は」を付すと、（ⅲ）のような「鼻は象が長い」構文が得られるが、（ⅲ）は適格でない。「鼻は象が長い」構文では、「象が長い」がひとまとまりの述語を構成しないはずである。ところが、（ⅲ）では、「花子が政治家だ」は表面的にはひとまとまりの述語を表すと誤って解釈されやすい点に問題があるのかもしれない。しかし、この説明も十分ではない。適格な「鼻は象が長い」構文の例である（ⅳ）において、「洋子が美しい」は表面的にはひとまとまりの述語を表しうるからである。

（ⅳ）　声は、洋子が美しい。（←洋子が、声が美しい。）［＝(11b)］

（ⅲ）を不適格にする理由は、「BはAがC（だ）」のCの位置に名詞句が来ることに問題があるのかもしれない。しかし、この説明も十分とはいえない。（ⅴ）のような文は「鼻は象が長い」構文としては適格ではないからである。

（ⅴ）？母親は、花子がきれいだ。（←花子が、母親がきれいだ。）

（これらの点については、峯島宏次氏と松尾洋氏との私的議論に負うところが多い。）
この観点から（12）をいかに改訂すべきかという問題は今後の検討課題である。

3　Koya（1992: 93 ff.）の元の例文はローマ字表記であるが、ここでは、読みやすいように、かな・漢字表記に変えた。

4　これは、概ね、Koya（1992: 93 ff.）の説明に沿ったものである。ただし、Koyaは、（2）のもつ［長鼻-読み］の存在に気づいていない。本文で述べたように、（2）に［長鼻-読み］がある以上、この読みでは、（2）は、モーツァルトがオペラ以外の作品を書いていることが前提されなくても、容認可能となるのである。また、Koyaは、（13）のような「象は鼻が長い」構文と（14）（15）のような「鼻は象が長い」構文の区別をしていない。

5　柴谷（1990 a）、Shibatani（1990 c）は、「象は鼻が長い」構文と「魚は鯛が良い」構文を同列に扱っているし、高見（1996）、Takami & Kamio（1996）は、「AはBがC（だ）」という形式の構文を一般的に指す術語として「「象は鼻が長い」構文」を使用しており、これらの本質的な区別に気づいていないように思われる。

6　Nakau（1973）、Muraki（1974）は、「魚は鯛がいい」構文を「魚の鯛がいい」という基本形から派生しようとしているが、このような派生は正当化されるものではない。

7　(20)の括弧のなかの問い「何が鯛がいいですか。」を「どこが鯛がいいですか。」のように変えてやれば、（ⅰ）のような自然な答えが可能となる。

（ⅰ）a.　あの料理屋が鯛がいい。
　　 b.　この辺りの海が鯛がいい。

後述のごとく、（ⅰ）に対応する（ⅱ）の各文は「魚は鯛がいい」構文ではなく、「象は鼻が長い」構文なのである。

（ⅱ）a.　あの料理屋は、鯛がいい。　［＝(26)］
　　 b.　この辺りの海は、鯛がいい。［＝(28)］

8　三宅（1995: 52-53）参照。

9 この点は、熊本千明氏との私的議論に負う。
10 「魚は鯛がいい」構文にたいするこのような規定は、西山(1989)で述べた「領域限定つきの指定文」にたいする規定にほかならない。しかし、第4章註7でも述べたように、西山(1989)では「象は鼻が長い」にたいする［指定内蔵-読み］について、これを「領域限定つきの指定文」に分類すると考えていたが、これは誤りである。本書の考えでは、「象は鼻が長い」構文は、それが［長鼻-読み］であれ、［指定内蔵-読み］であれ、いずれも措定文であって、「領域限定つきの指定文」とは異なるという立場をとっている。「領域限定つきの指定文」という術語はこの点で誤解を招きやすいので、本書では用いない。
11 (37)において、「マーチが良い」が「日産の車」についての属性叙述でないことは、次の対話が不自然であることからもわかる。
　　（i）a.　甲：マーチが良いのはどこの車だっけ
　　　　b.　乙：日産の車が、マーチが良いよ、
これらの発話は、トヨタやホンダなど日産以外のメーカーが「マーチ」を製造しないかぎり、奇妙であろう。
12 したがって、(36)(37)(38)が「魚は鯛がいい」に準ずる構文であるというためには、このようなわれわれの百科全書的知識や信念に基づく語用論的読み込みが不可欠なのである。
13 Seto(1999)および瀬戸(2000)は、「全体-部分」の関係を「E関係」、包摂関係を「C関係」と呼び、両者を区別することがメトニミーの研究にとって、いかに重要であるかを力説している。
14 この点は、Seto(1999: 94)において指摘されている。
15 Shibatani(1990 c: 275)によれば、aboutness condition には、「全体-部分」関係以外に、「魚は鯛が一番いい」のケースに見られる「包摂」関係や、「太郎は奥さんがきれいだ」のケースに見られる「所有者-被所有者」関係などがある、とされる。
16 Shibatani(1990 c: 274)も、実質的には同様の主張をしている。
17 ここに「有題文」(主題文)という語の術語上の問題がある。もし「魚は鯛がいい」も、「魚といえば、鯛がいい」という意味であるがゆえに、魚を話題にしており「有題文」である、と言うならば、「有題文」という術語が「題目とそれについての属性を叙述する述部文からなる構文」という本来の意味から逸脱されてきわめてルーズに使用されていることなる。この立場では、(ⅰ)-(ⅳ)はすべて「有題文」ということになってしまうであろう。
　　（ⅰ）　これは、道を間違えたかな。
　　（ⅱ）　酒は、日本酒が好きだ。
　　（ⅲ）　魚は、あの店が安い。
　　（ⅳ）　背は、洋子が高い。
しかし、（ⅰ）の「道を間違えたかな」は「これ」の属性を叙述しているのではないし、（ⅱ）の「日本酒が好きだ」は、「酒」の属性を叙述しているのではないので、これらは柴谷が意図していた意味での「有題文」ではないであろう。［本書p.359の議論を参照。］また、（ⅲ）の「あの店が安い」は「魚」についてあてはまるひとつの属性を表しているのではない。そもそも「あの店が安い」はひとまとまりの述語ですら

18 益岡(1987: 39)は、所与の対象が有する属性を叙述する文を「属性叙述文」と呼んでいる。この術語は、われわれの言う「指定文」にほぼ対応するものである。益岡は、益岡(1987: 58-78)において、いわゆる綜主文を考察し、(ⅰ)(ⅱ)を「属性叙述綜主文」と呼んでいる。

    （ⅰ）　象は鼻が長い
    （ⅱ）　山口さんは息子さんが医者だ。

ところが、益岡は同時に、(ⅲ)をも属性叙述綜主文に分類している。

    （ⅲ）　魚は鯛がおいしい。　　　　　　　　　　　　　　（益岡 1987: 63）

しかし、「鯛がおいしい」が魚の有する属性であるはずがないので、このような分類は問題である。要するに、益岡は(ⅰ)(ⅱ)と(ⅲ)とのあいだの重要な区別を看過しているのである。

19 本章1節で論じたように、筆者は(61)のような文を有題文とはみなしていない。

20 ただし、(ⅰ)は(36)(37)(38)と同様、「魚は鯛がいい」構文に準ずる構文である。

    （ⅰ）　大西洋の魚は、これが良い。

(ⅰ)の「これ」は、自然な解釈では、《この大西洋の魚》の読みである。したがって(ⅰ)の表意は(ⅱ)となるであろう。

    （ⅱ）　大西洋の魚は、この大西洋の魚が良い。

そして(ⅱ)は明らかに「魚は鯛がいい」構文なのである。

21 (65)のような例は黒田成幸氏（個人談話）の指摘に負う。

22 (65)が自然であるという事実にもかかわらず、(64)はやはり「魚は鯛がいい」構文であるとする仮定を保持できそうに思われる別の考えも存在しないわけではない。

    （64）　大西洋の魚は、鯛がいい。
    （65）　鯛がいい大西洋の魚

たとえば、(65)の「鯛がいい」が「大西洋の魚」を修飾するのではなく、「大西洋」だけを修飾するとみなすこともできるかもしれない。つまり、(65)を(ⅰ)の構造で読むのである。そして、(ⅰ)における「[鯛がいい]大西洋」の部分は、(ⅱ)から派生した名詞句と考える。

    （ⅰ）　[[鯛がいい]大西洋]の魚
    （ⅱ）　大西洋は、鯛がいい。

(ⅱ)は言うまでもなく、「象は鼻が長い」構文である。たしかに、(ⅲ)のような表現における「鯛がいい」は、「大西洋」だけを修飾しているばあいであろう。

    （ⅲ）　鯛がいい大西洋の船

しかし、(65)を(ⅲ)の「船」が「魚」に置き換えれられた表現と読むのは無理があるであろう。またなによりも、(64)において、「大西洋の魚」と「鯛」とあいだに上位概念-下位概念という関係が成立していないという事実は、(64)が「魚は鯛がいい」構文でないとするわれわれの当初の仮定を強固にしているのである。

23 この点は、松尾洋氏との私的議論に負う。

24 たとえ、日産しか軽自動車を生産しなくなったとしても「軽自動車」が「日産の車」の下位概念でないという意味論的事実は変わらない。つまり、(ⅰ)は分析的（ana-

lytic) ではないのである。
　　（ｉ）　軽自動車は日産の車である。

25　ただし、上で論じたように、柴谷は、「魚は鯛がいい」構文と「象は鼻が長い」構文とを区別していないので、結局、(71)は、柴谷の言う意味での「象は鼻が長い」構文でもある。筆者は本節で、(71)は「象は鼻が長い」構文の一種であることを主張するが、その論拠は、あくまで(71)のような構文は「魚は鯛がいい」構文と本質的に異なるという点にあるのであって、柴谷の議論とはまったく別である。

26　本章1節（pp. 227-228）で注意したように、筆者は、(83)の「辞書」が主題化された結果が、(81)であるとする立場にコミットしていない。ただし、(81)の基底構造のどこかに、(83)が反映されていなければならないことは事実であろう。

27　「魚は鯛がいい」について、「鯛」を「鯛という魚」と言い替え、「鯛という魚」のなかに含まれる「魚」が主題になってできた文であるとする野田の見解は、野田(1997: 21)によれば、(ⅱ)は、(ｉ)から「川魚」の中に含まれる「魚」が主題になってできた文であるいう主張とパラレルである、とされる。
　　（ｉ）　川魚がいい（こと）
　　（ⅱ）　魚は川魚がいい
しかし、(ｉ)から「川魚」のなかに含まれる「魚」を主題化するという操作はおよそ一般性がなく、正当化されえない。

第6章

カキ料理構文と非飽和名詞

　日本語の「AはBがC（だ）」という形式の構文には、第4章で論じた「象は鼻が長い」構文および第5章で論じた「鼻は象が長い」構文や「魚は鯛がいい」構文以外に、「カキ料理は広島が本場だ」という重要な構文がある。本章では、名詞句の意味解釈との関係で興味深いこの構文をとりあげ、この構文をめぐる最近の議論をもふまえてその意味解釈にかかわる問題を中心に論じる。

1.「カキ料理構文」とは

まず、次の例を見よう。

（1）　広島が、カキ料理の本場だ。（指定文）
（2）　カキ料理の本場は、広島だ。（倒置指定文）

（1）は、第2章で論じた指定コピュラ文であり、その意味内容は「カキ料理の本場はどこかとさがせば、あっ分かった、それは、広島だ」というものである。われわれの術語を用いて言えば、「カキ料理の本場」は「xがカキ料理の本場だ」と表すべき変項名詞句であり、「広島」がその変項xの値を埋めている、ということになる。このばあい、述語が「カキ料理の本場だ」のように、述語名詞になっている点に注意しよう。（1）と同じ意味は（2）のような倒置指定文によっても表すことができる。

　問題は次の文である。

（3）　カキ料理は、広島が本場だ。

（3）は、（1）（2）と統語的にも意味的にも密接に関係する文である。（3）は、（1）（2）における「カキ料理」と「本場」の緊張関係も、「広島」が「カキ料理の本場」という変項名詞句の変項の値になっているという関係も共有している。事実、文の意味の面でも、（3）は、「カキ料理」が主題であるという点を除いて、（1）（2）と実質的に変わらないであろう。そこから、（3）の基本形は（1）であり、（1）の「カキ料理」が主題化されて派生されたものである、という考えも十分可能であろう。事実、野田（1981）および野田（1996: 42-43）は、（3）は、（4）のような格関係が基になっており、（4）における「カキ料理」が主題に指定されると、「カキ料理の」に「は」がつき、それが文頭におかれて、（3）が得られる、としている。

　（4）　広島が<u>カキ料理の本場</u>（であること）
　　　　　　　　主題

もちろん、このような主題化操作が統語論的に正当化されるかどうかは別に論じられなければならない。この種の主題化操作を認めない立場であっても、（3）と（4）、したがって（3）と（1）の関係はなんらかの仕方で保持することが必要であろう。たとえば、（3）の構造として（5）のような基底形を仮定することも考えられるかもしれない。

　（5）　カキ料理$_i$は [広島が [e$_i$の本場だ]]

（3）の生成に関しては、統語論的にはこれ以外の可能性もあるかもしれないが、この細部は本章での議論には直接影響しないので、ここでは立ち入らない。要するに、ここでは、（3）と（4）のあいだ（したがって（3）と（1）のあいだ）に密接な統語論的関係が保持されていなければならないということさえ確認できれば十分である。以下では便宜上「（3）は（1）からの主題化操作によって関係づけられている」という言い方をするが、筆者がこの立場にコミットしていないことを強調しておく。

　さて、（1）と（3）の関係と同種の関係は、次の各文の（a）（b）のあいだにも見ることができる。

　（6）a.　田中が、この病院の院長だ。
　　　b.　この病院は、田中が院長だ。
　（7）a.　山田さんがA社の社長だ。

b.　A社は山田さんが社長だ。
（8）a.　囲碁が鈴木の趣味だ。
　　b.　鈴木は、囲碁が趣味だ。
（9）a.　本屋さんの多いのが、金沢の町の特徴だ。
　　b.　金沢の町は、本屋さんの多いのが特徴だ。　　（野田1981：55）

　（3）および（6b）（7b）（8b）（9b）のような構文を以下、「カキ料理構文」と呼ぶことにする。カキ料理構文「AはBがCだ」は、一般的には「Xは、YがZだ」という形式をもつ文として次のように規定される。[1]

（10）　指定文「Yが、XのZだ」において、「XのZ」が述語名詞句であるとき、指定文のもつ基本的意味は、「X」を主題にした「Xは、YがZだ」でも表すことができる。このとき、「Xは、YがZだ」を「カキ料理構文」と呼ぶ。

　（10）で、指定文「Yが、XのZだ」の基本的意味はカキ料理構文「Xは、YがZだ」でも表すことができる、と言ったが、これは、〈カキ料理構文「Xは、YがZだ」には指定文「Yが、XのZだ」の意味が保持されている〉という意味であって、〈指定文「Yが、XのZだ」とカキ料理構文「Xは、YがZだ」とが意味的に等価だ〉という意味ではない。カキ料理構文「Xは、YがZだ」は、「X」を主題にした有題文でありかつコピュラ文である以上、「Xについて、［YがZだ］という属性を帰している」という措定文の意味があり、この意味は、対応する指定文「Yが、XのZ」には含まれていないのである。結局、カキ料理構文「Xは、YがZだ」は、対応する指定文「Yが、XのZだ」の基本的意味を保持しながらも、全体としては「Xについて属性を帰している」という意味で措定文である、という点の認識は重要である。

　ところでやっかいな問題は、指定文「Yが、XのZだ」に対応してカキ料理構文「Xは、YがZだ」がつねに存在するわけではない、という点である。いいかえれば、かりに（1）のような指定文からカキ料理構文（3）を派生する主題化操作があるとしたばあい、この操作が無制限に適用されるものではなく、そこにはある種の制約があるという点が問題なのである。たとえば、次の例を見よう。

（11）a.　花子が、この病院の看護婦／医師だ。
　　 b.？この病院は、花子が看護婦／医師だ。

(12) a. これが、娘の首飾りだ。
　　 b. ?娘は、これが首飾りだ。
(13) a. 太郎が、文学座の俳優だ。
　　 b. ?文学座は、太郎が俳優だ。
(14) a. ピカソが、フランスの画家だ。
　　 b. ?フランスは、ピカソが画家だ。

(11a)は指定文であり、(6a)と類似している。にもかかわらず、(11a)の述語名詞句「この病院の看護婦/医師」の名詞句修飾要素「この病院」に主題化をかけて、(11b)を導くことはできない。同様に、(12a)(13a)(14a)は「Yが、XのZだ」という形式をもつ指定文であるが、(12b)(13b)(14b)のような対応する「Xは、YがZだ」はいずれも適格とはいいがたい。これはいったいなぜであろうか。カキ料理構文が成立するための制約とはいかなるものであろうか。カキ料理構文をめぐる問題は、この制約を解明することにほかならない。

2. 野田の仮説

野田(1981)は、カキ料理構文が成立するための制約について詳細に検討している。野田は、(4)の「カキ料理」が主題化されて(3)が派生されるという見解をとるが、(3)のタイプの文は、「本場（＝Z）」が、主題になっている「カキ料理（＝X）」にとって重要な一側面を表すという機能をもっている、と主張する。[2] そこから野田は、カキ料理構文に関して概略、以下のような結論を出している。[3]

(15) a. 「YがXのZだ」で、「XのZ」が述語名詞句であるとき、Zが意味的にXにとって重要な一側面を表すとき、そしてそのときにかぎり、「Xの」に主題化を適用してカキ料理構文「Xは、YがZだ」をつくることができる。
　　 b. Zに現れる名詞は、「中心」「特徴」「目的」「原因」「基盤」などを表すばあいにかぎられる。

野田によれば、(15b)は(15a)の「Zが意味的にXにとって重要な側面を表す」という制約から得られる帰結なのである。事実、野田の仮説(15)は、たとえば、(6)と(11)のような例を見ているかぎり、妥当であるように思われ

るかもしれない。(6a)と(11a)は統語論的にはまったく同じ構文であるにもかかわらず、述語名詞句からの修飾要素の主題化が、(6b)では可能であるのにたいして、(11b)では不可能である。その根拠は、野田の仮説(15a)によれば、「この病院(＝X)」にとって、「院長(＝Z)」は重要な側面を表すのにたいして、「看護婦(＝Z)」や「医師(＝Z)」は「病院」の重要な側面を表さない、という違いに求めることができる。また、「院長」は「病院」の中心的な存在であるので、このデータは(15b)をも裏づける、と主張できるかもしれない。

　しかし、野田の仮説(15)にはいくつか問題がある。第一に、仮説(15)の言語理論的位置づけが不明確である。(15)のような仮説はそもそも意味論的な制約であろうか、それとも語用論的な制約であろうか。(15)の理論上の位置づけを不明確にしている最大の要因は、(15a)に登場する「Xにとって重要な側面」という概念にある。このような概念が意味論上の規則や制約に登場するということは通常考えられない。しかし、(15a)で「Zが意味的にXにとって重要な側面」と述べているところから推察すると、野田は、これをどうやら意味論的な制約と考えているようである。しかし、「本場」という語の意味と「カキ料理」という語の意味とのあいだには、前者が後者にとって「重要な側面である」という意味的関係は存在しない。同様に、「病院」にとって「院長」が「医師」や「看護婦」よりも重要であるかどうかは、言葉の意味の問題であるとは思われない。事実、コンテクストによっては、「病院」にとって重要なのは「院長」ではなくて、「医師」や「看護婦」である可能性もあるであろう。一般に、AがBにとって重要であるかどうかはわれわれの世界にたいする信念や知識のレベルの問題であって、言葉の意味のレベルの問題ではないのである。

　しかし、(15a)における「Xにとって重要な側面であるかどうか」は語用論のレベルでこそ決定できるのだと考えることは、野田にとって別の困難をもたらす。なぜなら、ひとたびこれを認めると、(15)の仮定そのものが意味論上の制約ではなく、語用論上の制約だ、ということになってしまうからである。つまり、指定文「Yが、XのZだ」に対応して「Xは、YがZだ」というカキ料理構文が構築できるかどうかは、コンテクスト次第であり、(意味論を含めた)文-文法のレベルでは決定できない問題である、ということになる。いいかえれば、(6)-(9)については対応する(b)は適格であるが、(11)-(14)については対応する(b)が適格でないという事実は語用論上の事実であって、(意味論を含めた)文-文法のレベルで説明すべき問題では

ない、ということなってしまうのである。おそらく、これは、野田が、仮説(15)によって意図していたところと異なるであろう。なぜなら、(6b)(7b)(8b)(9b)が適格であるのにたいして(11b)(12b)(13b)(14b)が適格でないという事実はコンテクストに依拠しない文法的事実であり、野田の仮説(15)はそのような文法的事実を説明すべく提唱されたものであるはずだからである。かくして、「Xにとって重要な側面」という概念を含む野田の仮説(15)は、ジレンマに遭遇するわけである。

野田の仮説(15)がもつ第二の問題は、ZがXにとって明らかに重要な側面を表さないにもかかわらず、カキ料理構文「Xは、YがZだ」をつくることができる例が存在するという点である。次の例を見よう。

(16) a. 洋子がこの芝居の主役だ。
　　 b. この芝居は、洋子が主役だ。

なるほど、(16a)における「主役」はこの語の意味からして、「この芝居」にとって重要であると言ってさしつかえないであろう。すると、野田の仮説(15)は、「この芝居」に主題化を適用してできた文(16b)は適格であると予測する。事実、(16b)は適格である。では、「主役」を「端役」に置き換えた(17)はどうであろうか。

(17) a. あの男がこの芝居の端役だ。
　　 b. この芝居は、あの男が端役だ。

「主役」が「この芝居」にとって重要であるという意味では、「端役」は「この芝居」にとって重要であるとはけっしていえない。すると、野田の仮説(15)は、(17a)の「この芝居」に主題化を適用してできた文(17b)は不適格であると予測する。[4] たしかに、(17b)は(16b)に比して容認可能性が低い。しかし、「容認可能性が低い」ということと、「非文法的である」とか「意味的に不適格である」ということとは同じではない。前者は語用論上の概念であるのにたいして、後者は文-文法上の概念であるからである。文法的な文、もしくは意味的に適格な文であっても、語用論上の理由で容認可能性が低くなるケースはいくらでもある。筆者の見解では、(17b)はまさにこのケースであると思われる。実は、(17)については、カキ料理構文(17b)ばかりでなく対応する指定文(17a)自体も(16a)に比して容認可能性が低いことに注意すべきである。それは、(18)を問題にする機会は(19)を問題にする機会よりもはるかに少ない、という語用論上の理由によるものと思われる。

(18) この芝居の端役は誰か。
(19) この芝居の主役は誰か。

　人間の心理の常からして、ひとは通常、(19)のような問いには関心をもつであろうが、(18)のような問いに関心をもたないものである。しかし、そのことは、(18)が(19)に比して非文法的であるとか意味的に不適格であることを示すわけでもなんでもない。そして、もし(18)に関心をもつひとがいれば、そのひとにとっては、(17a)は容認可能性が高くなるであろうし、対応するカキ料理構文(17b)の容認可能性も高くなるのである。たとえば、芝居の端役をもっぱら演ずる俳優たちの何人かが、自分たちの待遇改善を目的に、「全国端役連合組合」なるものを結成しようと立ち上がったとしよう。この組合の発起人たちは各芝居小屋を訪問して、組合に加入してくれそうなひとをさがしていると仮定する。かれらは、個々の芝居小屋の楽屋口に入るとき、(18)に強い関心をもっているはずである。このようなコンテクストのもとでは、(17a)はもとより(17b)もきわめて自然な文なのである。ということは、(17b)も意味論的には(16b)と同じ程度に適格な文であることを示している。(17b)は、(17a)や(18)と同様、この文の使用を容認可能とするコンテクストにアクセスしにくいだけのことであって、統語的にも意味的にも不適格な文ではないのである。したがって、野田の仮説(15)があくまで、カキ料理構文の（統語的・意味的な）適格性を問題にするのであるかぎり、(17)の例は(15)にたいする反例となるのである。

　もっとも上の議論にたいして、野田の仮説(15)を擁護する立場からは、次のような反論があるかもしれない。全国端役連合組合の発起人たちが各芝居小屋をめぐって(18)に関心をもつという特殊なコンテクストではたしかに(17b)は自然であるかもしれないが、そのような特殊なコンテクストでは、まさに発起人たちにとっては「端役」が重要になっているのである。したがって、このデータは、野田の仮説(15)を裏づける証拠ではあっても、反例にはならない…と。

　しかし、この反論は成り立たない。野田の仮説(15)において、重要性はあくまで、XとZのあいだの関係であったことに注意しよう。つまり(15)において、「XにとってZが重要であるかどうか」だけが問題であり、「話し手にとってZが重要であるかどうか」はいっさい問題ではなかったのである。なるほど、上の特殊なコンテクストでは、(17b)の話し手（＝「全国端役連合組合」発起人たち）にとっては「この芝居の端役は誰であるか」は重

要な情報であろう。しかし、そのことは、「この芝居」と「端役」のあいだの重要性に影響を与えないのである。「この芝居」にとって「端役」は「主役」に比して重要でないという事実はなんら変わりないからである。したがって、野田の仮説(15)は(17b)を不適格であると間違って予測するはずである。要するに、上の特殊なコンテクストにおいて(17b)が容認可能となるのは、「この芝居」にとって「端役」が重要となったからではなくて、このコンテクストにおいては「この芝居」について「あの男が端役だ」という内容を叙述することが関連性をもつ（すなわち認知効果がある）からにほかならない。したがって、野田の仮説(15)を擁護する立場からの上の反論は成立しないのである。

さらに、(17b)の不自然さは、あくまで語用論上のものであって、意味論上のものではないとするわれわれの主張は、(20)の例によっていっそうの裏づけを得ることができる。[5]

(20) a. 田村正和がこの芝居の端役だ。
　　　b. この芝居は、田村正和が端役だ。

指定文(20a)に対応するカキ料理構文(20b)は語用論的にも自然であり、容認可能である。(20b)が容認可能である理由は、いうまでもなく、Yに入る名詞が「田村正和」という有名な俳優の名前だからである。つまり、この芝居について、「この芝居の端役は誰かといえば、驚くなかれ、あの田村正和がそうなのだ」と叙述することによって、この文の使用の認知効果（＝関連性）を高めているからである。関連性理論の言い方を使えば、今「鈴木太郎」が無名の俳優であるとき、「この芝居は、田村正和が端役だ」は「この芝居は、鈴木太郎が端役だ」より、はるかに多くの文脈的含意（contextual implication）を生み、関連性の高い発話となるのである。

(20b)が容認可能であるということは、この文を文-文法のレベルで不適格であると言うわけにはいかないことを示している。ところが、(20)においても「端役」が「この芝居」にとって重要な側面を表しているわけではない以上、野田の仮説(15)は(20b)を不適格であると予測してしまうのである。したがって、野田の仮説(15)はここでも保持できないであろう。

なお、(20b)を文法的に不適格とみなし、たまたま「田村正和」という有名人の名前がYの位置に登場しているがゆえに容認可能になったとみるべきではない。この点を明確にするために、(20)を(21)と比較してみよう。

(21) a. 田村正和が文学座の俳優だ。
   b. ? 文学座は、田村正和が俳優だ。

(21b)は明らかに文法的に不適格であるが、Yの位置にたとえ「田村正和」のような有名人の名前が登場したところで、容認不可能のままなのである。つまり、一般に、構文として適格な文が、コンテクスト次第で容認可能になったり、容認不可能になったり、あるいはその中間であったりすることは十分ありうるが、(21b)のように、もともと構文として不適格な文は、コンテクストを変えても、容認可能にはならないのである。[6] カキ料理構文に関してわれわれが求めているのは、コンテクスト次第では容認可能となる(20b)のタイプの文と、コンテクストの変化にもかかわらず、容認不可能のままである(21b)のタイプの文との区別を説明できる一般理論である。

さて、以上の考察が正しくて、(20b)が文として適格であるならば、(17b)も文として適格であることを否定する文法的理由はなにもないはずである。つまり、(17b)も(20b)と同様、適格な文なのである。ただ、(17b)については、「あの男が端役だ」という内容が「あの芝居」についての情報としての価値が高いと判断できるコンテクストにアクセスしにくいという語用論上の理由のために、しばしば不自然であると受け取られるだけの話である。つまり、(17b)の不自然さは、あくまで語用論上のものであって、意味論上のものではないことに注意することが重要である。

こんどは、(8)の例をもう一度見よう。

(8) a. 囲碁が鈴木の趣味だ。
   b. 鈴木は、囲碁が趣味だ。

(8a)は指定文であり、(8b)は対応するカキ料理構文である。では、(8b)は野田の仮説(15)を満たしているといえるであろうか。「重要な側面とは何か」にもよるが、通常、あるひとにとって、趣味は所詮趣味であり、そのひとにとって重要な側面であるとは考えにくいはずである。人間にとって趣味がそれほど重要な側面であるとはいえない以上、(8b)もまた野田の仮説(15)にたいする反例になるであろう。[7]

野田の仮説(15)がもつ第三の問題は、指定文「YがXのZだ」において、ZがXにとって重要な側面を表すと思われるにもかかわらず、対応するカキ料理構文「Xは、YがZだ」をつくることができない例が存在するという点である。次の例を見よう。

(22) a. これが、あのヴァイオリニストの帽子だ。
　　 b. ？あのヴァイオリニストは、これが帽子だ。
(23) a. これが、あのヴァイオリニストのヴァイオリンだ。
　　 b. ？あのヴァイオリニストは、これがヴァイオリンだ。

(22a)は指定文であるが、対応する(22b)は不適格である。このケースは、野田の仮説(15)によって、「あのヴァイオリニスト」にとって「帽子」が重要な側面ではないからだ、といった説明がなされるかもしれない。では、(23)はどうであろうか。(23a)は指定文であるが、対応する(23b)はやはり不適格なのである。しかし、このケースは、「あのヴァイオリニスト」にとって「ヴァイオリン」が重要な側面ではないからだ、といった説明は無理である。なぜなら、通常、「帽子」と違って「ヴァイオリン」は「あのヴァイオリニスト」にとって重要な側面を表すはずであるからである。ということは、(22b)(23b)の不適格性を説明するのに、「あのヴァイオリニスト」にとって「ヴァイオリン」が重要か否かは無関係だということになる。もし野田が、〈仮説(15a)で意図されている意味では、「あのヴァイオリニスト」にとって「ヴァイオリン」は重要な側面ではないのだ〉と主張するならば、仮説(15a)で意図されている意味での重要性とはいったい何かを明確に規定しなければならない。さもなければ、仮説(15a)は反証可能性の乏しい不適切な仮説だ、ということになるであろう。

最後に(12)をもう一度見てみよう。

(12) a. これが、娘の首飾りだ。
　　 b. ？娘は、これが首飾りだ。

(12a)は「YがXのZだ」という形式の指定文であるが、対応するカキ料理構文を作ろうとすれば(12b)となる。娘にとって、首飾りが重要であるコンテクストもあれば、重要でないコンテクストもあろう。しかし、(12b)は、娘にとって首飾りが重要であるようなコンテクストで発話されたとしても、やはり不自然なままである点に注意しよう。このことは、ZがXにとって重要な側面を表すか否かはカキ料理構文「Xは、YがZだ」を成立させる必要条件でもなければ十分条件でもないことを明確に示している。したがって、「XにとってZが重要云々」に依拠する野田の仮説(15)をそのまま受け入れるわけにはいかないのである。

3. 飽和名詞と非飽和名詞

　西山(1990b)において、筆者は指定文「YがXのZだ」とカキ料理構文「Xは、YがZだ」とを対応づけることができる条件に直接効いてくる要因は、「XにとってZが重要云々」ということにあるのではなく、Zの位置に登場する名詞自体の意味特性の問題、とくにZが飽和名詞かそれとも非飽和名詞かという点にある、という主張を展開した。[8] 飽和名詞と非飽和名詞という概念については、第1章5.4節ですでに説明したが、その要点を整理して述べると次のようになる。

　「俳優」と「主役」という二つの名詞を比較してみよう。「俳優」という語の意味は概略、〈芝居や映画で演技をすることを職業とするひと〉であり、あるひとがこの属性を満たしていれば俳優なのである。したがって、「俳優」はそれ単独では外延を決めることができ、意味的に充足しているのである。「俳優」のタイプの名詞を第1章で「飽和名詞」と呼んだ。

　一方、「主役」は「俳優」と本質的に異なり、意味的に自立していない名詞である。あるひとについて、そのひとが主役であるかどうかは、どの芝居（や映画）を問題にしているかを定めないかぎり、答えようがない。また、問題にしている芝居（や映画）がコンテクストから明らかでないかぎり、そもそも「主役の集合」を問題にすることはできない。「主役」は、パラメータを含んでいて、その値が具体的に定まらないかぎり、外延を定めることができないタイプの名詞なのである。このような名詞を第1章で「非飽和名詞」と呼んだ。

　「俳優」と「主役」のこのような対比は、「建築家」と「建築者」、「設計士」と「設計者」、「作曲家」と「作曲者」、「看護士」と「看護人」、「会社員」と「社員」、「作家」と「作者」などにおいても見られるが、どの非飽和名詞についても対応する類義の飽和名詞が存在するわけではない。対応する類義の飽和名詞を有さないが、次のような名詞はいずれも「Xの」というパラメータを要請するので、非飽和名詞である。[9]

(24) a. 〈役割〉:「優勝者」「敗者」「委員長」「司会者」「上役」「媒酌人」「創立者」「弁護人」「黒幕」「幹部」「上司」など
　　 b. 〈職位〉:「社長」「部長」「課長」「(副)院長」「社員」「調査役」「室長」「婦長」「主任」「班長」「学部長」「艦長」など

c.〈関係語〉:「恋人」「友達」「先輩」「後輩」など
d.〈親族語〉:「妹」「母」「叔父」「息子」「子ども」など
e.〈その他〉:「タイトル」「原因」「結果」「敵」「癖」「趣味」「犯人」「買い時」「基盤」「前提」「特徴」「目的」「締め切り」「欠点」など

一方、「首飾り」「水」「男の子」「音」「俳優」「政治家」「画家」「ピアニスト」「音楽家」「ヴァイオリン」「サラリーマン」「教師」「医者」「小学生」「紳士」「机」「車」「自転車」「バケツ」「本」「鉛筆」「病気」などはいずれも飽和名詞である。大多数の名詞は飽和名詞であり、非飽和名詞は量的に限られている。

筆者は、西山(1990b)では、「飽和/非飽和」の区別を、名詞という語のレベルおよび名詞句という句のレベル両方の問題だとみなしていた。しかし、三宅(2000: 87)の指摘するように、句レベルでの「飽和性・非飽和性」には不明確なところがあるので、ここでは「飽和/非飽和」の区別をあくまで語彙意味論レベルの問題であるとみなすことにする。つまり、大部分の名詞は、基本的に、辞書記述において、飽和名詞か非飽和名詞かの分類がなされるべきであると考えている。もっとも、あらゆる名詞が飽和名詞か非飽和名詞かのいずれかに分類されるべきであると筆者が主張しているのではない。飽和名詞でも非飽和名詞でもない名詞が存在する可能性は十分ある。たとえば、第1章5.5節で述べた「研究」「破壊」「調査」「削減」のような行為名詞(漢語サ変動詞系名詞)については、これを飽和名詞か非飽和名詞で区別すること自体が意味がないであろう。また、本章6節で触れるが、「ほとんど」「すべて」「大部分」「半分」「一部」「15%」などの数量を表す表現は、かりにこれらを名詞に分類するとしても、それを飽和名詞かそれとも非飽和名詞かで分類することが意味のないタイプの名詞であるかもしれない。そもそも飽和性を問題にすること自体が意味をなさない名詞としてほかにどのようなものがあるかは今後の検討課題である。

飽和名詞か非飽和名詞の区別に関してもっとも重要なことは、主要名詞(=NP_2)にこれらの名詞をおき、それにたいする修飾要素を「NP_1の」としたとき、NP_2が飽和名詞であるか非飽和名詞であるかに応じて、NP_1とNP_2の緊張関係がまったく異なるという点である。第1章で述べたように、「NP_1のNP_2」という表現形式は意味論的に曖昧であり、少なくとも、タイプ[A]からタイプ[E]まで5とおりの意味があった。そのなかで、とく

に注目すべきものは、「太郎の上司」のようなタイプ［D］の「NP_1 の NP_2」である。「NP_1 の NP_2」がタイプ［D］であるとき、NP_2 は「上司」のように非飽和名詞であり、NP_1 は NP_2 のパラメータの値を設定するものであった。したがって、NP_2 と NP_1 の関係は、非飽和名詞とそのパラメータというきわめて特定の意味的緊張関係を有するのであり、そこに語用論的解釈が入り込む余地がないものである。それにたいして、「洋子の首飾り」のようなタイプ［A］、「病気の学生」のようなタイプ［B］、「着物を着た時の母」のようなタイプ［C］の「NP_1 の NP_2」のばあいは、NP_2 はいずれも飽和名詞である。また、「わが町の破壊」のようなタイプ［E］の「NP_1 の NP_2」のばあいは、NP_2 は行為名詞であるので、上述のように、飽和名詞でも非飽和名詞でもないものであった。ということは、タイプ［D］の「NP_1 の NP_2」だけが NP_2 が非飽和名詞であるのにたいして、他のタイプはいずれも非飽和名詞ではないという違いがある。そして、筆者の見解では、この違いが「Y が、X の Z だ」に対応してカキ料理構文「X は、Y が Z だ」を構築できるかどうかに決定的に関与するのである。つまり、「Y が、X の Z だ」における述語名詞句「X の Z」の部分をタイプ［D］と読むか、それ以外のタイプの名詞句と読むかがカキ料理構文「X は、Y が Z だ」の成立にとって決定的に効いてくるように思われる。いいかえれば、「Y が、X の Z だ」において、Z が非飽和名詞で、X を Z のパラメータと読むことができるかどうかがカキ料理構文の成立にとって重要な鍵となるのである。このことを次節で敷衍しよう。

4. カキ料理構文の成立条件と非飽和名詞

　前節で見た「飽和名詞」と「非飽和名詞」との違いは、指定文における述語名詞句の修飾要素を主題として文頭におくことができるか否かの違いにあらわれる。まず、指定文に対応するカキ料理構文が適格であった次の例をもう一度見よう。

（6）a.　田中が、この病院の院長だ。
　　 b.　この病院は、田中が院長だ。
（7）a.　山田さんが A 社の社長だ。
　　 b.　A 社は、山田さんが社長だ。
（8）a.　囲碁が鈴木の趣味だ。

b.　鈴木は、囲碁が趣味だ。
（9）a.　本屋さんの多いのが、金沢の町の特徴だ。
　　b.　金沢の町は、本屋さんの多いのが特徴だ。

これらの例の各(a)は「Yが、XのZだ」という形式を有している指定文であるが、Zの位置に登場する名詞がいずれも非飽和名詞であること、そして、修飾要素である「Xの」のXがまさに非飽和名詞のパラメータを表す要素になっていること、つまり、「XのZ」が第1章5.4節で論じたタイプ[D]の「NP_1のNP_2」の関係になっていることに注意しよう。たとえば、(6a)の「院長」についていえば、あるひとが院長であるかどうかは、どの病院を問題にするかを限定しないかぎり、なんともいえないであろう。あるひとが、病院Aでは院長であっても、別の病院では副院長であったりする可能性もあるからである。A病院の院長である田中太郎が、たまたま自分が入院していたB病院の廊下を歩いているとき、「あなたは院長ですか」と尋ねられると、一瞬戸惑うであろうが、おそらく「いいえ」と答えるであろう。今のコンテクストからして、田中太郎は、「あなたはB病院の院長ですか」と尋ねられていると理解するからである。要するに、「院長」は、「しかじかの病院の」というパラメータの値を具体的に設定しないかぎり、その外延は決まらないのであるから、非飽和名詞である。(6a)においては、「この病院の」が「院長」という非飽和名詞のパラメータを表しているのである。そして、このようなばあいにかぎり、パラメータ要素である「この病院」を文頭に出して(6b)のようなカキ料理構文を構築できるのである。(7)の「社長」も「院長」と同様に非飽和名詞である。(8)の「趣味」も非飽和名詞である。「囲碁が趣味であるか否か」を問うことは誰の趣味であるかを固定しないかぎり、意味がないであろう。(9)の「特徴」にしても同様である。ある現象、たとえば、「本屋さんが多いということ」を指し、それが特徴といえるかどうかは、「何の特徴を問題にしているのか」の「何」を具体的に指定しないかぎり、肯定も否定もできないであろう。このように、これらの例においては、各(a)のZの位置に来る名詞は非飽和名詞になっており、その修飾要素（＝X）はそのパラメータになっているのである。各(a)のXを文頭に出して各(b)のようなカキ料理構文を構築できるのは、このようなばあいにかぎられるのである。

　こんどは、指定文「Yが、XのZだ」に対応する構文「Xは、YがZだ」が不適格であった例をもう一度見よう。

(11) a. 花子が、この病院の看護婦/医師だ。
    b. ?この病院は、花子が看護婦/医師だ。[10]
(12) a. これが、娘の首飾りだ。
    b. ?娘は、これが首飾りだ。
(13) a. 太郎が、文学座の俳優だ。
    b. ?文学座は、太郎が俳優だ。
(14) a. ピカソが、フランスの画家だ。
    b. ?フランスは、ピカソが画家だ。

これらの例の各(a)も「Yが、XのZだ」という形式を有している指定文であるが、Zの位置に登場する名詞がいずれも飽和名詞である点に注意しよう。そして、述語名詞句「XのZ」は、いずれも、第1章5.1節で述べたタイプ[A]の「NP_1のNP_2」の関係になっているのである。つまり、修飾要素Xが、主要語Zの付加詞になっており、NP_1とNP_2のあいだに、⟨NP_1とある種の関係RをもつNP_2⟩という意味を有しているのである。そして、その関係Rの中身は意味論レベルでは決定できず、コンテクストを参照して語用論のレベルで決定されるのである。たとえば、(11a)の「医師」(=Z)は職業を表す表現であり、これだけで独立にその外延を規定できるので飽和名詞である。そして、「この病院の医師」(=XのZ)は、医師の集合のなかから、この病院とある種のかかわりをもつ集合をとり出しているわけである。そして、この病院と医師とのかかわりの中身は語用論的に特定化されるものである。語用論的理由でもっとも自然な解釈は、《この病院で医者としての役割を果たすべく勤務している医師》であろうが、これ以外にも《この病院で電話交換手として勤務している医師》《この病院から派遣されている医師》《(多くの病院関係者の総会において)この病院を代表している医師》《この病院に入院している医師》《この病院に見舞いにきている医師》などと多様でありうる。このように、「XのZ」がタイプ[A]の「NP_1のNP_2」の関係になっているばあい、修飾要素である「この病院」(=X)を「医師」(=Z)から切り離して文頭に出して(11b)のような構文を構築することはできないのである。

(12a)についても同様で、「首飾り」(=Z)は飽和名詞である。そして、「娘の首飾り」(=XのZ)は、首飾りの集合のなかから、(話し手の)娘とある種の関係をもつ集合をとり出しているわけである。第1章5.1節で述べたように、この関係は《娘が身につけている首飾り》《娘が手にしている首

飾り》《娘が製作した首飾り》《娘が買いたがっている首飾り》など多様な解釈が可能であり、コンテクストが与えられないかぎり特定化されえない。このようなばあい、修飾要素である「娘」を「首飾り」から切り離して文頭に出して(12b)のような構文を構築することは許されないのである。(13a)の「俳優」も飽和名詞である。このばあいも、修飾要素である「文学座」を「俳優」から切り離して文頭に出して(13b)のような構文を構築することはできないのである。(14)も同様である。このように、「Yが、XのZだ」という形式をもつ文において、「XのZ」がタイプ[A]の関係になっているばあいは、対応する構文「Xは、YがZだ」を構築することができないのである。

　こんどは、次の例を見よう。

(25) a.　あの男が、コレラ患者の大学生だ。
　　 b.？コレラ患者は、あの男が大学生だ。
(26) a.　佐々木が、北海道出身の俳優だ。
　　 b.？北海道出身は、佐々木が俳優だ。
(27) a.　このひとが、女性の運転手だ。
　　 b.？女性は、このひとが運転手だ。

(25a)(26a)(27a)は適格な文であるが、(25b)(26b)(27b)はいずれも明らかに非文である。これらの例の各(a)も「Yが、XのZだ」という形式をもつ指定文であり、Zの位置に登場する名詞がいずれも飽和名詞であり、その点で(11a)(12a)(13a)(14a)と類似している。しかし、(25a)(26a)(27a)は、(11a)(12a)(13a)(14a)と異なり、述語名詞句「XのZ」が第1章5.2節で述べたタイプ[B]の「NP₁のNP₂」の関係、つまり、「NP₁が叙述的な意味をもち、NP₂がその叙述があてはまる対象である」という関係になっている。このようなばあいも、下線部のNP₁(＝X)を文頭に出して、「Xは、YがZだ」のような構文を構築することはできないのである。第1章5.2節で論じたように、(25a)(26a)(27a)の下線部のX(＝NP₁)は、「NP₁デアル」という叙述を伴う連体修飾節をなしており、非指示的名詞句なのである。このような非指示的名詞句を文頭に出して、主題とするわけにはいかないのである。それゆえ、「Yが、XのZだ」という形式をもつ文において、「XのZ」がタイプ[B]の関係になっているばあいは、対応する構文「Xは、YがZだ」を構築することができないのである。

　こんどは、次の例を見よう。

(28) a. これが、着物を着た時の母です。（←写真を見せながら）
　　 b. ?着物を着た時は、これが母です。
(29) a. これが、小学生の時の貴乃花です。（←写真を見せながら）
　　 b. ?小学生の時は、これが貴乃花です。

(28a)(29a)は適格な文であるが、対応する(28b)(29b)は明らかに不適格である。これらの例の各(a)も「Yが、XのZだ」という形式をもつ指定文であり、Zの位置に登場する名詞がいずれも飽和名詞であるが、述語名詞句「XのZ」が第1章5.3節で述べたタイプ［C］の「NP_1のNP_2」の関係になっている。つまり、「NP_1が時間などの領域を指定し、その領域のなかで、NP_2の指示対象の断片を固定する」という意味的緊張関係になっている。このようなばあいも、NP_1（＝X）を文頭に出して、「Xは、YがZだ」のような構文を構築することはできないのである。

　最後に次の例を見よう。

(30) a. （見ろ！）これが、わが町の破壊だ。
　　 b. ?（見ろ！）わが町は、これが破壊だ。

今、あるひとが、いろいろな町が破壊されている状況が映し出されている映像を見ていたとしよう。さらにそのひとは、その映像には、そのひとの故郷の破壊場面も出てくることを知っていたとしよう。ある場面で、そのひとが、思わず、(30)を発話したとしよう。(30a)は適格な文であるが、(30b)は適格とはいいがたい文である。(30a)も形式的には「Yが、XのZだ」という指定文である。しかし、Zの位置に登場する名詞は行為名詞であって、飽和名詞ではないが、かといって非飽和名詞でもない。要するに、(30a)では、述語名詞句「XのZ」が第1章5.5節で述べたタイプ［E］の「NP_1のNP_2」の関係、つまり、「NP_2が項構造をもち、NP_1がその項を埋める」という意味的緊張関係になっているのである。このようなばあいも、NP_1（＝X）を文頭に出して、対応する構文「Xは、YがZだ」を構築することはできないのである。

　以上の考察から、一般に、「Yが、XのZだ」という形式において、Zが非飽和名詞でないときは、その修飾要素Xを文頭に出して、「Xは、YがZだ」のような対応する構文を構築することは許されないのである。いいかえれば、「Yが、XのZだ」における「XのZ」の部分をタイプ［D］の緊張関係と読むことができるときにかぎり、カキ料理構文「Xは、YがZだ」

は成立しうるのである。このような考察から、筆者は西山(1990b: 176)において、カキ料理構文の成立条件として次の趣旨の仮説を提案した。

(31) 指定文「Yが、XのZだ」において、「XのZ」が述語名詞句であるとき、Zが非飽和名詞で、Xがそのパラメータの値を表すときにかぎり、対応するカキ料理構文「Xは、YがZだ」を構築することができる。

仮説(31)の言わんとしていることは、カキ料理構文「Xは、YがZだ」が成立するためには、Zが非飽和名詞であることが必要である、ということにほかならない。つまり、(31)は、(32)を意味しているのであって(33)を意味しているのではない点に注意しよう。

(32) 指定文「Yが、XのZだ」において、「XのZ」が述語名詞句であるとき、対応するカキ料理構文「Xは、YがZだ」を構築することができるときはかならずZが非飽和名詞で、Xがそのパラメータの値を表している。

(33) 指定文「Yが、XのZだ」において、「XのZ」が述語名詞句であるとき、Zが非飽和名詞で、Xがそのパラメータの値を表すならば、かならず対応するカキ料理構文「Xは、YがZだ」を構築することができる。

(33)は(31)よりも強い主張である。筆者は、(31)によって、カキ料理構文の成立のための必要条件を述べたのであって、必要十分条件を述べているわけではない。[11] 仮説(31)からは、(34)が導出できる。

(34) 指定文「Yが、XのZだ」において、「XのZ」が述語名詞句であるとき、Zが非飽和名詞でないならば、カキ料理構文「Xは、YがZだ」を構築することができない。

さて、(31)を本章冒頭の(1)(3)にたいして適用して説明してみよう。

(1) 広島が、カキ料理の本場だ。(指定文)
(3) カキ料理は、広島が本場だ。

(1)に登場する「本場」はパラメータを要請するタイプの名詞、つまり、非飽和名詞である。なぜなら、ある都市や場所を指して、「ここがそもそも本場か否か」を問うことは、何の本場を問題にしているのかを規定しないかぎ

り意味がないからである。特定の都市が、お茶の本場であっても、ジャズ音楽の本場でないかもしれないのである。(1)における「カキ料理」は、まさにそのような「本場」という語が要請するパラメータの値を表している。したがって、(1)に対応する(3)がカキ料理構文として可能であるという事実は、仮説(31)と整合的である。

本章2節で論じた(16)や(17)のケースも同様である。これらの文におけるZの位置に登場する「主役」「端役」は明らかに非飽和名詞である。あるひとが主役もしくは端役であるかどうかは、どの芝居や映画を問題にするかというパラメータを設定しないかぎり、なんともいえないであろう。あるひとが、ある芝居 P_1 では主役であっても、別の芝居 P_2 では端役であるかもしれないのである。また、「主役だけ集まれ、端役は来るな」という命令は、問題にしている芝居や映画が明示されているか、コンテクストから明らかでないかぎり、意味のない命令である。(16a)(17a)における「この芝居」はまさにそのようなパラメータの値を表している。したがって、(16a)(17a)の「この芝居」を文頭においた(16b)(17b)がカキ料理構文として適格であるという事実は、仮説(31)と整合的である。[12] それにたいして、Zの位置に「俳優」のような飽和名詞が登場する(13)のケースは、(16)(17)のケースと本質的に異なる。(13a)の「俳優」が飽和名詞である以上、(34)が予測する通り、(13b)をカキ料理構文として構築することができないのである。

仮説(31)の正しさを裏づける例をもうすこし見ておこう。第1章5.4節において、意味が互いに類似している「作者」と「作家」の意味の区別の本質は飽和性・非飽和性の違いにあるということを述べた。つまり、「作者」は「しかじかの本や論文」といったパラメータの値を要請するので、非飽和名詞であるが、「作家」の方はそのような要請をしないので飽和名詞であった。そして、次の(35)と(36)の対比は、われわれの仮説(31)が正しいことを裏づけている。

(35) a. 紫式部が、源氏物語の作者だ。
　　　b. 源氏物語は、紫式部が作者だ。
(36) a. 紫式部が、平安時代の作家だ。
　　　b. ?平安時代は、紫式部が作家だ。

(35a)は、「源氏物語の作者は誰かといえば、紫式部がそうだ」という意味であり指定コピュラ文である。(35b)では、(35a)の意味が保持されており、カキ料理構文になっている。「作者」は非飽和名詞であるのでこの事実は、

われわれの仮説(31)と整合的である。一方、(36a)は、「平安時代の作家は誰かといえば、紫式部がそうだ」という意味であり、やはり指定コピュラ文である。[13] ところが、この意味を(36b)において保持することができないのである。(36a)の「作家」が飽和名詞である以上、(34)が予測するとおり、(36b)をカキ料理構文として構築することができないからである。[14]

こんどは次の例を見よう。

(37) a. ひかり324号が、洋子の電車だ。
    b. ?洋子は、ひかり324号が電車だ。

(37a)は指定コピュラ文である。それは、「洋子の電車はどれかといえば、ひかり324号がそうだ」という意味を表す。第1章2節で述べたように、(37a)の述語名詞句「洋子の電車」の言語的意味は「洋子とある関係Rをもった電車」という以上のものでしかない。しかし、その関係Rの具体的中身は、コンテクストが与えられることによって語用論的に決まるのである。したがって、この名詞句は、コンテクスト次第で多様な解釈が可能であった。たとえば、(ⅰ)「洋子が運転している電車」、(ⅱ)「洋子が通勤に用いる電車」、(ⅲ)「洋子の所有する電車」、(ⅳ)「洋子がこれから乗ろうとする電車」、(ⅴ)「洋子が目下乗っている電車」、(ⅵ)「洋子が設計した電車」、(ⅶ)「(電車破壊を企てているゲリラの一味である)洋子が爆破を受けもつことになっている電車」などといった具合である。もちろん、このことは第1章2節で強調したように、「洋子の電車」という名詞句が意味的に曖昧(ambiguous)であることを示すわけではなく、不明瞭(vague)であることを示すだけである。そして、この不明瞭性の解消は語用論上の問題であった。したがって、(37a)は、文の意味としては曖昧でないが、「洋子の電車」の解釈に応じて語用論的には多様な解釈が可能となる。ところが、(37a)に対応する(37b)は明らかに不適格である。これは、仮説(31)(34)が予測するとおりである。「電車」はいうまでもなく飽和名詞であり、「洋子の」はその付加詞でしかない以上、(37a)の「洋子」に主題化をかけてカキ料理構文をつくることができないのである。

興味深いことに、たとえ、(37a)の「洋子の電車」にたいする語用論的解釈がコンテクストからして「洋子の通勤に使用する電車」と読めるばあいであっても、飽和名詞にたいする修飾要素を文頭におく(37b)は許されないのがふつうであろう。[15] 一方、「通勤電車」は「電車」と異なり非飽和名詞である。(38a)における、「通勤電車」(=Z)は「誰にとっての…」というパ

ラメータの値を要請しており、「洋子」(＝X)はまさにそのパラメータを表している。このようなばあい、パラメータの値を表す「洋子」を文頭においたカキ料理構文(38b)は許されるという事実は仮説(31)と整合的である。

(38) a. ひかり324号が、洋子の通勤電車だ。
　　 b. 洋子は、ひかり324号が通勤電車だ。

こんどは次の例を見よう。

(39)　山田が、わが町の弁護士だ。

第1章5.4節で指摘したように、「弁護士」という語は飽和性に関して曖昧であった。もしこの語を「弁護士資格を有しているひと」の意味にとるならば飽和名詞であるが、「誰かの/どこかの弁護をする弁護士資格所有者」の意味にとるのであれば非飽和名詞である。(39)は指定文ではあるが、「弁護士」の意味に応じて下線部も曖昧になり、結果的に文全体が曖昧となる。まず、「弁護士」を飽和名詞ととり、「わが町の」はその外延のなかから、ある特定の弁護士を限定する働きをしていると読むならば、(39)にたいする解釈は、コンテクスト次第でたとえば、《わが町在住の弁護士は誰かといえば、それは山田だ》《わが町を代表する弁護士は山田だ》《わが町が支援している弁護士は山田だ》などといった読みになる。一方、「弁護士」を非飽和名詞ととり、「わが町の」が弁護する対象を表していると読むならば、(39)にたいする自然な解釈は、《わが町を弁護する専属弁護士は誰かといえば、それは山田だ》という読みになる。ところが、興味深いことに、(39)の「わが町の」を主題として文頭に出した文(40)は、曖昧ではないのである。

(40)　わが町は、山田が弁護士だ。

((39)に対応するかぎりの)(40)には、《わが町を弁護する専属弁護士は誰かといえば、それは山田だ》という読み、つまり、「弁護士」が非飽和名詞として解釈される読みしかないのである。このことは、指定文(39)の「わが町」を主題化してカキ料理構文(40)を構築できるとすればそれは、「弁護士」と「わが町」との関係が、タイプ[D]の関係、つまり、非飽和名詞とそのパラメータの値という関係になっているばあいに限られることを示している。したがって仮説(31)はここでも裏づけられたわけである。

　以上のように、われわれの仮説(31)は与えられた言語データをうまく説明・予測するが、(31)にたいしては機能的な根拠も存在するように思われ

る。仮説(31)の動機づけとなっているものは、いうまでもなく、「YがXのZだ」におけるZが飽和名詞であるばあいと非飽和名詞であるばあいとで、修飾要素「Xの」とZとの結びつきが根本的に相違しているという事実である。上述のように、述語名詞（＝Z）が飽和名詞であるばあい、Zは自立しており、独自にその外延を規定できる。そして修飾要素「Xの」は、独立に定まっているZの外延をさらに限定するはたらきをしているにすぎない。つまり、飽和名詞と修飾要素との関係は、いわば、「外的な結びつき」であるといえる。「外的な結びつき」のばあい、述語名詞（＝Z）の外延決定にとって修飾要素（＝X）は不可欠な要素ではなく随意的な要素でしかない。そのような随意的な要素であるXが述語名詞（＝Z）から遊離したならば、それを述語名詞（＝Z）の修飾要素と認定するのが困難になる。とりわけ、「XのZ」と隣接しているばあいに可能であったXとZとのあいだの多様な語用論的関係はXがZから遊離することによって、読みとれなくなるのである。

一方、述語名詞（＝Z）が非飽和名詞であるばあい、かならずパラメータXを要請する。パラメータの値が設定されないかぎり、Zだけではその外延が定まらないからである。したがって、述語名詞（＝Z）と修飾要素（＝X）との関係はいわば「内的な結びつき」といえる。「内的な結びつき」のばあい、修飾要素（＝X）が述語名詞（＝Z）から遊離しても、修飾要素（＝X）を述語名詞（＝Z）のパラメータと認定できるのである。Zが非飽和名詞で、Xがそのパラメータの値を表しているときにかぎり、指定文「Yが、XのZだ」に対応してカキ料理構文「Xは、YがZだ」が構築可能である理由には、このような機能的要因が働いているように思われる。

5. 菊地(1997a)について

菊地(1997a)は、カキ料理構文「XはYがZ」の成立条件を詳細に論じている。菊地は、野田(1981)、野田(1996)、西山(1990b)、坂原(1990a)にも言及し、入念できわめて示唆に富む考察をおこなっている。菊地(1997a)の要点は(41)のようなものであるが、結論的には野田の仮説(15)に同意している点に注意すべきである。

(41) カキ料理構文「XはYがZ」の成立条件は、より本質的には(Ⅳ)、より具体的には概略(Ⅲ)、さらに簡潔には(Ⅰ)のように述べられ

る。菊地(1997a: 96)

（Ⅰ）　ZがXの重要な一側面をあらわす名詞句であることである。
（Ⅱ）　Zが非飽和名詞句であることである。
（Ⅲ）　Xを前提とした場合に、Zが〈関心の対象〉になりやすい名詞句であること ＝ XからZへの'連想惹起度'が高いことである。
（Ⅳ）　「何が/誰が/どれが/どういう物（人）がXのZか」ということがXについての意味のある情報として機能すること。

　(41)の(Ⅰ)はいうまでもなく、野田(1981)および野田(1996)の見解にほかならない。(41)の(Ⅱ)は、西山(1990b)の見解である。[16] (41)の(Ⅲ)および(Ⅳ)は、菊地自身の見解である。
　しかし、(41)については、理論的にはっきりしない点がいくつかある。なによりも、(Ⅰ)(Ⅱ)(Ⅲ)(Ⅳ)の各条件のあいだの論理的関係がきわめて不明確である。「カキ料理構文「XはYがZ」の成立条件は、より本質的には(Ⅳ)…」と菊地が述べているところをみると、菊地は(Ⅳ)をもっとも基本的な条件とみたてているようである。では、(Ⅰ)(Ⅱ)(Ⅲ)は(Ⅳ)から論理的に導出される条件なのであろうか。また、(Ⅰ)(Ⅱ)(Ⅲ)の各条件は論理的に互いに独立しているのであろうか。(Ⅰ)(Ⅱ)(Ⅲ)の各条件のあいだの優先順位はあるのであろうか。こういった点が不明瞭なのである。さらに菊地が「カキ料理構文「XはYがZ」の成立条件は、…より具体的には概略(Ⅲ)、さらに簡潔には(Ⅰ)…」と述べているところから推察すると、(Ⅰ)と(Ⅲ)は互いに独立しているのではなく、(Ⅲ)は究極的には(Ⅰ)の条件に収斂すると菊地は考えているようでもある。しかし、(Ⅲ)における「XからZへの連想惹起度」と(Ⅰ)における「XにとってのZへの重要さ」はつねに一致するといえるのであろうか。条件(Ⅱ)については、菊地はそれを「「Zの規定要求度」を捉えようとしたもの」として再構成しているものの、カキ料理構文「XはYがZ」の成立に直接関与するものとして積極的に評価していない点が問題である。菊地は、条件(Ⅱ)について、(Ⅰ)も(Ⅱ)もともに「XのZ」の結びつきの強さの尺度を表しているが、両尺度は多くのばあい一致するという点で、(Ⅰ)と(Ⅱ)は事実上近いのだと述べているだけである（菊地1997a: 97)。要するに、条件(Ⅰ)は条件(Ⅱ)と一致することが多いというまさにその点だけにおいて条件(Ⅱ)の役割を間接的にしか認めていないのである。つまり菊地は、条件(Ⅱ)固有の役割を積極的に認めていないのである

が、それで良いのであろうか。菊地の仮定(41)を理解するためには、こういったさまざまな問題が解かれなければならない。

菊地(1997a:96)は、カキ料理構文「XはYがZ」の成立条件の本質は(41)の(IV)につきるという点について、次のように説明する。

(42) ［カキ料理構文］「XはYがZ」文の場合は、基の形が「YがXのZ」だから、述部「YがZ」も要するに「Yが(X の)Z」ということであり、この「が」は、基本的に《解答提示》の「が」なので、結局、述部は「何が/誰が/どれ/どういう物（人）がXのZか」という問に対する答えを述べるような役割を果たすことになる。

(42)の《解答提示》の「が」は、菊地自身の術語であるが、久野のいう［総記］、われわれの言う［指定］にほぼ相当するものと理解してさしつかえない。(42)の要点を、われわれの言い方で述べ直すと(43)のようになるであろう。

(43) カキ料理構文「XはYがZ」には基の形として「YがXのZ」という指定文があり、名詞句「Yが」は［指定］である。カキ料理構文自体は、「Yが(Xの)Z」の部分がXについて叙述している構文である。

(42)あるいは(43)に反対する理由はなにもない。なぜなら、(42)(43)はカキ料理構文「XはYがZ」の定義そのものであるからである。

ところが菊地は、(42)から(41)の(IV)が出てくると主張し、(IV)こそがカキ料理構文の成立条件にとってもっとも本質的であると主張するのである。しかし、筆者には、(41)の(IV)が、そもそもカキ料理構文の成立条件といかにかかわるかが理解できない。なぜなら、(41)の(IV)に登場する「意味のある情報」という概念は意味論上の概念である「有意味」(meaningful)と異なり、およそ文法で規定できる概念ではなく、カキ料理構文の成立条件とは無関係であるように思われるからである。(41)の(IV)で言う「意味のある情報」は発話のコンテクストを考慮した語用論的なものを指していることは明らかである。ある情報が、あるひとにとって「意味のある情報」であっても別のひとにとってはなんら「意味のない情報」である可能性は十分ある。たとえば、適格なカキ料理構文(6b)を見よう。

(6) a. 田中が、この病院の院長だ。
 b. この病院は、田中が院長だ。

誰がこの病院の院長かということがこの病院について意味のある情報であるかどうかは、状況によって異なるし、また個人の興味や関心によっても異なるであろう。たとえば、深夜、ある病院Kに盗みに入ろうとしている人間にとっては、K病院の院長が誰であるかはK病院について意味のある情報ではなく、むしろ、K病院の守衛が誰であるかがK病院について意味のある情報になっている可能性は高いであろう。だからといって、(6b)という文がカキ料理構文として適格であるという日本語の言語事実は、この文が使用されるコンテクストによって左右されないのである。つまり、(6b)の適格性は、「誰がこの病院の院長かということがこの病院について意味のある情報であるかどうか」ということと無関係なのである。

もっとも菊地は上の議論にたいして、(41)の(IV)における「意味のある情報であるか否か」は、「ある個人にとってたまたま意味がある情報であるか否か」ということではなく、あくまで、「その情報［Yが(Xの)Zだ］が、一般的に言ってXについて意味のある情報になっているか否か」ということを言わんとしていたのだ、つまり(6b)の例でいえば「〈病院〉について〈田中が院長であること〉が一般に意味のある情報である」ということを言わんとしていたのだ、と主張するかもしれない。しかし、「〈田中が院長であること〉のような情報が病院について意味があるか否か」はやはり人間の世界についての信念や知識、興味や関心といった語用論的な要因で決まる問題であって、およそ文法や（言葉の）意味の問題でないことは明らかである。それは結局、「〈田中が院長である〉という情報が病院にとって重要な側面を表している」といった言語外の信念や知識によって左右されるものなのである。したがって、この意味での「意味のある情報」という概念は、野田の仮説(15)における「重要な」という概念に直結するものであることは容易に想像できる。事実、そのことは、菊地が、(41)において、カキ料理構文の成立条件は、「より本質的には(IV)、より具体的には概略(III)、さらに簡潔には(I)［である］」、と述べているところからも十分裏づけられる。

菊地によれば、(41)の(III)の要点はこうである。たとえば、「日本言語学会」(=X)を前提としたばあいに、その場の特定の状況に支えられなくても、「会長」(=Z)は、〈関心の対象〉になりやすい語である。つまり、「日本言語学会」(=X)と聞けばその会長(=Z)が関心の対象になりやすいと

いうことがXからZへの「連想惹起度が高い」ということである、とされる。そして、菊地(1997a:95)は、これは、野田の(Ⅰ)にいう「ZがXの重要な一側面をあらわすこと」と実質的に重なりあう、とも主張する。「XのZ」で、「XからZへの連想惹起度が高い」ということは、「ZがXから自然に連想される、Xのかなり重要な要素である」ということだといえるからである。

というわけで、菊地によれば、条件(Ⅲ)と条件(Ⅰ)は同じことになるのである。かくして、菊地は、カキ料理構文の実質的な成立条件としては、条件(Ⅰ)を提唱し、野田の(15a)を支持するわけである。

もし、菊地が、カキ料理構文「XはYがZ」の成立条件として、実質的には、条件(Ⅰ)を仮定しているのであるならば、このような菊地の主張には、野田の仮説(15)にたいする本章2節で述べた批判がそのままあてはまるであろう。まず理論面でいえば、「ZがXから自然に連想される」とか、「ZがXのかなり重要な要素である」のような、およそ（意味論をも含めた）文法規則になじまない概念を用いてカキ料理構文という構文上の成立条件を語ること自体に問題がある。そもそも「ZがXから自然に連想される」とか「ZがXのかなり重要な要素である」という概念は、コンテクストに依存して変わりうるものであるし、また個人差もある概念である。となると、カキ料理構文の成立条件は、その本質的な点で語用論的要因が介入することになってしまうであろう。しかし、菊地(1997a:97)は「それでもやむを得ない」として、次のように述べる。

(44) [(41)の](Ⅰ)は、…簡潔に最も肝要な点をおさえていると思われる。もとより、ZがXの〈重要〉な側面をあらわすという述べ方の、〈重要〉という言葉が、普通の意味での文法規則を述べるときの言葉でないことは確かである。文法規則を述べる場合に、…〈重要〉という語を用いて述べることは異例であり、すなわち、これは狭義の文法規則ではなく、語用論的なファクターが入っているということになる。…〈重要〉の何たるかが曖昧な面があるのは、もとより語用論的なファクターの絡む現象なのだとすれば、やむを得ないと思われる。

要するに、菊地によれば、カキ料理構文の成立条件は、狭義の文法規則ではなく、語用論的要因が入っている規則だ、ということである。このような主張の難点は、「語用論的要因が入っている規則」なるものの言語理論上の位置づけが不明瞭であるという点である。「語用論的要因が入っている規則」

は、結局、語用論上の規則に属するのであろうか。つまり、菊地は、カキ料理構文の成立条件は、語用論上のレベルでこそ解決されるべき問題である、と主張しているのであろうか。(意味論をも含む)文法規則でもなければ、語用論上の規則でもないような第三のレベルの規則を言語理論上別に認める立場でないかぎり、「語用論的要因が入っている規則」なるものは、語用論上の規則に属すべきであると考えざるをえないであろう。

周知のように、語用論で扱う現象というのは、コンテクストを考慮してはじめて処理できるような現象にほかならない。では、カキ料理構文の現象は、そのような語用論的性質をもつものであろうか。そのことを確認するために、(8)の例をもう一度とりあげよう。

(8) a. 囲碁が鈴木の趣味だ。
   b. 鈴木は、囲碁が趣味だ。

菊地の(41)の条件(III)を(8)の例にあてはめるならば、(8b)が適格であるのは、「鈴木」と聞けばすぐ「趣味」が連想されるからだ、ということになる。[17] なるほど、「鈴木」と聞けばすぐ「趣味」が連想されるコンテクストもないわけではないであろう。しかし、同時に、「鈴木」と聞いても「趣味」が連想されないようなコンテクストも存在するのである。もし(41)の条件(III)が語用論に属する規則であるとするならば、「鈴木」と聞いて「趣味」がすぐ連想されるコンテクストで(8b)が発話されたときはこの発話は、条件(III)に合致するために適格であるが、もし「鈴木」と聞いて「趣味」が連想されないようなコンテクストで(8b)が発話されたときはこの発話は条件(III)を満たさないので、適格でないということになろう。菊地が(41)の条件(III)によってこの種のことを意図していたかどうかははっきりしないが、(41)を語用論上の規則とみなすかぎり、そう解釈せざるをえないのである。しかし、筆者の見解では、このような予測自体が正しくない。「鈴木」と聞いて「趣味」が連想されるコンテクストであれ、「鈴木」と聞いて「趣味」などまったく連想されないコンテクストであれ、(8b)は日本語の文として適格であり、指定文(8a)の意味を保持しているのである。ということは、(8b)の適格性は、コンテクストと独立であり、したがって、この種の適格性は語用論的性質ではない、ということになる。つまり、カキ料理構文の成立条件は語用論のレベルで捉えるべきものではないのである。この意味で、(8b)の適格性をあくまで語用論のレベルで捉えようとする菊地の仮定(41)の(III)は、理論面で問題がある、と言わざるをえない。

菊地の仮定(41)の(Ⅲ)と(Ⅰ)は、記述面でも難点をもつ。(9)の例をもう一度見よう。

(9)a. 本屋さんの多いのが、金沢の町の特徴だ。
　　b. 金沢の町は、本屋さんの多いのが特徴だ。

(9b)は野田(1981：55)があげているカキ料理構文である。「金沢の町」と聞いて「金沢城」「兼六園」「加賀百万石」「泉鏡花」「犀川」「浅野川」「雪吊り」などを連想するひとは少なくないであろうが、「金沢の町」と聞いて「特徴」という語を連想するひとはまずいないであろう。つまり、「金沢の町」から「特徴」への連想惹起度はきわめて低いのである。にもかかわらず、(9b)は適格なカキ料理構文である。したがって、このケースは、菊地の仮定(41)の(Ⅲ)にたいする直接の反例となる。

こんどは、(6)と(11)を比較してみよう。

(6)a. 田中が、この病院の院長だ。
　　b. この病院は、田中が院長だ。
(11)a. 花子が、この病院の医師だ。
　　b.？この病院は、花子が医師だ。

(41)の(Ⅲ)をあえてこれらのケースにあてはめれば次のようになる。

(45)「この病院」(＝X)を前提としたばあいに、その場の特定の状況に支えられなくても、「院長」(＝Z)は、〈関心の対象〉になりやすい語である。つまり、「この病院」(＝X)と聞けばその院長(＝Z)が関心の対象になりやすいということがこの病院から院長への'連想惹起度が高い'ということである。それゆえ、(6b)は、カキ料理構文としての成立条件を満たしているのである。

(46)「この病院」(＝X)を前提としたばあいに、その場の特定の状況に支えられないかぎり、「医師」(＝Z)は、〈関心の対象〉になりにくい語である。つまり、医師は、この病院から自然に連想される要素ではなく、「この病院」(＝X)から医師(＝Z)への'連想惹起度は低い'のである。それゆえ、(11b)は、カキ料理構文としての成立条件を満たさないのである。

しかし、筆者には、(45)と(46)の対比は納得できない。なぜなら、「この病院から院長への連想惹起度」が高いが、「この病院から医師への連想惹起度」

が低いとするデータが説得力に欠けるからである。むしろ、特定の状況によって支えられないかぎり、「この病院から医師への連想惹起度」と「この病院から院長への連想惹起度」とのあいだに有意な差が出てくるとは思えないのである。[18] したがって、「この病院から院長への連想惹起度」のほうが「この病院から医師への連想惹起度」よりも高いと主張する菊地の根拠は強くないように思われる。この点を確認するために、(6)の「院長」を「副院長」に置き換えた(47)を見てみよう。

(47) a. 田中が、この病院の副院長だ。
b. この病院は、田中が副院長だ。

「この病院」(＝X)を前提としたばあいに、「副院長」(＝Z)は、〈関心の対象〉になりやすい語であろうか。つまり、この病院から副院長への'連想惹起度が高い'といえるであろうか。筆者の直観では、よほどの特定の状況に支えられないかぎり、「この病院」と聞いて「副院長」がすぐに連想されることはまずないと思われる。それにたいして、「この病院」と聞いて、「医師」や「看護婦」は「副院長」よりもはるかに容易に連想されるはずである。つまり、「この病院」から「医師」や「看護婦」への連想惹起度は、「この病院」から「副院長」への連想惹起度より高いのである。それにもかかわらず、言語データとしては、(47b)は(6b)と同様、適格なカキ料理構文であり、(11b)はカキ料理構文として不適格なのである。この事実は、菊地の主張する「XからZへの'連想惹起度'」に基づくカキ料理構文成立条件(41)の(Ⅲ)がそのままでは受け入れられないことを示している。

このようなデータにもかかわらず、もし菊地が「この病院から副院長への連想惹起度」のほうが「この病院から医師への連想惹起度」よりも高いと主張するのであるならば、そのばあいの「連想惹起度」の意味が筆者には理解しがたいのである。さらに次の例を見よう。

(48) a. 佐藤が、この病院の顧問弁護士だ。
b. この病院は、佐藤が顧問弁護士だ。

「この病院」(＝X)を前提としたばあいに、「顧問弁護士」(＝Z)は、〈関心の対象〉になりやすい語であろうか。つまり、「この病院から顧問弁護士への「連想惹起度」が高いといえるであろうか。この病院が医療ミスかなにかで訴訟を起こされて裁判になっているといった特殊な状況でも与えられないかぎり、通常、「この病院」と聞いて「顧問弁護士」がすぐに連想されるこ

とはまずないと思われる。それにたいして、「この病院」と聞いて、「医師」や「看護婦」を連想することは日常、ごく自然である。ということは、「この病院」から「医師」や「看護婦」への連想惹起度は、「この病院」から「顧問弁護士」への連想惹起度よりはるかに高いと言わざるをえない。それにもかかわらず、言語データとしては、(48b)は(6b)と同様、適格なカキ料理構文であり、(11b)は不適格なのである。この事実もまた、菊地の提示するカキ料理構文成立条件(41)の(III)にたいする反例となる。最後に次の例をもう一度とりあげよう。

(22) a. これが、あのヴァイオリニストの帽子だ。
　　 b. ?あのヴァイオリニストは、これが帽子だ。

(22a)は指定文であるが、対応する(22b)はカキ料理構文として不適格であった。このケースは、菊地の仮説(41)の(III)によって、次のような説明がなされるかもしれない。「あのヴァイオリニスト」(=X)を前提としたばあいに、その場の特定の状況に支えられないかぎり、「帽子」(=Z)は、〈関心の対象〉になりにくい語である。つまり、帽子は、あのヴァイオリニストから自然に連想される要素ではなく、「あのヴァイオリニスト」(=X)から「帽子」(=Z)への連想惹起度が低いのである。そして、これは、「「帽子」(=Z)があのヴァイオリニストの重要な一側面を表す名詞句でない」ということと実質的に重なりあい、(41)の(I)、すなわち野田の仮説(15)と整合的である。それゆえ、(22b)は、菊地の言うカキ料理構文としての成立条件を満たさないのである。なるほど、ここまでは問題ない。では、(23)はどうであろうか。

(23) a. これが、あのヴァイオリニストのヴァイオリンだ。
　　 b. ?あのヴァイオリニストは、これがヴァイオリンだ。

(23a)は指定文であるが、対応する(23b)はやはり不適格である。ところが、「あのヴァイオリニスト」(=X)と聞けば、なによりもそのヴァイオリン(=Z)が関心の対象になりやすいことは直観的にも明らかであろう。つまり、帽子と違い、ヴァイオリンが「あのヴァイオリニスト」から自然に連想される要素であることを否定する者はまずいないであろう。ということは、「あのヴァイオリニスト」(=X)から「ヴァイオリン」(=Z)への連想惹起度が高いと言わざるをえない。そして、これは、「ヴァイオリンがあのヴァイオリニストの重要な一側面を表す」ということと実質的に重なりあうので

ある。すると、(23b)は、菊地の言うカキ料理構文としての成立条件(41)の(III)および(I)を完全に満たすということになる。それにもかかわらず、実際の言語データとしては、(23b)は(22b)と同程度に不適格なのである。もし「連想惹起度」に基づく菊地の仮説(41)の(III)が正しいならば、(22b)と(23b)のあいだに適格性もしくは容認可能性に関して有意な差があってしかるべきである。ところが言語事実は、両者のあいだにそのような差はないことを示しているのである。したがって、菊地の成立条件(41)の(III)は保持できないのである。

以上の考察は、カキ料理構文「XはYがZ」において、「Xを前提とした場合に、Zが〈関心の対象〉になりやすい名詞句であるかどうか」や「XからZへの'連想惹起度'が高いかどうか」や「XにとってZが重要であるかどうか」はこの構文の成立条件にとって必要条件でもなければ十分条件でもないことを示している。上述のごとく、菊地の仮定(41)のうち、(IV)はカキ料理構文「XはYがZ」の成立条件とは無関係であるし、唯一、実質的な提案と目される(I)と(III)については理論面・記述面において決定的な反例があり受け入れることができないのである。

それにたいして、本章4節で提示した筆者の仮説、すなわち〈カキ料理構文「Xは、YがZだ」が成立するためには、Zが非飽和名詞でなければならない〉という趣旨の仮説は、上で見た菊地の仮説(I)(III)にたいする諸々の反例をうまく処理できるのである。たとえば、(6b)と(11b)の適格性の違いは、「院長」が非飽和名詞であるのにたいして、「看護婦」「医師」が飽和名詞であるという事実によって説明できる。また、(8b)(9b)については、「趣味」も「特徴」も非飽和名詞であるがゆえに、これらの文がカキ料理構文の成立条件と矛盾しないという事実を正しく説明できるのである。同様に、(47b)と(48b)の適格性は、「副院長」や「顧問弁護士」が非飽和名詞であるという事実からして[19]、これらの文がカキ料理構文の成立条件と矛盾しないという事実を正しく説明できるのである。さらに、(22b)と(23b)のカキ料理構文としての不適格性は、「帽子」も「ヴァイオリン」もともに飽和名詞であるという事実からして正しく説明・予測できるのである。このような筆者の説明には、語用論的な要因はなんら介入していない点に注意すべきである。もしカキ料理構文に関連して語用論的な要因が関与するとすれば、カキ料理構文の成立条件（すなわち、構文としての適格性条件）ではなく、構文としては適格であるカキ料理構文について、その容認可能性を問題にするレベルにおいてであるように思われる。たとえば、(16)と(17)を再び

比較しよう。

 (16) a.　洋子がこの芝居の主役だ。
   b.　この芝居は、洋子が主役だ。
 (17) a.　あの男がこの芝居の端役だ。
   b.　この芝居は、あの男が端役だ。

本章4節で説明したように、(17b)は(16b)と同様、カキ料理構文としてはまったく適格な文である。ただ、語用論的理由で、(17b)は(16b)に比して容認可能性が落ちることも事実であろう。そして、この語用論的事実を説明する段階ではじめて、菊地の言う〈「この芝居」(=X)を前提としたばあいに、「主役」(=Z)は、関心の対象になりやすい語であるが、「端役」(=Z)は、関心の対象になりにくい語である〉という観察が効いてくるのである。事実、「この芝居」と聞いて「主役」が比較的容易に連想されるのにたいして、「この芝居」と聞いて「端役」がすぐに連想されることは通常、まずないと思われる。その意味で、多くのコンテクストにおいて、「この芝居」から「主役」への連想惹起度は、「この芝居」から「端役」への連想惹起度よりはるかに高いということは認めてよいと思う。しかし、筆者が本章2節で指摘したように、(17b)を全国端役連合組合の発起人が口にしたばあいや、(17b)における「あの男」が有名人を指すばあいには、(17b)の容認可能性は高まるのである。このように、発話のコンテクスト次第で、(16b)と(17b)の容認可能性は左右されるし、容認可能性には段階性があることも事実であろう。しかし、このことは、発話のコンテクストがこれらの文の適格性に影響を与えることをなんら意味しないのである。(16b)と(17b)の構文の適格性は、発話のコンテクストと無関係であり、ゆるぎなきものであり、また段階性はないのである。カキ料理構文にたいする野田の「重要性」に基づく仮説も、菊地の「連想惹起度」に基づく仮説も言語データを正しく説明・予測できなかった最大の理由は、「文の適格性」という文法的・意味論的事実と「発話の容認可能性」という語用論的事実とを区別し損なった点にあると思われるのである。

6.「慰謝料はこれが一部だ」構文について

本章4節でも述べたように、筆者は、西山(1990b)において、カキ料理構文の成立条件として、(31)のような趣旨の仮説を提示した。

(31) 指定文「Yが、XのZだ」において、「XのZ」が述語名詞句であるとき、Zが非飽和名詞で、Xがそのパラメータの値を表すときにかぎり、対応するカキ料理構文「Xは、YがZだ」を構築することができる。

野田(1996: 48)は、この仮説に言及し、これには反例があると主張する。

(49) 西山佑司(1990b)は、「本場」の部分の名詞の性質を、かならず「—の」で修飾される「非飽和名詞句」だとしている。しかし、非飽和名詞句のはずである「一部」や「目的の一つ」が使えないことから、そうした規定では不十分なことがわかる。

菊地(1997a: 105,註20)もこの野田の批判を支持し、(50b)に比し、(51b)は不自然であることからして、西山(1990b)の非飽和名詞に基づく成立条件が不備であると主張する。

(50) a. これが慰謝料の全部だ。
    b. 慰謝料はこれが全部だ。
(51) a. これが慰謝料の一部だ。
    b. 慰謝料はこれが一部だ。

まず、本章4節で指摘したように、西山(1990b)の主張(31)の意味するところはあくまで(32)であって(33)のような強い主張ではないという点に注意しよう。つまり、西山(1990b)において、筆者は、〈カキ料理構文「Xは、YがZだ」を構築できるならば、かならず、Zが非飽和名詞で、Xがそのパラメータの値を表している〉と主張しているのであって、その逆、つまり、〈Zが非飽和名詞で、Xがそのパラメータの値を表しているならば、かならずカキ料理構文「Xは、YがZだ」を構築できる〉と主張しているのではないのである。ところが、上の野田(1996)および菊地(1997a: 105,註20)は、「一部」のような名詞は非飽和名詞であるにもかかわらず、(51b)のようにカキ料理構文としては不自然であるということを根拠に(31)に反論しようとしている。しかし、これは(33)にたいする反例にはなるかもしれないが、筆者の主張(31)(32)にたいする反例ではないのである。三宅(2000: 83)が正しく指摘しているように、西山(1990b)の論を強く反駁するためには、Zが非飽和名詞でないにもかかわらずカキ料理構文「Xは、YがZだ」を構築できる例をあげなければならない。野田(1996)および菊地(1997a)は、

そのような例をどこにも出していないのである。

　さらに、野田(1996)および菊地(1997a)の例が(33)のような強い主張にたいする決定的な反例になっているかどうかという点についても慎重な検討を要する。かれらの例は、「一部」と「目的の一つ」というわずか2例である。「目的の一つ」から検討しよう。まず、「目的の一つ」は名詞句であって名詞でないため、Zを非飽和名詞に限定している(33)にたいする直接の反例にはならない点に注意しよう。もっとも、西山(1990b)では、飽和性・非飽和性を名詞という語彙レベルのみならず、名詞句レベルについても適用していたので、野田(1996)の議論は、(33)のZを非飽和名詞句とみなした上での反例のつもりであったことはいうまでもない。では、(33)のZを非飽和名詞句まで拡張したばあい、「目的の一つ」は、そのように拡張した(33)にたいする明確な反例になっているであろうか。実は、この点に関する言語データはそれほどはっきりしないのである。次の例を見よう。

(52) a. 拉致被害者にたいして経済的・精神的に支援することが、この会の目的の一つです。
　　 b. この会は、拉致被害者にたいして経済的・精神的に支援することが目的の一つです。
　　 c. たしかに、この会は、拉致被害者にたいして経済的・精神的に支援することが目的の一つですが、それ以外にも重要な目的があります。

(52a)は指定コピュラ文である。(52b)は、(52a)に対応するカキ料理構文である。(52b)はやや落ち着きが悪いとはいえ、筆者の言語直観ではそれほど悪くない文である。かりに、(52b)の適格性を疑うひとであっても、(52c)となるとかなり落ち着きが良くなると判断するのではないであろうか。もし(52c)が受け入れられるならば、「目的の一つ」が、(Zを名詞句にまで拡張した)(33)にたいする真の反例になっているかどうかきわめて疑わしく思われるのである。

　以下における議論をより明確にするために、今かりに筆者の言語直観に反するが、(52b)は不適格な文だとあえて仮定してみよう。では、この不適格性は野田(1996)の仮説(15)によって予測・説明できるであろうか。仮説(15)によれば、「目的の一つ（＝Z）」が、「この会（＝X）」にとって重要であるばあいは、カキ料理構文「Xは、YがZだ」を構築できるが、重要でないばあいはカキ料理構文を構築できない、とされている。この観点から、(53)

を考察しよう。

(53) この会には三つの重要な目的があります。まず、拉致被害者にたいして経済的・精神的に支援することが、この会の目的の一つです。

(53)の前半は、この会の目的はいずれも重要であることを主張している。したがって、「目的の一つ（＝Z）」は「この会（＝X）」にとって重要であることになる。さて、(53)の後半は、(52a)にほかならないが、このばあい、(52a)に対応してカキ料理構文(52b)を構築できるのであろうか。野田の仮説(15)を厳密に適用するかぎり、(53)に登場したかぎりの(52a)については、「目的の一つ（＝Z）」が「この会（＝X）」にとって重要である以上、対応するカキ料理構文(52b)を構築できると予測するはずである。しかし、このような予測は受け入れがたいであろう。(52b)の不適格性は、たとえ(52a)が(53)の後半として登場しようと、別のコンテクストで登場しようと変わらないはずである。野田(1996：48)が、「目的の一つ」が西山説にたいする反例だと主張するとき、「Yが、Xの目的の一つ」のXに主題化を適用して、カキ料理構文「Xは、Yが目的の一つだ」を派生することは許されない、という一般的な根拠に基づいていたはずである。ところが、この一般的な根拠を保持するということは、(53)に登場したかぎりの(52a)についてはたまたま対応するカキ料理構文(52b)を構築できると主張することと明らかに矛盾するのである。ここでも、野田の仮説(15)が、(52)(53)のようなデータを前にして、はなはだ無力であることをみてとることができるのである。

では、「一部」という語はどうであろうか。この語は(33)にたいする反例となるであろうか。まず、この語はきわめて特殊な語である点に注意しよう。野田(1996)および菊地(1997a)は「一部」が非飽和名詞であるという前提で議論をしているが、その前提に問題がないかどうかをも検討しなければならない。本章3節でも述べたように、あらゆる名詞が飽和名詞か非飽和名詞かのいずれかに分類されるべきであるという立場に筆者はコミットしていない。つまり、飽和名詞でも非飽和名詞でもない名詞が存在する可能性も経験的な問題として残されており、「一部」がそのような名詞である可能性は十分ある。

菊地(1997a)が、(50)と(51)を比較することによって言わんとしていることは、(50a)は指定文であり、対応するカキ料理構文(50b)は自然であるのにたいして、指定文(51a)に対応するカキ料理構文(51b)は不自然であると

いう点である。ここで、いくつか考えなければならない問題がある。第一に、(50a)は本当に指定文であろうか、という点である。(50a)を指定文として読むということは、いくつかの札束を前にして、「慰謝料の全部」という条件を満たすものをさがしていて、それでもなく、あれでもなく、ああ分かった、これだ、と特定の札束を認定していると解釈することでなければならないが、これは、(50a)にたいする自然な解釈ではないであろう。[20] むしろ(50a)にたいする自然な解釈は、《慰謝料はこれで全部ですよ》《慰謝料はこれ以上お払いできませんよ》という意味であろう。この意味のばあい、[xが慰謝料の全部である]を満たすxの値はそれでもなく、あれでもなく、これだ、と選択しているわけではないがゆえに、(50a)の「これが」が[指定]でなく[中立叙述]であることは明らかである。(50a)が指定文でないならば、(50b)はそれ自体、適格文であったとしても、これまで見てきたカキ料理構文とは異なると言わざるをえないであろう。これまで観察したかぎりのカキ料理構文は定義からして、対応する指定文を有さなければならないからである。

同様の議論が(51)についてもいえる。筆者の見解では、(51a)が指定文であるかどうかはなはだ疑わしいのである。(51a)を指定文として読むということは、いくつかの札束のなかから、「慰謝料の一部」という条件を満たすものをさがしていて、それでもなく、あれでもなく、ああ分かった、これだ、と特定の札束を認定していると解釈することでなければならないが、これは、(51a)にたいする自然な解釈とはいえない。むしろ(51a)にたいする自然な解釈は、《慰謝料はこれで全部ではありませんよ》という意味であろう。この意味のばあい、[xが慰謝料の一部である]を満たすxの値はそれでもなく、あれでもなく、これだ、と選択しているわけではないがゆえに、(51a)の「これが」が[指定]でなく[中立叙述]であることは明らかである。したがって、(51a)が指定文でない以上、(51b)はこれまで見てきたカキ料理構文とは異なるのである。[21]

さらに、(51b)の不適格性についても、はっきりしないところがある。たしかに、(51b)は(50b)に比してかなり不自然である。では、(54)はどうであろうか。

(54) a. 慰謝料はこれが一部にすぎません。
　　 b. 慰謝料はこれが一部です。残りは、来月お払いいたします。

筆者の言語直観では、(54)はいずれもかなり容認可能性が高いように思われ

る。ということは、(51b)の不自然さについても文法の問題ではなく語用論的な要因が働いている可能性がある。

　さて、もし名詞句「NP$_1$のNP$_2$」が、第1章5.4節で述べたタイプ［D］の関係、すなわち「パラメータ＋非飽和名詞」の関係であれば、NP$_1$とNP$_2$の順序を逆にした「非飽和名詞＋パラメータ」という連結は、(55b)(55d)が示すように許されないはずである。

(55) a.　この芝居の主役
　　 b.　*主役のこの芝居
　　 c.　この火事の原因
　　 d.　*原因のこの火事

ところが、「一部」や「全部」については次例が示すように、「Aの一部」と「一部のA」、「Aの全部」と「全部のA」が意味を変えずに交替できるばあいも存在する。

(56) a.　参加者の全部が病気になった。
　　 b.　全部の参加者が病気になった。
(57) a.　参加者の一部が病気になった。
　　 b.　一部の参加者が病気になった。

このことは、「一部」や「全部」という語のもつ特殊性を物語っている。同様のことは、「ほとんどの参加者」と「参加者のほとんど」、「大部分の学生」と「学生の大部分」、「半分の聴衆」と「聴衆の半分」などについてもいえる。これらの事実は、(ⅰ)「一部」や「全部」は、「すべて」「ほとんど」「大部分」「半分」といった表現と同様、一種の量化詞である、(ⅱ)量化詞は通常の名詞と異なり、飽和名詞・非飽和名詞から中立的な名詞である、とする見解を正当化するかもしれない。

　このように、野田(1996)および菊地(1997a)の反例は、興味深い例ではあるが、第一に、それは筆者の主張(31)にたいする直接の反例になっていないこと、第二に、かれらの例が筆者の主張よりも強い主張(33)にたいする反例になっているかどうかについては、上述の様々な問題を慎重に検討した上でないかぎり決定的なことはなにもいえないこと、の二点に注意を払うべきである。

7. 第二タイプのカキ料理構文

　これまでのわれわれの議論では、カキ料理構文「XはYがZだ」は、対応する指定文「YがXのZだ」の意味を保持することが当然であるとしてきた。このことは、カキ料理構文「XはYがZだ」における「Yが」の「が」は［指定］であるということを意味する。この点は菊地（1997a）におけるカキ料理構文の成立条件(41)の(IV)において前提とされていたことでもある。しかしここで注釈をつけなければならない。たしかに、カキ料理構文「XはYがZだ」における「Yが」は一般に［指定］であるが、菊地（1997a: 89, 98）が指摘しているように、カキ料理構文のなかには、「Yが」の「が」が［中立叙述］であるケースもないわけではない。そのような例として菊地（1997a: 97-98）は次の例を挙げている。

　(58)　この芝居は、田村正和が端役だ。［＝(20b)］

この文は、本章第2節でわれわれが野田の仮説(15)を批判するコンテクストにおいて、「この芝居は誰が端役か」という問いに答えるばあいにも使用されうる例としてあげたものである。しかし菊地（1997a: 97）は、(58)は、「この芝居は誰が端役か」という問いに答えようとする文ではなく、この芝居についてなんらかの情報を述べようというだけの文であることを強調する。したがって菊地によれば、(58)の「田村正和が」の「が」は菊地の言う《解答提示》（久野（1973b）の言う［総記］あるいは筆者の言う［指定］にほぼ相当）ではなく、［中立叙述］の「が」なのである。たしかに、(58)が、この芝居はどんな芝居かを解説するコンテクストで使用されるならば、菊地の言うこの読みが自然であろう。ただし、(58)にたいするこのような読みであっても、「この芝居」（＝X）と「端役」（＝Z）とのあいだには、「パラメータと非飽和名詞」というタイプ［D］の緊張関係があること、そして「田村正和が」の「が」が主格であるといった格関係が成立していることは事実であり、その意味で(58)は(59)と密接な関係をもっているのである。

　(59)　田村正和がこの芝居の端役（であること）

したがって、(58)にたいする菊地の読みも「カキ料理構文」と呼ぶことはさしつかえないであろう。そこで、ここでは、対応する指定文「YがXのZだ」の意味をそのまま保持するタイプの「XはYがZだ」を「第一タイ

プのカキ料理構文」と呼び、対応する指定文「YがXのZだ」を有さないタイプの「Xは、YがZだ」を「第二タイプのカキ料理構文」と呼んで区別することにしよう。「第一タイプのカキ料理構文」の「Yが」は［指定］であるのにたいして、「第二タイプのカキ料理構文」の「Yが」は［中立叙述］なのである。ただし、上でも触れたように、第二タイプのカキ料理構文「Xは、YがZだ」においても、「Xは、YがZだ」と「YがXのZ（であること）」とのあいだの対応関係が崩れるわけではない。両者において、XとZのあいだの「パラメータと非飽和名詞」という緊張関係は保持されているし、「Yが」の「が」が主格であるといった格関係も保持されているのである。さもなければ、カキ料理構文「Xは、YがZだ」と、表面的には同じ形式「Xは、YがZだ」を有する「象は鼻が長い」構文や「魚は鯛が良い」構文との区別もできなくなるであろう。

　このように見てくると、本章1節の(10)で規定されるような「カキ料理構文」はここでいう「第一タイプのカキ料理構文」に属するものであることがわかる。結局、一般に、統語形式としては同一であるカキ料理構文「Xは、YがZだ」は、意味的には曖昧であるということになる。たとえば、上の(58)についても、「田村正和が」の「が」を菊地の示唆するように［中立叙述］と読むこともできるが、同時に本章2節で示唆したように［指定］と読むことも十分可能なのである。いずれの読みが選択されるかはもちろん、語用論的な問題である。本章1節で見たカキ料理構文(3)(6b)(7b)(8b)(9b)についても同様で、これらは、「第一タイプのカキ料理構文」とも「第二タイプのカキ料理構文」とも読むことができ、曖昧なのである。しかし、本章を通じて筆者が強調したいことは、カキ料理構文「Xは、YがZだ」を、第一タイプで読むにせよ、第二タイプで読むにせよ、XとZのあいだに強い緊張関係があり、その緊張関係は、野田(1981,1996)の主張する〈XにとってZが重要な側面である〉といった関係でもなければ、菊地(1997a)の主張する〈XからZへの連想惹起度が高い〉といった関係でもなく、〈Zが非飽和名詞、Xがそのパラメータである〉という意味論的関係である、という点なのである。結局、カキ料理構文の成立条件（ただし、必要条件）をより一般的に述べるならば、(60)のようなものになるであろう。

(60)　「YがXのZ（であること）」という形をもつ文において、「XのZ」が述語名詞句であるとき、Zが非飽和名詞で、Xがそのパラメータの値を表すときにかぎり、カキ料理構文「Xは、YがZだ」

を構築することができる。

本章4節の仮説(31)は(60)の特殊なケース(「Yが」が［指定］になったケース)とみなすことができよう。上の(58)の例はまさに(60)の正しさを証明している。(58)を「第一タイプのカキ料理構文」として読むばあいはもちろん、菊地のように「第二タイプのカキ料理構文」として読むばあいであっても、「この芝居」(=X)にとって「端役」(=Z)が重要でもなければ、「この芝居」から「端役」への連想惹起度が高くなるわけでもない。そうではなくて、むしろ、「端役」(=Z)が非飽和名詞であり、「この芝居」(=X)がそのパラメータになっていることに留意すべきである。

ちなみに、(58)は、菊地自身が提示するカキ料理構文の成立条件(実質的には野田の仮説(15)と同一の条件)を満たさないにもかかわらず適格となる特別な例として挙げられているものである。例文(58)についての菊地の説明を見よう。

(61) …「端役」は〈関心の対象〉になりにくく、一般にこの構文のZになりにくいことを見たが、［(58)］なら、成り立つだろう。それは、「田村正和」という、普通は主役をするのが当然である俳優をYとして、「田村正和が端役だ」と述べているからにほかならない。いわば「珍しいことにあの田村正和が端役だ」という趣だからであり、この「YがZ」の部分の内容は、X=「芝居」についての情報としての価値が高い。それで［(58)］は成り立つのである。
(菊地1997a: 97-98)

菊地のこのような説明に反対する理由はない。この説明を筆者の言葉で言い替えると次のようになる。カキ料理構文として適格な(58)は語用論的にも自然であり、容認可能である。(58)が容認可能である理由は、Yに入る名詞が「田村正和」という有名な俳優の名前だからである。つまり、この芝居について、「珍しいことにあの田村正和が端役だ」と叙述することによって、この文の使用の認知効果(=関連性)が高まるからである。それにたいして、カキ料理構文として適格な(62)は(58)に比して容認可能性が落ちる。

(62) この芝居は山田太郎が端役だ。

その理由は、Yに入る名詞が「山田太郎」という無名な人間の名前だからである。つまり、この芝居について、「山田太郎が端役だ」と叙述することによって、認知効果(=関連性)が高くならないからである。

ところが、注意すべき重要な点は、上の説明は、(58)も(62)も日本語の構文としては適格であるという前提があってこそ成立するという点である。事実、(58)も(62)もカキ料理構文として適格である。(58)が適格であるにもかかわらず、構文の型としては同一である(62)は適格でない、ということは、文-文法レベルの「適格性」を問題にするかぎりありえないはずである。そして、カキ料理構文の問題というのは、カキ料理構文の適格性の条件を解明する純粋に文-文法レベルの問題、とりわけ意味論上の問題であって、カキ料理構文の具体的使用における容認可能性を問題にする語用論上の問題ではないのである。「カキ料理構文の成立条件には、語用論的ファクターが介在するのもやむをえない」(菊地1997a: 97)とする菊地がこの点をどこまで認識していたかは定かでない。

8.「洋子は、これがヴァイオリンだ」構文の解釈

本章第6節で、筆者の主張(31)を強く反駁するためには、Zが非飽和名詞でないにもかかわらずカキ料理構文「Xは、YがZだ」を構築できる例をあげなければならない、とした。ところが、一見そのような反例と思われるものも存在するのである。(63)を見よう。

(63) a. これが、洋子のヴァイオリンだ。
b. ?洋子は、これがヴァイオリンだ。

(63a)は指定文であるが、対応する(63b)は、カキ料理構文として適格とはいえない。「ヴァイオリン」は飽和名詞であり、修飾要素「洋子の」はパラメータではないからである。しかし、(63b)とてしかるべきコンテクストでは容認可能とならないわけではない。たとえば、幼児である洋子が板切れを首にあて、長箸でこすりながら、親に向かって「ねえ見て、わたくし、ヴァイオリン弾いているの」と言ったとしよう。それを見た両親は思わず(63b)を口にし、「まあ、なんと可愛いだろう」と思いながら顔を見合わせるであろう。このような状況では、(63b)は容認可能となるのである。もちろん、このばあい、「ヴァイオリン」が字義どおりの意味で使われているのではなく、「ヴァイオリン」の意味と類似はしているが別の意味、すなわち、〈～にとってヴァイオリンと見立てられているもの〉の意味で使用されている点に注意しよう。ある語を用いて、その語の字義通りの意味ではなく、それと類似はしている別の意味を伝えるということは、関連性理論で「言葉の緩い用

法」(loose talk)と呼ばれる用法であり、けっしてめずらしいことではない。一般に、話し手は、自分の思考の解釈として発話を提示するのであるが、この解釈は、かならずしも話し手の思考と同一の形式をもつという意味での「字義どおりの解釈」である必要がないのである。むしろ、話し手の思考と類似性しかもたない「緩い解釈」としての発話の方が、コンテクストによっては最適な関連性をもつことがありうるのである。上のコンテクストにおける(63b)の発話は、話し手(＝両親)の思考である(64)と類似性を有する「緩い解釈」としての発話とみなすことができる。

(64) 洋子は、これが（洋子）<u>にとってヴァイオリンと見立てられているもの</u>だ。

われわれは通常、(64)のようなうっとうしい表現を用いず、誤解されないかぎり、(63b)のような簡潔な表現を用いるのがふつうである。(64)の下線部は現実の日本語では単一の語として語彙化されていないが、今かりにそれを「ヴァイオリン*」で語彙化されると仮定としよう。すると、(64)は、(65)と言い替えることができる。[22]

(65) 洋子は、これがヴァイオリン*だ。

ここで注意すべきは、「ヴァイオリン」は飽和名詞であるが、「ヴァイオリン*」は、「〜にとっての」というパラメータを要求する非飽和名詞であるという点である。そして、「洋子」は「ヴァイオリン*」のパラメータの値になっているのである。もちろん、(63b)が発話された上述のコンテクストでは、「洋子はどれがヴァイオリンか」という問いに答えようとしているわけではない。むしろ、「洋子は、こんなものをヴァイオリンと見立てるなんて、実に可愛いね」という趣を表しているわけであるから、「洋子はどういう子か」という情報を述べているのである。つまり、(65)の「これが」は、［指定］ではなく［中立叙述］なのである。したがって、(65)は本章7節で論じた第二タイプのカキ料理構文である、とみなすことができよう。このことは、筆者の仮説(60)と整合的である。したがって、しかるべきコンテクストのもとでは(63b)が容認可能となるという事実は、筆者の意味論上の仮説(60)にたいする反例とはならないのである。いうまでもなく、そのような特殊なコンテクストにおいても、「洋子」(＝X)にとって「ヴァイオリン」(＝Z)が重要であるかどうかは無関係である。

以上を整理するとこうなる。(63b)は、カキ料理構文としては適格ではな

い。なによりもこの文は、カキ料理構文の成立条件(60)を満たしていないからである。しかし、しかるべきコンテクストのもとでは、(63b)は、語用論的に解釈されて、カキ料理構文(65)と等価な意味を伝達することができる。なぜそれが可能かといえば、(63b)に含まれる「ヴァイオリン」が当該のコンテクストでは「ヴァイオリン*」と語用論的に拡張されて使用されているからである。つまり、(63b)は、文の言語的意味としてではなく、その発話の解釈として、カキ料理構文(65)の意味をもつのである。したがって、このような特殊なコンテクストのもとでは(63b)の発話が容認可能となるという事実は、カキ料理構文にたいする筆者の仮説(60)にたいする反例とはならないのである。意味論と語用論を混然と一体となったものとみなすのではなく、両者をはっきりと区別し、両者の相互作用の結果として言語データを捉えようとする筆者の立場においては、(63b)の発話解釈にかかわるこの種のデータは、仮説(60)を維持したままで十分説明可能となるのである。

　菊地(1997a: 98-99)のあげている次の例も本質的に同様のアプローチで処理できるように思われる。

(66)　私はこれが机だ。

菊地は、(66)は一般には成り立たないが、貧しい作家がみかん箱を指して(66)を言うようなばあいは成り立つとしている。菊地は、この状況で用いられた(66)は、「机」でないものを「机」に見立てる比喩的な用法であることを指摘している。これを筆者の言い方で述べ直せば、このコンテクストでは、(66)の聞き手は、「机」を〈話し手にとって机と見立てられているもの〉の意味を表す「机*」と緩く解釈しているのである。つまり、(66)の発話の表意は、概略(67)のようなものなのである。

(67)　私はこれが机*だ。

そして、「机」は飽和名詞であるが、「机*」は、「～にとっての」というパラメータを要求するので非飽和名詞であり、「私」がそのパラメータの値になっているため、(67)はカキ料理構文の成立条件(60)を満たしているのである。[23] 菊地(1997a: 98)のあげている次例も同様である。

(68)　A氏は××県の文化人だ。
(69)　××県はあんなのが文化人だとさ。××県のレベルがわかるというものさ。

菊地によれば、(68)は不自然であるが、(69)にすると成り立つようである。筆者もこの言語直感を共有する。このデータにたいする菊地の説明はこうである。「文化人」は飽和名詞であるので、(69)は菊地の提案するカキ料理構文成立条件(41)の(Ⅱ)を満たしていない。また、「文化人」は「××県」からの連想惹起度の高い名詞でもない。したがって、(69)は菊地の言う(41)の(Ⅰ)も(Ⅲ)も満たしていない。にもかかわらず(69)が成り立つのは、(69)は、「××県はその程度の県だ」というふうに「××県」(=X)の程度を問題にする趣旨の文であり、(41)の(Ⅳ)を満たしているからだ、とされる。

　筆者の説明はこれとは異なる。「文化人」は飽和名詞であるゆえ、(68)も(69)の前半もカキ料理構文としては適格ではない。ただ、(69)にすると自然であるように思われる理由は、この状況で用いられた(69)の前半は、「文化人」をこの語の字義通りの意味としてではなく、「～において、文化人と見立てられているひと」の意味で使用しているからである。この後者の意味を表す語をかりに「文化人*」と置くと、(69)の前半は、実質的には(70)の意味を伝達していると語用論的に解釈できるのである。

　(70)　××県はあんなのが文化人*だとさ。

「文化人」は飽和名詞であるが、「文化人*」は、「～においての」というパラメータを要求するので非飽和名詞であり、「××県」がまさにそのパラメータの値になっている。したがって、(70)はカキ料理構文の成立条件(60)を満たしているのである。つまり、(69)の前半は、文の字義通りの意味としては奇妙であるが、「発話の意味」として、カキ料理構文(70)の意味を有するのである。それだからこそ、このような特殊なコンテクストのもとでは(69)の前半の発話が容認可能となるのである。もちろん、菊地の指摘するように、(69)の前半は、「××県はその程度の県だ」というふうに「××県」の程度を問題にする趣旨の文であることは事実であるが、それは(69)の前半の発話が容認可能となった結果であって、なぜこの発話が容認可能となるかの説明にはならないのである。

　以上のことを一般化して述べると次のようになる。

　(71)　一般に、「Xは、YがZだ」という構文は、Zが飽和名詞であるとき、カキ料理構文成立条件(60)に抵触し、カキ料理構文としては不適格である。それにもかかわらず、特別な状況では、この文が一見、カキ料理構文としての解釈が可能であるかのように思われるこ

ともある。なぜそれが可能かといえば、そのような状況では、Zの字義通りの意味ではなく、Zの意味と類似的な別の意味が語用論的に読みこまれているからである。そのような別の意味を表す語をZ*と置くと、Z*は非飽和名詞であり、Xはそのパラメータの値を埋めているという関係になっている。したがって、「Xは、YがZ*だ」はカキ料理構文成立条件(60)と整合的である。つまり、特別な状況では「Xは、YがZだ」という構文を用いてその構文自体の言語的意味ではなく、「Xは、YがZ*だ」という発話の意味（表意）を伝えることに成功するのである。

これらの考察は、(ⅰ)意味論と語用論をはっきりと区別すること、(ⅱ)両者の相互作用の結果として言語データを捉えるべきであること、(ⅲ)カキ料理構文に関する筆者の仮説(60)はあくまで意味論上の仮説であること、(ⅳ)名詞句「NP_1 の NP_2」の曖昧性とカキ料理構文および「象は鼻が長い」構文の意味とのあいだには、有機的なつながりがあること、の4つを認識することがいかに重要であるかを示しているといえよう。

9.「このジャズバンドは、太郎がピアニストだ」の解釈

この節では次の文を考察する。[24]

(72) a. 太郎がこのジャズバンドのピアニストだ。
　　 b. このジャズバンドは、太郎がピアニストだ。

(72a)は「YがXのZだ」の形式を有する指定文である。一方、(72b)は「Xは、YがZだ」という形式を有しており、一見、(72a)に対応するカキ料理構文であるように思われる。(72b)はもちろん自然な文である。ところが、「ピアニスト」（=Z）は〈ピアノ演奏を職業とする芸術家〉という意味であることから明らかなように飽和名詞である。もし(72b)が(72a)に対応するカキ料理構文であるならば、Zが飽和名詞であるにもかかわらず、(72b)のようなカキ料理構文がどうして可能なのであろうか。これが本節で検討する問題である。

まず、(72)では、「ピアニスト」がこの語の字義通りの意味で用いられているのではなく、〈（バンドなどの）ピアノ演奏を受けもつひと〉の意味を表すものとして用いられた「言葉の緩い使用」である点に注意しよう。今、ア

マチュアのジャズ愛好家が集まってジャズバンドを結成していると仮定しよう。ドラムは本職が警察官である一郎が、サックスは本職が画家である次郎が、ベースは本職が小説家である三郎が、そしてピアノは本職がプロレスラーである太郎がそれぞれ受けもっているといったコンテクストで(72)が用いられたと考えよう。本章8節の(71)に従えば、次のようになる。今、〈(バンドなどの)ピアノ演奏を受けもつひと〉の意味を表す語を「ピアニスト*」で表示するとすれば、(72)はその発話としては、実質的には、(73)の意味を伝えているとみなすことができる。[25]

(73) a. 太郎がこのジャズバンドのピアニスト*だ。
b. このジャズバンドは、太郎がピアニスト*だ。

「ピアニスト」は上述のごとく飽和名詞であるが、「ピアニスト*」は、「〜の」というパラメータを要求する非飽和名詞である。したがって、(73b)は、「このジャズバンド」が「ピアニスト*」のパラメータの値を設定しているという関係になっており、カキ料理構文の必要条件(60)を満たしているのである。それゆえ、(72b)は、文の意味としてではなく、その発話の意味(表意)として、カキ料理構文(73b)の意味を伝達できるのである。注意すべきは、「ピアニスト」という語が、(ⅰ)〈ピアノを演奏することを職業とする芸術家〉(飽和名詞)、(ⅱ)〈(バンドなどの)ピアノ演奏を受けもつひと〉(非飽和名詞)という二つの意味をもつわけではない、という点である。「ピアニスト」は辞書的には飽和名詞でしかなく、曖昧な語ではないのである。ただ、コンテクスト次第で、〈(バンドなどの)ピアノ演奏を受けもつひと〉の意味を表す表現として語用論的に解釈されるだけのことである。そして、(72b)をカキ料理構文として読もうとするかぎり、(72b)の「ピアニスト」を、飽和名詞として読むこと、すなわち、〈ピアノを演奏することを職業とする芸術家〉という辞書的意味で読むことは難しく、〈(バンドなどの)ピアノ演奏を受けもつひと〉という意味で非飽和名詞的に解釈することの方が自然なのである。

では、(72b)の「ピアニスト」を飽和名詞として読むこと、すなわち、この語の辞書的意味である〈ピアノ演奏を職業とする芸術家〉という意味で読むことは不可能なのであろうか。もちろん、それは可能である。ただし、その読みは、(72b)にたいする(語用論的理由で)より自然な解釈、すなわちカキ料理構文としての読みではないことに注意しよう。実は、文-文法の観点で言えば、(72b)は適格な文であり、この文の言語的意味は「ピアニス

ト」を飽和名詞として読むものである。それは(74)と言い替えることができるような意味にほかならない。

(74) このジャズバンドは、太郎がピアノ演奏を職業とする芸術家だ。

(74)は、「太郎がピアノ演奏を職業とする芸術家だ」ということを「このジャズバンド」について叙述しているわけである。もちろん、太郎は、当のジャズバンドの関係者でなければならないが、(74)は、太郎がそのジャズバンドのピアノパートを受けもっていることにかならずしもコミットしていない。本職がピアニストである太郎がそのジャズバンドではドラムを受けもっていたとしても、あるいはマネージャーであったとしても、(74)はその意味するところで真になるのである。なぜなら、(74)において、「このジャズバンド」(=X)と「ピアノ演奏を職業とする芸術家」(=Z)とのあいだに「パラメータと非飽和名詞」という緊張関係が存在しないからである。もっとも、(74)の意味での(72b)の容認可能性はそれほど高くない。しかし、それは、「太郎がピアノ演奏を職業とする芸術家だ」ということを「このジャズバンド」について叙述することが認知効果のあるコンテクストになかなかアクセスしにくいという語用論的理由による。(72b)にたいする(74)のような解釈は、この文を第4章で見た「象は鼻が長い」構文の一種とみなすことであり、(72b)にたいする(73b)のようなカキ料理構文の読みとはまったく別であるという点の認識は重要である。(72b)にたいする(74)のような読みは、(75)の各文を解釈するときの読みとパラレルである。

(75) a. このジャズバンドは、一郎が警察官だ。
b. このジャズバンドは、次郎が画家だ。
c. このジャズバンドは、三郎が小説家だ。
d. このジャズバンドは、太郎がプロレスラーだ。

(75)の各文はいずれも文としては適格である。これらの文は、「Xは、YがZだ」という形式を有しているが、カキ料理構文ではない。これらの文のXとZとのあいだに「パラメータと非飽和名詞」という緊張関係が存在しないからである。ただ、(75)の各文は、語用論的理由で容認可能性はそれほど高くない。しかし、適切なコンテクストを与えてやれば、容認可能性は高くなるのである。たとえば、(75a)をとりあげよう。本職が警察官である一郎が当のジャズバンドのドラムを受けもっているとする。今、このバンドがアマチュアバンドであるにもかかわらず、地方巡業を計画していたとしよう。

一郎がこのジャズバンドのメンバーであることは、甲と乙のあいだで了解されているとする。そのようなコンテクストで次の会話がなされたとしよう。

(76) a. 甲：地方巡業をするときには注意したほうが良いよ。とくに、B町にはヤクザが出てきて、やっかいなことが起こるかもしれないよ。
　　 b. 乙：このジャズバンドは、一郎が警察官だ。[＝(75a)]
　　 c. 甲：ああ、それなら大丈夫だな。

このコンテクストでは「一郎が警察官である」ということを「このジャズバンド」について叙述することが認知効果があり、そのために、(76b)[＝(75a)]の容認可能性が高まるのである。(76b)[＝(75a)]は、いうまでもなく「象は鼻が長い」構文であって、カキ料理構文ではない。[26] なぜなら、「このジャズバンド」（＝X）と「警察官」（＝Z）とのあいだには「パラメータと非飽和名詞」という緊張関係を読みとることができないからである。そもそも、(75a)と(77)のような文とのあいだには、対応づけが存在しないのである。

(77) 一郎が、このジャズバンドの警察官だ。

「警察官」が飽和名詞である以上、(77)における述語名詞句「このジャズバンドの警察官」を第1章で見たタイプ［D］の関係として読むことはできない。(77)の「このジャズバンドの警察官」はせいぜいタイプ［A］の関係として読むことしかできないであろう。第1章5.1節で述べたように、タイプ［A］の「NP_1のNP_2」の言語的意味は「NP_1とある種の関係RをもつNP_2」であるが、Rにたいする具体的解釈はコンテクスト次第で多様となる。(77)の「このジャズバンドの警察官」についても、「このジャズバンドを警護する警察官」「このジャズバンドを監視している警察官」「このジャズバンドが憧れている警察官」「このジャズバンドが経済的に支援している警察官」などと多様でありうる。それに応じて(77)の解釈も多様となる。ところが、注意すべきことは、(75a)については、そのような多様な解釈を共有していない、という点である。今、あるコンテクストC_kにおいて、(77)にたいする具体的な解釈が(78)のようなものだとしよう。

(78) 一郎が、このジャズバンドが経済的に支援している警察官だ。

その同じコンテクストC_kにおいて、(75a)にたいする具体的解釈では「こ

のジャズバンドが経済的に支援している警察官」の意味を保持することができないのである。したがって、(75a)を、(77)の「このジャズバンド」に主題化をかけて得られたと見ることは不可能であり、(75a)と(77)のあいだの対応関係が崩れるのである。その意味で、(75a)をカキ料理構文とみなすことはできないのである。実は(75a)は、もし解釈できるとすればむしろ「象は鼻が長い」構文なのである。(75b)(75c)(75d)についても同様である。たとえば、次の会話を見よう。

(79) a. 甲：プロレスラーがメンバーになっているアマチュアのジャズバンドをさがしているのだが、君、知らないかね。
b. 乙：このジャズバンドは、太郎がプロレスラーだ。[＝(75d)]

ここでも、「太郎がプロレスラーだ」ということを「このジャズバンド」について叙述することは認知効果があり、そのために、(79b)の容認可能性が高まるのである。(79b)も「象は鼻が長い」構文である。今、(79)の「プロレスラー」を「ピアニスト」に置き換えた次の会話を考えよう。

(80) a. 甲：本職のピアニストがメンバーになっているアマチュアのジャズバンドを探しているのだが、君、知らないかね。
b. 乙：このジャズバンドは、太郎がピアニストだ。[＝(72b)]

(80b)における「ピアニスト」は、〈ピアノ演奏を職業とする芸術家〉、つまり「本職のピアニスト」の意味である。この(80b)こそが、(74)の解釈をもつ(72b)にほかならない。つまり、(72b)という文がもつ字義通りの意味は、このようなコンテクストにおいてこそ理解されるのである。このばあい、(72b)は「象は鼻が長い」構文であることに注意しよう。

　ちなみに、(72a)の「ピアニスト」をこの語の辞書的意味である〈ピアノ演奏を職業とする芸術家〉という意味で読むことも不可能ではない。

(72a)　太郎がこのジャズバンドのピアニストだ。

ただし、そのばあいは、「このジャズバンド」と「ピアニスト」の関係は第1章5.1節で言うタイプ［A］の関係となる。つまり、「このジャズバンドのピアニスト」という名詞句の言語的意味は、〈このジャズバンドとある種の関係Rをもつ（本職の）ピアニスト〉という以上のものではなく、その関係Rの中身はコンテクストが与えられてはじめて決まるわけである。したがって、この名詞句は、あるコンテクストでは《このジャズバンドのメン

バーである（本職の）ピアニスト》の読みであろうが[27]、別のコンテクストでは、たとえば、《このジャズバンドとしばしば共演する（本職の）ピアニスト》《このジャズバンドが尊敬している（本職の）ピアニスト》《このジャズバンドがそのひとの前で演奏することが常である（本職の）ピアニスト》《このジャズバンドが支援している（本職の）ピアニスト》など多様な読みでありうる。後者の一連の読みのばあい、太郎はこのジャズバンドのメンバーではなく、外部の人間である。では、(72b)の方はどうであろうか。

(72b) このジャズバンドは、太郎がピアニストだ。

(72b)における「ピアニスト」を〈ピアノ演奏を職業とする芸術家〉という辞書的意味で読む解釈は、上で見たように、(80a)にたいする応答としての(80b)においてはじめて理解できるようなものである。このばあい、太郎は、このジャズバンドとなんらかの関係をもつ人間、典型的にはこのジャズバンドの内部の人間でなくては困るのである。また、(72b)においては、「このジャズバンド」と「ピアニスト」の関係が、《このジャズバンドとしばしば共演するピアニスト》《このジャズバンドが尊敬しているピアニスト》《このジャズバンドがそのひとの前で演奏することが常であるピアニスト》などということはありえないのである。ということは、(72a)と(72b)における「ピアニスト」を〈ピアノ演奏を職業とする芸術家〉という辞書的意味で読んだばあい、「このジャズバンド」と「ピアニスト」とのあいだの緊張関係が(72a)と(72b)とで大きく異なっていることを示す。つまり、「ピアニスト」が飽和名詞であるばあい、(72a)がもちうる多様な解釈は(72b)において完全には保持されていないのである。つまり、(72a)と(72b)とのあいだの意味的対応関係が崩れるのである。もし字義通りの意味で解釈された(72b)が真のカキ料理構文であるならば、このようなことはありえないはずである。以上の考察は、(72b)は、字義通りの意味に関するかぎり、「象は鼻が長い」構文としては適格であるが、カキ料理構文としては不適格であることを示している。

以上の議論をまとめると次のようになる。(72b)は字義通りの意味では「象は鼻が長い」構文としてのみ適格な文であり、その意味は概略、(74)のようなものである。そこでは、「ピアニスト」は飽和名詞であり、〈ピアノを演奏することを職業とするひと〉という辞書的意味を有している。この意味が(72b)という文全体の意味に投影されている。したがって、(72b)はカキ料理構文としては不適格である。それにもかかわらず、(72b)は、しかるべ

きコンテクストのもとでは発話の意味（表意）として、カキ料理構文(73b)の意味を有する。このばあい、「ピアニスト」は本来の辞書的意味ではなく、〈(バンドなどの) ピアノ演奏を受けもつひと〉という意味での非飽和名詞として緩く使用されている。(72b)にたいする解釈としては、語用論的な理由によりカキ料理構文としての後者の解釈（(73b)のような意味）が優先されるが、適切なコンテクストを選べば、(72b)にたいする「象は鼻が長い」構文としての前者の解釈（(74)のような意味）も可能である。これらの事実は、カキ料理構文成立条件についての筆者の仮説(60)と整合的である。

　ここで、理論的な問題をひとつ考察しておこう。第1章3節で述べたように、現代の語用論モデルである関連性理論は、「文の言語的意味」と「発話のもつ意味」（すなわち、話し手が発話相手に伝達する内容）とを明確に区別する。前者は文法の出力であり、言語記号にコード化された情報であり、「論理形式」(LF) とも呼ばれる。これは文法の一部である意味論が扱う対象であり、そこでは発話のコンテクスト情報はいっさい関与しない。一方、後者の「発話のもつ意味」には表意 (explicature) と推意 (implicature) がある。表意は、「発話によって、話し手が明確に伝達しようとしている内容」を指し、文形式のもつ言語的意味（論理形式）をコンテクスト情報に照らして、膨らませ、発展させた結果である。表意を得る過程で、曖昧性の除去、指示対象の認定、拡充 (enrichment)、省略要素の補充、不定な表現の特定化、といった語用論的操作がかかわる。もちろん、表意を得る過程で、第1章3節で触れた関連性原理が働いている。表意は文の言語的意味と次のようにつながっている。

(81) 表意とは、発話で用いられた文の意味表示（論理形式）をいわばデッサンとして、それを展開し、拡充し、色づけした結果をいう。

一方、「推意」は、与えられたコンテクストのなかで、表意を基礎にして推論によって導出される別の論理形式をもつ命題を言う。推意は、表意と異なり、文の言語的意味（論理形式）の展開という形でつながりをもつわけではないのである。（ただし、実際の発話解釈では、表意の同定と推意の同定は、互いに調整し合いながら平行的におこなわれている。）

　さて、例文(72b)についての上の説明で、しかるべきコンテクストのもとでは、(72b)は〈このジャズバンドは、太郎がそのバンドのピアノ演奏を受けもつ人だ〉の意味をもつ(73b)のように解釈されうると述べた。実は、このときの(73b)は、(72b)の発話の表意にほかならないのである。ところが、

(73b)は「ピアニスト*」が非飽和名詞であり、「このジャズバンド」がその パラメータという関係になっている以上、明らかにカキ料理構文である。と ころが、上で説明したように「ピアニスト」は飽和名詞であるため、(72b) は文の構造としては、あくまで「象は鼻が長い」構文であった。

さて、筆者の見解では、カキ料理構文「Xは、YがZだ」と「象は鼻が 長い」構文「Xは、YがZだ」とは表面的には同じ文形式を有しているが、 その文構造および言語的意味（論理形式）が大きく異なる。その相違を概略 的に表示すれば(82)のようになる。

(82) a. 「象は鼻が長い」構文：
　　　　 Xは ［YがZだ］
　　　　 ↑＿＿＿↑
　　　　 　　R

b. カキ料理構文：
　　　　 X_iは ［Yがe_iのZだ］ /Z：非飽和名詞
　　　　 　　　　　　　　　　　 /e_i ［=X_i］：Zのパラメータ

要するに、カキ料理構文のばあいには、XとZのあいだに、パラメータと 非飽和名詞という緊張関係（すなわち、第1章5.4節で見たタイプ［D］の 「NP_1のNP_2」という関係）が成立していなければならないのであるが、 「象は鼻が長い」構文にはそのような制約はない。「象は鼻が長い」構文のば あいは、XとYのあいだにある種の関係Rがなくてはならないが、カキ料 理構文にはそのような制約はない。このような両構文の違いは、当然「象は 鼻が長い」構文とカキ料理構文の言語的意味（論理形式）の違いに反映され ているはずである。

問題はこうである。(72b)は文の言語的意味としては「象は鼻が長い」構 文であるにもかかわらず、発話の解釈としては(73b)のような表意もつとい うことは、(72b)はカキ料理構文の意味を表意としてもつということにな る。しかし、「象は鼻が長い」構文とカキ料理構文は、その言語的意味（論 理形式）が互いに違うのであれば、このことは、表意にたいする規定(81)に 抵触する。もし(72b)の発話の表意が(73b)であるならば、このばあいの表 意は、元の文の言語的意味（論理形式）を「発展」させたものではなく、元 の文の言語的意味（論理形式）を「(82a)の構造から(82b)の構造へ変形」 させたものになってしまう。関連性理論の仮説(81)を保持しようとするかぎ り、これはあってはならぬことである。

この問題にたいする筆者の解決は次のようなものである。純理論的にいえば、(72b)のような文形式にたいする文構造としては、(82a)のような「象は鼻が長い」構文と、(82b)のようなカキ料理構文の両方が論理的には可能である。(72b)の文構造を(82a)のような「象は鼻が長い」構文と見立てたばあいは、文法的にはまったく問題ない。

　上で述べたように、これは、「象は鼻が長い」構文の構造(82a)におけるZに「ピアニスト」が入っているわけであるが、「ピアニスト」は辞書的には飽和名詞であるからこの構造と合致する。このばあいの読みは、(74)で言い替えることができるようなものである。そのかぎりにおいて、(72b)は意味的にも適格な文である。ただ、(74)が許容されるコンテクストは、通常アクセスしにくい、という純粋に語用論的な理由で(72b)にたいするこの解釈がやや不自然であることも事実である。

　一方、(72b)の文構造を(82b)のようなカキ料理構文と見立てたばあいは、文法的なレベルで不具合が生じる。「ピアニスト」はあくまで辞書的には飽和名詞であり、「このジャズバンド」は「ピアニスト」のパラメータではない。そのため、(72b)は、(82b)の要求する構造と合致しないのである。したがって、カキ料理構文として見立てた(72b)は文法的には非文(少なくとも意味的に不適格な文)だということになる。ところが、(72b)は、しかるべきコンテクストのもとでは、(73b)のような自然な読みが可能となる。それは、上で見たとおり、このコンテクストでは、(82b)におけるZの位置に現れる「ピアニスト」を「ピアニスト*」と語用論的に読み変えたからである。すると、「ピアニスト*」は非飽和名詞である以上、「このジャズバンド」は「ピアニスト*」のパラメータになりうる。したがって、これは、(82b)の要求する構造と合致するのである。このように、意味的に不適格な文でありながら、しかるべきコンテクストのもとでは自然な解釈が可能であるという事実は別に珍しいことではない。それは、(83)のように、カテゴリーミステイクを犯しているという点で少なくとも意味的に不適格な文であるにもかかわらず、しかるべきコンテクストでは、「ブルドーザー」を〈周囲のことも斟酌しないで、どこまでも自分の意見を押し通していく、疲れを知らぬ、力強い人間〉の意味を表す「ブルドーザー*」と読み替え、(84)のような読みが可能となるのとパラレルである。[28]

(83)　この会社の社長はブルドーザーだ。

(84)　この会社の社長はブルドーザー*だ。

ただ、(72b)について興味深いことは、この文を「象は鼻が長い」構文と見立てたばあいは意味的に適格であるにもかかわらず、語用論的には容認可能性が低くなるのにたいして、(72b)をカキ料理構文と見立てたばあいは、意味的には不適格であるにもかかわらず、語用論的には逆に容認可能性が増すという事実である。

10. カキ料理構文と「象は鼻が長い」構文

前節で見たように、カキ料理構文と「象は鼻が長い」構文とは表面上、類似しているだけにしばしばまぎらわしい。まず、両構文の類似面として次の点をあげることができよう。

(85) a. いずれの構文でも「X は、Y が Z だ」という形式を有している。
  b. いずれも X という主題について、「Y が Z だ」を叙述しており、その意味で文全体は措定文である。
  c. 「象は鼻が長い」構文のばあいは［指定内蔵-読み］と［長鼻-読み］がある。カキ料理構文のばあいも第一タイプと第二タイプがある。つまり、いずれの構文でも「X は、Y が Z だ」における「Y が」にたいして、［指定］と［中立叙述］の両方の読みが可能である。
  d. カキ料理構文の Z は変項名詞句の主要部であり、非指示的名詞句である。一方、「太郎は父が画家だ」のような「象は鼻が長い」構文の Z は叙述名詞句であり、やはり非指示的名詞句である。

しかし、両構文は次のように互いに相違している面もある。

(86) a. カキ料理構文「X は、Y が Z だ」のばあいは、対応する基の形「Y が X の Z（であること）」が存在する。
  b. カキ料理構文「X は、Y が Z だ」のばあいは、Z が非飽和名詞で、X はそのパラメータの値を表す関係になっている。対応する基の形「Y が X の Z（であること）」においても、X と Z との関係は同じである。「X の Z」はタイプ［D］の名詞句である。
  c. 「象は鼻が長い」構文「X は、Y が Z だ」のばあいは対応する基の形「Y が X の Z（であること）」は存在しない。
  d. 「象は鼻が長い」構文「X は、Y が Z だ」のばあいは X と Z の

あいだに、「パラメータと非飽和名詞」という緊張関係はもとより、いかなる意味論的関係も成立しない。
   e. 「象は鼻が長い」構文「XはYがZだ」のばあい、XとYのあいだにある種の意味論的・語用論的関係がある。

以上のことを具体例で説明しよう。

(87)　太郎が、わが町の相撲取りだ。

(87)は指定コピュラ文であり、「誰がわが町の相撲取りかといえば、太郎がそうだ」という意味である。「相撲取り」という語は〈相撲を取ることを職業とするひと〉の意味であり、飽和名詞である。そして、(87)における述語名詞句「わが町の相撲取り」は、第1章5.1節で述べたタイプ [A] の「NP_1 の NP_2」である。つまり、「わが町の相撲取り」は、言語的には「わが町とある種の関係をもった相撲取り」の意味でしかないが、コンテクストに応じて、「わが町に住んでいる相撲取り」「わが町に（一時的に）滞在している相撲取り」「わが町出身の相撲取り」「わが町で活躍している相撲取り」「わが町が町として応援している相撲取り」「わが町の町民から人気の高い相撲取り」などと語用論的には多様な解釈が可能となる。さらに、(87)のもつこの多様な読みが示唆しているように、太郎は、わが町と関係のある内部の人間であってもよいが、わが町と無関係のまったく外部の人間であってもかまわないのである。

さて、こんどは(88)を見よう。

(88)　わが町は、太郎が相撲取りだ。

(88)は、(87)の「わが町の」を主題として文頭に出してできたカキ料理構文であると主張するひとがいるかもしれない。しかし、(88)はカキ料理構文ではありえない。まず、「相撲取り」が飽和名詞である以上、「わが町」と「相撲取り」とのあいだに「パラメータと非飽和名詞」という緊張関係を読みとることは不可能である。また、(87)における「わが町」と「相撲取り」とのあいだの多様な（語用論的）読みは(88)では完全には保持されていない点にも注意しよう。たとえば、あるコンテクスト C_k においては、(87)は(89)のように解釈されるかもしれない。

(89)　太郎が、わが町の町民から人気の高い相撲取りだ。

ところが、同じコンテクスト C_k において、(88)を解釈したとしても、その解釈のどこにも、(89)に相当する意味は現れないのである。つまり、(87)と(88)のあいだの意味的対応関係が崩れているのである。以上の考察は、(88)が、(87)から派生されたカキ料理構文ではないことを証明している。そもそも、(87)は(88)の基の形でもなんでもないのである。

より一般的にいえばこうである。カキ料理構文「Xは、YがZだ」はその定義からして、基の形「Yが、XのZ(であること)」とある種の意味的対応関係がなければならない。とくに、対応する基の形「Yが、XのZ(であること)」における〈XとZあいだの「パラメータと非飽和名詞」という意味的緊張関係〉は、カキ料理構文「Xは、YがZだ」においても完全に保持されていなければならない。ところが、「Xは、YがZだ」という形式をもつ文がたとえそれ自体で適格であっても、「Yが、XのZ(であること)」における「XとZのあいだの意味的緊張関係」が保持されていないかぎり、「Xは、YがZだ」はカキ料理構文とはいえないのである。

もちろん、以上の考察は、(88)ような文が文法的でないとか、意味的に不適格な文であることをなんら含意するものではない。筆者の見解では、(88)はカキ料理構文としては不適格であっても、「象は鼻が長い」構文としては適格なのである。なぜなら、(88)は、「太郎が相撲取りだ」というひとまとまりの属性を「わが町」について叙述している文であるとみなすことができるからである。(88)を「象は鼻が長い」構文であるとみなす見解は、(88)において「わが町」と「相撲取り」とのあいだにいかなる意味論的緊張関係も要求されないという事実とも整合的である。もっとも、(88)がそれほど自然ではなく、容認可能性が低いと思われがちな文であることも否定できない事実である。それは、「太郎が相撲取りだ」という属性を「わが町」について叙述することによって認知効果をもたらすようなコンテクストになかなかアクセスしにくいという語用論的な理由による。しかし、(88)を容認可能とするしかるべきコンテクストもないわけではない。次の会話を見よう。

(90) a. 町長:文化庁からの通達によれば、「相撲取りが住んでいる町には奨励金を出す」そうだが、わが町に相撲取りがいるのかね。
  b. 助役:ちょっと待ってください、調べて見ますから。…あっ、いました。太郎という町民が相撲取りですよ。
  c. 町長:そうか。わが町は、太郎が相撲取りなのだな。なら、文化

庁の奨励金を受けることができるな。良かった。

このようなコンテクストのなかで読むならば、(90c)の二番目の文「わが町は、太郎が相撲取りなのだな」は「象は鼻が長い」構文であることがいっそう明らかとなる。このばあい、この文は、「わが町は、誰が相撲取りか」に答えようとする文ではないことに注意しよう。したがって、これは、[指定内蔵-読み] ではなく、[長鼻-読み] の解釈をもつ「象は鼻が長い」構文であるといえる。[29]

以上の考察は、日本語の構文「Xは、YがZだ」について、文の形式だけからその適格性を論じることはほとんど意味がないということを示唆している。与えられた文がカキ料理構文として適格であるか、「象は鼻が長い」構文として適格であるかという観点が不可欠なのである。その際、「XのZ」という名詞句が第1章で述べたどのタイプの「NP_1 の NP_2」であるかが重要な決め手となるのである。ここにわれわれは、第4章、第5章、および本章で考察した「Xは、YがZだ」という形式をもつ多様な構文の意味分析と、第1章で考察した名詞句の意味特性とのあいだに有機的なつながりがあることをみてとることができるのである。

註

1　(10)で規定されるような「カキ料理構文」はもっとも標準的な「カキ料理構文」ではあるが、本章7節で述べるように、「カキ料理構文」には、「第二タイプのカキ料理構文」と呼ばれる別のタイプの構文もある。

2　野田(1981: 53)。

3　野田(1996: 47-48)は、(15b)のZの位置に登場する名詞句の種類に、ここであげたもの以外に「限度」の類(「最初」「最後」「初日」「潮どき」など)を追加しているが、述語名詞Zの性質を一般化して「Zは、Xにとって重要な側面を表す」と述べている点で(15a)と同様の制約を主張している。菊地(1997a)もカキ料理構文の成立条件を詳細に論じているが、結論的には野田の主張に同意している。この点について詳しくは、本章5節の議論を参照されたい。

4　菊地(1997a: 90)は、(16)と(17)を比較し、(17b)を不適格とみなすことによって、野田の仮説(15)を擁護しようとしている。しかし菊地はここで、容認可能性と(文法レベルで規定される)適格性とを区別していないように思われる。後述のごとく、(17b)は、少なくとも文-文法レベルでは適格なのである。

5　(20b)は菊地(1997a: 97)より借用した例文である。ただし、菊地は、(20b)は、「この芝居は誰が端役か」という問いに答えようとする文ではないこと、したがって(20b)の「田村正和が」の「が」は《解答提示》ではなく、《中立叙述》の「が」であるとしている。たしかに、(20b)が、この芝居はどんな芝居かを解説するばあいに使用されるならば、菊地の言うとおりである。しかし、(20b)は、「この芝居は誰が端役

か」という問いに答えるばあいにも使用されうるのであり、そのばあいは、「田村正和が」の「が」は《解答提示》（筆者の言う［指定］）になるのである。ここでわれわれが問題にしているのは、あくまでこの後者の読みである。(20b)にたいする前者の読みについては、本章7節で論じる。

6　(ⅰ)(ⅱ)(ⅲ)のように明らかに不適格な文であってもコンテクスト次第で、発話の意味は推測できることがあり、その意味でこれらの文は「容認可能」と言われるかもしれないが、ここで問題にしている「容認可能」はこれとは意味が異なる。
　　(ⅰ)　*あのバラは赤いかった。
　　(ⅱ)　*ぼく、水に飲みたい。
　　(ⅲ)　*洋子は、そのことを知っているないね。

7　同様のことは、野田(1981: 56)のあげている(ⅰ)の例についてもいえる。
　　(ⅰ)a.　オゥ、と小さく叫ぶのが、Nさんのくせだ。
　　　 b.　Nさんは、オゥ、と小さく叫ぶのがくせだ。
野田によれば、(ⅰb)は、(ⅰa)の「Nさん」に主題化を適用して得られた文であり、カキ料理構文であるとされている。しかし、「くせ」が「Nさん」にとって重要な側面を表すとは通常、考えられないであろう。したがって、このような例が野田の仮説(15a)といかに整合するのか、筆者には明らかではない。野田(1981: 59)は、(ⅱ)も(ⅲ)の「日当」に主題化を適用して得られたカキ料理構文であると主張する。
　　(ⅱ)　日当は1000円クラスがほとんどである。
　　(ⅲ)　1000円クラスが日当のほとんどである。
野田の仮説(15a)に従えば、〈「日当」(=X)にとって「ほとんど」(=Z)が意味的に重要な側面を表す〉ということになるが、これはいったいどういう意味なのか筆者には理解できない。もし野田が、〈仮説(15a)で意図されている意味では、「くせ」や「趣味」は「個人」にとって重要な側面を表し、「ほとんど」は「日当」にとって重要な側面を表すのだ〉とどこまでも主張するのであるならば、仮説(15a)は反証可能性の乏しい仮説だ、ということになるであろう。

8　飽和名詞と非飽和名詞という概念の導入は単に、カキ料理構文を処理するためだけに必要なものではない。この概念の適用範囲がカキ料理構文以外の現象にも及ぶものであること、したがって、妥当な意味論ではどのみちこの概念の導入が必要であることについては、三宅(2000)において論じられている。

9　(24)は、三宅(2000: 86)を参考にして作成したが、あらゆるタイプの非飽和名詞を網羅することを意図しているものではない。また、非飽和名詞のこのような分類は暫定的なものである。また、非飽和名詞と、(「腕」「肩」「鼻」「借金」などのような)いわゆる〈「譲渡不可能」(inalienable)な関係をもつ表現〉とは分布上重なることが多いとはいえ、両者は別の概念である。

10　(11b)は、カキ料理構文としては不適格であるが、第4章でみた「象は鼻が長い」構文としては適格である。ただ、(11b)を「象は鼻が長い」構文として読むばあい、「花子が看護婦である」あるいは「花子が医師である」という情報をこの病院について叙述することが認知効果のあるコンテクストでないと、容認可能性が落ちる。注意すべきは、その読みのばあい、花子はこの病院の関係者であるのは当然であるが、かならずしも、花子がその病院で看護婦としての仕事をしているとか、医師として勤務して

いる、ということまでは要求されていないという点である。花子がたとえば、その病院の経営だけに携わる理事長であったとしても、彼女自身が看護婦（あるいは医師）の資格を有していさえすれば、(11b)は（「象は鼻が長い」構文として読んだばあい）真になるのである。たとえば、次の会話をみよう。

(ⅰ) a. 甲：どうせ、この病院の経営者は医学のことなど、なにも知らないであろう。
b. 乙：とんでもない、この病院は、花子が看護婦/医師だ。
c. 甲：えっ？　あの理事長の花子が看護婦/医師の資格をもっていたの。
d. 乙：そうだよ。だから、馬鹿にしてはいけないよ。

(ⅰb)の後半［＝(11b)］は、「象は鼻が長い」構文としてのみ可能であって、カキ料理構文ではありえない。そのことは、(ⅰb)の後半を(ⅱ)から主題化によって派生された文とみなすことができないことからも明らかであろう。

(ⅱ)　花子が、この病院の看護婦/医師だ。［＝(11a)］

(ⅰ)のような会話のコンテクストでは、(ⅱ)は偽になる可能性がある点に留意すべきである。なお、これらの点については、本章10節の議論をも参照されたい。

11　この点は、三宅知宏氏との私的議論に負うところが多い。三宅(2000: 83)は、筆者のカキ料理構文にたいする制約条件(31)をこの観点から正しく捉えている。

12　(16b)と(17b)の容認可能性の違いについては、本章5節の議論を参照。

13　もちろん、平安時代の作家は紫式部以外にも存在するが、そのことは、(36a)にたいする指定文としての解釈の妨げとはならない。平安時代の作家を列挙するコンテクストであれば、(36a)は十分可能なのである。このことは、(36a)における「紫式部が」を筆者の言う［指定］と読むこととは両立するが、久野のいう［総記］と読むこととは両立しない点に注意しよう。

14　ただし、(36b)はいかなるコンテクストにおいても自然な読みが与えられえない、というわけではない。しかるべきコンテクストが与えられれば、(36b)にたいしてもなんらかの読みを与えることができるのである。しかし、その可能性があったとしても、そのような読みは、「(36a)の意味を保持しているカキ料理構文としての読みではない」という点が重要なのである。この点については、本章10節の議論を参照。

15　もっとも、(37a)の「洋子の電車」にたいする解釈が、「洋子の通勤に使用する電車」としてしか読めないようなコンテクストにおいては、(37b)も容認可能であると受け取るひともあるいは存在するかもしれない。筆者の見解では、そのようなひとは、「電車」という飽和名詞を字義通りの意味としてではなく、非飽和名詞である「通勤電車」の意味で緩く解釈していると思われる。これは、関連性理論でいう「言葉の緩い使用」(loose talk)と呼ばれるものにほかならない。このように、ある特殊なコンテクストのもとでは(37b)の発話が容認可能となるという事実は、(37b)がカキ料理構文として不適格であるという文法的事実と両立する。これらの点について詳しくは、本章8節および9節の議論を参照。

16　菊地(1997a: 90-91)は、(41)の条件(Ⅱ)として、西山(1990b)の見解(ⅰ)とは別に、坂原(1990a)の見解(ⅱ)をもあげ、両者は実質的には同じである、としている。

(ⅰ)　カキ料理構文「XはYがZ」の成立条件はZが非飽和名詞句であることである。

(ii) カキ料理構文「XはYがZ」の成立条件は、Zが「関数/役割」をあらわす名詞('役割解釈の名詞句')であることである。

西山(1990b)および本書第3章4.3節で論じたように、筆者の言う「非飽和名詞」と坂原の言う「関数/役割を表す名詞」('役割解釈の名詞句')とは厳密には同一概念ではない。坂原の言う「関数/役割を表す名詞」には、第2章で論じた筆者の言う「変項名詞句」の概念と本章で問題になっている「非飽和名詞」の概念とが混然と一体となっているものである。しかし、筆者の見解では「非飽和名詞」と「役割解釈の名詞」とは独立の概念であり、明確に区別しなければならない。ただ、ここではあくまで菊地(1997a)の主張の妥当性を検討することが目的であるので、議論を簡潔にするために、(ⅰ)と(ⅱ)の区別については立ち入ることはせず、菊地(1997a)の言う条件(Ⅱ)を便宜上、西山の見解(ⅰ)で代表させることにする。

17 少なくとも筆者には、一般に、「鈴木」から「趣味」への連想惹起度がそれほど高いとは思われない。つまり、「鈴木」から「趣味」への連想惹起度が高いようなコンテクストにはアクセスしにくいように思われる。

18 いうまでもなく、特定の状況に支えられるのであれば、「この病院から院長への連想惹起度」が「この病院から医師への連想惹起度」よりあきらかに高いケースは十分考えられうるが、同時にコンテクスト次第では「この病院から医師への連想惹起度」のほうが「この病院から院長への連想惹起度」よりあきらかに高いケースも容易に考えられうるのである。

19 本章3節で述べたように、「弁護士」は飽和名詞・非飽和名詞で曖昧であったが、「顧問弁護士」は「Xの顧問弁護士」のようにかならずパラメータを要請するので非飽和名詞であろう。

20 あらかじめ「慰謝料の全部」が話題になっており、金の入った袋がいくつかあって、例の「慰謝料の全部」はどの袋だったけな、ああそうだ、この袋だ、というようコンテクストであれば、(50a)を指定文とみなすこともあるいは可能かもしれない。しかし、これは、かなり特殊な状況であり、(50a)が用いられる典型的な状況とはいえないであろう。

21 ただし、本章7節で述べるように、カキ料理構文「Xは、YがZだ」には、「第一タイプのカキ料理構文」と「第二タイプのカキ料理構文」が存在する。第一タイプのカキ料理構文の「Yが」は[指定]であるのにたいして、第二タイプのカキ料理構文の「Yが」は[中立叙述]なのである。(50)(51)における「これが」が《中立叙述》であるというだけでは、(50b)(51b)が第二タイプのカキ料理構文である可能性を排除できない。しかし、(50b)や(51b)が本当に「第二タイプのカキ料理構文」であるかどうかは、「全部」や「一部」が非飽和名詞であるか否かの問題をも含めて慎重な検討を要する。いずれにせよ、野田が(49)を主張したとき、第二タイプのカキ料理構文を認識していたとは思われない。

22 関連性理論の術語を使えば、「ヴァイオリン*」は、「ヴァイオリン」のアドホック概念を語彙化して表していると言うことができる。アドホック概念とは、(ⅰ)ある語のコード化された意味、(ⅱ)聞き手の記憶にある百科全書的な知識、(ⅲ)その語を含む発話のコンテクスト情報の三つが相互作用した結果構築される、その場でもっとも適切な概念を言う。聞き手が話し手の表意を復元する際、発話で用いられた語のコード

第6章　カキ料理構文と非飽和名詞　319

化された意味を緩めたり、狭めたりする必要があるが、そのばあい、アドホック概念が形成されている、と仮定するのである。アドホック概念形成については、Carston (1996, 2002) を参照されたい。

23 菊地 (1997 a: 98) は、(66) は菊地の提唱するカキ料理構文成立条件 (41) の (Ⅰ) も (Ⅲ) も満たしていないにもかかわらず適格であるとし、その理由は、(41) の (Ⅳ) を満たしているからだと主張する。しかし、本章5節で指摘したように、(41) の (Ⅳ) は、カキ料理構文成立条件とは無関係なのである。なお、菊地 (1997 a: 98) が示唆しているように、(66) の「机が」の「が」は [中立叙述] の可能性がある。ところがこの読みが、菊地の言う (41) の (Ⅳ) と整合的であるかどうかすこぶる怪しい。なぜなら、(41) の (Ⅳ) について菊地が (42) で説明しているように、「が」を《解答提示》(われわれの言う [指定] の「が」に相当) とみなしているからである。一般に、第二タイプのカキ料理構文について菊地の条件 (41) の (Ⅳ) が適用できるとは思われないのである。

24 (72) のような例を筆者に指摘してくれたのは、山泉実氏である。

25 (72b) のばあい、このような「言葉の緩い使用」が語用論的に可能であるのは、「ふつう、ジャズ音楽にはピアノのパートが存在するものであり、したがってジャズバンドには、ピアノ演奏を受けもつメンバーが必要である」という百科全書的知識が働いているからであることはいうまでもない。もし21世紀の後半になって、ピアノのパートを必要としないジャズ音楽が作曲されるのが常識になれば、(72b) にたいするカキ料理構文 (73b) としての語用論的解釈はかなりきつくなるであろう。それは、今日、(ⅰ) や (ⅱ) をカキ料理構文として語用論的に解釈することがかなり困難であるのと同じ理由である。

　　(ⅰ)　このジャズバンドは、洋子がリュート奏者だ。
　　(ⅱ)　あのジャズバンドは、花子がチェンバリストだ。

われわれは、今日、リュートやチェンバロが必要とされるようなジャズ音楽がほとんど存在しないという知識のもとで (ⅰ) や (ⅱ) を解釈しようとするのであり、「リュート奏者」を「リュート奏者*」と、また「チェンバリスト」を「チェンバリスト*」と解釈することが困難なのである。それにもかかわらず、(ⅰ) や (ⅱ) は文として適格であるが、それはこれらの文をカキ料理構文として読んでいるからではなく、「象は鼻が長い」構文として読んでいるからにほかならない。この点については、本節の後半で詳しく論じる。

26 (76b) は、「このジャズバンドは、誰が警察官か」という問いにたいする答えではないので、(76b) の「一郎が」の「が」を [指定] とみなすわけにはいかない。この「が」は [中立叙述] であると思われるので、(76b) にたいする自然な読みは「象は鼻が長い」構文の [長鼻-読み] であろう。

27 もちろん、この読みは、「そのピアニストがこのジャズバンドでピアノのパートを受けもっている」ことまでコミットするものではない。そのピアニストがこのジャズバンドのドラムのパートを受けもっている可能性もあるからである。

28 この点については、松尾洋氏との私的議論に負うところが多い。

29 「象は鼻が長い」構文における [指定内蔵-読み] と [長鼻-読み] の区別については第4章の議論を参照。

第7章

ウナギ文と措定文

　日本語文法論において、「AはBだ」という名詞述語文についての研究は近年急速に進んだが、「ぼくはウナギだ」のようないわゆるウナギ文については、これをどう扱うかをめぐって多くの提案がなされたものの、いまだ定説を得るに至っていない。本章では、まず、この構文にたいする従来の研究に触れたあとで、「ぼく」と「ぼくの注文料理」を語用論的マッピングによって結びつけることを通してウナギ読みを捉えようとする「ウナギ文—メトニミー説」を批判的に検討する。そして、ウナギ文は全体としてはやはり措定文の一種であること、ウナギ読みに関してはその言語的意味と語用論的な伝達内容の一種である表意（explicature）とを区別することが肝要であることを論じる。最後に、属性数量詞構文をとりあげ、この構文がウナギ文と意味論的には同種の構文であることを論じる。

1. 先行研究

　文法的には、（1）には「吾輩は猫である」と同様、英語の文（2）と同じ意味があることを否定できない。

（1）　ぼくはウナギだ。
（2）　I am an eel.

これは、「ぼくについて、ウナギという属性を帰している」という読みであるから、（1）を措定コピュラ文（predicational sentence）とみなした解釈である。しかし、（1）には、これとはまったく別の解釈もある。（1）が食堂

などで注文を出すような状況で用いられたばあいは、もちろん、(2)の意味ではなく、概略、(3a)または(3b)の意味で用いられていることは明らかである。

　(3) a.　ぼくは、ウナギを注文したい。
　　　b.　ぼくは、注文料理はウナギだ。

もちろん、コンテクスト次第では、(3)の下線部は、「注文したい」や「注文料理」ではなくて、「釣りたい」「買いたい」「写生したい」「嫌いだ」「好きだ」、あるいは「釣るもの」「買いたいもの」「写生対象」「嫌いなもの」「好物」などとなるであろう。(1)にたいする(3)のような読みを「ウナギ読み」と呼び、このような読みを担う(1)のタイプの「AはBだ」の構文を「ウナギ文」と呼ぶことにする。[1] 次の各文の応答文はいずれもこの意味でウナギ文の一種とみなされる。

　(4) a.　洋子さんに赤ちゃんが産まれたそうですが、男の子ですか、それとも女の子ですか。──洋子は、男の子です。
　　　b.　ビンラディンは、居場所はどこですか。──彼は、カンダハルです。
　　　c.　紫式部は、作品は何ですか。──紫式部は、源氏物語です。
　　　d.　あの火事は、原因は何ですか。──あの火事は、放火です。
　　　e.　洋子さんは、好きな作曲家は誰ですか。──洋子さんはショパンです。
　　　f.　太郎さんは、国籍はどこですか。──太郎さんは、日本です。

「ウナギ読み」が日本語学でとくに注目されたのは、「ウナギ読み」をどのレベルでいかに規定するかという問題が理論的に興味深いからである。いうまでもなく、(1)にたいする(2)のような読みは、文-文法レベルで決定されることであるが、(3)のような「ウナギ読み」は具体的なコンテクスト情報が与えられないかぎり、決定できないという事実がある。そこから、(1)は、文-文法レベルでそもそもは曖昧とみなしてよいかどうか、という問題が出てくる。そして、もし曖昧である、という立場にたつならば、(1)は、(2)の意味での措定文構造以外にいかなる統語構造・意味構造をもつのか、ということが問題になってくる。一方、もし(1)は文-文法のレベルではなんら曖昧でなく、したがって(1)の言語的意味はあくまで(2)だけであり、具体的なコンテクストのなかで、はじめて(3)のような「ウナギ読み」が解

釈として出てくるのだ、という立場にたつならば、「ウナギ読み」の規定はもっぱら語用論だけの問題だということになる。

これまで、多くの国語学者は、「ウナギ読み」を(1)にたいする(2)の意味での措定文構造とは異なる統語構造からの派生として文-文法レベルで扱おうとしてきた。その代表的なものは、奥津敬一郎の「述語代用説」と北原保雄の「分裂文説」である。これらの説については、奥津と北原のあいだで互いの批判がなされたばかりでなく、すでに多くの議論があるのでここでは深く立ち入らず、各説の要点を簡単に触れるに留める。

奥津の「述語代用説」は、「ぼくはウナギだ」の「だ」の機能に焦点をあて、「前提されていて繰り返す必要のない述語を「だ」で代用する」という仮説のもとで、ウナギ読みを説明しようとする立場である。たとえば、奥津(1978)では、次のような統語的派生を提案している。

(5) a. ぼくは　ウナギを　<u>食べる</u>
　　　　　　　↓「だ」による述語の代用
　　b. ぼくは　ウナギ<u>を</u>　だ
　　　　　　　↓格助詞の消去
　　c. ぼくは　ウナギ　だ

(6) a. 田中さんは　羽田から　<u>出発する</u>
　　　　　　　↓「だ」による述語の代用
　　b. 田中さんは　羽田から　だ

一方、北原(1981)は、ウナギ文の基底には、ある段階で分裂文 (cleft sentence) が存在すると仮定し、次のような派生を提唱している。

(7) a. ぼくは　　ウナギが　食べたい
　　　　　　　↓分裂文化
　　b. ぼくが食べたいのは　ウナギ　だ
　　c. ぼくののは　ウナギ　だ
　　d. ぼくのは　　ウナギ　だ
　　e. ぼくは　　　ウナギ　だ

このような派生は、当時の生成文法の枠組みにおける変形操作として仮定されたものであるが、そこに多くの問題があることはすでに論者によって指摘されてきた。少なくとも、今日の生成文法では、このような派生を認める者

はいないであろう。

　また、以上の分析はいずれも、ウナギ文(1)の基底に完全な文が存在し、そこから表層文(1)を統語的に派生しようとする立場である。その派生の詳細がいかなるものであれ、すぐ生じてくる疑問は、ウナギ文の基底にあるとされる完全な文がはたして唯一的に定まるのかどうか、という点である。これは、コンテクスト次第では、「注文したい」ではなくて「釣りたい」や「買いたい」「写生したい」などいろいろな述語が可能であるので、一義的に(3)のごとく「注文する」に定まらない、という点を問題にしているのではない。問題は、かりに料理屋でのウナギを注文するという特定の状況に限定したところで、「基底にある完全な文」なるものは(3)以外にも、(8)のごとく実に多様なものが存在し、およそ唯一的に定まるとは思えない、という点にあるのである。

(8) a. ぼくが注文するのは、ウナギだ。
　　 b. ぼくが注文したいと思っているのは、ウナギだ。
　　 c. ぼくの注文料理は、ウナギだ。
　　 d. ぼくは、ウナギの注文者だ。
　　 e. ぼくは、ウナギを注文する。
　　 f. ぼくは、ウナギを注文するのだ。
　　 g. ぼくについて言えば、注文したいのはウナギだ。
　　 h. 何を注文するかというと、ぼくはウナギだ。
　　 i. ぼくは、ウナギにする。
　　 j. ぼくは、ウナギに決めた。

(8)の各文の意味が互いに類似していることは否定しないが、これらの文の統語構造が互いに異なることは明らかである。(8)は高本(1996)にしたがって、先行研究におけるウナギ読みにたいするパラフレーズを列挙したものである。先行研究では、このように互いに異なる文がそれぞれの説にしたがって（述語の代用もしくは消去などの操作を経て）(1)という単一のウナギ文に表層では対応するとされているが、このような多様な基底構造から単一の構造を派生する変形操作は、統語操作としていかにも不自然である。

　そこから、ウナギ文を文-文法レベルでの変形操作によって派生するのではなく、文-文法レベルではウナギ文の一般的な輪郭だけを規定しておいて、いわゆるウナギ読みそのものは、コンテクストにゆだねるとする考えが出てくるのも当然である。つまり、ウナギ読みは、文の意味構造とコンテクスト

情報との相互作用で語用論的に規定しようという立場である。

　池上(1981)は、ウナギ文を池上自身の場所理論（localist theory）の立場で捉えようとする。池上は、「だ」を「である」に分解し、「である」の「で」は場所的・時間的近接関係を表し、「ある」は存在を表す、と主張する。近接関係を WITH で、存在を BE で表示すると、「YはXだ」という構文は(9a)という構造をもつことになる。

(9) a.　　Y　BE　WITH　　X
　　 b.　　ぼく　BE　WITH　ウナギ

要するに、「YはXだ」という構文は、言語的には、YとXのあいだになんらかの場所的・時間的近接関係があるということを意味するだけであり、両者がいかなる関係であるかは、コンテクストにゆだねるとするのが池上の立場である。この立場では、(1)にたいするウナギ読みは(9b)として表示でき、「ぼく」と「ウナギ」とのあいだにある種の近接関係（なんらかの密接な関係）があることを表す、とされる。この近接関係は、コンテクストによって具体化され、「ぼくの注文したもの/釣ったもの/描いたもの/欲しいもの等は、ウナギだ」ということになる。[2] ここで注意すべきことは、池上は、ウナギ読みだけではなく、(1)にたいする(2)の措定文読みも、(9b)によって（そして、一般的には(9a)によって）捉えることができる、と主張している点である。つまり、(1)にたいする(2)の読みでは、(9b)における「ウナギ」が抽象的であるのにたいして、ウナギ読みのばあいは、(9b)における「ウナギ」が具体的であるという違いがある、とされるのである。このような池上の見解は、(10)のようにまとめることができる。

(10) a.　(1)のような文は言語的意味のレベルでは、曖昧ではなく、(9b)のような統一的構造を有している。
　　 b.　(1)の文に結びつく(2)の読みと「ウナギ読み」のふたつの解釈は、具体的なコンテクストのなかではじめて出てくる。

つまり、「ウナギ読み」の獲得はもっぱら語用論上の問題だというわけである。池上のこの立場は、今日の語用理論モデルである関連性理論（Relevance Theory）の術語を用いて言い替えれば概略、次のようになるであろう。文の抽象的な意味表示である論理形式（logical form）と、話し手が相手に伝達しようと意図した表意とを区別する必要がある。表意は、発話で使用された文の論理形式を基盤としてコンテクスト情報を用いて得られた発展

形である。(1)という文の論理形式そのものはウナギ読みであるか(2)の措定文読みであるかにかかわらず(9b)のような中立的なものである。それにたいして、(1)の発話の表意は、コンテクスト次第で、ウナギ読みになったり、(2)の措定文読みになったりするのである。

　筆者は、ウナギ文を文-文法レベルの変形操作によって派生すべきであるとは考えないし、具体的なウナギ読みそのものは、コンテクスト情報を用いて語用論的な推論の結果得られるものであると考えている。しかしながら、筆者は池上(1981)のように、(1)にたいするウナギ読みと(2)の読みがともに、(9b)という同一の論理形式を有している、とする立場に与することはできない。また、「ぼく」と「ウナギ」とのあいだにある種の近接関係があるとする池上の規定は、ウナギ読みの本質を捉えるのに十分ではないと考える。筆者はウナギ読みを語用論的に正しく捉えるためには、やはり文-文法レベルで、ウナギ文特有の論理形式（意味表示）を規定しておく必要がある、と考えるからである。この点についての議論に入る前に、池上とは異なる観点から、ウナギ文(1)を純粋に語用論的に処理する立場もあるので、まずそれを検討しておこう。それは、ウナギ文(1)の「ぼく」と「ぼくの注文料理」をマッピング関係で語用論的に結びつけようとする立場である。

2. ウナギ文とメトニミー

2.1. メトニミー現象

　よく知られているように、しかるべきコンテクストがあれば、どんな名詞でも、それが指示する個体と関連のある個体を指示するのに用いられうる。これが、伝統的には「メトニミー」(換喩)と呼ばれる現象で、(11)(12)がその典型である。

(11) The clarinet had to go to the powder room.
　　　〈楽器→楽器の演奏者〉
(12) 太郎は、アサヒビールを 7000 円で買った。
　　　〈会社→会社の株〉

これらの下線部が、かぎ括弧のなかのような語用論的マッピング規則によってメトニミーとして理解されていることは明らかであろう。これらの例を見るかぎり、メトニミーは指示的名詞句についてのみ適用できると考えられる

かもしれないが、かならずしもそうではない。次の例を見よう。

(13) （書店で）
  a. 客 ：すみません、プラトンはどれですか。（倒置指定文）
  b. 店員：ああ、プラトンは、あの赤い本です。（倒置指定文）

ここでは、もちろん「著者」から「そのひとの書いた本」へのマッピングが働いている。ここで注意すべきは、(13a)(13b)は、ともに第3章3節で導入した「倒置指定文」にほかならない、という点である。第3章3節で詳述したように、一般に「AはBだ」にたいする倒置指定文としての解釈は、(14)のような意味構造をもつ。

(14) A は B だ
   [...x...]   値

つまり、「A」は変項名詞句であり、その意味で非指示的名詞句である。そして、文全体は、その変項を満足する値をさがし、それをBによって指定するという読みが与えられるのである。ということは、(13a)(13b)における「プラトン」は「プラトンの著作」と語用論的に読みかえることができるとはいえ、それ自体変項名詞句であって、非指示的名詞句なのである。このことは、(13a)(13b)の「プラトン」がメトニミーであるばあい、メトニミーとして解釈される要素はかならずしも指示的名詞句である必要はないことを示している。つまり、メトニミーにたいする通説(15)は適切でないのである。

(15) 名詞句は、しかるべき文脈において、それが指示する個体と関連のある個体を指示するのに用いられうる。

むしろ、メトニミーの本質は、指示的表現であれ、非指示的表現であれ、ある表現から別の表現への語用論的写像関係が成立する点に求めるべきであろう。

2.2. ウナギ文はメトニミーか

Fauconnier(1985/1994^2)は、メトニミーの拡大されたものとして、(16)(17)をあげ、〈著者→そのひとの書いた本〉や〈客→その注文する食べ物〉

という語用論的関数が働いている、と主張する。

(16) Plato is the red book : Homer is the black book.
　　　（プラトンは赤い本で、ホーマーは黒い本だ。）
　　　〈著者→そのひとの書いた本〉

(17) I'm the ham sandwich : the quiche is my friend.
　　　（わたくしは、ハムサンドです。キシュはわたくしの友人です。）
　　　〈客→その注文する食べ物〉

(17)の前半はまさにウナギ文そのものである。[3] もし Fauconnier のこの分析が正しければ、いわゆるウナギ読みは(16)と同様、メトニミーの一種として語用論的に処理でき、ウナギ文を特殊な構文としてみる必要はないことになる。ウナギ読みにたいするこのような見解をここでは「ウナギ文-メトニミー説」と呼ぶことにしよう。「ウナギ文-メトニミー説」によれば、ウナギ文(1)のもつウナギ読みは(18)のように分析されることになる。

(18) a. ぼくは、ウナギだ。
　　　　　↓（客→注文料理）
　　　b. ぼくの注文料理は、ウナギだ。

いうまでもなく、コンテクスト次第で、「ぼく→ぼくの注文料理」以外に、「ぼく→ぼくの好物」「ぼく→ぼくの写生対象」「ぼく→ぼくの釣る魚」などといくらでも可能である。そこで、「ウナギ文-メトニミー説」をより一般的に述べれば、これは、ウナギ文を(19)のように分析する提案である、といえる。

(19) a. ぼくは、ウナギだ。
　　　　　↓（ぼく→ぼくの R）
　　　b. ぼくの R は、ウナギだ。

これをさらにより一般的なスキーマで述べれば、(20)のようになる。

(20) a. α は、v だ
　　　　　↓
　　　b. α の R は、v だ

ここで注意すべきは、(18)(19)(20)は倒置指定文である、という点である。
　ところで、第3章4節で述べたように、坂原(1990a)によれば、(21)のよ

うな文は、「源氏物語の作者」を満たす個体を「紫式部」で同定する「M-同定文」であり[4]、コンテクストから復元可能であるならば、「作者は」の部分を省略して(22)という言い方もできる、とされる。

(21) 源氏物語の作者は、紫式部だ。
(22) 源氏物語は、紫式部だ。

坂原は、そうして得られた(22)こそ「ウナギ文」にほかならない、と主張する。坂原によれば、M-同定文はある属性を満たす個体の同定であるが、属性は役割と変域要素からなることが多いとする。そこで、坂原に従って、変域要素をa、役割をR、値をvと表示するならば、(21)は「aのRは、vだ」という型をしていることになる。すると、(21)から(22)への関係は、より一般的には(23)のように表すことができる。

(23) a. aのRは、vだ
      ↓
    b. aは、vだ

つまり、坂原の主張をつづめていえば、ウナギ文は、「aのRは、vだ」という型のM-同定文を基本構造としてもち、その役割Rが省略されるとき生成される文だ、ということになる。明らかに、(23)は(20)の矢印の方向を逆にして「省略」という概念を用いてウナギ文の解釈を述べたものであり、「ウナギ文-メトニミー説」と類似していることはいうまでもない。[5] ここで坂原の言う「M-同定文」(「AはBだ」)は、われわれの術語でいう「倒置指定文」(「AはBだ」)にほぼ相当することに注意しよう。[6] ということは、上の坂原説もFauconnier流の「ウナギ文-メトニミー説」もともにウナギ文をわれわれの言う「倒置指定文」(「AはBだ」)の変種として処理しようとしている点で共通しているのである。(22)が坂原の主張するように本当にウナギ文であるかどうか、(23)のマッピング関係で処理できるものがすべてウナギ文であるかどうかは別に検討を要する問題であるが、ここでは、まずFauconnier流の「ウナギ文-メトニミー説」の妥当性の検討をしておこう。

2.3.「ウナギ文-メトニミー説」にたいする反論

2.3.1. 一般性の欠如

(13)の例のように、メトニミーは、コピュラ文においても生じる。そし

て、〈プラトン→プラトンの著作〉というマッピング関係は、(13)は倒置指定文においても生じるが、(24)のような措定文においても生じる。

(24) a. プラトンは面白い。（措定文）
    ↓
   b. プラトンの著作は面白い。（措定文）

さらに、このマッピング関係は、(25)のように非コピュラ文（動詞文）においても自由に生じる。

(25) a. おかしいな、机の上に置いてあったプラトンが無くなった。
    ↓
   b. おかしいな、机の上に置いてあったプラトンの本が無くなった。

同様に、〈赤シャツ→われわれの学校の教頭〉というマッピング関係が語用論的に成立している状況では、(26)のような倒置指定文ばかりでなく(27)のような措定文においても、また(28)のような非コピュラ文においても、各(a)は対応する(b)の解釈をもちうる。

(26) a. 赤シャツは、あの左から三番目の男だよ。
    ↓
   b. われわれの学校の教頭は、あの左から三番目の男だよ。（倒置指定文）

(27) a. 赤シャツは、悪賢いね。
    ↓
   b. われわれの学校の教頭は、悪賢いね。（措定文）

(28) a. 赤シャツがマドンナを連れて散歩している。
    ↓
   b. われわれの学校の教頭がマドンナを連れて散歩している。（非コピュラ文）

要するに、メトニミーは、コピュラ文、非コピュラ文を問わず生じるのであり、またコピュラ文のばあい措定文であるか（倒置）指定文であるかにかかわらず生じるのである。したがって、もしウナギ文について、〈ぼく→ぼくの注文料理〉というメトニミー関係が成立していると仮定するならば、(18)のような倒置指定文ばかりでなく、(29)のような措定文や非コピュラ文も可

能となるはずである。

(29) a. ?ぼくは、おいしい/高い。
　　　　　↓
　　 b. ぼくの注文料理は、おいしい/高い。(措定文)

(30) a. ?あの店員はぼくを運んでいる。
　　　　　　　　　　　↓
　　 b. あの店員はぼくの注文料理を運んでいる。

ところが(29a)(30a)は、料理屋で使用されたとしても、あきらかに奇妙であるし、なによりも(29b)や(30b)の意味で(29a)や(30a)を使用することはできないのである。つまり、〈ぼく→ぼくの注文料理〉のマッピング関係は(18)のような倒置指定文においてのみ生じ、一般性がないのである。以上の事実は、ウナギ文において〈ぼく→ぼくの注文料理〉というメトニミー関係が成立しているとみなす見解が不自然であることを示しているのである。

2.3.2. 代名詞の照応[7]

こんどは、〈プラトン→プラトンの著作〉というメトニミー関係が成立している状況で次の例を見よう。

(31) a. この町では、プラトンは手に入りにくい。
　　 b. この町では、それは手に入りにくい。
　　 c. ?この町では、彼は手に入りにくい。
(32) a. プラトンは高価だ。
　　 b. それは高価だ。
　　 c. ?彼は高価だ。

このように、メトニミー関係が成立しているとき、代名詞は、マッピング関係のtriggerである「プラトン」ではなく、targetである「プラトンの著作」の方に合わせるのである。次例は、疑問代名詞もtriggerではなくて、targetに合わせることを示している。

(33) 　(書店で客が店員に)
　　 a. どれがプラトンですか。
　　　　[物]

b. ？どのひとがプラトンですか。

代名詞は、targetの性・数に合わせるという点は英語でも同様である。

(34) a. Where is the clarinet?
b. Well, I guess she is at the powder room.

そこで、ひとまず、次のような仮説をたてることができる。

(35) $NP_1 \rightarrow NP_2$ のマッピングが成立しているばあい、代名詞・疑問代名詞の性・数は、NP_1 ではなくて、NP_2 に一致する。

もっとも(35)にたいして一見反例のように思われる例もある。(36)を見よう。

(36) 〈楽器→その楽器の演奏者〉
a. Which is the clarinet?
b. It is that tall woman over there.
c. ?He/she is that tall woman over there.

このばあい、triggerである *the clarinet* のtargetは *the clarinet player* であるから、(35)に従えば、*the clarinet* の代名詞は *he/she* のはずである。ところが(36c)は不可で、(36b)のように *it* でなければならない。これはどのように説明すべきであろうか。実は、(36a)は倒置指定文なのであり、主語名詞句 *the clarinet* は変項名詞句である点に注意しよう。そして、一般に、指示的名詞句と異なり、変項名詞句のような非指示的名詞句は英語では *it* で受けることがよく知られているのである。[8] つまり、(36b)の代名詞はtargetである *the clarinet player* を受けているのであるが、今のばあい、それが変項名詞句であるために *it* が登場するのである。要するに、(36b)の *it* は、triggerの *the clarinet* を受けている it ではないのである。したがって、(36)は(35)にたいする反例ではないことがわかる。

では、ウナギ文の代名詞はどうであろうか。次例を見よう。

(37) a. 甲：花子さんが遅れてくるそうだが、彼女のために注文しておいてあげよう。花子さんは何だろう、天丼かな。
b. 乙：花子さん、ああ、彼女は、ウナギだよ。
c. ?丙：花子さん、ああ、それは、ウナギだよ。

ここで、〈花子→花子の注文料理〉というメトニミー関係が成立しているとすると、(35)に従えば、「花子さん」の代名詞は trigger に合わせた(37b)は不可で、(37c)のように target に合わせなければならないはずである。ところが実際は、(37c)のほうが不可で、(37b)のように trigger に合わせなければならない。このように、ウナギ文では、代名詞はつねに trigger である「花子さん」に合わせるのである。この事実も、ウナギ文(1)において、〈ぼく→ぼくの注文料理〉というメトニミー関係が成立しているとみなす見解に無理があることを示すであろう。

2．3．3．量化詞・数量詞の振る舞い[9]

こんどは、やはり、〈プラトン→プラトンの著作〉というメトニミー関係が成立している状況で次の例を見よう。

(38) a. プラトンは全部売り切れた。
b. ? プラトンは全員売り切れた。

量化詞「全員」は人間についてのみ言える表現であるが、「全部」は通常、物について言う表現である。(38)の例は、量化詞は、マッピング関係の trigger である「プラトン」ではなく、target である「プラトンの著作」の方に合わせなければならないことを示している。次例も同様である。

(39) a. ソクラテス、プラトン、アリストテレス、カントは全部、書棚の一番上に置いてください。
b. ? ソクラテス、プラトン、アリストテレス、カントは全員、書棚の一番上に置いてください。

こんどは、〈ハムサンド→ハムサンドを注文した客〉というメトニミー関係が成立している状況で次の例を見よう。

(40) a. ハムサンドが、3人食い逃げした。
b. ? ハムサンドが、3つ食い逃げした。

(40)は、数量詞も、マッピング関係の trigger である「ハムサンド」ではなく、target である「ハムサンドを注文した客」に合わせなければならないことを示している。そこで、ひとまず、次のような仮説をたてることができる。

(41) NP₁→NP₂ のマッピングが成立しているばあい、量化詞や数量詞は、NP₁ではなくて、NP₂に一致する。

では、ウナギ文における量化詞や数量詞はどうであろうか。次例を見よう。

(42) a.　学生は、全員ウナギだ。
　　 b.？学生は、全部ウナギだ。

もし、〈学生→学生の注文料理〉というメトニミー関係が成立しているとすれば、量化詞は target である「学生の注文料理」に合わせなければならないはずであるが、量化詞を target に合わせた(42b)はあきらかに不可であり、(42a)のごとく trigger である「学生」に合わせなければならないのである。次例の数量詞も同様である。

(43) a.　学生は、3人ウナギだ。
　　 b.？学生は、3つウナギだ。

このように、ウナギ文では、量化詞や数量詞はつねに trigger に合わせなければならないのである。次例も同様である。

(44) a.　洋子、佐知子、花子は、全員ウナギだ。
　　 b.？洋子、佐知子、花子は、全部ウナギだ。
(45) a.　洋子、佐知子、花子は、3人ともウナギだ。
　　 b.？洋子、佐知子、花子は、3つともウナギだ。

以上の考察は、ウナギ文(1)において、〈ぼく→ぼくの注文料理〉というメトニミー関係が成立しているとする見解が保持できないことを示しているといえよう。

2．3．4．同一対象指示の名詞句による置換の許容性

こんどは〈赤シャツ→われわれの学校の教頭〉というメトニミー関係が成立している状況のもとで、次の推論を検討しよう。

(46) a.　赤シャツは悪知恵が働く。
　　 b.　赤シャツ＝洋子が昨日高島屋で買ったシャツ
　　 ゆえに
　　 c.？洋子が昨日高島屋で買ったシャツは悪知恵が働く。

明らかにこの推論はまっとうではない。つまり、(46a)と(46b)が成立しているからといって、(46c)を(47)の意味で解釈することはできないのである。

(47) われわれの学校の教頭は悪知恵が働く。

このように、メトニミー関係が成立しているばあい、trigger 表現をそれと同一対象指示の他の表現（co-referential expression）で置き換えることは許されない。[10]

ではウナギ文ではどうであろうか。〈洋子さん→洋子さんの注文料理〉というメトニミー関係が成立している状況において、次の推論は成立するであろうか。

(48) a. 洋子さんは、ウナギだ。
　　 b. 洋子さん＝太郎の妹
　ゆえに
　　 c. 太郎の妹は、ウナギだ。

この推論は妥当である。つまり、ウナギ文においては、trigger 表現を同一対象指示の他の表現で置き換えることは許されるのである。この事実もまた、ウナギ文をメトニミーとみなす仮説に問題があることを示している。

2.3.5. ウナギ文の倒置可能性

「ウナギ文-メトニミー説」は(18)のようなマッピング関係を想定するのであるが、上でも指摘したように、(18b)は倒置指定文であった。

(18) a. ぼくは、ウナギだ。
　　　　 ↓（客→注文料理）
　　 b. ぼくの注文料理は、ウナギだ。

ということは、(18a)もウナギ読みに関するかぎり、倒置指定文と読まざるをえない。なぜなら、もし(18a)を(2)の意味での措定文と解釈するかぎり、「ぼく」は指示的名詞句であり、「ウナギ」は叙述名詞句であることになる。一方、(18b)の「ぼくの注文料理」は変項名詞句であり、非指示的名詞句であり、「ウナギ」は値を表し、叙述名詞句ではありえない。すると、(18a)から(18b)へのマッピングの過程で、主語名詞句「ぼく」、および述語名詞句「ウナギ」の意味機能が大きく変わることになる。この難点を回避す

るためには、(18a)もウナギ読みに関するかぎり、倒置指定文であると読まざるをえないのである。

さて、第3章3.1節で見たように、倒置指定文「AはBだ」は「BがAだ」という指定文に言い替えることができる。したがって、「著者」から「著作」へのメトニミー関係が効いている状況において(13)のような倒置指定文が用いられるならば、それとまったく同じ状況において、(49)のような指定文も用いられるはずである。

(49) (書店で)
 a. 客：すみません、どれがプラトンですか。(指定文)
 b. 店員：ああ、あの赤い本がプラトンです。(指定文)

事実、(49a)(49b)は自然である。したがって、もしウナギ文についても、〈ぼく→ぼくの注文料理〉というメトニミー関係が成立していると仮定するならば、(18a)のような倒置指定文が用いられているかぎり、それに対応して(50)のような指定文もウナギ読みとして適切に用いられてしかるべきはずである。

(50) ウナギがぼくだ。

ところが、(50)は(3)のウナギ読みをもたないのである。事実、食堂で注文を出すような状況で(50)が用いられることはまずないであろう。もちろん、(50)が用いられる状況がないわけではない。たとえば、ウェイターがいくつか料理を運んできて、どの料理がどの人の注文物だったか迷っているような状況であれば、(51)のような会話がなされることは十分あるであろう。

(51)a. ウェイター：えーと、お客さんはどれでしたっけ？
 b. 客：ウナギがぼくだ。そして、天丼がこの方だ。

しかし、ウナギ文(1)が用いられる典型的な状況では(50)が用いられることはまずないのである。この事実は、ウナギ文を「ぼく→ぼくの注文料理」というメトニミー関係によって説明しようとするFauconnier流の「ウナギ文-メトニミー説」が維持しがたいことを示している。

上で、ウナギ文にたいする坂原説は、われわれの言う「倒置指定文」(坂原の言う「M-同定文」「αのRは、vだ」) をその基本構造とし、そこから役割Rの要素が省略されて「αは、vだ」というウナギ文が生成できる、とする見解であることを見た。ということは、坂原説もFauconnier流の「ウ

ナギ文-メトニミー説」もともにウナギ文をわれわれの言う「倒置指定文」（「AはBだ」）として処理しようとしていることになる。しかし、倒置指定文（「AはBだ」）と指定文（「BがAだ」）は同じ意味をもち、一般に言い替え可能である。それにもかかわらず、上で見たように、ウナギ文については、対応する指定文(50)はウナギ読みをもちえないのである。[11] この事実は、ウナギ文の基本構造を「倒置指定文」（坂原の言う「M-同定文」）とみなす見解に重大な問題があること、そしてまさにこの点で、坂原説もFauconnier流の「ウナギ文-メトニミー説」もそのままでは受け入れられないことを示している。

3. ウナギ文にたいする措定文として解釈[12]

ウナギ文の基本構造をわれわれの言う倒置指定文とみなすべきでないとするならば、ではウナギ文の基本構造はいかなるものとみなすべきであろうか。上林(1984)は、「ぼくはウナギだ」のようなウナギ文は基本的に他の品定め文「ぼくは学生だ」と同様のふるまいをする、として次のように論じる。

(52) a. ぼくはウナギだ。（措定文）＝（1）
　　 b. ぼくがウナギだ。（指定文）
　　 c. ウナギはぼくだ。（倒置指定文）
(53) a. ぼくは学生だ。（措定文）
　　 b. ぼくが学生だ。（指定文）
　　 c. 学生はぼくだ。（倒置指定文）

上林によれば、(52)の各文の差は、(53)の各文の差とまったく同じと考えられるので、これを指定文、措定文とは別に（たとえば三上(1953)が分類したごとく「端折リ文」として）考える必要はないのである。筆者はこの上林の見解に基本的に賛成である。(1)(＝52a)のようなウナギ文は、文全体の構造としては、(53a)と同様、措定文とみなすべきであろう。つまり、(1)は、全体としては、主語名詞句「ぼく」についての叙述とみなすべきなのである。もちろん、だからといって、(1)の述語「ウナギ」自体を「学生」と同様の叙述名詞句とみなすわけにはいかない。もしそうみなすならば、(1)にたいするウナギ読みは(2)の措定文読みと区別できなくなるからである。いうまでもなく、ウナギ読みは(2)の読みとはまったく別である。

そこで、次のように考えてはどうであろうか。ウナギ文(1)は大きな枠としてはやはり措定文の一種であるが、(1)に登場する述語「ウナギ」は、それ自体でなにかの属性を表すのではない。では、主語名詞句「ぼく」の指示対象に帰す属性はどんなものと考えるべきであろうか。もちろんコンテクスト次第で多様でありうるが、たとえば、食堂などで注文を出すような状況で用いられたばあいは、この属性は、「注文料理はウナギだ」のようなものであると思われる。つまり、「ウナギ」は、それ自体が叙述名詞句ではないが、「注文料理はウナギだ」という属性の構築に寄与する要素なのである。そのような属性を構築してウナギ文(1)を語用論的に解釈すると、結果的に(54)のような表意が得られる。

(54) ぼくは、注文料理はウナギだ。[13]

(54)の解釈について、まず注意すべきことは、(54)は、(1)というウナギ文自体の言語的意味（あるいは、論理形式）を表すものではない、という点である。(1)の言語的意味は、概略、(55)のようなものであろう。

(55) ぼくは、φ（の）は　ウナギだ。

ここで、φは「注文料理」「写生対象」（あるいは「注文する」「写生する」「釣る」「欲しい」といった述語）が入りうる変項を表す。もちろん、(55)はこのままでは命題形式として不完全である。そこで、コンテクスト情報を参照して、(55)におけるφの中身を埋めていくのである。この操作は語用論的操作であるが、「意味補完（saturation）」であって、「自由拡充（free enrichment）」ではない。[14] かくして、たとえば料理屋のコンテクストが与えられているのであれば、(54)のような命題を構築するのである。したがって、(54)は、(1)の話し手（あるいは書き手）が相手に伝達しようとした内容、すなわち表意を言語的に表したものだ、ということになる。なぜこの解釈が得られるかといえば、この解釈が今の料理屋のコンテクストでは、もっとも関連性の高い、認知効果のある解釈だからである。結局、(1)の「ウナギ」は、「注文料理はウナギだ」という属性を構築する際の重要な手がかりを与えるという機能を果たしている、といえよう。つまり、(1)の聞き手は、この発話を理解するために、発話のコンテクストを参照にして(54)のような表意を得て、発話の解釈とみなすわけである。

(54)の解釈について、第二に注意すべきことは、(54)の述語「注文料理はウナギだ」の部分は、それ自体「注文料理は何かといえば、ウナギ（ガ）

だ」という倒置指定文の意味を表しており、より正確に言えば(56)のような意味構造を有している、という点である。

(56) ［注文料理は x だ］ウナギ
　　　　↑＿＿＿＿＿｜

つまり、「ウナギ」はあくまで変項 x を埋める値なのである。したがって、ウナギ文は、主語名詞句の指示対象に属性を帰す措定文であるが、属性自体が(56)のような倒置指定文の意味構造をもっている、という点で二重の意味構造を有する特殊な構文だ、ということになる。ということは、ウナギ文「A は B だ」の「B」は、それ自体では叙述名詞句ではなく、(語用論的に復元される) 変項名詞句の変項の値を表すわけである。北原(1981)がウナギ文を分裂文から派生しようとしたのも、また、坂原(1990a)がウナギ文を M-同定文（筆者の言う「倒置指定文」）とみなしたのも、その背後に(56)のような意味構造を捉える直観と類似の直観が働いていたからにほかならない。本節で提案しているウナギ文にたいする筆者の考えも同様の直観によって動機づけられている。ただ、筆者の立場が北原(1981)や坂原(1990a)のそれと大きく異なるのは、ウナギ文全体を倒置指定文としてではなく、あくまで措定文として理解している点にある。

　筆者のこの提案の利点は、本章 2.3 節で論じた「ウナギ文-メトニミー説」のもつ難点をすべて回避できることにある。まず、ウナギ文について、〈ぼく→ぼくの注文料理〉のようなマッピングをそもそも仮定していない以上、本章 2.3.1 節で指摘した「〈ぼく→ぼくの注文料理〉のマッピング関係は一般性がない」とする難点は無関係である。同様に、〈ぼく→ぼくの注文料理〉のようなマッピングをそもそも仮定していないので、trigger、target は問題にならず、したがって、本章 2.3.2 節で述べた代名詞の照応にかかわる問題や本章 2.3.3 節で述べた量化詞・数量詞にかかわる問題も生じない。また、ウナギ文「A は B だ」は措定文であるとみなす筆者の提案では、「A」はもちろん指示的名詞句であるから、同一対象指示の他の名詞句による置換は十分可能である。さらに、ウナギ文「A は B だ」が措定文である以上、同じ意味を「B が A だ」で表すことができないのも当然である。要するに、ウナギ文は全体としては、措定文であるが、その叙述の部分に一種の倒置指定文の意味構造が埋め込まれていて、言語形式上は値を表す表現だけが残っている特殊な構文であるとみなす筆者の見解は、十分説明力のある仮説であるといえる。

以上のわれわれの考察が正しいならば、結局、(1)のような文の意味構造は、(57)のように二個存在することになる。

(57) a. "I am an eel" 読み： ぼくは、　　ウナギだ。
　　　　　　　　　　　　　　　指示的名詞句　叙述名詞句
　　 b. ウナギ読み： ぼくは、　［φは　　ウナギだ］属性表現
　　　　　　　　　　　指示的名詞句　変項名詞句　　値

ここで、(57a)(57b)のいずれの読みも措定文の読みであるにもかかわらず、(1)は曖昧であることに注意しよう。このようなわれわれの見解は、(58)と根本的に異なる。

(58)　(1)は言語的には曖昧ではない。(1)の言語的意味は(57a)にほかならない。(1)のもつウナギ読みそのものは、(57a)を基礎に語用論的に解釈されたものでしかない。

(58)は、ウナギ読みをすべて語用論のレベルでのみ処理しようとする立場である。しかし、(57a)を基礎にどんなに語用論的拡充（enrichment）を試みたところで、ウナギ読みを得ることができない以上、(58)の立場ではウナギ読みの解釈を得ることができないのである。ウナギ読みを正しく捉えるためには、この構文にたいする文法レベルでの適切な規定と語用論的な解釈メカニズムの両方の適切なバランスが要求されるのである。結局、筆者のウナギ文にたいする措定文としての解釈の提案の要点を整理すると(59)のようになる。

(59) a.　ウナギ文「ぼくは、ウナギだ」は、措定文であり、その言語的意味（ウナギ読み）は、〈ぼくは、［φはウナギだ］〉である。
　　 b.　「ウナギ」それ自体を叙述名詞句とみなすわけにはいかない。
　　 c.　［φはウナギだ］の部分は倒置指定文の意味をもつ。
　　 d.　φは変項名詞句の機能を果たし、「ウナギ」は、その変項名詞句の値を表す。
　　 e.　コンテクストから、語用論的な補完操作によってφの中身が補完される。φの中身が補完されれば、たとえば「ぼくは、注文料理はウナギだ」のような解釈が得られる。これは、ウナギ文の発話が伝える内容、すなわち表意であって、ウナギ文自体の言語的意味ではない。
　　 f.　ウナギ文における「ウナギ」は、φの中身を補完して、たとえば

「注文料理はウナギだ」のような（「ぼく」に帰すべき）属性を語用論的に構築する際の重要な手がかりを与える。

4. ウナギ文と属性数量詞構文

前節で提案したウナギ文措定文説は、従来かならずしもウナギ文とはみなされてこなかった(60)のような文もウナギ文の一種であることを予測する。

(60) a. その車は 2000 cc である。
 b. あの力士は 200 キロだ。
 c. その部屋は 8 畳である。
 d. そのびんは 1 リットルである。
 e. 東京タワーは 300 m である。
 f. あの階段は 10 段だ。
 g. この部屋は 26 度だ。

(60)の各文は、一見、(61)のような典型的な措定文と同種の文であるかのように思われるかもしれない。

(61) a. その運転手は女性である。
 b. あの学生は病気だ。
 c. その大統領はピアニストだ。
 d. その大学院生はコレラ患者である。
 e. その少年は長髪である。
 f. 田中さんは弁護士である。

ここで、第1章5.2節で触れた B タイプの「NP_1 の NP_2」をめぐる議論を思い起こそう。まず、(61)の各文は、(62)のような「NP_1 の NP_2」と密接な関係があった。

(62) a. 女性の運転手
 b. 病気の学生
 c. ピアニストの大統領
 d. コレラ患者の大学院生
 e. 長髪の少年
 f. 弁護士の田中さん

第 1 章 5.2 節で述べたように、(62) の各表現は、いずれも B タイプの「NP₁ の NP₂」であり、修飾語 NP₁ は主要語 NP₂ のもつ属性を直接述べているのである。そのことは、これらの表現が「NP₁ デアル NP₂」によって言い替え可能であることからも明らかである。

(63) a. 女性である運転手
 b. 病気である学生
 c. ピアニストである大統領
 d. コレラ患者である大学院生
 e. 長髪である少年
 f. 弁護士である田中さん

要するに、(62) の各 NP₁ は叙述的な意味を表示する叙述名詞句なのであり、NP₂ がその叙述があてはまる対象になっている。そして、(61) における「NP₂ は NP₁ デアル」は、まさに対応する「対象 NP₂ と叙述 NP₁ の関係」を措定文として表したものにほかならない。注意すべきは、(61) の各文において、主語は、述語の表す属性を直接有しているという点である。たとえば、(61a) において「その運転手」の指示対象は、まさに「女性」の表す属性を有しているが、そのことはこの文の意味のレベルで完全に規定されていることであって、語用論的な解釈の結果ではない。(61) の他の例も同様である。このように、(61) の各文において、主語は述語の表す属性を直接有しているということが意味論的に規定されているのであって、そこに語用論的な解釈が入り込む余地は一切ないのであった。

では、(60) はどうであろうか。これらの文も、第 1 章の (67) [(64) として再掲] のような「NP₁ の NP₂」と密接な関係があることは事実である。

(64) a. 2000 cc の車
 b. 200 キロの力士
 c. 8 畳の部屋
 d. 1 リットルのびん
 e. 300 m の東京タワー
 f. 10 段の階段
 g. 26 度の部屋

たしかに、(64) の各表現は、(62) のような B タイプの「NP₁ の NP₂」と一見、類似しているように思われる。事実、第 1 章 5.2 節でも触れたが、神尾

(1977, 1983)、奥津(1983)によれば、(64)の修飾語は数量詞ではあっても、(65)のような通常の数量詞と異なり、主要語の表すもの自身の性質を意味しており、「属性Q」とでも称されるべきものであるとされていた。

(65) a. 3台の車
 b. 8人の学生
 c. 1リットルの酒

(60)のタイプの文をここでは「属性数量詞構文」と呼ぶことにしよう。このような属性数量詞構文が、(61)と同様、措定文であることは疑いえない事実であろう。では、(60)のような属性数量詞構文は、対応する(64)における「NP₁ の NP₂」と同様、主語 NP₂ について NP₁ で叙述していると言ってよいであろうか。筆者の見解では、(60)は、(61)と異なり、述語は、主語の属性を直接表していないのである。つまり、(60)の各文において、主語は、述語の表す属性を直接有しているのではなく、述語表現を手がかりにして構築された別の表現の表す属性を有しているのである。そこに語用論的な解釈が入り込んでいることは明らかである。第1章5.2節で述べたように、たとえば、(60e)において、東京タワー自体が「300 m」という性質をもつというのはいかにも奇妙である。「300 m」というのは、東京タワーにかかわるある側面、たとえば「高さ」「幅」「奥行き」「バス停からの距離」などが満たす値を示しているのであり、「高さは300 mだ」「幅は300 mである」「奥行きは300 mである」「バス停からの距離は300 mである」となってはじめて東京タワーの属性を表すといえるであろう。たしかに、われわれは、(60e)に接すれば、語用論的理由で、(66a)のような解釈でこの文を読むのが自然であろう。しかし、コンテクスト次第では、(60e)は、(66b)(66c)(66d)と解釈される可能性も否定できないのである。

(66) a. 東京タワーは、高さは300 mである。
 b. 東京タワーは、幅は300 mである
 c. 東京タワーは、奥行きは300 mである
 d. 東京タワーは、バス停からの距離は300 mである

(60)の他の例も同様である。車自体が「2000 cc」という属性をもつわけではないし、力士自身が「200 キロ」という属性をもつわけではないし、部屋自体が「8畳」という性質をもつわけではない。同様にびん自体が「1リットル」という性質をもつわけではないであろう。そうではなくて、車は、た

とえば、排気量が2000 cc であり、力士は、体重が200 キロであり、部屋は、広さが8畳であり、びんは、容積が1リットルなのである。このように、「排気量」「体重」「広さ」「容積」などを補完しないかぎり、これらの文の意味は充足しないのである。その補完は意味論の仕事ではなくて、コンテクストに依拠する語用論的な作業なのである。その点で、(60)においては、語用論的な読み込みが不可欠なのである。

一般に、文法で規定できるような文の言語的意味とそれにたいする語用論的解釈とは明確に区別すべきである。この点、(60)の各文は、(61)の各文と本質的に異なる。上で見たように、(61)の各文において、主語は述語の表す属性を直接有しているということが意味論的に規定されており、それ以上の語用論的な読み込みは不要であった。ところが(60)の各文において、述語自体が意味論的には不完全であり、述語の名詞句を語用論的に補完してはじめて主語の表す属性を構築できるのであった。この点を属性数量詞構文(60e)を例にして敷衍すれば次のようになる。まず、(60e)の「300 m」それ自体は叙述名詞句でもなんでもない。そのような叙述名詞句でない述語でもって、主語「東京タワー」の指示対象に属性を帰すわけにはいかない。むしろ、この文の言語的意味は、(66a)(66b)(66c)(66d)のような特定の読みから中立的な(67)のようなものとみなすべきであろう。

(67) 〈東京タワーは、Rは300 m である〉

そして、われわれが、(60e)の発話を解釈できるのはコンテクスト情報に照らして、(67)のRの中身を適切に補完しているからである。この操作は語用論的操作であるが、「意味補完」であって、「自由拡充」ではない。(67)のように、文の言語的意味（論理形式）から要求されているスロットRを埋めているからである。かくして、しかるべきコンテクストが与えられれば、聞き手は、(60e)の発話にたいする解釈としてたとえば(66a)のような表意を構築することができるのである。なぜこの解釈が得られるかといえば、それが今のコンテクストでは、もっとも関連性の高い、認知効果のある解釈だからである。注意すべきは、(60e)は全体としては措定文であるが、その述語表現「300 m である」自体は、(68a)のような倒置指定文の意味構造を有しており、より正確にいえば(68b)のような意味構造を有している、という点である。

(68) a. Rは300 m である。

b. ［x が R である］を満たす x の値は 300 m である。

したがって、(60e) は、スロット R の中身がたとえば「高さ」で補完されれば〈［高さは何かといえば、300 m である］、そういう性質を東京タワーは有している〉、という二重の構造の意味をもつのである。かくして、(60e) はコンテクスト次第でそのような解釈を可能にする構文だ、ということなる。(60) の他の例についても同様である。

属性数量詞構文にたいする以上のような分析は、属性数量詞構文がウナギ文の一種であることを示している。本章 3 節でわれわれは、(1) のようなウナギ文については、(59) のような特徴を明らかにした。属性数量詞構文についてもこれと本質的に同様のことが言えるであろう。たとえば、(60e) についていえば、(69) のような特徴を指摘することができるであろう。

(69) a. 属性数量詞構文「東京タワーは 300 m である」は、措定文であり、その言語的意味は、〈東京タワーは、［R は 300 m である］〉である。
  b. 「300 m」それ自体を叙述名詞句とみなすわけにはいかない。
  c. ［R は 300 m である］の部分は倒置指定文の意味をもつ。
  d. R は変項名詞句の機能を果たし、「300 m」は、その変項名詞句の値を表す。
  e. コンテクストから、語用論的な補完操作によって R の中身が補完される。R の中身が補完されれば、たとえば「東京タワーは、高さは 300 m である」のような解釈が得られる。これは、属性数量詞構文の発話が伝える内容、すなわち表意であって、属性数量詞構文自体の言語的意味ではない。
  f. 属性数量詞構文における「300 m」は、R の中身を補完して、たとえば「高さは 300 m である」のような（「東京タワー」に帰すべき）属性を語用論的に構築する際の重要な手がかりを与える。

これは、ウナギ文についての特徴づけ (59) と実質的に同じである。したがって、属性数量詞構文とウナギ文は、意味論的には同種の構文だ、といってさしつかえないであろう。もっとも、ウナギ文のばあい、φ の中身にたいする制約が強くなく、かなり広範囲の述語が入りうるのにたいして、属性数量詞構文のばあいは、R の中身にたいする意味論的制約はかなり強い、と言うことはできよう。たとえば、(60e) のばあいは、「高さ」以外に「幅」や「奥行

き」「どこそこからの距離」などは可能であるがそれ以外は考えにくいであろう。そして、(60b)のばあいは「重量」以外は考えにくいであろう。同様に、(60c)のばあいは、「広さ」以外はまず考えにくいであろう。それにもかかわらず、この種の制約内であれば具体的に何が選択されるかはあくまで語用論的な要因で決まるものなのである。[15]

さて、もし(60)のような属性数量詞構文と(1)のウナギ文が同種の構文であるとするわれわれの仮説が正しいならば、(64)の表現に対応してウナギ文についても(70)の表現が存在してしかるべきである。

(70) a. ウナギのお客さん
    b. ウナギのぼく
    c. ウナギの洋子

事実、この理論的予測は正しい。たとえば、(70a)のような表現は、(71)の発話の一部としてごく自然に登場しうるものである。

(71) (料理屋の厨房において)
    ウナギのお客さんにこのお椀をもって行ってね。

(71)における「ウナギのお客さん」は「(その)注文料理が」を語用論的に補完して(72)を構築してやれば理解可能となる。

(72) 注文料理がウナギであるお客さん

これはまさに、(73)をコンテクストから「排気量が」を補完して(74)を構築する仕方とパラレルである。[16]

(73) 2000 cc の車
(74) 排気量が 2000 cc である車

以上の考察は、(60)のような属性数量詞構文とウナギ文とのあいだの密接な関係を示すであろう。いうまでもなく、(60)のような属性数量詞構文を措定文とみなすことは自然である。それゆえ、ウナギ文は、属性数量詞構文と同様、措定文の一種である、とするわれわれの議論はここでも正当化されるであろう。

本章の議論をまとめると以下のようになる。まず先行研究に簡単に触れたあと、ウナギ文を処理する方法として従来あまり注目されてこなかったメトニミー説（語用論的マッピング説）をとりあげ、そこに潜む5つの問題点を

指摘した。そして、ウナギ文を分析するにあたり、意味論と語用論を明確に区別することの重要性を指摘した上で、ウナギ文は意味論的には、倒置指定文ではなく、むしろ措定文の一種であるとする仮説を提案した。ただし、ウナギ文においては、主語名詞句の指示対象に帰す属性自体が倒置指定文の意味構造を有していることを指摘した。そして、ウナギ文「AはBだ」の「B」は、それ自体では叙述名詞句ではなく、(語用論的操作によって復元される)変項名詞句の変項の値を表すものであることを主張した。さらに、「この車は2000ccだ」や「あの部屋は8畳だ」のような属性数量詞構文に注目し、この構文とウナギ文とのあいだの密接な関係を論じることによって、ウナギ文が措定文の一種であることを論証した。

註

1　奥津(1989: 198-199)は、ウナギ文はかならずしも「AはBだ」という型である必要がないとして、(ⅰc)をもウナギ文とみなしている。

   (ⅰ)a.　女優の中でだれが美しいか？　　　(指定文)
      b.　山本富士子が女優の中で美しい。(指定文)
      c.　山本富士子だ。

　奥津は、(ⅰc)は、(ⅰa)にたいする応答(ⅰb)の「女優の中で美しい」が「だ」で代用されたものであると考えているようであるが、これは間違いである。(ⅰb)は指定文であり、同じ意味を倒置指定文(ⅱ)で表すことができる。

   (ⅱ)　女優の中で美しいのは山本富士子だ。(倒置指定文)

実は、(ⅰc)はこの倒置指定文(ⅱ)から下線部を省略して値を表す表現「山本富士子だ」が残った文なのである。したがって、(ⅰc)の「だ」が「女優の中で美しい」の代用形でないことは明らかである。奥津の立場であっても、(ⅱ)の下線部の省略文である(ⅰc)をウナギ文と認めることはおそらくないであろう。要するに、奥津は、(ⅰc)を(ⅰa)にたいする応答としても使用できることから、(ⅰc)の「だ」を「女優の中で美しい」の代用形と混同したのである。

　また、奥津(1989: 198)は、(ⅲa)にたいする応答(ⅲb)をもウナギ文だと主張するがこれも同じ間違いである。

   (ⅲ)a.　A：隣にだれがいるの？
      b.　B：太郎だ。

(ⅲb)は倒置指定文(ⅳ)から下線部を省略して値「太郎だ」が残った文なのである。

   (ⅳ)　隣にいるのは太郎だ。

したがって、(ⅲb)の「だ」は奥津が考えているような「(が)隣にいる」の代用形でもなんでもないのであり、ウナギ文ではありえない。(ⅰc)(ⅲb)をウナギ文だとする奥津の主張は、倒置指定文(ⅴa)や指定文(ⅴb)にたいする応答(ⅵ)をウナギ文だと主張するのと同様、奇妙である。(この点について、上林洋二氏との議論は有益であった。)

   (ⅴ)a.　委員長はだれだ。(倒置指定文)

b.　だれが委員長か。（指定文）
　（ⅵ）　田中だ。
　　筆者は、奥津と異なり、ウナギ文の基本形はやはり「AはBだ」という型であると考えている。もちろん、この見解はウナギ文「AはBだ」の「Aは」や「だ」を省略した「Bだ」や「B」という（ウナギ文の）省略文が容認可能であるという事実をなんら否定するものではない。
2　池上(1981: 36-37)。
3　(17)の後半は〈食べ物→それを注文する客〉への語用論的関数が働いており、「逆行ウナギ文」と呼ばれる。「逆行ウナギ文」が「ウナギ文」と同じ構造を有しているかどうかは、議論の余地がある。ここでは詳論できないが、筆者は、「逆行ウナギ文」は「ウナギ文」と意味構造が異なる、と考えている。たとえば、逆行ウナギ文「キシュはわたくしの友人です」は、これと同じ意味で「わたくしの友人がキシュです」とも言えるが、後述するように、ウナギ文「わたくしは、ハムサンドです」は、これと同じ意味で「ハムサンドがわたくしです」とは言えないのである。
4　「M-同定文」は、坂原(1990a)が「同定文」と呼んでいるものにほかならない。第3章4節で説明したように、本書における「同定文」（第3章5節参照）と坂原の言う「同定文」との術語上の混同を避けるために、本書では坂原の言う「同定文」を「M-同定文」と呼ぶことにする。
5　坂原(1990a)が、ウナギ文についての坂原説とFauconnier流の「ウナギ文—メトニミー説」との関係をどのように考えているのか明らかでない。坂原は、ウナギ文「私はうなぎだ」について、（ⅰ）のように述べている。
　　（ⅰ）　ウナギ文自身も［M-］同定文なので、換喩［＝メトニミー］により「私」が「私の注文したもの」の意味にとられる。そのため、「？うなぎが、私だ」もコンテクストにより許容される。(坂原1990a: 51)
　これを見るかぎり、坂原説はFauconnier流の「ウナギ文—メトニミー説」と両立するとも受け取ることができなくもないがそれほど明確ではない。
6　ただし、厳密にいえば、坂原の言う「M-同定文」はわれわれの言う「倒置指定文」と同一概念ではない。この点についての詳細な議論は、第3章4.2節を参照。
7　本節の議論の元になるものを筆者に指摘してくれたのは照井一成氏である。
8　この点については、Higgins(1979)、Declerck(1988)、熊本(1996)を参照。日本語でも同様のことが言える。第3章3節の例文(62)で示したように、倒置指定文の主語は変項名詞句であり、「彼」「彼女」「彼ら」のような人称代名詞では置き換えることができないのである。
9　本節の議論の元になるものを筆者に指摘してくれたのは峯島宏次氏である。
10　ただし、メトニミー関係が成立しているばあい、target表現をそれと同一対象指示の他の表現で置き換えることは許される。ある状況で、（ⅰa)が（ⅰb)と解釈されるとしよう。
　　（ⅰ）a.　赤シャツは　悪知恵が働く。
　　　　　↓
　　　　b.　われわれの学校の教頭は　悪知恵が働く。
　そのばあい、（ⅱ)が成立しているかぎり、（ⅰa)から(ⅲ)を推論することができる。

（ⅱ）　われわれの学校の教頭＝この町の町長の長男
　　　（ⅲ）　この町の町長の長男は　悪知恵が働く。
　つまり、（ⅰa）の発話は、（ⅰb）を経て、（ⅲ）と解釈されうるのである。
11　坂原（1990a：51）は、（ⅰ）のウナギ文にたいして（ⅱ）の形がない点を、「αは、vだ」は省略を含むため「vがαだ」と簡単に倒置できないからだ、として説明する。
　　　（ⅰ）　ぼくはウナギだ　（αは、vだ）
　　　（ⅱ）　ウナギがぼくだ。（vがαだ）
　しかし、これは説明として十分ではなく、言語データの記述でしかないように思われる。坂原（1990a）によれば、M-同定文「αのRは、vだ」について、役割要素Rは省略できるのであった。一方、M-同定文「αのRは、vだ」は倒置したM-同定文「vが、αのRだ」と意味は同じであり、言い替えることができる。では、なぜ「αのRは、vだ」については役割要素Rは省略できるにもかかわらず、倒置したM-同定文「vが、αのRだ」については役割要素Rは省略できないのであろうか。役割要素Rは省略できるか否かが統語論上の問題ではなく、意味上の問題であるかぎり、このようなことは理解しがたい現象である。われわれがここで求めているのはこの点について十分納得のいく説明である。
12　本節の考察は上林洋二氏との私的な議論に負うところが多い。
13　ただし、（54）よりも（ⅰ）の方が自然な日本語であろう。
　　　（ⅰ）　ぼくは、注文料理がウナギだ。
　これは、後述のごとく、（54）の述部「注文料理はウナギだ」は倒置指定文の意味を有する補文であり、〈補文のなかの「は」は「が」に変わる〉という日本語の文法規則が適用されるからであろう。本章註16を参照。
14　第1章の註12でも述べたが、「意味補完」は、（ⅰa）を（ⅰb）と解釈するように、文の言語的意味（論理形式）にスロットXがあり、コンテクストを参照して、（ⅰb）の下線部のような要素を埋めるものを言う。
　　　（ⅰ）a.　この論文は長すぎる。（Xを基準に長すぎる）
　　　　　 b.　この論文は言語学会で発表するには長すぎる。
　意味補完がされてはじめて、真・偽を問題にできる命題が得られる。それにたいして、「自由拡充」は、（ⅱa）を（ⅱb）と解釈したり、（ⅲa）を（ⅲb）と解釈するように、文の言語的意味（論理形式）にスロットはなく、そのかぎりで真・偽を問題にできる最小命題（minimal proposition）を構築できるのであるが、話し手が伝達しようとする実質的内容（すなわち表意）を得るために、コンテクストを参照して、さらに意味を拡充する作業を言う。
　　　（ⅱ）a.　太郎は洋子をぶち、洋子は負傷した。
　　　　　 b.　太郎が洋子をぶったことが原因で、洋子は負傷した。
　　　（ⅲ）a.　軽井沢駅から北軽井沢まで行くには時間がかかるよ。
　　　　　 b.　軽井沢駅から北軽井沢まで行くには君が想像している以上に時間がかかるよ。
15　したがって、しかるべきコンテクストのもとでは、（60a）は、「その車は、トランクに積んである牛乳の量が2000ccである」という読みをもつかもしれないし、（60b）は、「あの力士は、締めているまわしの重さが200キロだ」という読みをもつ可能性もあ

る。同様に、(60c)は「その部屋は、窓面の広さが8畳だ」という読むことができるコンテクストもあろう。第1章5.2節の最後で、本章の(64) [=第1章の(67)] のような「NP_1 の NP_2」は、タイプ [B] ではなくて、タイプ [A] であるように思われる、と述べたのは、このような理由による。

16 「2000 cc である車」という表現は(73)に比べて容認可能性が落ちるが、それは「ウナギであるお客さん」の容認可能性が落ちる事実とパラレルである。なお、(72)(74)の構造は、それぞれ(i)(ii)のようなものである。

　　(i)　[注文料理はウナギである] お客さん
　　(ii)　[排気量は 2000 cc である] 車

(i)(ii)の [……] のなかは倒置指定文である。ところが、〈補文のなかの「は」は一般に「が」に変わる〉という日本語の文法規則によって、表層では(72)(74)のような形として現れるものと思われる。(iii)と(iv)の対比も同じ理由によるものと思われる。

　　(iii)　? 高さは 300 m の東京タワー
　　(iv)　　高さが 300 m の東京タワー

ここで(66a)の例文 [(v)として再掲] をもう一度考えよう。

　　(v)　東京タワーは、高さは 300 m である。

いうまでもなく、(v)より(vi)の方が自然な日本語である。

　　(vi)　東京タワーは、高さが 300 m である。

われわれの分析によれば、(v)の述部 [高さは 300 m である] は倒置指定文であり、(v)の文のなかでは補文の位置を占めている点に注意しよう。そして、〈補文のなかの「は」は一般に「が」に変わる〉という上述の規則がここでも適用されると考えるならば、(vi)の自然さが説明できるであろう。同様のことは(66)の他の例についてもあてはまる。本章註13をも参照。

第 8 章

倒置指定文と有題文

　日本語文法論では、ある文が主題をもつ文（有題文）であるか、それとも主題をもたない文（無題文）であるかは重要である。そして、一般に、係助詞「は」の重要な機能は主題を表すことである、と言われてきた。本章では、倒置指定文「AはBだ」（や指定文「BがAだ」）というコピュラ構文においてそもそも主題と呼ぶべきものが存在するかどうかという問題を論じたい。これまでの日本語文法研究において倒置指定文の主題性については簡単に触れられることはあっても、あまり深い議論はなされてこなかった。そして、多くのばあい、倒置指定文は「AはBだ」という形をとるがゆえに、主題文であると安易に片づけられてきたように思われる。本章の目的は、この通説を批判的に検討することをとおして、日本語文法における主題という概念を再検討することにある。本章の構成は次のとおりである。まず、1節では、第3章で論じた倒置指定文（や指定文）の性質について、その要点を復習する。2節では、「は」のもつ「二分・結合」という機能と主題との関係について考察する。とくに、「は」に「二分・結合」という機能があるということと、「は」が主題であるということとは独立のことであることを論じる。3節では、「文中の要素が主題といえるための条件は何か」という問題を考察する。4節では、倒置指定文の主題性に関する日本語文法研究家によるいろいろな見解を整理し、それらの見解に潜む難点を指摘する。5節では、倒置指定文は、その本質からして、有題文ではありえない、とする筆者の議論を展開する。これらの考察をとおして、倒置指定文や指定文というコピュラ構文の本質が、日本語文法家のあいだでかならずしも十分理解されてこなかったことを指摘する。

1. 措定文と倒置指定文

　第3章で論じたたように、日本語のコピュラ文「AはBだ」は、AおよびBに登場する名詞句の指示性・非指示性に依拠して、「措定文」「倒置指定文」「倒置同定文」「倒置同一性文」「定義文」などと多様なタイプの解釈が可能となるが、そのなかでもっとも重要なものは、「措定文」と「(倒置)指定文」の区別であろう。この区別については、第3章で説明したが、ここでその要点をもう一度整理して述べておこう。まず、措定文「AはBだ」とは、(1)のようなものをいう。

(1) a.　田中は医者だ。
　　 b.　この問題が解ける奴は天才だ。

ここで、Aは指示的名詞句であるのにたいして、Bは属性を表し、非指示的名詞句である。そして、文全体は、Aの指示対象について属性Bを帰すという意味をもつ。Aは、(1a)のごとく特定の対象を指すばあいもあれば、(1b)のごとく、不特定の対象を指すばあいもある。[1] 措定文「AはBだ」は、「BがAだ」で言い替えると、たとえその文自体は文法的になっても、元の文と同じ意味を表すことはできない。

(2) a.　？医者が、田中だ。
　　 b.　？天才が、この問題が解ける奴だ。

一方、倒置指定文「AはBだ」とは、(3)のようなものをいう。

(3) a.　ショパンコンクールの優勝者はあの男だ。
　　 b.　洋子の任務は会長を補佐することだ。
　　 c.　太郎について気になる点は、彼の話し方だ。

(3a)は、ショパンコンクールの優勝者は一体誰かとさがせば、ああ分かった、あの男が優勝者なのだ、と主張しているのである。(3b)(3c)も同様である。このような倒置指定文は以下の特徴をもつ。

　第一に、一般に、倒置指定文「AはBだ」は意味を変えずに「BがAだ」によって言い替えることができる。たとえば、(3)の各文は、(4)の対応する各文に、意味を変えることなく言い替えることができる。

（4）a.　あの男がショパンコンクールの優勝者だ。
　　　b.　会長を補佐することが洋子の任務だ。
　　　c.　太郎の話し方が、彼について気になる点だ。

（4）のような「BがAだ」の形式を「指定文」と呼ぶ。指定文の主語に登場する「が」は、（5）のような、いわゆる「中立叙述文」に登場する「が」とは本質的に異なる。

（5）a.　おや、空が青い。
　　　b.　大変だ、山田が死んだ。
　　　c.　あっ、バスが来たよ。

　指定文の主語の「が」を本書では「［指定］の「が」」と呼ぶ。これは、久野（1973b）の言う「総記」の「が」にほぼ相当する。もっとも久野（1973b）の「総記」には、語用論的な側面が介在しているが、われわれの言う［指定］の「が」は、文-文法のレベルで意味論的に規定されるものである。
　第二に、倒置指定文の主語Aは世界のなかの個物を指示するような働きを一切もたず、非指示的である。（3a）についていえば、「ショパンコンクールの優勝者」である特定の人物を指し、そのひとは、あの男という属性を有しているとか、その人物とあの男とが同一人物である、などと言っているのではない。
　第三に、倒置指定文「AはBだ」の発話の背後には「Aであるようなものをさがす」という関心がある。結局、倒置指定文は、それをさがし当てて「ああ分かった、これだ」と答えることによって、その関心を満たしているわけである。いいかえれば、倒置指定文は「誰が/何が/どれが…であるか」という疑問とそれにたいする答えを単一文のなかで実現している構文である。（3a）についていえばショパンコンクールの優勝者は誰か（どのひとか）という問いにたいする答えを「あの男」でもって指定しているのである。
　第四に、倒置指定文「AはBだ」におけるAはそもそも指示的でない以上、Aをそれと同一対象指示の（co-referential）他の表現で置き換えて真理値が変わるかどうかを問題にすることは意味をなさない。
　第五に、倒置指定文のAは、［…x…］という変項名詞句である。このことは、Aは形は名詞句でありながら、意味論的には1項述語であることを意味する。したがって、（3a）は、［xがショパンコンクールの優勝者であ

る]という命題関数の変項xを満たす値があの男だ、と主張しているのである。

　第六に、(6a)から派生したとみなされる(6b)のようないわゆる分裂文は、倒置指定文であるが、対応する指定のコピュラ文を有さない点に注意しよう。[2]

(6) a.　太郎がこの問題を解いた。
　　 b.　この問題を解いたのは太郎だ。

　第3章3.2節で詳しく論じたように、指定文と非コピュラ文とのあいだには密接な関係がある。上で指摘したように、(3a)(4a)は、(7a)もしくは(7b)という疑問のコピュラ文にたいする答えを「あの男」で与えている、というものであった。

(7) a.　ショパンコンクールの優勝者は誰であるか。
　　 b.　誰がショパンコンクールの優勝者であるか。

　疑問コピュラ文(7a)(7b)にたいする(3a)(3b)の関係は、次のようなコピュラを用いない疑問文(8)とそれにたいする答え(9)の関係と意味的には平行的である。(このような非コピュラ文を本書では「動詞文」と呼ぶ。)

(8)　誰がショパンコンクールで優勝したのか。
(9)　あの男が、ショパンコンクールで優勝した。

(9)を分裂文に変換したものが(10)である。

(10)　ショパンコンクールで優勝したのは、あの男だ。

(10)の下線部は、「xがショパンコンクールで優勝した」のように空所xがあり、そのxを「あの男」で埋めているわけである。このばあい、「~のは」の「の」は補文標識である。

　(10)にたいするこの解釈では、「優勝する」と「あの男」とのあいだに「主語-述語」という直接の緊張関係がある。したがって、この意味をより正確に言えば、(11)のようになる。

(11)　誰がショパンコンクールで優勝したかといえば、それは、あの男だ。

　ただし、興味深いことに、(10)それ自体には、(11)のような解釈とは別に、

(12)のような別の解釈も可能である。

(12) ショパンコンクールで優勝した者/奴/ひとは、あの男だ。

このばあい、(10)の「～のは」の「の」は形式名詞である。(12)では、「優勝する」と「者/奴/ひと」とのあいだに「主語-述語」という直接の緊張関係があるのであって、「優勝する」と「あの男」とのあいだには「主語-述語」という関係がない点に注意すべきである。そして、(12)の主語「ショパンコンクールで優勝した者/奴/ひと」を「ショパンコンクールの優勝者」として言い替えれば、(3a)となる。したがって、(3a)は(12)と実質的な意味は変わらないであろう。

結局、倒置指定文(10)は、(11)のような解釈と(12)のような解釈をもち曖昧であるということになる。それにもかかわらず、両者のあいだには実質的な意味上の差はほとんどないばかりか、少なくとも両者は真理条件的には等価であると思われる。ということは、(3a)のようにAが名詞句である倒置指定文「AはBだ」と(10)のようにAの部分が節になっている倒置指定文「AノハBだ」とのあいだにも、実質的な意味上の差はないことになろう。この種の対応は、上の例に限らず、一般に広く観察できるように思われる。たとえば、次の各文のaとbは、実質的な意味という点で差はほとんどないであろう。[3]

(13)a. ハイドンの最後の作品は、ピアノソナタだ。
　　 b. ハイドンが最後に作曲したのは、ピアノソナタだ。
(14)a. 洋子の2度目の夫は、太郎だ。
　　 b. 洋子が2度目に結婚したのは、太郎とだ。
(15)a. この火事の原因は漏電だ。
　　 b. この火事を引き起こしたのは、漏電だ。
(16)a. 浅間山が大噴火した年は、1793年だ。
　　 b. 浅間山が大噴火したのは、1793年だ。
(17)a. 洋子の指導者は、田中先生だ。
　　 b. 洋子を指導しているのは、田中先生だ。

2.「は」のもつ機能：「二分・結合」と主題

日本語文法では、助詞「は」の機能との関係で、「主題」とか「有題文」

（もしくは「主題文」）という術語はしばしば登場するにもかかわらず、そもそも「主題」とは何か、という問題を正面から論じ、「主題」にたいする明確な定義を提示している文献は、筆者の知るかぎりほとんどない。その意味で、柴谷(1990 b)による次の叙述は、貴重なものである。

(18) ある事象を把握・理解しようとする時のひとつの方法は、その事象を二つの部分に分割し、それらを再び結びつけるもので、一般に論理的判断と呼ばれている把握方法である。日本語の主題文はこのような判断の表現形式であって、助詞「は」は、判断の対象である事象の中心的存在物を取り出して、二項を設定する役割を果たす。この二項が、主題、すなわち判断の対象の中心的存在物と、その属性を述べる述部である。［中略］
　ここで注意すべきは「は」は分離の機能と結合の機能を同時に果たしているということである。［中略］この、分解され最初に提示されたもの、これが我々が「主題」と呼ぶものであるが、要約すれば、「主題」とは判断の対象となる事象の中心的存在物、または判断の主眼たる事物というふうに定義づけることができる。[4]

ここでの柴谷の主張の要点を整理すると次のようになる。

(19) a. 助詞「は」は、判断の対象である事象の中心的存在物を取り出して二項を設定する役割を果たす。
　　 b. 助詞「は」は、分離の機能と結合の機能を同時に果たしている。
　　 c. 助詞「は」によって分離され最初に提示された項が判断の中心的存在物であり、「主題」と呼ばれる。
　　 d. 助詞「は」によって分離された他の項が、主題についての属性を述べる述部である。

主題にたいする柴谷のこのような定義は多くの日本語文法学者が暗黙のうちに仮定していたことを明示的に述べており、それなりに有意義な言明であるが、不明瞭な点がある。第一に、「主題とは、判断の対象となる事象の中心的存在物、判断の主眼たる事物である」という風に定義したところで、「判断の対象となる事象の中心的存在物」とか、「判断の主眼たる事物」という概念があまりにも茫漠としていて、よくわからないのである。

第二に、柴谷は、「は」によって分割された事象の二項がまたそれによって結合されることによって、ひとつの事象が「主題-述部」の関係のもとに

把握される、と考えるわけであるから、この規定では、(20a)と(20b)が、完全に融合していることになる。

(20) a. 「は」が「二分・結合」という機能をもつ。
　　 b. 「は」によって分離され最初に提示された項が主題を表し、残りの項が（主題についての属性を述べる）述部を表す。

つまり、(18)において、柴谷は、「は」によって二分された二項はかならず主題と述部の関係になると考えているわけである。筆者はこの点に疑問を感じる。(20a)の係助詞「は」が文法機能として「二分・結合」という機能をもつという主張については、山田孝雄以来しばしば指摘され、近年では尾上(1981)、青木(1992)などによって精力的な議論がなされているので、ここでこの問題の詳細に立ち入る必要はあるまい。筆者は、「は」が「二分・結合」という機能をもつという見解に基本的に賛成である。しかし、「は」にこのような機能があるということと、〈二分されたひとつの項が主題であり、他の項がその属性を述べる述部である〉ということとは本来独立のことであって、両者のあいだに論理的な関係があるわけではない。つまり、「は」によって二分された二項が必然的に「主題と述部の関係」（あるいは、題目と解説の関係）になっていなければならないという理由はどこにもないのである。なるほど、多くのばあい、二分された二項が「主題と述部の関係」になっていることは事実であろう。たとえば、柴谷(1990b)の提示している例でいえば、

(21) 　鳥が飛ぶ。
(22) 　鳥は飛ぶ。

(21)が、眼前に起こる事象の生起をひとまとまりにして述べている無題文であるのにたいして、(22)の「鳥」は、判断の対象となる事象の中心的存在物であり、その対象についての一般的判断を表しているとされる。このことはなんとなく理解できるように思われる。また、(22)の「鳥は」が主題であり、「飛ぶ」が述部であることは多くのひとが認めることであろう。しかし、二分された二項が「主題と述部の関係」になっているかどうか判然としないばあいもすくなくない。たとえば本章1節で挙げた次の文はどうであろうか。

(23)　<u>ショパンコンクールの優勝者</u>はあの男だ。(= 3 a)

(23)における下線部「ショパンコンクールの優勝者」は判断の対象となる事象の中心的存在物、または判断の主眼たる事物である、といえるであろうか。この点についてのわれわれの直観はそれほどはっきりしない。いまかりにそうだとしても、この文は、「ショパンコンクールの優勝者」が主題であって、「あの男だ」がその主題についての属性を述べる述部になっている、といってさしつかえないであろうか。後で詳しく論じるが、このような言い方はきわめて奇妙である。筆者の見解では、(23)における「あの男だ」は、何かについての属性であるはずがないし、また(23)の「ショパンコンクールの優勝者」はそれについて属性が述べられるような対象ではないのである。

第1節でも述べたように、(23)のような倒置指定文の表す意味は、指定文(24)によっても表現することができることに留意しよう。

(24) あの男がショパンコンクールの優勝者だ。(＝4 a)

(24)における「ショパンコンクールの優勝者」も、同様に判断の対象となる事象の中心的存在物であるのであろうか。われわれの直感はいっそうはっきりしなくなる。まあ、そういえるかもしれない。では、(24)における「ショパンコンクールの優勝者」は、主題であって、「あの男が」はその主題についての属性を述べる述部である、とみなして良いのであろうか。柴谷は(24)には、「は」が登場していない以上、主題云々は問題にならない、すなわち、(24)は有題文ではありえない、と反論するかもしれない。しかし、(23)と(24)のあいだで意味の差がないかぎり（また、両者のあいだで情報構造の上でも差がないかぎり）、片方で主題になっている要素は、他方でもやはり主題となってしかるべきである。事実、次節で詳しく見るように、多くの現代の日本語研究者は、(23)を有題文とみなし、(23)が有題文である以上、(24)も「は」は現われていないもののやはり有題文であるとみなさざるをえない、としているのである。筆者が本章で問題にしようとするのは、まさに(23)や(24)のような倒置指定文や指定文についてその「主題性」をどう考えるべきかという点である。

「は」によって二分された二項が主題と述部の関係になっているかどうかが問題となるのは、別に倒置指定文ばかりではない。次例を見よう。

(25) a. <u>魚</u>は、鯛がおいしい。
  b. <u>花</u>は、桜がきれいだ。
  c. <u>辞書</u>は、広辞苑が良い。

第5章で述べたように、日本語文法研究家のなかには、これらの文の下線部が主題であり、残りの部分が述部であって、全体は有題文である、と考えるひとも少なくない。たとえば、(25a)の「鯛がおいしい」は魚についての属性を述べている文であり、したがって有題文である、と考えるわけである。[5] 事実、柴谷(1978: 205-210)において、(25)の各文が有題文であることは当然のこととして仮定されている。しかし、たとえば(25a)の「魚は」が柴谷(1990b)の言う「判断の対象となる事象の中心的存在物、または判断の主眼たる事物」であるかどうかについて、われわれの直観はそれほどはっきりしないのである。しかし、はっきりしていることは、第5章において詳しく論じたように、(25a)の「鯛がおいしい」が魚についての属性を述べているとする見解を保持することはできないという点である。そもそも「鯛がおいしい魚」という言い方自体が奇妙だからである。となると、(25)のような文を有題文として分類することは疑わしくなるのである。

　かりに、(25)を有題文とみなしたとしても、次のような文について、下線部が主題であり、残りの部分がその主題についての属性を述べている述部である、とみなすことには抵抗を示す人が少なくないであろう。

(26) a. <u>酒</u>は、日本酒が好きだ。
　　 b. <u>東京</u>は、神田の生まれだ。
　　 c. <u>これ</u>は、道を間違えたかな。

もちろん、これらの文の「は」が「二分・結合」の機能を果たしていることは事実であろう。それにもかかわらず、これらの文を「主題と述部の関係」の構文とみなすことは疑わしいのである。このように、「は」が「二分・結合」という機能をもつということと、「は」によって分離され最初に提示された項が主題を表し、残りの項が（主題についての属性を述べる）述部を表すということとは連動しない可能性がある。しかし、柴谷の(18)の規定では、その可能性がはじめから排除されている点に問題がある、といえよう。

　さて、標準的な日本語文法書では、「主題」については、柴谷(1990b)と異なり、むしろ次のような単純な言い方がなされている。[6]

(27)　XについてなにかPを述べる形式の文表現において、Xを「主題」（「題目」、「トピック」など）と呼び、Pの方を「解説」（あるいは「叙述」「評言」「コメント」「説明」「陳述」など）と呼ぶ。

(cf. 丹羽 2000: 100)

(28) 日本語の提題助詞「は」は、(27)の意味での主題を表す典型的な形式である。[7]

　ここで注意すべきことは、(27)の「XについてPを述べる」という規定はあくまで、文の構成素がもつ文レベルでの機能を問題にしている文法論上の規定であって、いくつかの文からなる談話のなかでの機能を問題にしているのではない、という点である。日常生活では、たとえば、「この論文の主題は何ですか」とか、「今、皆さんは何について話しておられるのですか」「今日のシンポジウムのテーマは…です」のように、「主題」「Xについて」「テーマ」という表現が用いられることもめずらしくないが、これらはいずれも談話のなかでの「主題」であって、本章で問題にする文中の主題とはまったく別である。[8] ここでは、無用な混乱を避けるために、文中の機能としての主題を「主題」(もしくは「題目」)と呼び、談話のなかでの主題を「話題」と呼ぶことにする。本章で問題にするのは、いうまでもなく、前者の意味での主題である。

　さて、(27)の例示として、通常、(29)のような例文があげられる。

(29) a. 田中は、病気だ。
　　 b. 太郎は、妻を庭でぶっている。
　　 c. このケーキは、太郎が食べた。

　これらの下線部は、主題であり、残りは叙述もしくは解説である、とされる。つまり、(29a)は、田中について、そのひとが病気だという叙述をおこなっている。(29b)は、太郎について「妻を庭でぶっている」という叙述をおこなっている。そして、(29c)は、主題が主格名詞句に限らない例としてあげられるものであるが、このケーキについて、「太郎がそれを食べた」という叙述をおこなっている、と言われる。したがって、これらの文は主題をもつ文、すなわち「有題文」もしくは「主題文」と呼ばれる。

　ここまでは、直観的にも納得できるであろう。ところが、先に見た(23)(25)(26)の文はどうであろうか。これらの文の下線部の名詞句は、主題にたいする(27)の規定を満たしているという意味で真に主題であり、いずれも、有題文とみなすべきであろうか。

　結論を先取りして言えば、筆者は、(23)(25)(26)の下線部はいずれも厳密な意味では主題でもなんでもない、と考えている。ただ、やっかいな問題は、(27)における「XについてなにかPを述べる」という言い方自体がそ

れほど明確ではなく、それをルーズに解釈すれば、(23)のばあいも主題であるといえなくもない、という点である。事実、(23)は、コンテクストから明らかな、特定のショパンコンクールの優勝者を話題にしている文であり、その優勝者に関する情報を提供している文であると言えなくもない。また、(25a)も、魚ということを中心話題にして話をしている文である、と言えそうである。(25b)(25c)も同様である。さらに、(26a)と(26c)もそれぞれ、「酒」「これ」が状況の中のいわばキーワードになっており、それと関連する情報を提供している、と言えなくもない。しかし、(26b)の「東京」についてはこういう説明も無理であろう。いずれにせよこれらのばあい、「主題」という術語がきわめてルーズに用いられており、せいぜい〈話しのきっかけになる表現〉、〈「Xといえば」で置き換えることのできる表現〉、〈Xの話をするならば〉〈Xに話を限るならば〉といった意味以上のものではないであろう。これは、実質的には、〈内容的に中心となる重要表現〉、つまり〈キーワードになっている表現〉程度の意味であって、上で「主題」(「題目」)から区別した「話題」にかぎりなく近い概念になっているのである。(27)における「XについてなにかPを述べる」という規定は、このようにルーズに解釈されるべきものではなく、後述のように、より厳密に解釈されてしかるべきものであろう。

3. 主題といえるための条件

　前節では、そもそも「主題とは何か」という、「主題の定義」の問題を考えたが、本節では、「文中の要素が主題といえるための条件は何か」という問題を考察しよう。この問題にたいする日本語文法学者による説明は少なくないが、ここでは、その先駆的研究であるKuno (1973a)と久野 (1973b)を取り上げよう。Kuno (1973a: 39-41)・久野 (1973b: 28-29)は、日本語にかぎらず、一般に、主題であるためには、次の条件が満たされていなければならない、と主張した。

(30)　主題となりうるものは、文脈指示 (anaphoric) の名詞句、すなわち、すでに会話に登場した人物・事柄 (つまり、現在の会話の登場人物・事物リストに登録済みのもの) を指す名詞句か、話し手と聞き手のあいだで指示対象が明らかな名詞句でなければならない。

たとえば、久野(1973b: 30)によれば、

(31) a. 鯨は哺乳動物です。
　　 b. 太郎は、私の友達です。
　　 c. 二人は、パーティーに来ました。

(31a)の「鯨」は総称名詞であるが、総称名詞は最初から登場人物・事物リストに登録済みとみなされるので、(30)を満たし、主題である、とされる。(31b)の「太郎」は、話し手と聞き手のあいだで了解されている対象（人物）を指すときのみ主題であり、そうでなければ、非文法的である、とされる。[9] (31b)の「二人」は「その二人」の意味の時のみ主題を表し、文法的である、とされる。一方、

(32) a. *大勢の人はパーティーに来ました。
　　 b. *君の知らない人は、パーティーに来ました。
　　 c. *誰かは病気です。

の下線部は、いずれも(30)の条件を満たさないので主題ではない。主題ではない表現が「は」という提題助詞をとっており、しかも対照の「は」とも解釈できないので、これらは非文法的である、とされる。[10]

　さて、久野の主題条件(30)は、その後の主題研究において広く受け入れられているが、ある重要な点で曖昧である。(30)にたいするひとつの解釈は、要するに、文脈指示（anaphoric）にせよ、話し手・聞き手にとって指示対象が明らかなような名詞句であるにせよ、少なくとも(33)を前提にしている、という風に読むことができるであろう。

(33)　主題を表す表現は、指示的名詞句でなければならない。

もし(33)が正しいとすると、前節で問題にした(23)のような倒置指定文の下線部の「主題性」はどうなるのか、という疑問が生じる。

(23)　ショパンコンクールの優勝者はあの男だ。(＝3a)

本章1節で指摘したように、倒置指定文の主語「ショパンコンクールの優勝者」は変項名詞句であり、述語の「あの男」はその変項の値を指定しているのである。したがって、(23)の下線部は、世界のなかのなんらかの対象を指示するというような機能を有していない。その意味でこの名詞句は非指示的名詞句である。すると、(33)を仮定するかぎり、(23)の下線部は主題を表さ

ないことになる。一方、Kuno(1973 a)・久野(1973 b)によれば、「は」は主題を表すか、さもなければ対照を表すかのいずれかである。いうまでもなく、(23)の「ショパンコンクールの優勝者は」は対照を表すとはいえない。[11] したがって、(23)の「ショパンコンクールの優勝者は」の「は」は、久野の分類ではどこにも収まらないことになる。

　もっとも、久野の主題条件(30)にたいしては別の解釈も可能かもしれない。(30)の前半は、「主題であるためには文脈指示（anaphoric）の名詞句でなければならない」ということを言っているにすぎず、「文脈指示の先行詞がかならず指示的でなければならない」ということまでは主張していないからである。つまり、文脈指示であっても先行詞自体が指示的名詞句のこともあれば、非指示的名詞句である可能性もある、と読むことができるかもしれない。このような解釈では、主題であるためにはかならずしも当の名詞句が指示的であることまでは要求されていないのである。つまり、この解釈では、(30)は(33)にコミットしていないことになる。

　では、(30)にたいして後者の解釈をしたばあい、倒置指定文の主語は主題とみなされるであろうか。この問題を考えるために、次の談話を見よう。

(34) a.　太郎：よし、では、さっそくその会社の責任者に会おう。誰がその会社の責任者か。
　　 b.　次郎：<u>責任者</u>は山田です。

(34b)にたいする自然な読みは、倒置指定文としての解釈である。(34a)の2番目の文は指定文である。つまり「その会社の責任者」は変項名詞句であり、その意味で非指示的名詞句である。(34b)の「責任者」は(34a)の2番目に登場した「その会社の責任者」を"文脈的に指示している"と言われるかもしれない。それゆえ、(34b)の「責任者は」は久野の主題条件(30)の前半を満たす以上、やはり主題を表す、と予測する可能性がある。[12] つまり、主題条件(30)にたいするこの解釈のもとでは、倒置指定文(34b)は有題文であって、責任者についてなにか陳述している文だ、とみなすことが可能になる。もちろん、Kuno(1973 a)・久野(1973 b)が、(34b)のような倒置指定文を具体的に問題にして、これが有題文であると主張しているわけではない。ただ、(33)が仮定されないとすれば、つまり、主題をあらわす表現が指示的でない可能性があるとすれば、このような議論もあながち排除できない。しかし、主題条件(30)にたいするこの解釈は久野の意図しているものと異なるであろう。そして、次節で見るように、実際に日本語研究者が文中の

主題を論じているとき、「主題を表す表現は指示的名詞句である」ことは暗黙のうちに仮定されているのである。つまり、かれらが、(23)のような倒置指定文を有題文とみなす際に、(33)の否定、すなわち「主題をあらわす表現は非指示的名詞句でありうる」を仮定していたとは考えられないのである。むしろ、久野の主題条件(30)にたいしては、前者の解釈（つまり、(33)）だけを想定しながら、それでいて、(23)や(34b)のような倒置指定文をなんらかの理由で有題文とみなしているように思われるのである。この「なんらかの理由」は何かという点を念頭におきながら、次節では倒置指定文の主題性に関する日本語研究者による扱いを見ていくことにしよう。

4. 倒置指定文の主題性に関する日本語研究者による扱い

本節では、日本語文法研究家が、倒置指定文や指定文を主題との関係でどのように考えてきたかを見るために、いくつかの主要文献を年代順に取り上げて、関連部分を検討する。もとよりこれは、「倒置指定文や指定文における主題」の問題に直接言及している文献を網羅することをなんら意図したものではなく、あくまで筆者の目に留まった文献を手がかりにするものであるが、これらの限られた文献の検討をとおしても、日本語研究者による主題や有題文というものにたいする考え方には、いかに首尾一貫しない側面や混乱が見られるかが明らかになるであろう。

4.1. 三上(1953)

かつて松下大三郎が、叙述を有題的叙述と無題的叙述に分類したとき、(4)のような指定文は題目なしの叙述、すなわち無題叙述に分類されていた。[13] ところが、三上章は、三上(1953)において、英文(35)の日本語訳について次のように述べる。

 (35) Henry has arrived.
 …文法上「扁理」が主語で、「到着」が述語であることは動かないが、さてどれが主題かというと、前後関係によっていろいろ変る。…幸い日本語は、主題と解説との関係を、助詞などを使分けて或る程度文面に表すから、前後関係を問答のうちに示して、日本訳を掲げよう。
 (36)a. 扁理ハドウシタ？
   b. 扁理ハ到着シマシタ　　（顕題）
 (37)a. 誰ガ到着シマシタ？

b. 扁理ガ到着シタンデス （陰題）
(38) a. 何カにゅうすハナイカ？
b. 扁理ガ到着シマシタ （無題）

問と答に共通な成分が主題である。顕題では「扁理」が主題であり、陰題では「到着」が主題である。無題の問答には共通成分がない。陰題と無題との違いは、陰題は語順をひっくり返して

(39) 到着シタノハ扁理デス

という顕題のセンテンスに直すことができるが、無題はひっくり返すことができない。これは主題を欠いて、全文が解説なのである。顕題は主題提示の助詞「ハ」の有無による。[14]

要するに三上は、(36)(39)のように、「…は」という形で明示されているものを「顕題」と呼び、(37b)のように、「主題が表面には現れていないものの、実際には述語の部分に隠れている」とみなされるばあいを「陰題」と呼んで区別しているのである。ここで注意すべきは、(36)(37)(38)はいずれもコピュラ文（名詞述語文）ではなく、動詞文だ、ということである。そして(37)のような動詞文を陰題とみなす三上の見解は、本章4.7節でみるように、同種の動詞文を無題文とみなす丹羽(2000)の扱いとは異なっている。[15] さらに、(39)のような今日の術語でいう分裂文も有題文とみなす、という三上の見解には注意を払う必要がある。

ところで三上は、三上(1953: 135)において、倒置指定文(3)を指定文(4)から派生することを示唆しているものの、これらコピュラ文（名詞述語文）の主題についてははっきりと述べていない。しかし、(37)(39)に関する三上の議論、および名詞文を動詞文と一緒に整理しようとする三上の意図[16]から類推すると、倒置指定文(3)は助詞「は」が現れているので、(39)と同様に顕題であり、指定文(4)は、陰題である、と三上は考えているとみなしてもさしつかえなかろう。そして、(3)のような倒置指定文を顕題、(4)のような指定文を陰題とみなす三上の考えは、その後の多くの日本語研究家に受け継がれていった。次に見る仁田の見解は、その一例である。

4.2. 仁田(1979)

仁田(1979: 300)は、日本語文の表現類型を整理するなかで、「ある事柄について自分の考え、感じ方、解説等を述べる文」という特質をもつタイプを「判断文」と呼ぶ。判断文は、言語表現に観察可能なあり方で題目（=「主題」）を含んでいるといないとにかかわらず、その特質からして、有題文で

ある、とされる。仁田(1979: 300-301)によれば、「題目」が言語表現に顕在している(40)のようなものもあれば、言語表現の外観に題目を含んでいないが、文の意味のあり方、機能からして有題文である(41)のようなものもある、とされる。(41)は、(42)の転位による「陰題」である、とされる。

(40) 私は学生です。
(41) 私が社長です。
(42) 社長は私です。

このような仁田の考えは、上の三上の見解を継承したものであるといえる。とにかく、三上も仁田も、(42)のような倒置指定文が有題文であることを当然のこととして仮定し、指定文(41)は(42)と意味・機能を同じくするがゆえに、やはり有題文である、と考えるわけである。つまり、より一般的には、

(43) 倒置指定文および指定文は有題文である。

を仮定していることになる。このような仮定は、今日の多くの日本語文法研究家によって共有されているが[17]、本章で問題にするのは、まさにこの仮定の妥当性である。

4．3．益岡(1987)

益岡(1987: 第1章「叙述の類型」)は、叙述には、次の二つの類型があることを主張する。

(44)a. 対象を取り上げ、それが有する何らかの属性を述べるという「属性叙述」
   b. 現実世界の或る時空間に実現・存在する事象を叙述するという「事象叙述」

益岡は属性叙述を表現する命題を「属性叙述命題」、そのような命題を含む文を「属性叙述文」と呼ぶ。一方、事象叙述を表現する命題を「事象叙述命題」、そのような命題を含む文を「事象叙述文」と呼ぶ。叙述について、益岡(1987)の主張する(44a)(44b)の分類がはたして網羅的であるかどうか、つまり、(44a)にも(44b)にも属さない叙述が存在するかどうかは別にして、少なくとも、(44a)(44b)のような類型があることは誰しも否定できないで

あろう。この分類で言えば、(1a)(1b)のようなわれわれの言う措定文は益岡の言う属性叙述文であり、(5)や(21)あるいは(38b)のような中立叙述文は益岡の言う事象叙述文だ、ということになろう。ただし、(22)のようにコピュラ文以外にも属性叙述文がある以上、益岡の言う属性叙述文がわれわれの言う措定文に限定されるものではないことはいうまでもない。

ただ、益岡の上の分類で、すぐ問題になるのは、われわれの言う倒置指定文(3)や指定文(4)はどこに位置づけられるか、という点である。益岡はこの点を直接論じていないが、次の説明は示唆的である。

(45) 以上述べたような基本的性格を持つ属性叙述命題が、文として実現する場合に見られる際立った特徴として、[有題性]という性質を挙げておかなければならない。属性叙述文は、一般に対象表示成分が「主題」(「名詞＋ハ」)の形式で表される、という点が特徴的である。…「その男が優しい(コト)」という命題は、文として実現する時には、主題成分を含む「その男は優しい。」という表現形式を取るのが一般的であり、「その男が優しい。」という<u>無題文の形式</u>で実現する場合には、特別の意味を伴うのである。[18]

そして、この引用文中の「特別の意味」について、益岡(1987: 36)は、〈この特別の意味とは、「他の誰でもなく、その男が」といった意味である〉、という注釈を付している。つまり、益岡は、ここで、

(46) その男が優しい。

の「が」は、「問題の対象のなかでＸだけが」という(久野の言う)「総記」の意味であり、(46)のような文は、無題文である、としているわけである。

益岡は益岡(1987: 40)でも同様の指摘をしている。益岡は、(47)は有題文であるが、「問題の対象のなかでＸだけが」という「総記」の意味をもつ(48)は無題文である、としている。

(47) 山口先生は生徒にきびしい。
(48) 山口先生が生徒にきびしい。

(46)や(48)は、われわれの術語でいえば、指定文にほかならない。ということは、結局、益岡(1987)は、三上(1953)や仁田(1979)とは異なり、(4)や(41)のような指定文を無題文とみなしているわけである。[19]

後述するように、筆者は、指定文は(そして倒置指定文も)無題文である

と考えているので、益岡(1987)のこのような見解は筆者の見解に近い。ただ、益岡(1987)のこのような見解は、日本語文法学者のなかでは少数派の意見であり、むしろ、「(4)や(41)のような指定文は（述語が主題の役割を果たす）有題文である」とする見解の方がはるかに一般的なのである。事実、すぐあとで見るように、益岡自身、益岡＆田窪(旧版: 1989, 改訂版: 1992)では、この一般的見解に部分的とはいえコミットしているのである。

4.4. 益岡＆田窪(1989, 1992)

益岡＆田窪(1992: 145)は、主題になるための必要条件として、(49)を主張する。

(49) 主題は、取り上げられる名詞が、話の流れ、発話場面の状況、常識等から、どの対象を指し示しているかが特定できるものでなければならない。指し示している対象が特定できない（不特定の）ものは主題にすることができない。

この仮説によって、(50)(51)(52)の下線部が主題であるのにたいして、(53)(54)の下線部は主題と解釈できないことが説明できる、とされる。

(50) 一人の男が私に話しかけてきた。その男はペンと手帳を手にしていた。

(51) これは私の兄です。

(52) 日本語は、複雑な文字で書かれる。

(53) *一人の男は私に話しかけてきた。

(54) *どの人はあなたのお兄さんですか。

ここで、(49)は明らかに3節の(33)にコミットしていることに注意しよう。

(33) 主題を表す表現は、指示的名詞句でなければならない。

となると、久野の主題条件(30)の最初の解釈について生じた問題と同じ問題がここでも生じる。つまり、益岡＆田窪(1992: 145)の(49)が正しいとすると、(55)の下線部は変項名詞句であって非指示的名詞句である以上、(33)からして主題であるはずがない、と予測できることになる。

(55) a. ショパンコンクールの優勝者は誰であるか。(=7a)
　　 b. ショパンコンクールの優勝者はあの男だ。(=3a)

つまり、(55)の下線部「ショパンコンクールの優勝者」は世界のいかなる対象をも指す機能をもたないのであるから、(49)でいう「指し示している対象が特定できないものは主題にすることができない」という条件からして、本来主題でありえないのである。そして、(49)が正しいと仮定するかぎり、(55)のような倒置指定文は無題文である、という予測が得られる。

ところが、一方、益岡 & 田窪(1992: 146)は次のように述べる。

(56) 疑問語が現れる文は、ガ格が疑問語［中略］を含む場合［中略］を除いて、原則として主題(「～は」の形式)をもつ。

(56)の例として挙げられているものは、(57)と(58)である。

(57) コンサートはいつ始まりますか。
(58) 市役所はどこですか。

上の(55a)は、ガ格が疑問語を含むケースではなく、しかもまさに疑問語「誰」が現れる文である。したがって、(56)によれば、(55a)は主題をもつ文である、とみなさざるをえなくなる。そしてこのばあいは、他に主題の候補がないので、(55a)の主語「ショパンコンクールの優勝者」が主題である、と言わざるをえなくなる。(55a)は有題文だ、ということになるわけである。そして、もし(55a)が有題文であるならば、それにたいする答えである(55b)をも有題文でないとする理由はどこにもない。よって、(55a)(55b)のような倒置指定文は有題文であるという結論が得られる。

ところが、われわれは、すぐ上で、益岡 & 田窪(1992: 145)の(49)は、(55a)(55b)のような倒置指定文を無題文であると予測するということを見た。したがって、ここに益岡 & 田窪(1992)における矛盾をみてとることができる。それは、究極的には、(49)と(56)とのあいだの矛盾ということになる。

今かりに、(56)が正しくて、(55a)(55b)が有題文であると仮定しよう。すると、(55a)(55b)と意味を同じくする指定文(59a)(59b)を有題文から排除する理由はなにもない。[20]

(59) a. 誰がショパンコンクールの優勝者であるか。(= 7 b)
　　 b. あの男がショパンコンクールの優勝者だ。(= 4 a)

結局、益岡 & 田窪(1992)は、(56)を主張するかぎり、実質的には(60)にコミットしているわけである。

(60) a. 倒置指定文の主語は主題を表し、文全体は有題文である。
b. 指定文の述語は主題を表し、文全体は有題文である。

実は、益岡＆田窪(1992)が(56)の主張とは独立に(60)を認めているであろうことは、他の箇所での説明からも明らかである。益岡＆田窪(1992)の旧版である益岡＆田窪(1989: 132)では(61)(62)をあげて、「有題文と無題文」を説明している。

(61) 責任者は鈴木さんだ。
(62) 鈴木さんが責任者だ。

(61)は、「どのひとが責任者であるかといえば、鈴木さんがそうだ」という意味であるから倒置指定文である。そして(62)は同じ意味を表す指定文である。ところが、益岡＆田窪(1989: 132)は、この指定文の読みである(62)を、「述部が主題の役割を果たす」ケースとして挙げているのである。ということは、益岡＆田窪(1989)においては、(61)の「責任者は」は主題であり、有題文であることを前提とし、また(62)の述語「責任者」は主題の役割を果たし、文全体は有題文であることを認めていることになる。(61)は倒置指定文であり、(62)は指定文である以上、結局、益岡＆田窪(1989)は、(60)を認めていることになる。

しかしこれは考えてみればいかにも奇妙である。指定文(62)は、益岡＆田窪(1989)によれば「述部が主題の役割を果たす」ケースとされているが、(62)の述部「責任者だ」が主題の役割を果たすとはいかなることか筆者には理解できない。益岡＆田窪(1992: 145)の「主題になるための必要条件」である(49)によれば、「主題は、取り上げられる名詞が、話の流れ、発話場面の状況、常識等から、どの対象を指し示しているかが特定できるものでなければならない」のであった。では、指定文(62)の述部「責任者だ」は、どの対象を指し示しているかが特定できるといえるであろうか。否である。もとより述部「責任者だ」はそもそも対象を指示する表現ではないのであるから、そのようなことはありえないはずである。

もっとも、益岡＆田窪(1992: 148)では、同じ説明の箇所で、例文(61)(62)が(63)(64)に入れ替わっているので若干注意を要する。

(63) 鈴木さんはあの人だ。
(64) あの人が鈴木さんだ。

(63)は倒置指定文であり、(64)は指定文である。ここでも、益岡＆田窪は実質的には益岡＆田窪(1989)と同じく、(60)にコミットしているわけである。ただ、(61)(62)の例文と異なり、例文(63)(64)のばあいは、それぞれふたつの解釈が可能であるのでやや複雑である。たとえば、(63)は倒置指定文であるとはいえ、それ自体二とおりに解釈できる。ひとつは、(63)を(65)にたいする答えとしてとる読みである。

(65) 鈴木さんという名前を有している人はどの人ですか

このばあい、「鈴木さん」は固有名詞でありながら、変項名詞句であり、非指示的名詞句である。この読みが(63)にたいする典型的な倒置指定文の読みであることは説明を要さないであろう。

(63)にたいするもうひとつの読みはこうである。たとえばわれわれのよく知っている鈴木さんが仮装行列に参加し、あまりにもうまく変装したため、どの人が鈴木さんか分からなくなり、(66)を口にしたとしよう。

(66) 鈴木さんは（あの行列のなかの）どの人ですか。

(63)をこの問いにたいする答えととる読みが第二の読みである。このばあい、「鈴木さん」は一次的には（すなわち、現実のメンタルスペースのなかでは）指示的名詞句であるが、仮装行列というメンタルスペースのなかでは変項名詞句の機能を果たしていると見ることができる。つまり、〈「x がわれわれのよく知っている鈴木さんの仮装姿である」そういう x を満たす値は、ほかでもない、あの人だ〉と読むのである。この二番目の読みは典型的な倒置指定文の読みではないとはいえ、倒置指定文の変種とみなすことができるもので、第3章3.6節において筆者が「第二タイプの指定文」と呼んだものである。[21] いずれの読みにとるにせよ、(63)は「どのひとが鈴木さんかといえば、それはあの人だ」という意味であるから倒置指定文であることには変わりない。そして(64)は(63)と同じ意味を表す指定文なのである。

益岡＆田窪(1992)は、(63)については、主語「鈴木さん」は主題を表し、文全体は有題文であることを前提としている。そして、(64)については述語「鈴木さんだ」が主題の役割を果たすケースであり、やはり有題文であることを示唆している。結局、益岡＆田窪(1989)も益岡＆田窪(1992)も、(61)(62)および(63)(64)の例を用いて、(60)を確認しているわけである。

しかしながら、上で指摘したように、倒置指定文の主語や指定文の述語を主題とみなすことは、非指示的名詞句を主題とみなすことになり、益岡＆

田窪(1992: 145)の(49)から帰結する(33)と明らかに矛盾する。
　さて、益岡 & 田窪(1992: 145)によれば、(56)の例外条項である〈「ガ」格が疑問語を含む文〉の例として次のようなものがあがっている。

(67)　どの人があなたのお兄さんですか。
(68)　誰が歌っていますか。

ということは、益岡 & 田窪(1992)は、(67)(68)は主題をもたない文（無題文）とみなしていることを示唆している。しかし(67)(68)は明らかに指定文であることに注意しよう。したがって、(67)(68)のような指定文を無題文とみなすことは、(60b)を認めることと明らかに矛盾している。[22]
　一方、指定文(67)(68)は、意味を変えず倒置指定文(69)(70)によって言い替えできる。

(69)　あなたのお兄さんは、どの人ですか。
(70)　歌っているのは誰ですか。

もし指定文(67)(68)が無題文であるならば、それと意味が同じ倒置指定文(69)(70)も無題文になるはずである。ところが、益岡 & 田窪(1992)は、(56)からして、(69)(70)は有題文である、と予測するのである。
　このように、益岡 & 田窪(1989)および益岡 & 田窪(1992)には、指定文および倒置指定文の主題性をめぐって整合的とは言いがたい記述が多々含まれており理解に苦しむ。ここに、有題文・無題文という概念にまつわるひとつの混乱をみてとることができよう。

4.5. 野田(1996)

　野田(1996: 96 ff.)は(71)のタイプの構文を「述語が主題になっている文」、すなわち有題文とみなし、(72)のような無題文と対比させる。

(71)　君が主役だ。
(72)　富士山が見えるよ。

その上で、野田(1996: 97)は次のように論じている。

(73)　同じように「が」が使われる構造をもっていても、述語ができごとを表す動詞のときは、「富士山が見えるよ」構文になるが、述語が名詞のときは「君が主役だ」構文になるのである。

(71)はわれわれのいう指定文であり、(72)は、いわゆる中立叙述文である。いうまでもなく、述語ができごとを表す動詞のときでも(74)のように、指定文になることができるので、述語ができごとを表す動詞のときは、つねに中立叙述文になるわけではない。

(74) a. 太郎：誰が来た。
   b. 次郎：田中が来た。

また、述語が名詞のときでも(75)(76)のように、中立叙述文になることができるので、述語が名詞のときは、つねに「君が主役だ」のような指定文になるわけではない。

(75)　おや、太郎が病気だ。
(76)　大変だ、学校が丸焼けだ。

それはともかく、野田(1996:97)は(73)に続けて次のように述べる。

(77)　これは、次のように説明できる。述語が名詞になっている文は、主題をもたない「富士山が見えるよ」構文にはなりにくいので、ふつう主題をもつ文になる。「主役は君だ。」のように「～は」があれば、その名詞が主題であり、問題はない。「君が主役だ。」のように「～は」がないときは、「君」か「主役」のどちらかが主題にならなければならない。しかし、「君」のほうは、「君が」になっていることで、主題でないことを表している。したがって、「主役」のほうが主題と解釈されることになる。

ここでの野田の前半の議論の骨格は以下のようなものである。

(78) a. 名詞述語文は「富士山が見えるよ」構文になりにくい。
   b. 「富士山が見えるよ」構文は無題文である。
   ゆえに、
   c. 名詞述語文はふつう有題文である。

しかし、野田のこの議論は、(79)を暗黙のうちに仮定している。

(79)　「富士山が見えるよ」構文でない文で無題文のケースは存在しない。

しかし、(79)の仮定は成立しない。事実、ここで問題になっている(71)「君が主役だ」のような指定文は「富士山が見えるよ」構文ではないが、無題文である可能性があり、後述するように、事実無題文なのである。したがっ

て、この間違った仮定(79)に基づいた野田の議論(78)は成立しない。つまり、(78c)は正当化されているとは言いがたい。

さて、野田は、(80)のような倒置指定文は、名詞述語文であるが、「～は」があるところからして有題文である、と主張する。

(80) 主役は君だ。

ここで野田は〈「～は」があれば有題文にほかならない〉を議論なしに仮定しているのである。そして、(80)と意味が同じである(71)のような指定文については、〈(71)のような名詞述語文は有題文である以上、「君」か「主役」のどちらかが主題にならなければならない。「君が」は主題ではないから、主題になるのは「主役」のほうである〉と論じる。これも、(78c)自体が正しくないならば、議論として空虚である。

このように野田の展開している議論そのものは成功しているとはいえない。それにもかかわらず、ここで野田が主張しようとしていることは、益岡 & 田窪(1992)の主張(60)と実質的に同じであることは十分理解できる。

(60) a. 倒置指定文の主語は主題を表し、文全体は有題文である。
b. 指定文の述語は主題を表し、文全体は有題文である。

後述するように、筆者の考えでは、(60)はいずれも誤りであり、(71)も(80)も有題文ではないのである。

野田は、上で見たように、(71)のタイプの構文（指定文）を「述語が主題になっている文」であると主張する。ということは、益岡 & 田窪(1989)が指定文(62)を「述部が主題の役割を果たす」ケースであるとしたばあいに生じた問題と同じ問題がここでも生じるのである。(71)の述部「主役だ」が主題になっているとはいかなることか筆者には理解できない。益岡 & 田窪(1992)の(49)によれば、「主題は、取り上げられる名詞が、話の流れ、発話場面の状況、常識等から、どの対象を指し示しているかが特定できるものでなければならない」はずであった。指定文(71)の述部「主役だ」は、どの対象を指し示しているかが特定できるようなものであろうか。もとより述部「主役だ」はそもそも対象を指示する表現ではないのであるから、そのようなことはあろうはずがない。したがって、野田が主題に関する条件(49)を認めないならばともかく、(49)を認めるかぎり、(71)「君が主役だ」のタイプの構文（指定文）を「述語が主題になっている文」であるとは主張できなかったはずである。

興味深いことに、野田(1996: 64 ff.)は、(81)のような構文を、「節が主題となっている」有題文とみなしている。

(81) 花が咲くのは7月ごろだ。

野田によれば、(81)は、(82)における下線部の節が主題になった文である、とされる。[23]

(82) 7月ごろ花が咲く（こと）

野田(1996: 71)も認めているように、(81)はいわゆる分裂文である。このように、分裂文をも有題文とみなす考えは、本章4.1節で見た三上(1953)における(39)を顕題とみなす考えと同様、日本語文法論では珍しくない。

(39) 到着シタノハ扁理デス

しかし、筆者は、(39)や(81)のような分裂文を有題文とみなす考えには同意できない。野田は、(81)は、(82)における下線部の節が主題になっているケースである、とするが、「花が咲く」がそれについてなにかが叙述され解説される主題である、とは考えにくいであろう。さらに、「7月ごろ」がその主題についての叙述（あるいは解説）である、というのも納得できない。三上の(39)についても同様で、「到着シタ」がそれについてなにかが叙述され解説される主題であるとみなすのは無理があるし、その叙述（あるいは解説）の中身が「扁理デス」であるとするのはこれまた奇妙である。「到着シタ」は「xが到着シタ」のように空所を含んでおり、命題としても不完全である。そのような不完全な命題がなんらかの対象を指示するとは考えられないからである。それは、(83)のような英文について、下線部が主題であると主張することが奇妙であるのと同様である。[24]

(83) It is JOHN who writes poetry.

もちろん、周知のように、(83)については、(84)が前提であり、Johnが焦点である、と言われる。

(84) Someone writes poetry.

しかし、そのことと、(83)の下線部が主題であって、Johnがそれについての叙述（あるいは解説）である、ということとはまったく別のことである。さらに、(83)は、(84)について叙述（あるいは解説）しているわけでもない

ゆえ、(84)のような前提を(83)の主題とみなすわけにもいかない。このように、分裂文を有題文であるとする見解には、「主題」の概念と「前提」の概念とのあいだの混乱があるように思われる。

本章4.1節で述べたように、三上(1953)は、(39)のように分裂化される以前の(37b)を(「陰題文」とはいえ)有題文とみなしていた。

(37) a. 誰ガ到着シマシタ？
　　　b. 扁理ガ到着シタンデス　(陰題)

野田(1996)が(37b)のような動詞文についても有題文と考えているかどうかは明確ではない。ただ、むしろ首尾一貫性ということで言うならば、野田の立場では、これらをも有題文とみなさざるをえないであろう。もっとも後述のごとく、筆者の立場では、(37b)は有題文ではないのである。

4.6. 井島(1998)

井島(1998:7)は、名詞述語文の分析を試みているが、主題化を情報構造的操作とみなし、次のように定式化する。

(85)　命題のうち、主題となる旧情報を表す部分は文頭に移動してハを付け、それ以外の部分は新情報を含む解説となる。

井島は(86)のような例文をあげてこれを説明している。

(86) a. 太郎は学生です。
　　　b. 太郎が学生です。
　　　c. 学生は太郎です。
　　　d. ?学生が太郎です。

井島(1998:7)によれば、(86)の各文は、(85)の操作を用いて次のように派生される。

(87)　まず、[太郎]を主格、[学生です]を述語とする命題[太郎が学生です]が、主題化を受ける以前に存在し、これに主題化が適用されても、されなくてもよい。適用されなければ(86b)が実現される。[中略]次に、主題化が適用される場合には、この命題は主格名詞句[太郎]と述語名詞句[学生]の二項を持つが、主題化が主格名詞句に適用されれば、(86a)「太郎は学生です」が、述語名詞句に適用されれば、(86c)「学生は太郎で

す」が実現される。(下線部は引用者による。例文番号は変えてある。)

もっとも、井島(1998: 10)は、上の「(主題化が)適用されなければ(86b)が実現される」という部分を修正して、次のように述べる。

(88) (86b)「太郎が学生です」は、命題[太郎が学生です]に情報構造的な操作が加わらずに派生されたものであると論じたが、これには修正の必要があることが明らかとなった。もし、命題に情報構造的な操作が加わらずに派生されたのであれば、命題丸ごとを実質的新情報として提出する所謂現象文とならざるをえない。しかしながら、(86b)「太郎が学生です」は、前項を選択的新情報、後項を旧情報とする指定文なのであり、これはむしろ命題([太郎が学生です])に選択的新情報の文頭移動という情報構造的な操作を経たものであると言うべきである。(例文番号は変えてある。)[25]

われわれの術語でいえば、(86a)は措定文、(86b)は指定文、(86c)は倒置指定文である。結局、井島は、ここで、(86a)(86b)(86c)を、抽象的な命題(89)から派生する、とみなしているわけである。

(89) 命題[太郎が学生です]

まず、(86a)についていえば、(89)の主格名詞句[太郎]に主題化が適用されて派生されるのである。措定文(86a)が、統語的派生によって得られたものか、それとも基底生成されたものかは別にして、措定文(86a)と(89)のような抽象的な命題とのあいだにある種の関係が存在することは否定できないであろう。さもなければ、措定文(86a)における「太郎は」が主格であることを説明できないからである。

問題は、倒置指定文(86c)の派生である。井島は、抽象的な命題(89)[太郎が学生です]の述語名詞句[学生]に主題化が適用されれば、(86c)「学生は太郎です」が実現される、としている。この井島説は、倒置指定文(86c)について、「学生」を主題とみなす有題文であるという点で、これまで見てきた三上(1953)、仁田(1979)、益岡＆田窪(1989, 1992)、野田(1996)と一見類似しているように思われる。しかし、井島の分析は、これらの分析と大きく異なる。たとえば野田(1996)は(86b)のような指定文は、述語それ自体がすでに主題を表し、文全体は有題文である、と分析していた。三上(1953)、仁田(1979)、益岡＆田窪(1989, 1992)の指定文にたいする考えも本質的に同様

である。そして、野田の分析では、対応する倒置指定文(86c)の主語は、すでに主題を表している述語名詞句［学生］に「は」が付いて文頭に移動したものであった。ところが、井島の分析では、倒置指定文(86c)は、抽象的な命題(89)［太郎が学生です］の［学生］に主題化を適用して派生されるのである。

筆者は、井島のこの分析に賛成できない。倒置指定文(86c)が、抽象的な命題(89)［太郎が学生です］の［学生］に主題化を適用して得られたものであるとする井島の分析では、倒置指定文の主語「学生」にたいする変項名詞句としての解釈、すなわち、「[xが学生である]を満たすxの値をさがせば」の意味がどこからも得られないからである。

一方、指定文についての井島の扱いも、たとえば野田(1996)とはかなり異なる。井島は指定文(86b)の「学生」は主題が隠れたもの（すなわち陰題）である、とはみなさず、主題という概念とは独立の「選択的新情報」を用いて、抽象的な命題(89)［太郎が学生です］にたいして、選択的新情報の文頭移動という情報構造的な操作の結果得られたものとみなすのである。ということは、井島は、倒置指定文は有題文であるが、指定文は有題文でないと考えていることを意味する。しかし、このような井島の分析では、倒置指定文(86c)の「学生」は主題であるとしておきながら、それと意味を同じくする指定文(86b)の「学生」は主題（陰題）ではない、ということになってしまい問題である。要するに、井島説では、指定文(86b)と倒置指定文(86c)の意味がなぜ同じであるのかが説明できないであろう。

それはともかく、井島の立場でも、結果的には、「倒置指定文の主語が主題であり、有題文である」と考えているという点で、これまで見てきた三上(1953)、仁田(1979)、益岡＆田窪(1989,1992)、野田(1996)と同じ問題をかかえていることは否定できない。

4．7．丹羽(2000)

丹羽(2000)は、次の文を用いて主題文（＝有題文）と無題文の区別を解説する。

(90)　山田さんは毎日公園を散歩する。
(91)　山田さんは銀行員だ。
(92)　責任者は山田さんだ。

われわれの術語でいえば、(90)は非コピュラ文であるが、品定め文である。(91)(92)は、コピュラ文（名詞述語文）であり、(91)は指定文、(92)は倒置指定文である。丹羽(2000: 101)はこれらの文について次のように述べる。

(93) (90)(91)の文は、「山田さん」が「毎日公園を散歩する」「銀行員だ」という恒常的な属性を持つという関係にあることを表すものであり、(92)の文は「責任者」という変項を含む名詞（あるいは役割を表す名詞）があって、その値が「山田さん」であると指定される関係にあることを表すものである（西山1994, 坂原1990など）。事物Ｘとその属性Ｐという関係も、変項名詞Ｘと値Ｐという関係も、Ｘが存在してこそＰも存在し得るという関係にあるから、これらは、Ｘをまず提示してそれについて述べるという主題文で表されるのが自然である。（例文番号は変えてある。）

ここで、丹羽は、(92)のような倒置指定文について、この文が変項名詞「責任者」と値「山田さん」という関係を表していること認めたうえで、〈変項名詞「責任者」が存在してこそ値「山田さん」Ｐも存在し得るという関係にあるから、責任者をまず提示し、それについて述べるという有題文である〉と考えているようである。しかし、この丹羽の考えには、いくつか問題がある。まず、(92)において、「責任者」は変項名詞であり、非指示的名詞句であるにもかかわらず、「責任者が存在する」とか、「責任者をまず提示する」と言うのはどういう意味であるのかはっきりしない。(92)において、「責任者」は対象を指示する働きをもたないのであるから、「責任者をまず提示する」ことは不可能である。また、「責任者が存在する」は、「誰かが責任者である」という前提がある、という程度の意味であるなら、前提の定義にもよるが筆者も同意できなくはない。[26] ただ、(92)について、「誰かが責任者である」という前提があると述べることと、(92)は「責任者」を主題とする有題文であると述べることとは独立のことである。ここに、三上(1953)、野田(1996)と同様、「主題」と呼ばれていることと、「前提」あるいは、「旧情報」と呼ばれていることとのあいだの混乱があるように思われる。

　さて、次の問題は、丹羽は、倒置指定文(92)に対応する指定文(94)を有題文とみなしているかどうかという点である。

(94)　山田さんが責任者だ。（指定文）

丹羽(2000)においてこの点は直接論じられていないが、もし、丹羽が、(94)

は(92)と意味が同じであり、(92)の主題は「責任者」である以上、(94)の主題も「責任者」である、と考えるならば、その限りで首尾一貫していることになる。つまり、(94)のような指定文は、述語が主題になっている文であるという野田(1996)などの考えと一致する。それにたいして、もし、丹羽が、(92)を有題文としながら、それとまったく同じ意味である(94)を無題文とみなすとすれば、そのときの「有題文」の意味が筆者には理解しがたいものとなる。そこで、丹羽(2000)は整合的であるという前提にたち、丹羽は、(94)をも有題文とみなしている、とひとまず仮定しよう。この仮定の上で、丹羽(2000)が提示している次の例を見よう。

(95) 山田さんが公園を散歩した。

(95)は、(90)と異なり、「山田さん」の属性についての関心を話者はもっていないので、無題文である、と丹羽(2000)は考える。丹羽は次のように言う。

(96) ［このような無題文では］「山田さんが公園を散歩した」という出来事が存在することに関心があったり（文全体に焦点）、「誰が公園を散歩した」かということに関心があったり（「山田さんが」に焦点）するのである。
(丹羽2000:102)

これは、(95)は曖昧で、いわゆる中立叙述の解釈と、「山田さん」に焦点がある解釈があることを述べたものである。ここでは後者の解釈に限定して議論しよう。(95)を後者のように解釈するとき、「が」は久野の言う「総記」あるいはわれわれの言う「指定の「が」」にほぼ対応する、といっても良いであろう。もちろん、ここで注釈が必要である。指定文は元来「BがAだ」のようなコピュラ構文を指すものであり、そこでの「指定の「が」」の機能は、〈変項名詞句における変項の値を指定する〉という働きをするものであった。しかし、「指定の「が」」のもつ〈変項の値を指定する〉という機能は、別にコピュラ文に登場する「が」に限られるわけではなく、三上(1953)が挙げた(37)のような非コピュラ文（動詞文）に登場する「が」についても適用できるように思われる。

(37)a. 誰ガ到着シマシタ？
b. 扁理ガ到着シタンデス

つまり、(37)でも、〈「xガ到着しました」を満たすxの値を埋める〉とい

うことにポイントがあるのであり、そのかぎりで「指定の「が」」が用いられている、と見ることができよう。[27] そこで、以下では、「指定の「が」」が用いられているかぎり、「指定文」という術語を（「BがAだ」のようなコピュラ構文ばかりでなく）(37)のような非コピュラ文（動詞文）にまで適用することにし、もし両者の区別が必要なばあいは、「指定コピュラ文」「指定非コピュラ文」と呼ぶことにする。

さて、このように考えると、(95)にたいするひとつ解釈、すなわち、「山田さん」に焦点がある解釈は、まさにこの文にたいする「指定非コピュラ文」としての読みだ、ということになる。つまり、(97)における変項 x の値を「山田さん」で指定している、と読むことができるからである。

(97) x が公園を散歩した。

さて、(95)にたいする「山田さん」に焦点がある解釈は、(98)のようないわゆる分裂文でも表すことができる点に注意しよう。[28]

(98) 公園を散歩したのは、山田さんだ。

(95)にたいする「山田さん」に焦点がある解釈を無題文とみなす丹羽の立場では、本質的には同じ意味である(98)をも無題文と言わざるをえないであろう。もしそうだとすれば、丹羽(2000)の扱いは、本章4.5節で見た野田(1996)の扱いとかなり異なる。しかし、(95)の指定文としての解釈を無題文とみなすこのような丹羽の立場は、同じく指定文である(94)を有題文とみなす丹羽の立場と首尾一貫しない。ひょっとすると、丹羽は、(94)のようなコピュラ文（名詞述語文）の指定文については、有題文とみなすが、同じく指定文であっても(95)のような非コピュラ文のばあいは無題文である、と暗黙のうちに仮定しているのかもしれない。しかし、筆者には、有題文と無題文をこのように分ける理由が理解できない。

むしろ、野田(1996)のように、コピュラ文、非コピュラ文にかかわらず、指定文であれば、「述語は主題を表し、文全体は有題文である」とみなす方がはるかに首尾一貫している。つまり、丹羽の立場では、指定文としての(95)も分裂文(98)も「公園を散歩した」という述語が主題になっている文であると考える方がはるかに整合的であるといえよう。もっとも、後述するように、筆者は、コピュラ文、非コピュラ文にかかわらず、指定文も倒置指定文も有題文ではない、と考えている。

ところで、丹羽(2000)は、分裂文、あるいは指定非コピュラ文をつねに無

題文に分類しているかといえば、かならずしもそうではない。たとえば、(99)のような分裂文については、「Xの広い意味での値がいかなるものであるかという話者の関心のもとにXを提示し、Pで具体的にその…値を述べるという文である」(丹羽2000: 108)とし、有題文に分類しているのである。

(99) 彼女と会ったのは土曜日だ。

上で指摘したように、丹羽は(95) (すなわち、「山田さん」に焦点がある解釈としての(95)) を無題文とみなしている。したがって丹羽は、(95)と実質的意味を同じくする分裂文(98)を無題文と分類せざるをえないのである。ところが、同じく分裂文である(99)を有題文に分類しているのは、明らかに首尾一貫していないのである。

本章2節でも触れたことであるが、丹羽(2000)が、「主題は、指示的名詞句である」と考えていることは、次の箇所からも明らかである。

(100) 通常、主題の「は」が用いられるのは、それが何を指示するか同定できる名詞（いわゆる既知名詞）である。　　　　　　(丹羽2000: 103)

もし丹羽の言うように主題は指示的名詞句であるならば、(92)(94)の「責任者」は非指示的名詞句であるとする独立の根拠がある以上、主題にはなりえないはずである。そして、他に主題と思われる要素はないので、これらの文は、無題文だと結論づけるべきである。かくして、(92)(94)のような（倒置）指定文を有題文に分類しようとする丹羽の試みは、内的な矛盾をはらむばかりか、成功していないと言わざるをえない。

4.8. Hasegawa(1996,1997)

以上、われわれは、倒置指定文と主題との関係についての日本語文法研究家の諸説を検討してきた。ただ、これらの見解は、いずれも、生成文法理論とは無縁の立場で（あるいは生成文法理論を背後にもっていたとしてもこの理論とは独立のレベルで）論じられているものばかりであった。そこで、最後に、現代の生成文法理論の枠組みを前面に出したうえで、「倒置指定文と主題」の問題を論じているHasegawa(1996)およびHasegawa(1997)をとりあげよう。Hasegawa(1996)は、Higgins(1979)、上林(1988)、熊本(1992)、西山(1993c)、熊本(1995b)に言及し、コピュラ文について「倒置指定文」「指定文」「措定文」「同定文」「同一性文」という区別をすることの

意義を十分認める。そのうえで、Hasegawa(1996)は、Heggie(1988a, 1988b)の英語のコピュラ文についての分析[29]を参考にし、次のような日本語の各文について、統語論的派生を考察する。[30]

(101)　花子は、数学の教師だ。(措定文)
(102)　花子が、数学の教師だ。(指定文)
(103)　数学の教師は花子だ。(倒置指定文)

(101)は措定文であり、(102)は指定文であり、(103)は倒置指定文である。Hasegawa(1996)によれば、これらの文のうち、もっとも基本的なものは(102)である。つまり、(102)の述語名詞句「数学の教師」が主題化されて文頭に出るならば(103)のような倒置指定文の構造が構築され、一方、(102)の主語名詞句「花子」が主題化されて文頭に出るならば(101)のような措定文の構造が構築されるのである。そしてHasegawa(1996: 6)は、小節(small clause)を構築する二つの名詞句のうち、いずれが主語になりうるかという点に関するHeggie(1988b)の提案(104)をより一般化して(105)のような深層構造制約を提唱する。

(104)　D-structure reference hierarchy
　　　　deixis → names → definite descriptions → indefinites
(105)　*The D-structure Condition on the Word Order of Copular Sentences*
　　　　Given two NPs, the copula takes the one that more rigidly designates the individual being referred to as a subject and the one that is less referentially designating as a predicate.

(104)は、たとえば、「優勝者」のような不定名詞句よりも「わたくしが一番好きなひと」のような定記述句のほうが個体指示性が高く、定記述句よりも「富士山」や「太郎」のような固有名詞のほうが個体指示性が高く、固有名詞よりも「あれ」や「あの男」のような直示表現のほうが個体指示性がさらに高いということを捉えようとしたものである。そして(105)は、コピュラ文においては、二つの名詞句のうち、個体指示性が高いほうが主語に選ばれ、個体指示性が低いほうは述語の位置に留まる、ということを捉えるための仮説である。「花子」は「数学の教師」よりも個体指示性が高いがゆえに、(102)が基本形であり、(103)は(102)の述語「数学の教師」に主題化が適用された派生形である、とするわけである。

　コピュラ文にたいするHasegawaの以上のような扱いにはいくつか問題

がある。第一に、Hasegawa は、他の多くの日本語文法研究家と同様、倒置指定文は主題をもつ文、すなわち有題文だとみなしているが、前節までに述べてきた理由により、この見解を受け入れるわけにはいかない。Hasegawa(1996)は、なぜ倒置指定文「Aは Bだ」のAを主題とみなすべきかについて何も議論せず、「名詞句＋は」が文頭に出ているがゆえに主題だ、と仮定しているのである。Hasegawa は、同じ主張を Hasegawa(1997: 29)でも展開し、(103)の構造を次のようなものだとしている。[31]

(106)　[TopP [NP 数学の教師]ⱼ-は [IP 花子-(が)ᵢ [SC tᵢ tⱼ] だ]]

このような見解は、これまでとりあげてきた日本語文法研究家の見解と同様であり、したがって、この種の見解にたいする筆者の批判はそのまま Hasegawa(1996)にもあてはまるであろう。なによりも、〈倒置指定文(103)の構造が、指定文(102)の構造からの主題化によって派生される〉とする Hasegawa の見解は、「主題」という術語を(107)のような空虚な意味で捉えないかぎり、不可解である。

(107)　「主題」とは、文頭に登場した「名詞句＋は」のことである。

すでに何度も述べてきたように、(102)のような指定文の述語「数学の教師」は変項名詞句であり、非指示的である。そのような非指示的な名詞句が主題になれるはずがないのである。いいかえれば、(103)はより厳密には(108)のような構造をもつのである。

(108)　数学の教師デアルのは、花子（ガ）だ。

(108)の下線部を主題であると主張することは、(109)の下線部を主題であると主張することと同様、きわめて奇妙である。

(109)　It is JOHN who writes poetry.　（＝(83)）

もちろん、筆者も、倒置指定文(103)の構造と、指定文(102)の構造とのあいだに統語論的にも密接な関係があることは認める。今かりに、指定文(102)から倒置指定文(103)の構造が移動によって派生されることを認めたとしても、注意すべきは、倒置指定文(103)の構造において、単に名詞句「数学の教師」だけが文頭に移動しているのではなく、「数学の教師だ」という述部全体、つまり「数学の教師デアル」が丸ごと文頭に移動した形になっているという

点である。ということは、(108)のような倒置指定文の構造を構築するためには、「花子（ガ）だ」の「だ」は指定文(102)にもともと存在している「だ」ではなくて、移動の過程で新たに付加される別の「だ」だ、ということになる。このような大胆なことまで許容する「主題化操作」なるものは統語操作としてもきわめてアドホックであり、有意義な一般性を欠くものと言わざるをえない。

　Hasegawaの見解の第二の問題は、(101)のような措定文の扱いにある。Hasegawaは、(102)のような指定文の主語名詞句「花子」が主題化されるならば(101)のような措定文の構造が構築される、と主張する。Hasegawaのこの主張は、Hasegawa(1997: 24)においても展開されている。Hasegawaのこのような見解は、本章4.6節で検討した井島(1998)の指定文についての見解と一見類似しているようであるが大きく異なるという点に注意しよう。井島(1998)は、Hasegawaの例に即して言いなおせば、まず、「花子」を主格、「数学の教師だ」を述語とする抽象的な命題

(110)　［花子が数学の教師だ］

を仮定し、この主格名詞句「花子」に主題化が適用されると、措定文(101)が構築される、というものであった。ここで、(110)自体は抽象的な命題を表し、指定文でもなんでもないことに注意しよう。この点に関するかぎり、筆者は井島の分析に賛成である。措定文(101)と抽象的な命題(110)とのあいだにある種の関係が存在することは、否定できない。さもなければ、措定文(101)における「花子は」が主格であることを説明できないからである。

　ところが、Hasegawa(1996)では、措定文(101)は指定文(102)の構造に直接主題化をかけて派生する、という大胆なものである。しかし、(102)は指定文である以上、われわれの術語でいえば、「花子」は、変項名詞句「数学の教師」の値を表す表現にほかならない。より日常的な言い方をすれば、「花子」は、「誰が数学の教師であるか」という *Wh*-疑問文（ただし、指定を問う *Wh*-疑問文）にたいする答えを構成する要素である。そのような値（すなわち、*Wh*-疑問文にたいする答え）を表す表現が主題である、というのは不可解である。このことは、第4章1節で(19)として述べた次の制約に反するのである。

(111)　（倒置）指定文における値を表す表現全体あるいはその一部を主題化することはできない。

ここでも、Hasegawa の考える「主題化」あるいは「主題」という概念がいかに多くの混乱を含むものであるかは明らかであろう。

　第三に、(104)(105)は、Hasegawa(1996:6)の議論における重要な仮定であるが、ここにも問題がある。[32] 次の文を見よう。

(112)　日本の首相は、小泉純一郎である。

(112)にはいろいろな読みが可能であるが、もっとも自然な読みは倒置指定文の読みであろう。しかし、この文には、〈日本の首相は、「小泉純一郎」という名前を有している〉として読む措定文の解釈も可能である。このばあい、「日本の首相」は定記述句であり、「小泉純一郎」は固有名である。(104)に従えば、「小泉純一郎」のほうが「日本の首相」よりも個体指示性は高い、とされる。また、(112)は措定文である以上、別の形からの倒置形だということはありえない。すると、(105)に従えば、「日本の首相」が主語に選ばれる(112)は不適格となるはずである。しかし、この予測は間違いであり、措定文として読んだ(112)は適格である。以上の考察は、Hasegawa(1996:6)の仮定(105)はこのままでは保持できないことを意味するであろう。

5. 倒置指定文と無題文

　以上、伝統的な国語学者から日本語文法研究家、さらには現代の生成文法研究家に至るまで、「倒置指定文と主題との関係」についての主要な見解を概観してきた。いずれの研究家も、倒置指定文「A は B だ」については、「A」を主題とみなし、全体を有題文と考えていることが明らかになった。そして、対応する指定文「B が A だ」については、益岡(1987)、井島(1998)を除いて、述語「A」を主題（陰題）とみなし、全体は有題文であるとする見解が一般的であることを見てきた。そして、倒置指定文を有題文とみなすならば、指定文も有題文と考えるほうが彼らの立場においても整合的であることなどを指摘した。

　本節では、このような倒置指定文を有題文と考える見解（したがってまた指定文を有題文とみなす見解）は正しくないことを論証する。次の文をもう一度見よう。

（3a）　ショパンコンクールの優勝者はあの男だ。

これは、倒置指定文である。(3a)の下線部が主題ではないとする議論は以

下のとおりである。

　本章1節で論じたように、倒置指定文の主語は変項名詞句であり、いかなる意味でも指示的ではない。つまり、(3a)の下線部は、世界のなかの誰か(特定の人物であれ、不特定の人物であれ)を現実に指しているわけでもなければ指すことが意図されているわけでもない。一方、本章3節で見たように、元来主題になるものは対象を指示できるような指示的名詞句でなければならない。丹羽(2000: 108)が正しく指摘しているように、主題の「は」が用いられるのは、それが何を指示するか同定できる名詞でなければならない。あるいは、益岡＆田窪(1992: 145)が(49)で述べているように、主題は、取り上げられる名詞が、話の流れ、発話場面の状況、常識等から、どの対象を指し示しているかが特定できるものでなければならない。ところが、変項名詞句である(3a)の下線部は指示的表現ではない以上、世界のなかのいかなる対象をも指示するはずがない。[33] したがって、この名詞句が主題になることはありえない。いいかえれば、(3a)の下線部は、意味的には1項述語であるから、それについてなにかを叙述したり解説するような対象を本来的に表さないのである。いかなる対象でもないものが主題になるはずがない。また、(3a)において、いかなる対象でもないものについて「あの男」でもって叙述している、と主張することは馬鹿げている。

　本章1節で指摘したように、(3a)は同じ意味を(4a)のような指定文でも表すことができる。

　　(4a)　あの男がショパンコンクールの優勝者だ。

しかし、(4a)において、「ショパンコンクールの優勝者」が指示的であって、世界のなかのだれかある人物を指し、文全体はその人物について「あの男」と叙述(もしくは解説)している、と読むことは不可能であろう。(4a)は有題文ではないのである。したがって、同じ意味をもつ(3a)も有題文ではない。ただ、(3a)のばあいは、「ショパンコンクールの優勝者」に「は」が付き、主語となっているため、主題を表していると誤解されやすいが、(3a)も(4a)も本質的にはなんら変わらないはずである。

　もっとも、上の議論にたいして、次のような反論があるかもしれない。たしかに、(3a)の下線部は、変項名詞句という意味で非指示的名詞句であることは認めよう。したがって、この下線部は、世界のなかのある人物を指示することはない。しかし、下線部は、「xがショパンコンクールの優勝者である」という命題関数を指示しており、この命題関数が主題であって、文全

体は、この命題関数について述べている、といえる。よって(3a)は有題文である…と。たしかに、指定文について、益岡＆田窪(1989:132)の「述部が主題の役割を果たす」という主張や野田(1996)の「述語が主題を表している」という主張はこの方向で指定文の主題を考えているのかもしれない。しかし、この反論はあたらない。そもそも、命題関数のようなものが本来「XについてPを述べる」の「X」に該当するはずがないからである。とりわけ、openな命題関数がそれについて叙述される対象になっている、ということはおよそ考えられないであろう。

「(3a)や(4a)が有題文ではない」とする筆者の議論にたいして、〈(3a)は、「誰かがショパンコンクールの優勝者である」という命題を指示しており、この命題が主題であって、文全体は、この命題について述べているので、やはり有題文である〉という別の反論があるかもしれない。しかし、この反論も成立しない。(3a)は、「誰かがショパンコンクールの優勝者である」という命題について何かを叙述しているような文ではないからである。

6. 結論

以上のわれわれの議論が妥当であるならば、次のような結論が得られるであろう。

(113) a. 倒置指定文の主語は主題ではない。
　　　b. 倒置指定文は有題文ではない。
　　　c. 指定文の述語は主題ではない。
　　　d. 指定文は有題文でも陰題文でもない。
　　　e. 「AはBである」という文のAはつねに主題を表すという信念は誤りである。

(3)のような倒置指定文や(4)のような指定文を有題文と考えることがいかに不合理であるかは明らかである。では、なぜ日本語文法研究家の多くは、これらの文を誤って有題文と考えたのであろうか。筆者の推測では、次のような点にその理由があるように思われる。

(114) a. 「は」によって二分された二項がつねに「主題―述部」(題目―解説)の関係になっているはずだと考えたこと
　　　b. 倒置指定文の形式「AはBだ」にとらわれたこと

c. 指定文「BがAだ」は、倒置指定文「AはBだ」と意味機能が同じである以上、言語表現の外観に主題を含んでいなくても、「主題」が隠れて存在しているはずだと考えたこと

d. 倒置指定文「AはBだ」における変項名詞句Aの非指示的性格を認識し損ったこと

これらのなかでも、とりわけ、(114a)と(114d)が強く働いていたように思われる。(114a)については、本章1節でも触れた。「は」によって二分された二項が「主題―述部」(題目―解説)の関係になっていないと思われるケースは、倒置指定文だけではなく、(25)や(26)のようなケース、さらには第5章1節で論じた「鼻は象が長い」のようなケースもあることを十分認識すべきであろう。「は」の本質を解明する上でも、「は」のもつ「二分・結合」という機能および、それとは一応独立の「主題―述部」という関係についてさらに考察する必要があろう。一方、(114d)は、第3章で論じた倒置指定文という構文の本質が日本語文法研究家のあいだでいかに理解されてこなかったかということを如実に物語っているといえよう。

註

1 (1b)の主語名詞句「この問題が解ける奴」は、Donnellan(1966)の言う属性的用法(attributive use)の名詞句である。属性的用法については第2章1.2節を参照。

2 この点についてのさらに詳しい議論は第3章3.2節を参照。

3 もっとも、あらゆる倒置指定文について、この種の対応する動詞文を構築できるというわけではない。たとえば、
　(i)　責任者は田中だ。
について、対応する「AノハBだ」という文は作りにくいであろう。しかし、(i)についても、適切なコンテクストを補充してやれば、たとえば、
　(ii)a. この会社の経営上の責任を有するのは、田中だ。
　　　b. この委員会の運営責任を有するのは、田中だ。
　　　c. このような結果を招いたことにたいして責任を有するのは、田中だ。
のような文を構築することは、十分可能であるように思われる。もちろん、そのことは、この種の対応文がつねに構築できる、ということまでをも示すものではない。

4 柴谷(1990b: 99-100)。

5 たとえば、野田(1996: 第6章)を参照。

6 柴谷(1990b)はこのような主題にたいする規定をインフォーマルな定義としている。

7 もちろん、すべての提題助詞「は」が主題を表すわけではない。「は」には、対照を表す機能もあることはよく知られている。久野(1973b: 27-35)参照。

8 その意味で、本章で問題にする「主題」は「題目」という術語を用いる方がより適切であるかもしれない。

9 「(31b)の「太郎」は、文脈指示的であって、話し手と聞き手のあいだで了解されている太郎でなければ、非文法的である」という久野の言い方は誤解を招きやすい。(31b)自体はそれが使用される状況とは独立につねに文法的な文であるが、聞き手にとって、「太郎」の指示対象が明らかでないような状況でこの文を使うのは、この文の意味からして不適切である、というべきであろう。

10 久野(1973b: 30)参照。

11 「ショパンコンクールの優勝者は」は(ⅰ)のようなコンテクストでは、「対照」を表しうるが、倒置指定文の主語がつねに対照を表すわけではない。
(ⅰ) チャイコフスキーコンクールの優勝者はこの女性だが、ショパンコンクールの優勝者はあの男だ。
また、(ⅰ)においても、主語名詞句のもつ変項名詞句としての意味が失われているわけではなく、同時に対照でもある、というだけであろう。

12 久野の主題条件(30)は、ある名詞句が主題であるといえるために満たすべき必要条件を述べているのであって、十分条件ではない。したがって、主題条件(30)の前半を満たすからといって、(34b)の「責任者は」はかならず主題を表すと予測する、とは言い切れない。「主題を表すと予測する可能性がある」だけである。

13 井上(1989: 153)参照。

14 三上(1953: 81-82)。下線部は原文のままである。ただし、例文番号は引用者が付したものである。

15 本章4.7節で見るように、丹羽(2000: 102)は、動詞文「誰が公園を散歩したか」にたいする答えとしての「山田さんが公園を散歩した」を無題文とみなしている。

16 三上は、三上(1953: 135)において、〈「幹事ハ私デス」は「私ガ幹事デス」とは同じ意味をもつが、動詞文に由来する「昨夜吠エタノハコノ犬ダ」などと一緒に整理したい〉という趣旨のことを述べている。

17 たとえば、野田(1996, 第10章)参照。

18 益岡(1987: 23)。下線部は引用者による。

19 益岡(1987)は、(46)や(48)に対応する(ⅰ)や(ⅱ)のような倒置指定文が、有題文であるか、それとも無題文であるかについては、何も論じていない。
(ⅰ) 優しいのは、その男だ。
(ⅱ) 生徒にきびしいのは、山口先生だ。

20 筆者はここで、主題(題目)という概念が談話上の概念ではなく、あくまで、文-文法で規定されるものであるかぎり、
(ⅰ) S_1とS_2が同じ意味でありながら、S_1が有題文でS_2が無題文であるケースは存在しない、
という前提をたてている。つまり、
(ⅱ) S_1とS_2が同じ意味であり、しかも、S_1は、XについてPということを解説しているが、S_2は、XについてPということを解説していない、ということはありえない、
ということを仮定している。事実、この仮定は正しいように思われる。

21 「第二タイプの倒置指定文」についての詳しい議論は、西山(2000b)を参照されたい。

22 指定文を無題文とみなすというこの益岡&田窪(1992)の見解は、このかぎりでは、

本章4.3節で見た益岡(1987)の「指定文は無題文である」という見解と合致している。

23　ちなみに、野田(1996: 71)では、
　　　（ⅰ）　花が咲くのは7月ごろだ。(=81)
　　　（ⅱ）　花が咲く時期は7月ごろだ。
　を対比させ、(ⅱ)は、(ⅲ)から、主格の「花が咲く時期」が主題に指定されてできた構文である、と分析している。
　　　（ⅲ）　<u>花が咲く時期</u>が7月ごろ（であること）
　　　　　　　　　主題
　野田は、(ⅱ)を「父がこの本を買ってくれた」からの主格の「父」が主題に指定されてきた「父はこの本を買ってくれた」構文と同列で考えているのである。
　　しかし、(ⅱ)は、「花が咲く時期はいつかといえば、それは7月ごろだ」と言っているわけである。より正確には、〈[x ガ花が咲く時期である]を満たすxの値は「7月ごろ」だ〉という意味である。したがって、(ⅱ)は、明らかに倒置指定文のはずであって、「父はこの本を買ってくれた」のような構文とは無縁である。事実、(ⅱ)に対応する指定文
　　　（ⅳ）　7月ごろが、花が咲く時期だ。
　は可能である。そして、筆者の見解では、(ⅱ)のような倒置指定文の主語「花が咲く時期」は主題ではないのである。
24　Lambrecht(1994: 124, 211)。
25　井島(1998: 10)の原文では、「(86b)」が「(86c)」と入れ替わっているが、これは原文の誤りであると思われるので訂正しておいた。
26　もっとも、(92)について、〈「誰かが責任者である」が前提である〉と言われるときの「前提」の意味はそれほどはっきりしたものではない。次の例を見よう。
　　　（ⅰ）　責任者は山田さんだ。(=92)
　　　（ⅱ）　責任者は山田さんでない。
　　　（ⅲ）　誰かが責任者である。
(ⅱ)は(ⅰ)の否定である。周知のように、もしQがPの論理的前提であるならば、PもPの否定も共にQを意味論的に含意(entail)するはずである。したがって、もし(ⅲ)「誰かが責任者である」が(ⅰ)「責任者は山田さんだ」の論理的前提であるならば、(ⅰ)も、その否定である(ⅱ)も、共に(ⅲ)を意味論的に含意するはずである。ところが、(ⅱ)は(ⅲ)を意味論的に含意していないのである。なぜなら、(ⅳ)は全体としてなんら矛盾していないからである。
　　　（ⅳ）　責任者は山田さんでない。責任者は鈴木さんでもない。責任者は佐藤さんでもない。かれら3人以外に責任者として考えられうるひとはいない。ということは、誰も責任者でない、ということだ。
このことは、(ⅱ)は(ⅲ)の否定と両立しうるということを示す。それゆえ、(ⅱ)は(ⅲ)を意味論的に含意しているとはいえない。したがって、(ⅲ)は(ⅰ)の論理的前提ではありえない。(cf. Wilson 1975: 29)。要するに、(92)と「誰かが責任者である」とのあいだには、意味論的含意関係が成立しているにもかかわらず、論理的前提とは別の意味で「前提関係」も成立しているのである。この別の意味での「前提」がいかなるものであるかを明確に述べることはそれほど容易ではない。

27 事実、久野のいう「総記」の「が」は別にコピュラ文に限られるものではない。
28 もっとも、(98)それ自体は、厳密にいえば、少なくとも次の三通りの解釈ができ曖昧である。
　　（ⅰ）公園を散歩したひとは、「山田さん」という名前を有している。（措定文）
　　（ⅱ）公園を散歩したひとは、どいつかといえば、山田さんだ。（倒置指定文）
　　（ⅲ）誰が（＝どいつが）公園を散歩したかといえば、山田さんだ。（倒置指定文）
（ⅰ）および（ⅱ）は、「公園を散歩したのは」の「の」を形式名詞（「ひと」、「奴」、「者」、「もの」の代用形）とみなす解釈である。（ⅰ）は語用論的理由で、あまり自然ではない読みである。（ⅱ）はコピュラ文の「倒置指定文」の読みであるが、これに対応する指定コピュラ文は（ⅳ）である。
　　（ⅳ）山田さんが、公園を散歩したひとである。
このばあい、「山田さん」と「公園を散歩する」とのあいだに直接の主語-述語関係がない点に注意しよう。一方(ⅲ)は、動詞文(95)から派生したいわゆる分裂文の解釈で、「山田さん」と「公園を散歩する」とのあいだに直接の主語-述語関係がある読みである。これもやはり「倒置指定文」（コピュラ文）である。本文で問題にしているのは、いうまでもなく、この(ⅲ)の解釈である。
29 Heggie(1988 a, 1988 b)の提案は、（ⅰ）のような英語の措定文（Predicational sentence）を（ⅱ）のように分析しようとするものである。
　　（ⅰ）Mary is a math teacher.
　　（ⅱ）Mary$_i$ is [$_{NP}$ t$_i$ [$_{NP}$ a math teacher]]
つまり、小節（small clause）を構築するNPのひとつがIP-Specの位置に上昇するのである。そして、(ⅲ)のような英語の倒置指定文を(ⅳ)のように分析する。
　　（ⅲ）The winner is Mary.
　　（ⅳ）[$_{CP}$ The winner$_j$ [$_{COMP}$ is$_k$] [$_{IP}$ Mary$_i$ [$_V$ t$_k$ [$_{NP}$ t$_i$ [$_{NP}$ t$_j$]]]]]
ここでも、小節を構築する述語名詞句 the winner がCP-Specの位置に上昇するのである。
30 Hasegawa(1996)の原文では、例文はすべてローマ字表記であるが、読みやすさを考え、ここではすべて漢字・仮名表記に変えてある。
31 Hasegawa(1997)の原文では、(106)のような構造表示はすべてローマ字表記であるが、本書における読みやすさを考え、ここでは漢字・仮名表記に変えた。また、原文では(106)は「数学の先生」となっているが、ここでは、(103)に合わせて「数学の教師」とした。
32 この点は、上林洋二氏の示唆によるものである。
33 変項名詞句が非指示的であるという意味は、「現実あるいは可能世界に指示対象がない」という意味ではなく、もともと指示表現（referring expression）ではない以上「指示しようとすらしていない」という意味である。

第 9 章

名詞句の解釈と存在文の意味

　前章までの議論でわれわれは、名詞句の指示性との関係で(1)のようなコピュラ文の意味を検討し、その検討結果をふまえて、「象は鼻が長い」「鼻は象が長い」「魚は鯛がいい」「カキ料理は広島が本場だ」さらには「ぼくはウナギだ」のような日本語の多様な構文の意味を考察してきた。

（1）　AはBである。

　最後に本章では、コピュラ文と並んで自然言語のもっとも単純な形式としてよく知られている(2)のような形式の存在文をとりあげよう。

（2）　Aがある。（Aがいる。）

　存在文もコピュラ文と同様、いかなる言語にも存在し、人間のもっとも原始的な思考の言語表現として古来から注目されてきたものである。それはまた、人間の判断における基本的な命題を構築するものとして、哲学、論理学においてもしばしばとりあげられ、多くの議論がなされてきた。事実、西洋哲学の伝統においては、「ガアル」「存在する」「実在する」という概念の分析は哲学研究の基礎となることはよく知られている。

　では、存在文にたいする言語学的研究はどうであろうか。生成文法理論が開発されて、かれこれ40年以上にもなるが、不思議なことに、存在文についての文法的研究はさほど進んでいないように思われる。もちろん、生成文法理論で存在文がまったく問題にならなかったわけではない。たとえば英語の存在文であれば "there is NP PP (Loc)." や "NP is PP (Loc)." という構文がとりあげられ、両構文の関係、*there* をめぐる統語論的位置づけ、

NPにたいする定性制限（definiteness restriction）、語順の問題、リスト存在文などが論じられることが多かった。また日本語の存在文についても、存在動詞「いる」と「ある」の使い分け、所在文（locative sentence）と存在文（existential sentence）の区別、所有文と存在文との関係などがしばしば話題となった。しかし、言語学的研究において、存在文についての意味論的観点からの考察はかならずしも十分とはいえなかった。とくに、従来の研究では存在文とコピュラ文との密接な意味関係にたいしてはまったく注意が払われてこなかったと言ってさしつかえない。

本章では、「Aが存在する/ある/いる」という形式の日本語の存在文をとりあげ、その意味はけっして均質的なものではなく、多様な意味を有すること、その意味構造の解明に名詞句の指示性・非指示性という概念が決定的に効いていること、そして名詞句の指示性・非指示性という観点からすれば、「コピュラ文」と「存在文」とが意味的に深いレベルで密接にかかわっていることなどを明らかにする。

1. 存在文の分類

西山（1994 d）は、「存在文」と無造作に呼ばれているものの意味はけっして均質的なものではなく、意味的には異なったいくつかのタイプのものに分類できることを論じた。とくに、主語名詞句に登場する名詞句の指示性・非指示性の観点から日本語の存在文を分析すると、「場所表現を伴う存在文」と「場所表現を伴わない存在文」とに大別できること、そしてそれぞれはさらに次のように下位区分できることを指摘した。[1]

（3）
I　場所表現を伴うタイプ
　（ⅰ）　場所存在文　　　（例：机の上にバナナがある）（中立叙述）
　（ⅱ）　所在文　　　　　（例：おかあさんは、台所にいる）
　（ⅲ）　所在コピュラ文　（例：おかあさんは、台所です）（措定文）
　（ⅳ）　指定所在文　　　（例：その部屋に誰がいるの？…洋子がいるよ）
　　　　　　　　　　　　　（総記）
　（ⅴ）　存現文　　　　　（例：おや、あんなところにリスがいるよ）
　　　　　　　　　　　　　（中立叙述）

II　場所表現を伴わないタイプ
　（ⅰ）　実在文　　　（例：ペガサスは存在しない）
　（ⅱ）　絶対存在文　（例：太郎の好きな食べ物がある）
　（ⅲ）　所有文　　　（例：山田先生には借金がある）
　（ⅳ）　準所有文　　（例：フランスには国王がいる）
　（ⅴ）　リスト存在文（例：甲：母の世話をする人はいないよ。
　　　　　　　　　　　　　　乙：洋子と佐知子がいるじゃないか。）

　これまで、言語学で存在文がとりあげられるとき、もっぱらⅠのタイプの「場所表現を伴う存在文」（なかでも（ⅰ）の「場所存在文」）が中心であり、Ⅱのタイプの「場所表現を伴わない存在文」については、（ときおり、所有文が存在文との関係で触れられることはあっても）ほとんど注意が払われてこなかったように思われる。とくに、（主語）名詞句の意味特性の検討を通して、Ⅱのタイプの存在文を特徴づけ、Ⅰのタイプの存在文との本質的な違いを論じる試みはまったくなされてこなかったといえる。

　本章では、まず、Ⅰのタイプの「場所表現を伴う存在文」についてその要点を整理したあと、Ⅱのタイプの「場所表現を伴わない存在文」にもっぱら焦点をあて、そこに登場する（主語）名詞句の指示性・非指示性を検討する。とくに、「絶対存在文」に注目し、この構文とある種のコピュラ文（すなわち「倒置指定文」）との関係、さらには「絶対存在文」と「リスト存在文」との密接な関係を論じる。そして、ある種のタイプの存在文の曖昧性を変項名詞句や指示的名詞句との関係で論じる。これらの議論を通して、Ⅱのタイプの各存在文を特徴づけ、Ⅰのタイプの存在文との本質的な違いを論じる。

2. 場所表現を伴う存在文

2．1．場所存在文

　場所存在文は、（4）（5）に例示されるようなもっとも標準的なタイプの存在文であり、空間的場所における対象の有無を表す。

（4）　机の上に本がある。
（5）　公園に女の子がいる。

このタイプの存在文は、（6）のように場所Lを必須とする存在文である。

（6）　場所（L）に、対象（A）がある/いる。

場所存在文の主語Aは不定名詞句であることが多いが、特定の対象を指すばあいもある。（7）（8）を見よう。

　（7）　隣の部屋に、<u>洋子の好きな作曲家</u>がいる。
　（8）　隣の部屋に、メシアンがいる。

（7）は、下線部「洋子の好きな作曲家」である特定のひとを念頭において〈そのひとが隣の部屋にいる〉という読みか、あるいは〈誰であれ、洋子の好きな作曲家という条件を満たしているひとが隣の部屋にいる〉のいずれかの意味になる。このように、特定であれ、不特定であれ、（7）の下線部は世界のなかのある個体を指示しており、その個体がしかじかの場所を占めていることを表しているのである。もし「洋子の好きな作曲家＝メシアン」であるならば、（7）の下線部を「メシアン」で置き換えて（8）としても、その真理値は変わらないであろう。そして、いうまでもなく、（8）も場所存在文なのである。要するに、場所存在文の主語は指示的名詞句であり、後述する絶対存在文の主語と本質的に異なる。なお、よく知られているように、場所存在文（6）における「Aが」の「が」は［中立叙述］である。

2．2．所在文

所在文の例は、次のようなものである。

　（9）　お母さんは、台所にいる。
　（10）　洋子のカバンは、車のなかにある。

これは、一般に（11）の形式をもつ。

　（11）　対象（A）は、場所（L）にある/いる。

所在文は、（ⅰ）場所存在文と類似しているが、特定の対象をとりあげ、それについてその居場所、位置などを叙述する文である。したがって、このタイプの文の主語は一般的に定名詞句である。

所在文は、特定の対象について、その居場所・位置を問われたときの答えとしても用いることができる。たとえば、（9）（10）は、次のような疑問文にたいする答えとみなすことができる点に注意しよう。

(12) お母さんは、どこにいるの。
(13) 洋子のカバンはどこにあるの。

結局、所在文は、ものやひとの存在を問題にする純粋の「存在文」というよりも、「AはBに居る」とか「AはBに滞在している」「AはBに置かれてある」という、Aの居場所・置き場所を問題にする動詞文（非コピュラ文）であるといえるであろう。

2.3. 所在コピュラ文

所在コピュラ文の例は、次のようなものである。

(14) お母さんは、台所だ。
(15) 洋子のカバンは、車のなかだ。

これらの文は、一見前節で見た所在文(9)(10)と類似しているように思われるかもしれないが、意味構造はかなり異なる。筆者の見解では、(14)(15)は(16)(17)の意味をもつ一種のウナギ文であり、措定コピュラ文であるとみなすことができる。

(16) お母さんは、居場所は台所だ。
(17) 洋子のカバンは、置き場所は車のなかだ。

第7章で、われわれは、(18a)(19a)(20a)の各文は、自然なコンテクストにおいて、それぞれ(18b)(19b)(20b)の読みをもつ「ウナギ文」であるという議論を展開した。

(18) a. その車は 2000 cc だ。
　　 b. その車は、排気量は 2000 cc だ。
(19) a. あの力士は 200 キロだ。
　　 b. あの力士は体重は 200 キロだ。
(20) a. その部屋は 8 畳だ。
　　 b. その部屋は、広さは 8 畳だ。

さらに、(18a)(19a)(20a)のようなウナギ文の「AはBだ」に対応して(21)のような「BのA」という表現も自然であることも指摘した。

(21) a. 2000 cc の車

b.　200キロの力士
　　c.　8畳の部屋

その際、(21)の各表現にたいする自然な解釈は、(22)ではなく、むしろ、語用論的に下線部を補充をした(23)のようなものであることも指摘した。

(22) a.　? 2000 cc デアル車
　　b.　? 200 キロデアル力士
　　c.　? 8 畳デアル部屋
(23) a.　<u>排気量が</u> 2000 cc デアル車
　　b.　<u>体重が</u> 200 キロデアル力士
　　c.　<u>広さが</u> 8 畳デアル部屋

(14)(15)を(16)(17)のような語用論的解釈をもちうるウナギ文であるとみなすわれわれの仮定が正しいならば、(24)の表現は自然であり、しかもそれらにたいする自然な解釈は、(25)のようなものではなく、むしろ、語用論的に下線部を補充をした(26)のようなものであることを予測する。

(24) a.　台所のお母さん
　　b.　[車のなか] の [洋子のカバン]
(25) a.　? 台所デアルお母さん
　　b.　? [車のなか] デアル [洋子のカバン]
(26) a.　<u>居場所が</u>台所デアルお母さん
　　b.　<u>置場所が</u> [車のなか] デアル [洋子のカバン]

事実、この予測は正しい。たとえば、(14)において、主語の「お母さん」は述語「台所」という性質をもつわけではない。「居場所が台所である」となってはじめてお母さんに帰すべき属性を表すといえるのである。下線部の補充をする操作は、いうまでもなく、語用論的なものである。われわれは、日常、(14)のような文に接すると、無意識のうちに(16)の解釈をあてがうが、これは、「台所は人間が居ることの可能な空間である」や「母親は台所に居ることが多い」といった言語外の知識を駆使して読み込んだ結果なのである。もしこの議論が正しいならば、(14)(15)のような所在コピュラ文は、ウナギ文が措定文の変種だという意味で、措定文の変種だ、ということになろう。

2.4. 指定所在文

指定所在文は、次のような例である。

(27) a. その館に（は）誰（どいつ）がいるの。
　　 b. その館に（は）魔女がいるよ。

(27b)は形だけをみると、(i)場所存在文と同じであるが、これを(27a)にたいする応答と見たばあい、(27b)は「その館に魔女がいる」ということ全体を（伝達すべき新しい情報として）主張しているのではなく、「その館にいるひとは誰かといえば、それは魔女だ」ということを主張していることは明らかである。したがって、(27)は形の上では非コピュラ文ではあるが、意味的には、それぞれ、次のようなコピュラ文で言い替えることができる。

(28) a. その館にいるひとは、誰（どいつ）だ。
　　 b. その館にいるひとは、魔女だ。

(28b)は、「その館にいるひと」が変項名詞句であり、その変項の値を「魔女」で指定しているわけであるから、典型的な倒置指定文といえる。したがって、(27)を(28)で言い替えることが可能であるかぎり、(27)をも（非コピュラ文であるにもかかわらず）一種の指定文とみなしてよいであろう。(27)の「が」は［中立叙述］の「が」ではなく、［指定］の「が」であるという点で指定所在文は、［中立叙述］の「が」を要求する場所存在文と大きく異なるのである。

2.5. 存現文

存現文とは、次のような文をいう。

(29)　おや、あんなところにリスがいるよ。見てごらん。

これは、「しかじかの場所になにか対象が存在する」という前提はないし、また、「ある対象がどこかに存在する」という前提もないという点で、中立叙述の一種である。しかし、存現文は、同じく中立叙述文である場所存在文と違い次の特徴をもつ。一般に存現文は、対象の存在を客観的に述べているのではなく、一時的、瞬間的な見えを端的に描写する文である。つまり、(29)は「わたくしには、…が見える」という偶然的な1回かぎりの（発話時

点における）事実をありのまま描写している文である。これは、フランス語の *voici*、*voila* の用法に近いともいえる。

存現文は、一時的、瞬間的な見えを端的に描写する文である以上、話し手の発話が誠意ある発話であるかどうかは問題になることはあっても、命題内容の真・偽はふつう問題にならない。また、存現文は、根文（root sentence）だけであって、(30)-(33)が示すように、一般に補文には生じにくいし、また否定文としても生じにくい。

(30) ? 太郎は、おやあんなところにリスがいることを知っている/信じている。
(31) ? もし、おやあんなところにリスがいるならば、ぼくはうれしい。
(32) ? おやあんなところにリスがいるかどうか教えてください。
(33) ? おやあんなところにリスがいない。

それにたいして、場所存在文は、対象の存在を客観的に述べているので、その命題内容の真・偽を問題にすることも可能であるし、(34)-(37)が示すように、「…を信じる」「…を知っている」「…を教える」「もし…ならば、」のような文の補文の位置に埋め込むこともできるし、また否定文として登場することもできるのである。

(34) 太郎は、机の上に本があることを知っている/信じている。
(35) もし、机の上に本があるならば、ぼくはうれしい。
(36) 机の上に本があるかどうか教えてください。
(37) 机の上に本がない。

また、存現文は、発話時点における状況の描写を表明する文であるから、(38)のごとく純粋に過去における状況の判断は場所存在文となる。

(38) 昨夜2時頃、たしかにこの机の上にバナナがあった。

これにたいして、(39)は存現文である。この文において「た」形が用いられてはいるが、現在の状況を描写するものであって、過去のことがらを表しているのではない。

(39) おや、こんなところに私の手帳があった。

このような存現文のもつ特徴は別に存在文だけに現れるものではなく、(40)のような文も同様の特徴を有しているように思われる。

(40) とんぼがとんでいる。
(41) あっ、学校が火事だ。

そこから、国語学では、存在文、非存在文にかかわらず、この種の文は、「存現文」「現象文」「(状況)描写文」「現象描写文」などと呼ばれるひとつの重要な類型をなすとされ、多くの議論を呼んできた。それにもかかわらず、このような類型にたいする一般的な規定についてはまだまだ不明な点が多い。とくに、「存現文」が「判断文」と対立するものであるのか、「判断文」とはそもそもどのように規定されるのか、「存現文」や「判断文」は(意味論を含めた)文法的な概念であるのか、存現文と無題文の関係は何か、といった問題をめぐってはいろいろ議論がなされてきたが、いまだ定説を得るに至っていない。[2] もとより、筆者はここでその種の議論に立ち入るつもりはない。ここでは、存在文のひとつのタイプに存現文のようなものがあるということさえ確認できれば十分である。

以上の考察から、場所表現を伴う存在文については次のことがいえる。

(42) a. 場所存在文と存現文のような中立叙述文は純粋の存在文といってさしつかえない。
b. 所在文は、「存在文」というよりも、むしろ「AはBに居る」、「AはBに滞在している」、「AはBに置かれてある」といった動詞文である。
c. 所在コピュラ文はウナギ文の一種であり、「措定コピュラ文」である。
d. 指定所在文は、指定コピュラ文とみたてることができる。
e. 場所表現を伴う存在文のあるタイプは、コピュラ文と密接な関係がある。

次節以下では、「場所表現を伴わない存在文」のうち、とくに(ii)「絶対存在文」に焦点をあてて論じよう。

3. 絶対存在文

第2章2.2.4節で、次のような存在文を例示し、これらは「場所存在文」ではなく、「絶対存在文」であるとした。

(43) 洋子が教えることのできない科目がある/存在する。(=第2章(102))

(44) 100 m を 3 秒で走ることのできるような人間はいない。(＝第 2 章(106))
(45) 君たちのなかに、洋子を殺したひとがいる。(＝第 2 章(108))

その要点を整理して述べ直すと次のようになる。これらの存在文の下線部はいかなる意味でも指示的名詞句ではなく変項名詞句である。たとえば、(43)は、下線部である科目（たとえば数学）を指し、それについて、その科目が世界のどこかに存在しているということを述べているのではない。むしろ、この文は、「洋子はある科目を教えることができない」ということを述べているにすぎない。したがって、(43)の下線部は変項名詞句であり、この文全体はその変項の値が空でないことを述べている、と理解すべきである。この意味で、(43)の下線部は、指示的名詞句を要求する場所存在文の主語とは根本的に異なるのである。

同様に、(44)の話し手は、「100 m を 3 秒で走ることのできるような人間」によってある個体を指し、その個体について、そのひとは存在しない、と主張しているわけではない。むしろ、この文は、「誰も 100 m を 3 秒で走ることはできない」ということを述べているにすぎない。同様に、(45)の下線部も指示的ではない。この文における「君たちのなかに」を場所辞と解釈するわけにはいかないのである。(45)は結局、「君たちのなかの誰かが洋子を殺した」のような意味であり、より厳密にはその意味表示を(46)で明示できる絶対存在文の一種にほかならない。

(46) ［x が洋子を殺したひとである］を満たす x の値は、君たちのなかのひとりだ。

要するに、これら絶対存在文の主語名詞句は変項名詞句であり、文全体はその変項の値の有無を述べているだけであって、その値がどこか特定の場所に存在すること、つまり、空間的な一定の位置を占めていることを述べているわけではないのである。絶対存在文における「ある」「ない」「いる」「いない」は、いかなる空間的な意味における存在・非存在をも表さない、と言ってもさしつかえない。この点で、絶対存在文は、場所表現と共起する場所存在文や所在文とも大きく異なるのである。

次の例もこの意味で、絶対存在文にほかならない。

(47) 田中先生が今年度担当しているクラスはありません。
(48) 洋子の好きな作曲家が存在する。

(49) 5と10のあいだに素数がある。

(47)は、下線部で世界のなかのある個体を指示しており、その個体がしかじかの場所を占めているとか、占めていないということを主張しているわけではもちろんない。そうではなくて、この文はむしろ、「田中先生は今年度どのクラスも担当していない」ということを述べているにすぎない。この読みにとって、場所は問題ではなく、「どこに、田中先生が今年度担当しているクラスがあるか」といった問いは無意味である。また、「存在しない」と主張されている「田中先生が今年度担当しているクラス」はいったいどれですか、3年B組ですか、5年A組ですか、と問うことも意味がない。結局、(47)は、[xが田中先生が今年度担当しているクラスである]における変項xを満たす値が存在しない、ということを述べているのである。したがって、(47)の下線部「田中先生が今年度担当しているクラス」は、指示的ではなく、変項名詞句なのである。

(48)もこの意味で絶対存在文である。(48)は[xが洋子の好きな作曲家である]を満たすxの値が空でないこと、いいかえれば、「洋子は、ある作曲家を好きに思っている」ということを述べているにすぎない。したがって、この文は、変項の値がどこか特定の場所に存在する、つまり、空間的な一定の位置を占めているということを主張しようとしているのではけっしてない。かりに、洋子の好きな作曲家がショパンだとしよう。(48)は、けっして、

(50) どこかに（この世のなかに）ショパンが存在する。

を言わんとしているのではない。また、「洋子の好きな作曲家であればだれであれ、そのひとが存在する」という意味でもない。したがって、(48)が真であるとき、そのような作曲家はどこに存在するかはいっさい問題にならないのである。もし(48)に場所表現をあえて付して次の文を構築したとしてみよう。

(51) 隣の部屋に、洋子の好きな作曲家がいる。

(51)は、「洋子の好きな作曲家である特定のひと、たとえばジョン・ケージを念頭において彼が隣の部屋にいる」、もしくは「（特定のひとを念頭におかないで）誰であれ、洋子の好きな作曲家という条件を満たしているひとが隣の部屋にいる」のいずれかの意味になるが、これは場所存在文（または、文

脈次第では指定所在文）の読みであって、絶対存在文の読みとは明らかに異なる。絶対存在文(48)が真であるということ、すなわち、そもそも洋子には好きな作曲家が存在するということは、(51)のいわば前提にこそなっていても、(51)の主張のポイントではない、という点に十分注意すべきである。

(49)も絶対存在文であるが、若干注意を要する。なによりも、素数のような抽象的な数学的対象がどこか空間的な場所を占めると考えるひとはいないであろう。しかし、(49)は形式だけでいえば、「Lに、Aがある」という場所存在文の基本形式を有しているように思われるかもしれない。そして、「5と10のあいだに」は、厳密には空間的場所を表すわけではないとはいえ、「場所辞」もしくは「場所表現」であり、(49)全体は、場所存在文だと主張する向きもあるかもしれない。しかし、この考えは問題である。元来(49)は「5より大きくて10より小さい数のなかに素数が含まれている」の意味であり、この意味をより厳密に表せば、(52)のようになるのである。

(52) ［xが、5と10のあいだの素数である］を満たすxの値が空ではない。

したがって、(49)は明らかに絶対存在文であって、「5と10のあいだに」はいかなる意味でも場所表現ではありえないのである。

絶対存在文と場所存在文の相違の要点を述べると次のようになる。

(53) a. 場所存在文「Lに、Aがある/いる」は、名詞句Aによって指示された対象について、場所Lにおける存在・非存在を問題にする。
   b. 絶対存在文「Aがある/いる」は、名詞句Aが変項名詞句であり、その変項を埋める値の存在・非存在を問題にする。

4. 絶対存在文と場所表現

筆者の見るかぎり、日本語の存在文を論じている言語学者の多くは、もっぱら場所存在文にのみ注意を払い、絶対存在文にほとんど関心をもたなかったように思われる。たとえば、益岡＆田窪(1992: 84)は存在表現について(54)のような主張をしている。

(54) 人やものの存在を表す表現は、「(場所)ニ＋(存在の主体)＋ガ＋イル/アル」の構文を基本とする。

もっとも、益岡 & 田窪(1992: 84)は、「特定の場所での存在ということではなく存在そのものを問題にする場合、主体が有情であっても『ある』を使うことがある」として(55)の例文をあげている。

(55) <u>こんなことを言う人</u>がある。

(55)は、第2章2.2.4節で指摘したように、(56)の読みをもつ文であり、まさにわれわれの言う絶対存在文とみなされるべき例である。

(56) ［x がこんなことを言う人である］を満たす x の値が空でない。

つまり、(55)の下線部は変項名詞句であって、非指示的なのである。したがって、(55)は場所存在文と本質的に異なった種類の存在文であること、そして一般に絶対存在文は値の有無を問題にするがゆえに有情であっても「ある」を使うことが許容されることに注意しよう。

久野(1973b: 281-295)は、日本語・英語の存在文について詳しく論じ、その基本的語順が日本語では(57a)、英語では(57b)であることを主張する。その議論の過程で、久野は、あらゆる存在文には場所辞 (locative) が不可欠であるという立場にコミットする。

(57) a. 場所（L）に、対象（A）がある/いる。
　　　b. 場所（L）＋be＋主語（A）

久野によれば、表面上、場所辞を欠く文であっても、「この世のなかに」「どこかに」あるいは「今話題となっている場所に」と解釈されるべき文法形式 L が（基底構造において）必要である、と主張する。この点を裏づけるものとして、久野(1973b: 288)があげている例は(58)である。

(58) a. There are many people who don't like rice.
　　　b. There are *there*-sentences which lack locatives.

しかし、筆者の見解では、(58)の各文は明らかに絶対存在文であり、場所表現とは無関係である。にもかかわらず、久野が、これらの文についても「この世のなかに」「どこかに」あるいは「今話題となっている場所に」と解釈されるような暗黙の場所辞が仮定されるべきであると主張したのは、おそらく久野が、「自然言語の存在文はすべて場所存在文である」と暗黙のうちに考えていたからであろう。この点を敷衍するためにまず、次の日本語の例を考えよう。

(59) 米の嫌いなひとがいる。
(60) この世のなかには、米の嫌いなひとがいる。

(59)はたしかに、(60)のように言い替えることができる。もし(60)の「この世のなかには」を「米の嫌いなひと」の指示対象が位置する場所辞と考えるならば、(59)は場所存在文の一種となるであろう。しかし、筆者の見解では、(59)を言い替えた(60)自体、実は場所存在文でもなんでもなく、むしろ絶対存在文なのである。というのも、(59)の「米の嫌いなひと」は指示的名詞句ではなく、変項名詞句であって、(61)のような命題関数を表しているからである。

(61) xが米の嫌いなひとである。

(61)がコピュラ文の「指定文」の形式を有していることは明らかであろう。そして、(60)における「この世のなかには」は対象が位置する空間的場所を表す表現ではないことに注意すべきである。この表現は、「この世に住んでいる人々のなかに」あるいはより厳密には「この世界を構成するメンバーのなかには」という意味であって、場所を表す空間的表現ではない。それは、(61)の変項xの値の走る範囲を述べているのである。したがって、(60)全体は、(62)と読むことができる絶対存在文にほかならない。

(62) [xが米の嫌いなひとである]を満たすxの値が、この世界を構成するメンバーのなかに含まれている。

つまり、(60)は、より平たく言えば、(63)を意味しているのである。

(63) この世のなかの誰かは、米が嫌いだ。

要するに、場所存在文と絶対存在文のあいだの重要な区別をせず、すべての存在文を場所存在文とみなすことは問題である。この点を明確にするために、最後の晩餐におけるイエスの次の発話を考えよう。

(64) このなかにわたくしを裏切った者がいる。

(64)の「このなかに」をあえて場所表現とし、下線部を指示的名詞句ととるならば、「この部屋(最後の晩餐のおこなわれている部屋)という空間のなかに、わたくしを裏切った者(すなわち、ユダ)が位置を占めている」という意味になろう。これは場所存在文の解釈である。ところが、(64)には、こ

れとは別のより自然な解釈がある。それは、「このなかに」を場所表現と解釈せず、「これら12人の使徒のなかに」の意味にとり、下線部を変項名詞句と読むのである。そのばあい、(64)は正確には(65)を、そしてより日常的な言い方では(66)を意味する。

(65) ［xがわたくしを裏切った者である］を満たすxの値は、これら12人の使徒のなかのひとりだ。
(66) これら12人の使徒のなかの誰かがわたくしを裏切った。

(64)にたいするこの読みは、絶対存在文の解釈であり、イエスが意図したのは、おそらくこちらの読みであろう。同様に、(60)のように言い替えることができる(59)も絶対存在文なのである。

以上のわれわれの考察が正しければ、久野のあげている(58)も絶対存在文であり、いかなる場所も関与していないことが明らかとなる。たとえば、(58a)は、(67)の読みをもつ文であると解釈するのが自然であろう。

(67) ［xが米の嫌いなひとである］を満たすxの値の個数が大である。

もし、(58a)が、ある会場を見て、「おや、ここには米の嫌いな人が多いね」、とつぶやくような状況で使用されるとすれば、それは、場所存在文と読むことができるが、それは、久野が(58a)で意図している読みとは異なるであろう。

5. 存在文の曖昧性：場所存在文解釈と絶対存在文解釈

第2章3.4節で述べたように、存在文「Aが存在する」は、Aを指示的名詞句と読むか、変項名詞句として読むかに応じて場所存在文と絶対存在文の解釈ができ、しばしば曖昧になる。次の例を見よう。

(68) その森へ行くひとがいなくなった。
(69) 無いものは無い。

(68)にたいするひとつの解釈は、「あるひとが、その森に行くことになっていたが、そのひとが立ち去った、もしくは失踪した」という読みである。このばあい、下線部は指示的であり、場所存在文の解釈である。この文にたいするもうひとつの解釈は、「以前は、その森に行くひとが存在したが、今では、誰もその森に行こうとしない」という読みである。後者の読みでは下

線部の名詞句は(70)という変項を含む命題を表しており、文全体は、(70)を満たす変項xの値が、以前は存在していたが、現在では空であるということを述べているわけである。

(70)　xがその森に行くひとである。

これは絶対存在文の解釈である。同様に(69)も下線部の解釈如何で場所存在文とも絶対存在文とも読むことができ、曖昧である。この文は、たとえば、自分の手帳をさがしていて、どうしてもみつからなくてあきらめるときに使うことができる。このばあい、下線部「無いもの」で「目下さがしている手帳」を指示し、それは「どこにも無い」という性質をもつ、と述べているのである。これは、一種のトートロジーであり、場所存在文の解釈である。一方、(69)は、店の呼び込みが「さあ、いらっしゃい、いらっしゃい、この店にはどんなものでもそろっていますよ…」というような状況でも使用される。このばあい、(69)の下線部は、(71)という命題関数を表しており、文全体は、(71)を満たす変項xの値が存在しないこと、すなわち、「なんでもあること」を表している。

(71)　xが無いものである。

これは、絶対存在文の解釈である。こんどは次の例を見よう。

(72)　この村にフランス語を話すひとがいる。

まず、下線部を指示的名詞句ととり、「この村に」を場所表現と解釈しよう。このばあい、(72)は、フランス語を話すひとがこの村のどこかに居る、という読みになる。実はこのばあい、話し手が「フランス語を話すひと」で特定のひとを念頭においている解釈と、そのような特定人物を念頭におかない解釈（つまり、「誰であれフランス語を話すひと」という解釈）が可能であるが、それは場所存在文の読みのなかの語用論的下位区分にすぎない。それにたいして、(72)の下線部を変項名詞句ととり、全体を絶対存在文と解釈すると、(72)は(73a)あるいは(73b)によって言い替え可能な読みとなる。

(73)a.　この村の村民のなかに、フランス語を話すひとがいる。
　　b.　この村の村民のなかの誰かがフランス語を話す。

この絶対存在文の読みでは、(72)の「フランス語を話すひと」は(74)とでも表記できる変項名詞句であり、「この村に」は、地理空間としての場所では

なく、「この村の共同体のメンバー」の意味であって、変項 x の値の走る領域を表す機能をもつことになる。

(74) x がフランス語を話すひとである。

したがって、この読みをより厳密に書けば、(75)のようになる。

(75) ［x がフランス語を話すひとである］を満たす x の値は、この村の村民のなかにある。

(72)にたいするこのような絶対存在文としての解釈のばあい、この村の村民のうちの誰かがフランス語を話すならば(72)は真となるのであって、(72)の発話時点で当のフランス語を話す村人がたまたま旅行中であって、この村の外に出ていてもかまわないのである。一方、(72)にたいする場所存在文としての解釈では、「この村に」は地理空間を表す場所表現である以上、フランス語を話す当のひとが、村人か否かを問わず、発話時点で、この村に滞在していることを意味している。このように、(72)をいずれの読みで解釈するかに応じて、その真理条件は異なるのである。

(72)がこのように場所存在文と絶対存在文の解釈ができ、曖昧になりうる理由は、「この村に」という表現が、場所空間を表すばかりでなく共同体のメンバーの集合をも表しうるからである。その点、(76)や(77)のように、場所空間しか表さない表現「隣の部屋に」や「この洞穴に」を含む文は、曖昧ではなく、場所存在文の読みしかないことを予測する。

(76) 隣の部屋にフランス語を話すひとがいる。
(77) この洞穴に、洋子を殺したひとがいる。

ところが、事情はそれほど簡単ではない。今、フランス語を解さないあるひとが、フランス語の電話を受け取って、応答に苦労していたとしよう。ところが、そのひとが、隣の部屋で目下、留学生歓迎のパーティーがおこなわれていて、20数名の外国人学生が集まっていることに気づいたとする。そのひとは、「あっそうだ、きっとかれらのうちの誰かが、フランス語を話すに違いない、助けてもらおう」と思って、(76)をつぶやいたと仮定しよう。このばあいは、(76)は、(78)と言い替えることができるので、絶対存在文の読みをもつのである。

(78) 隣の部屋にいるひとのうちの誰かが、フランス語を話す。

つまり、(76)の「隣の部屋に」はそれ自体では場所表現ではあるが、しかるべきコンテクストのなかで用いられたときには、語用論的に「隣の部屋にいる人々のなかに」と拡張解釈され、(74)の変項 x の値の走る領域を限定する機能をもつことが可能となるのである。もちろん、最初から隣の部屋に一人のひとしかいないことがわかっているときには、このような解釈は不自然であろう。こんどは次の例を考察しよう。

(79)　妻の作った料理以上にすばらしい料理はない。

　(79)も理論的には曖昧な文である。もちろん、(79)にたいする自然な解釈は「妻の作った料理が一番すばらしい」という読みである。これは、下線部を変項名詞句と読むものであり絶対存在文の解釈である。このばあい、下線部は、

(80)　x が妻の作った料理以上にすばらしい料理である。

という変項を含む命題を表しており、(79)という文全体は、(80)を満たす変項 x を埋める値が存在しないことを表している。

　しかし、(79)にたいしては、下線部を指示的名詞句ととる解釈も可能である。たとえば、各家庭で作った料理を持ち寄ってホームパーティーを開いたとしよう。ホームパーティーが始まって、15分もしないうちに、おいしい料理はすべて食べられてしまい、なくなったのである。結局、残っているのは、(話し手の)妻の作った、おいしくない料理（とそれよりさらにまずい1、2の料理）だけになったとしよう。このような状況を報告するときに(79)を使用することができるであろう。このばあい、「パーティー会場のテーブルの上に」という場所表現がコンテクストから復元されるのであり、(79)の下線部は指示的となる。それは、妻の作った料理以上にすばらしい料理の数々を指示しているのである。これは、場所存在文の読みにほかならない。もっともこの読みは自然ではないが、それは語用論的な理由で考えにくいだけのことであって、(78)が意味論的にはこれら二つの読みをもち曖昧であるという事実は否定できない。結局、この種の曖昧性の源泉は下線部を指示的名詞句ととるか変項名詞句としてとるかの問題に帰着するのである。

　なお、(81)のような文は「所有文」、(82)のような文は「準所有文」と呼ばれることがあるが、西山(1994 d)ではこれらをも絶対存在文の変種とみなすことができるとする議論を展開した。

(81) a. 太郎には欠点がある。
　　 b. 佐知子には、弟がいない。
　　 c. 洋子には、恋人がいる。
(82) a. このコースには、必読書がない。
　　 b. 洋子の遅刻には正当な理由がある。
　　 c. 原子炉の爆発には原因があるはずだ。
　　 d. 現在のフランスには国王がいない。
　　 e. この研究所には副所長がいる。

　これらの文はいずれも「AにはBがある/いる」という形式を有しており、外見上「場所存在文」と似ているが、（ⅰ）意味的にはAはBの存在する空間的場所を表すものではないこと、（ⅱ）Bは変項名詞句と解釈できること、（ⅲ）文全体は、その変項の値の有無を述べていること、という点で絶対存在文に還元できるように思われる。さらに重要な点は、この種の構文におけるBの位置にくる名詞「欠点」「弟」「恋人」「必読書」「理由」「原因」「国王」「副所長」は、第1章5.4節および第6章3節で述べた「非飽和名詞」にほかならず、また、Aはそのパラメータを表しているという点である。たとえば、(81a)の「欠点」はそれだけでは外延を決めることができないので、非飽和名詞であり、「Xの」というパラメータを要求する。そして、「太郎」はそのパラメータの値を設定しているわけである。(81a)全体は、[xが太郎の欠点である]を満たすxの値が存在することを述べている。したがって、これは、一種の絶対存在文である。これを、「太郎の欠点」が指示対象をもち、それについて存在・非存在を述べている文と解釈するわけにはいかないであろう。(81b)(81c)についても同様である。(82a)の「必読書」もそれ単独では外延を規定できず、「Xにとっての必読書」のパラメータXを設定してはじめて外延を規定できるという点で非飽和名詞である。そして、(82a)の「このコース」はこの「必読書」のパラメータを設定するという意味機能を果たしているわけであって、空間的場所を表すものではない。したがって、(82a)は、(83)と言い替えることができる。

(83)　このコースの必読書は存在しない。

(83)の下線部は変項名詞句であり、(83)は［xがこのコースの必読書である］を満たす変項xの値が存在しないという意味である。したがって、(83)が絶対存在文であることは明らかであろう。ということは(82a)の「必

読書」も変項名詞句の主要部であるということを意味する。この点は、(82a)や(83)をそれと類似してはいるが場所存在文である(84)と比較すればいっそうはっきりするであろう。

(84)　その書棚には、このコースの必読書がたくさんある。

(84)の「その書棚」は空間的場所を表し、下線部は指示的である。(82)の他の例についても同様である。

　以上の考察から、絶対存在文が場所存在文と本質的に異なること、絶対存在文が変項名詞句を含み、その点で絶対存在文は指定コピュラ文と意味的に密接な関係があること、「所有文」や「準所有文」も絶対存在文の変種であることなどが明らかになった。もっとも、場所表現を伴わない存在文がすべて絶対存在文かといえば、そうではない。その点を次に検討しよう。

6. リスト存在文

まず、次の対話を見よう。

(85) a.　甲：東京で見るべきものはないだろう。
　　　b.　乙：浅草と歌舞伎町があるよ。

(85b)のような文は、「…がある」という形をしているが、これまで見てきたどの存在文とも異なる。(85b)は「東京に浅草と歌舞伎町が位置している」という意味ではないので、場所・存在文でもなければ（指定）所在文でもない。「…」の位置に固有名詞がきているので絶対存在文でもないし、もちろん所有文でもない。注意すべきは、この種の文は単独で用いられることはなく、あくまでも、(85a)のような文にたいする応答としてはじめて用いられるという点である。これは、「東京で見るべきもののリストをあげると、浅草と歌舞伎町が存在する」という意味であり、より正確にいえば、

(86)　[xが東京で見るべきものである]を満たすxの値は空ではない、
　　　その証拠にその具体的な値として浅草と歌舞伎町が存在するから。

といった意味であろう。(85b)のようなタイプの文を「リスト存在文」と呼ぶ。[3] 英語学では、リスト存在文に対応する構文は"list there"構文としてRando & Napoli (1978)などによるすぐれた研究がある。しかし、国語学や日本語学でリスト存在文を本格的にとりあげたものは筆者の知るかぎりほと

んどない。興味深いことに、(85b)の意味を(86)と分析できるところから、(85b)が、(87)のようなコピュラ文と意味的に深くかかわることは明らかである。

(87) 東京で見るべきものは浅草と歌舞伎町である。(倒置指定文)
(88) 浅草と歌舞伎町が東京で見るべきものである。(指定文)

また、リスト存在文(85b)は、

(89) 東京で見るべきものが存在する。

という絶対存在文とも密接にかかわる。(85b)(87)(88)(89)のいずれも、「東京で見るべきもの」にたいする変項名詞句の解釈、つまり、[xが東京で見るべきものである]という命題関数が関与しているからである。前述したように、(87)(88)のような(倒置)指定文はその変項xの値を具体的に指定しているのであり、(89)のような絶対存在文は、その変項xの値が空でないことを表明しているのである。一方、リスト存在文(85b)はいわばその両方の意味機能を果たしているといえる。つまり、変項xの具体的な値を列挙することによって、同時にその値が空ではないことを述べているわけである。要するに、絶対存在文があくまで変項名詞句に視点をおいてそれが値をもつか否かだけを述べているのにたいして、リスト存在文は、変項名詞句の変項を埋める具体的な値そのものに視点をおいてその存在を述べたものであり、両存在文は対極的である。つまり、リスト存在文は、変項を埋める値の存在を具体的な値を列挙することによって示しているわけであるから、そのばあいの「存在」は、空間的な場所における存在と無縁である。また、リスト存在文の背後には、かならずなんらかの変項名詞句が介在しているわけであるが、注意すべきは、その変項名詞句を表現形式の上で明示せず、聞き手(あるいは読み手)にコンテクストから語用論的に推測させているという点である。つまり、いかなる変項名詞句が介在しているかがコンテクストから容易に復元できるばあいにかぎり、この種の存在文が使用可能となる。[4]

今、ある政治家の選挙を前にして、選挙参謀本部で、各地域に運動責任者を配置する議論がなされていたとしよう。(90)は、そのような議論の締めくくりに、選挙参謀本部長が発言したものである。

(90) A地区には山本氏と佐々木氏がいるし、B地区には鈴木氏と田中氏がいるし、C地区には佐藤氏がいるから、これでわれわれの準備

も万全だ。きっとうまく行くだろう。

この場合、(90)の前半はもちろん、場所存在文ではない。また、「A 地区は山本氏と佐々木氏を有しているし、B 地区は鈴木氏と田中氏を有しているし、C 地区は佐藤氏を有している」という意味でもないので所有文でもない。むしろ、この文は、(91)のような意味である。

(91) A 地区の選挙責任者として山本氏と佐々木氏がいるし、B 地区の選挙責任者として鈴木氏と田中氏がいるし、C 地区の選挙責任者として佐藤氏がいるから、これでわれわれの準備も万全だ。きっとうまく行くだろう。

(91)の最初の部分は隠れた変項名詞句を復元して(92)のように言い替えることができるので、これはやはりリスト存在文である。

(92) [x が A 地区の選挙責任者である] を満たす x の値として山本氏と佐々木氏が存在する。

こんどは次の例を見よう。

(93) 洋子にはあのコンピューターがあるから、論文は書けるだろう。

(93)は、一見、(94)で言い替えできそうであるので、所有文と思われるかもしれない。

(94) 洋子はあのコンピューターを持っているので、論文は書けるだろう。

しかし、今日でこそ、コンピューターは個人が所有できるようになったため、(93)における「洋子」と「このコンピューター」との関係を所有関係として読むことにさほど抵抗がないかもしれないが、もし(93)が 1960 年代に発話されたとすれば、(93)を(94)のように解釈するひとはほとんどいないであろう。そのばあいは、むしろ、「洋子は大学に設置されているあの大型コンピューターを使用できるので、論文は書けるだろう」と読む方が自然であろう。要するに、(93)における「洋子」と「このコンピューター」との関係はかならずしも所有関係である必要はなく、洋子が論文を書くためにあのコンピューターを利用できさえすればよいのである。したがって、(93)は、(95)のような読みをもつリスト存在文と解釈すべきであろう。

(95) ［xが洋子が論文を書くための道具である］を満たすxの値として
あのコンピューターがある。

同様に、(96)の各文もそれぞれ(97)の各文のように隠れた変項名詞句を復元して分析できるので、所有文ではなく、やはりリスト存在文である。

(96) a. 子供たちにはこの公園があるから、日曜日も十分遊べるはずだ。
b. わたくしには、(寝たきりの) 夫がいるから海外旅行はできません。
c. われわれには、あの高い山があるから、これ以上前へ進めない。

(97) a. ［xが子供たちが日曜日も十分遊ぶことができる場所である］を満たすxの値としてこの公園がある。
b. ［xがわたくしが海外旅行することを不可能にするものである］を満たすxの値として (寝たきりの) 夫がいる。
c. ［xがわれわれが前へ進むにあたっての障壁である］を満たすxの値としてあの高い山がある。

(96a)を「子供たちがこの公園を所有している」とみなすのは無理であろう。同様に、(96b)において、「わたくし」と「夫」とのあいだの所有関係がこの文のポイントではない。また、(97c)も、「われわれが前へ進むにあたっての障壁として、あの高い山がある」という意味であって、われわれがあの高い山を所有しているわけではない。こんどは次の例を見よう。

(98) a. 夫：おまえがお袋の面倒を見なければ誰も見るひといないじゃないか。
b. 妻：そんなこと、ないわよ。あなたの妹の花子さんがいるじゃないの。

(98b)の第二の文は、「あなたには、花子さんという妹がいる」という意味でもなければ、「しかじかの場所に、あなたの妹である花子さんがいる」という意味でもない。この文は(99)を意味するリスト存在文なのである。

(99) ［xが夫の母の面倒を見るひとである］を満たすxの値として夫の妹である花子さんが存在する。

このように、介在している変項名詞句はコンテクストから語用論的に復元できるのである。最後に、リスト存在文との関係で、次の二つの文の意味の相

違を考察しよう。

(100) 洋子には夫がある。
(101) 洋子には夫がいる。

(100)にたいするもっとも自然な読みは(102)という所有文（したがって絶対存在文の一種）の解釈である。

(102) ［xが洋子の夫である］を満たすxの値が存在する。

これは結局、「洋子は結婚している」という意味にほかならない。今、洋子の夫が鈴木一郎だとしよう。そのばあい、(100)を言い替えて(103)とはいえないはずである。

(103) ?洋子には鈴木一郎がある。

(100)における「夫」は変項名詞句であって、指示的名詞句ではないからそれは当然である。

では、(101)のほうはどうであろうか。実はこの文は曖昧なのである。これを所有文（したがって、絶対存在文の一種）と読めば、(100)と実質的に同じ意味、すなわち「洋子は結婚している」という意味になる。そのばあい、(100)と同様、「洋子の夫＝鈴木一郎」であるからといって(101)を言い替えて

(104) ?洋子には鈴木一郎がいる。

とはいえない。(100)と同様、(101)にたいするこの読みでは、「夫」は変項名詞句であり、指示的名詞句ではないからである。ところが、(101)には、もうひとつ別の読みがある。次のコンテクストを考えてみよう。

(105) a. 甲：洋子が引っ越しするそうだけど、手伝いにいかなくてもいいのかな。
b. 乙：大丈夫だよ。洋子には夫がいるから。

(105b)の第二文は「洋子は結婚しているから大丈夫だ」という意味ではないであろう。むしろ、この文には隠れた変項名詞句が介在しており、(106)と読むことができる一種のリスト存在文なのである。

(106) ［xが洋子の引っ越しを手伝うひとである］を満たすxの値として洋子の夫が存在する。

このばあいの「夫」は変項名詞句ではなく、指示的である。それゆえ、「洋子の夫＝鈴木一郎」のとき、(105b)を(107)で言い替えることができるのである。

(107)　乙：大丈夫だよ。洋子には鈴木一郎がいるから。

それにたいして、(100)の方はリスト存在文の読みはないのである。この点もまた、「ある」と「いる」の違いにかかわる興味深い点である。「リスト存在文」や「絶対存在文」という概念なしには、(100)と(101)のような類似している二つの存在文のあいだの共通の読みと異なる読みとの区別を明示することはできなかったであろう。

7. 間スペース対応存在文

「場所表現を伴わない存在文」のなかには、言語哲学でしばしばとりあげられる次のようなタイプの文がある。

(108)　ハムレットは存在しない。
(109)　ペガサスは存在しない。
(110)　お母さん、浦島太郎って本当にいたの。
(111)　ホメロスは存在する。

これらは、神話や小説などの世界における対象、あるいは想像上の対象についてその存在・非存在を述べたものであるが、いうまでもなく、場所存在文や所在文ではない。もちろん、「ハムレット」「ペガサス」「浦島太郎」「ホメロス」を用いて場所存在文や所在文を構築することは可能である。

(112) a.　エルシノア城にハムレットがいる。（場所存在文）
　　　b.　浦島太郎は、竜宮城にいます。（所在文）

ところが、(108)-(111)は明らかに特定の場所での存在を問題にしているわけではない。問題はこれらの文の下線部が指示的であるかどうかである。Quineの影響下にある現代の分析哲学者の多くは、たとえば、(109)の「ペガサス」を指示的とみなすことに懐疑的である。なぜなら、もし(109)の「ペガサス」がなにか対象を指示するとするならば、この文はペガサスについて叙述していることになる。ところが、(109)はペガサスが存在しないと言っている以上、それについて語っている対象がないことを意味している。したがっ

て、(109)は、ペガサスについてなにかを述べている文ではありえない。つまり、「ペガサス」を指示的とみなすことはできないのである。そこから、オーストリアの哲学者、Meinong は、存在しない対象についても「ある (there is)」とか「有をもつ (have being)」と考えた。しかし、これでは、「現在のフランス国王」や「丸い四角」「最大の自然数」まで「ある」とか「有をもつ」という主張につながり、存在概念のインフレーションになってしまう。結局、(109)は、個体としてのペガサスについてそれが存在しないと述べているのではなく、「ペガサス」という概念が空虚であることを述べているにすぎない。いいかえれば、命題関数「x がペガサスである」を満たす値が空であることを述べているのである、――と。[5]

(108)-(111)にたいする以上のような見解は、これらの文を絶対存在文と同じタイプのものとして扱おうとする立場であるといえる。筆者は、現代の言語哲学者のあいだで比較的広く受け入れられているこのような見解に同意できない。この種の見解の背後には、なによりも、自然言語の「存在する」という動詞の意味は一義的なものであり、したがって、自然言語の存在文の意味も均質的なものである、とする暗黙の仮定がある。しかし、筆者は、まさにこの仮定にこそ問題があると考えている。筆者の見解では、自然言語の存在動詞の意味は多義的であり、したがって存在文は互いに異質な意味を有していると思われるからである。場所存在文も絶対存在文もそのような多様な存在文のひとつにすぎず、また、(108)-(111)のタイプの存在文はこれまた、別の種類の存在文なのである。本章3節と4節で強調したように、絶対存在文の「A が存在する」「A が存在しない」の A は変項名詞句であって指示的名詞句ではなかった。ところが、筆者の見解では、(108)-(111)の主語名詞句「ハムレット」「ペガサス」「浦島太郎」「ホメロス」は指示的名詞句であって、これらの文全体は主語名詞句の指示対象について述べているのであり、絶対存在文とはまったく異質なのである。その証拠に、たとえば、ハムレットのことをまったく知らないひとが、(108)の話し手にたいして、(113)のような問いを発することは十分ありうるであろうし、それにたいして(114)で答えることはなんら奇妙ではない。

(113) あなたはいったい誰について述べているのですか。
(114) わたくしは、シェイクスピアの悲劇のひとつに登場する主人公について述べているのです。

さらに、(108)の話し手にたいして、(115)のような問いを発することは奇妙で

はない。

(115) ハムレットって、どんなひとですか。

それにたいする答えとして、(116)の各文は真であるが、(117)の各文は偽である。

(116) a. ハムレットはデンマーク王子だ。
  b. ハムレットは独身だ。
  c. ハムレットは内向的だ。
(117) a. ハムレットは狂人だ。
  b. ハムレットは既婚者だ。
  c. ハムレットは生成文法学者だ。
  d. ハムレットは日本人だ。

ということは、(108)が真であっても（つまり、ハムレットが存在しなくても）、(116)は真になりうる、ということを示す。この点が本章3節と4節で見た絶対存在文との大きな違いである。たとえば、(118)は絶対存在文である。

(118) <u>この問題を解くことのできる人間</u>は存在しない。

すでに述べたように、(118)が下線部の指示対象についてなにかを述べている文ではない以上、この文の聞き手は、「あなたは、いったい誰について述べているのですか」と問うことはありえないのである。また、(118)が真でありながら(119)が真になることはありえないのである。[6]

(119) この問題を解くことのできる人間は背が高いひとだ。

したがって、(108)は絶対存在文と異なり、主語名詞句「ハムレット」は指示的なのである。そして、(108)の「存在しない」という述語は主語の指示対象、つまり、シェイクスピアの戯曲に登場するハムレットについてあることを述べているという点で、論理的にも1階の述語であるということの認識は重要である。[7] つまり、意味論的にいえば、(108)は、(120a)もしくは(120b)で言い替えることができるような、措定コピュラ文の一種なのである。

(120) a. ハムレットは、実在人物ではない。
  b. ハムレットは、現実世界に存在しない。

(109)(110)(111)も同様である。西山(1994d)では、この種のタイプの存在文を「実在文」と呼んだ。「存在は述語ではない」という有名なカントのテーゼは、絶対存在文にはあてはまるが、(108)(109)(110)(111)のような実在文にはあてはまらないのである。

ただ注意すべきは、(120a)の「実在人物ではない」という述語の特殊性である。この表現は「現実世界に存在しない」という意味であるが、ここで言う「現実世界」を場所表現とみなすわけにはいかないのである。ハムレットの居場所は、エルシノア城の庭であったりガートルード妃の寝室のなかであったりするであろうが、「現実世界」とか「シェイクスピアの戯曲の世界」というのは、人間や対象が位置する空間的場所を表す表現ではない。それは、「小説の世界」「映画の世界」「神話の世界」「絵画の世界」などと同様、対象を登録する舞台セッティングを表す表現である。「小説の世界」とか「現実世界」というのは、メンタル・スペース理論の用語を使えば、対象を設定する（もしくは設定を否定する）メンタル・スペースを表している、と言ってもよい。したがって、(108)は〈(シェイクスピアの戯曲の登場人物である)「ハムレット」の指示対象は、現実世界のメンタル・スペースには対応物をもたない〉ということを表している文にほかならない。したがって、「実在人物である／でない」という述語は、(116)に登場する「デンマーク王子だ」「独身だ」「内向的だ」などの通常の述語と性質が異なり、舞台セッティングに言及する特殊な述語である。それは、メンタル・スペース理論を使っていえば、虚構のメンタル・スペースと現実のメンタル・スペースの両方の要素間の対応関係を表している述語である、と言うこともできよう。にもかかわらず、(120)の意味をもつ(108)はある対象にたいして属性を帰しているという点で意味論的には、措定文なのである。(109)(110)(111)も同様である。

さて、(108)(109)(110)(111)のような実在文は、虚構メンタル・スペース（小説、神話、絵画、映画、芝居などが構築する世界）から現実メンタル・スペースへの対応物の存在・非存在を問題にする構文であったが、次の例のように、逆に現実メンタル・スペースから虚構メンタル・スペース（小説、神話、絵画、映画、芝居などが構築する世界）への対応物の存在・非存在を問題にする構文もある。[8]

(121) a. 映画『アマデウス』には、サリエリはいるがハイドンはいない。
  b. あの宗教画には、イエス・キリストを裏切った弟子は存在しない。

c. この現代日本政界風刺劇には、<u>田中真紀子</u>はいるが<u>橋本龍太郎</u>はいない。

(121a)は、(122)で言い替えることができる意味を有している。

(122) 映画『アマデウス』に、サリエリは登場するが、ハイドンは登場しない。

つまり、(122)の意味するところは、〈サリエリもハイドンも、アマデウス・モーツアルトが生きていた時代に実在した人物であるが、映画『アマデウス』の登場人物のなかに、サリエリは含まれているが、ハイドンは含まれていない〉というものである。したがって、(121a)の下線部の「サリエリ」や「ハイドン」が（現実世界にその対象をもつ）指示的名詞句であることは明らかであろう。(121b)も同様で、下線部「イエス・キリストを裏切った弟子」はユダを指す指示的名詞句である。結局(121b)は、

(123) あの宗教画には、イエス・キリストを裏切った弟子、すなわちユダは登場していない。

という意味である。もし、(121b)をあえて絶対存在文として解釈するならば、その読みは(124)となるが、この解釈は語用論的な理由からして自然な読みとはいえないであろう。

(124) あの宗教画では、誰もイエス・キリストを裏切っていないように描かれている。

(121c)も同様で、下線部「田中真紀子」「橋本龍太郎」はそれぞれ現実世界の田中真紀子元外務大臣、橋本龍太郎元首相を指すのである。したがって、(121c)を(125)と言い替えることは間違いである。

(125) この現代日本政界風刺劇には、「田中真紀子」という名前の登場人物は存在するが、「橋本龍太郎」という名前の登場人物は存在しない。

(125)は、(121c)をあえて絶対存在文として読んだ解釈である。(125)は、たとえば、もしこの現代日本政界風刺劇に「田中真紀子」という名前の人物が著名なピアニストとして登場するが、「橋本龍太郎」と呼ばれている人物が登場しない状況において真になるが、これは、(121c)の意図した読みではない

であろう。

このように、(108)(109)(110)(111)のような実在文ばかりでなく(121)の各文のような存在文にも適用できるタイプの存在文を「間スペース対応存在文」と呼ぶことにしよう。「間スペース対応存在文」は、次のように規定できる。

(126) 間スペース対応存在文とは、2個のメンタル・スペース M_1、M_2 を仮定し、M_1 において指示対象をもつ表現 A が、M_2 においてはその対応物を有する/有さない、ということを主張している文のことを言う。A は指示的名詞句である。

間スペース対応存在文と絶対存在文の本質的な違いを見るために、次の文を比較しよう。

(127) <u>ハムレットの恋人</u>は存在しない。
(128) <u>ハムレットの妻</u>は存在しない。

(127)(128)の下線部を変項名詞句とみなし、文全体を絶対存在文と解釈したとしよう。このばあい、(127)(128)はそれぞれ(129)(130)という読みになる。

(129) 誰もハムレットの恋人ではない。
(130) 誰もハムレットの妻ではない。(=ハムレットは独身である。)

これらをシェイクスピアの戯曲『ハムレット』の世界での話題とみなすかぎり、(127)は偽であり、(128)は真である。一方、(127)の下線部を指示的とみなすならば、(127)は(131)と言い替えることができる。

(131) オフィーリアは存在しない。

これは、(108)と同様、(132)のような意味をもつ間スペース対応存在文(実在文)として読むことができ、もちろん、真である。

(132) オフィーリアは実在しない。

ところが(128)については、そのような間スペース対応存在文(実在文)を構築できないことに注意しよう。それは、ハムレットの妻なるひとは、シェイクスピアの戯曲『ハムレット』の世界には登場していないので、(128)の下線部は指示的ではないからである。つまり、(126)の「M_1 において指示対象をもつ」という条件を満たさないのである。要するに、(127)には、絶対存在文と実在文の読みが可能であり、曖昧であるのにたいして、(128)には、絶対存

在文の読みしか可能でないという事実の認識が重要である。現代の多くの哲学者が仮定しているように、(108)(109)(110)(111)をあくまで絶対存在文の一種として扱おうとする分析では、(127)の曖昧性も説明できないし、実在文(131)と非実在文(128)とのあいだの重要な区別をも説明できないのである。

　以上のわれわれの考察が正しいならば、絶対存在文と指定コピュラ文とのあいだに、また、リスト存在文と倒置指定文とのあいだに、また間スペース対応存在文（実在文）と措定コピュラ文とのあいだに、意味的にきわめて密接な関係があることが明らかとなるであろう。そのことはまた、名詞句の指示性・非指示性という概念が、存在文の意味とコピュラ文の意味とを結びつける重要な要因であることをも示しているのである。

註

1　ここでは(ⅰ)(ⅱ)のような、出来事の生起を表す文は考慮外とした。
　　(ⅰ)　今日の午後、第一会議室で教授会がある。
　　(ⅱ)　昨日、関東地方に大きな地震があった。
2　この種の議論については、たとえば、丹羽(1988)を参照。
3　英語におけるリスト存在文については、'list' *there* 構文として、Milsark(1974, 1976)、Rando & Napoli(1978)、Safir(1982, 1985)などによる興味深い研究がある。'list' *there* 構文においては、
　　(ⅰ)　There's the park, a very nice restaurant, and the library. That's all as far as I'm concerned.
　のように *there* 構文でありながら、不定名詞句とともに定名詞句が生じて、いわゆる「定性制限」を受けない例をいかに説明するかが問題となった。Rando & Napori(1978)によれば、リストを構成する個々の項目は前方照応的（anaphoric）であっても、リストのなかにどの項目が選択されるかという点で新情報を担っている、とされている。
4　熊本(2001)は、リスト存在文にたいするこのような筆者のアプローチをふまえたうえで、英語の 'list' *there* 構文を詳細に検討している。
5　事実、Quine(1953: 8)は、「ペガサス」という固有名詞は、「ペガサスである」(is-Pegasus)や「ペガサスる」(Pegasizes)のような人工動詞を用いて「ペガサスであるもの」や「ペガサスるもの」を意味する記述として解釈すべきであることを強調する。
6　(118)が真のとき、Russell(1905)ならば、(119)は偽であると主張するであろう。一方 Strawson(1950)ならば、(119)は真理値をもたず、言明（statement）にはなりえない、と主張するであろう。いずれの立場でも、(119)は「真ではない」のである。
7　実在文(108)において「ハムレット」が実在しない対象を指示しているということを認めるということは、「丸い四角」や「最大の素数」のような対象も Meinong 的な意味で「ある」（*there is*）とか「有をもつ」（*have being*）ということを認めることにはつながらない。筆者の立場では、(ⅰ)も(ⅱ)も絶対存在文であり、下線部は非指示的

なのである。
　（ⅰ）　丸い四角は存在しない。
　（ⅱ）　最大の素数は存在しない。
8　いうまでもないが、(121)における「映画『アマデウス』には」「あの宗教画には」「この現代日本政界風刺劇には」は舞台セッティングを表す表現であって場所表現ではない。ここにもわれわれは久野(1973 b: 288)の仮説（ⅰ）にたいする反例を見ることができる。
　（ⅰ）　あらゆる存在文には場所辞が不可欠である。
(108)‐(111)のような存在文について、舞台セッティング表現は復元できても、場所表現はもともと仮定されていないため、「場所表現の復元」は意味をなさないのである。

参考文献

Akmajian, Adrian (1979) *Aspects of the Grammar of Focus in English*, New York: Garland.

天野 みどり (1995 a)「『が』による倒置指定文―『特におすすめなのがこれです』という文について」『新潟大学人文科学研究』88: 1-21.

天野 みどり (1995 b)「後項焦点の『AがBだ』文」『新潟大学人文科学研究』89: 1-24.

天野 みどり (1996)「後項焦点の名詞述語文―『は』と『が』の考察の基点―」『和光大学人文学部紀要』31: 1-10.

天野 みどり (1998)「『前提・焦点構造』から見た『は』と『が』の機能」『日本語科学』3: 67-85.

青木 伶子 (1992)『現代語助詞「は」の構文論的研究』東京: 笠間書院.

有田 節子 & 田窪 行則 (1995)「日本語の提題形式の機能について」『人間科学』(九州大学) 1: 43-63.

Baker, Carl Lee (1968) *Indirect Questions in English*, Ph. D. dissertation, University of Illinois.

Bezuidenhout, Anne (1997) "Pragmatics, Semantic Underdetermination and the Referential/Attributive Distincition," *Mind* 106: 375-409.

Blakemore, Diane (1992) *Understanding Utterances*, Oxford: Blackwell.
［武内道子, 山崎英一共訳 (1994)『ひとは発話をどう理解するか』東京: ひつじ書房］

Blakemore, Diane (1995) "Relevance Theory," in Jef Vershueren, Jan-Ola Ostman and Jan Blommaert (eds.), *Handbook of Pragmatics Manual*, 443-452. Amsterdam: John Benjamins.

Burton-Roberts, Noel (1999) "Presupposition-cancellation and Metalinguistic Negation: A Reply to Carston," *Journal of Linguistics* 35: 347-364.

Carston, Robyn (1996) "Enrichment and Loosening: Complementary Processes in Deriving the Proposition Expressed," *UCL Working Papers in Linguistics* 8: 61-88.

Carston, Robyn (1998) "Negation, 'Presupposition' and the Semantics-Prag-

matics Distinction," *Journal of Linguistics* 34: 309-350.
Carston, Robyn (2002) *Thoughts and Utterances: The Pragmatics of Explicit Communication*, Oxford: Blackwell.
Cartwright, Richard (1960) "Negative Existentials," *The Journal of Philosophy* 57: 629-639.
千葉 修司 (1977)「潜伏疑問文と WH 句の意味解釈について」『英文学研究』54: 1 & 2, 167-179.
Declerck, Renaat (1983) "'It is Mr. Y' or 'He is Mr. Y'?," *Lingua* 59: 209-246.
Declerck, Renaat (1984) "Some Restrictions on Clefts that Highlight Predicate Nominals," *Journal of Linguistics* 20: 131-154.
Declerck, Renaat (1988) *Studies on Copular Sentences, Clefts and Pseudo-Clefts*, Leuven: Leuven University Press.
Declerck, Renaat (1991) "A Taxonomy of Copular Sentences: a Reply to Keizer (1990)," *Linguistics* 29: 521-536.
Donnellan, Keith S. (1966) "Reference and Definite Description," *Philosophical Review* 75: 271-304.
Dor, Daniel (1996) *Representations, Attitudes and Factivity Evaluations*, Ph. D. dissertation, Stanford University.
Fauconnier, Gilles (1985/1994^2) *Mental Spaces*, Cambridge, Mass.: MIT Press. (Rev. ed. Cambridge: Cambridge University Press, 1994.)［坂原茂, 水光雅則, 田窪行則, 三藤博共訳 (1987/1996^2)『メンタル・スペース―自然言語理解の認知インターフェイス―』東京：白水社］
Fauconnier, Gilles (1988) "Quantification, Roles and Domains," in Umberto Eco, Marco Santambrogio and Patrizia Violi (eds.) *Meaning and Mental Representations*, 61-80. Bloomington: Indiana University Press.
Fauconnier, Gilles (1991) "Roles and Values: the Case of French Copula Constructions," in Carol Georgopoulos and Roberta Ishihara (eds.), *Interdisciplinary Approaches to Language: Essays in honor of S.-Y.- Kuroda*, 181-206. Dordrecht: Kluwer Academic Publishers.
Fauconnier, Gilles (1997) *Mappings in Thought and Language*, Cambridge: Cambridge University Press.［坂原茂, 田窪行則, 三藤博共訳 (2000)『思考と言語におけるマッピング』東京：岩波書店］
Fodor, Janet Dean (1970) *The Linguistic Description of Opaque Contexts*, Ph. D. dissertation, M. I. T.
Frege, Gottlob (1892) "Über Sinn und Bedeutung," *Zeitschrift für Philosophische*

Kritik, vol. c, ss. 22-50. ［土屋俊訳（1999）「意義と意味について」『フレーゲ著作集 4 哲学論集』東京：勁草書房］

Geach, Peter Thomas (1980) *Reference and Generality*, Third Edition, Ithaca: Cornell University.

Grice, Paul (1989) *Studies in the Way of Words*, Cambridge, Mass.: Harvard University Press. ［清塚邦彦訳（1998）『論理と会話』東京：勁草書房］

Grimshaw, Jane (1979) "Complement Selection and the Lexicon," *Linguistic Inquiry* 10.2: 279-326.

Gundel, Jeanette K. (1977) "Where do Cleft Sentences Come from?," *Language* 53: 543-559.

Halliday, Michael A. K. (1967) "Notes on Transitivity and Theme in English, part 2," *Journal of Linguistics* 3: 199-244.

Halliday, Michael A. K. (1970) "Language Structure and Language Function," in John Lyons ed. *New Horizons in Linguistics*, 140-165. Harmondsworth: Penguin.

Hasegawa, Nobuko (1996) "On the Word Order of Copular Sentences,"『言語科学研究』（神田外語大学大学院紀要）2: 1-18.

Hasegawa, Nobuko (1997) "A Copula-based Analysis of Japanese Clefts,"『研究報告（1）　先端的言語理論の構築とその多角的な実証（1-A）』（神田外語大学）15-38.

Heggie, Lorie. (1988 a) "An Unified Approach to Copular Sentences," *WCCFL* 7: 129-142.

Heggie, Lorie. (1988 b) *The Syntax of Copular Sentences*, USC dissertation.

Heggie, Lorie. (1989) "Constructional Focus and Equative Sentences," *WCCFL* 8: 154-166.

Heim, Irene (1982) *The Semantics of Definite and Indefinite Noun Phrases*, Ph. D. dissertation, University of Massachusetts, Amherst.

Heycock, Caroline & Anthony Kroch (1999) "Pseudocleft Connectedness: Implications for the LF Interface Level," *Linguistic Inquiry* 30-3: 365-397.

東森　勲＆吉村　あき子（2003）『関連性理論の新展開―認知とコミュニケーション』（英語学モノグラフシリーズ 21）東京：研究社

Higgins, Francis Roger (1979) *The Pseudo-cleft Construction in English*, New York: Garland.

井島　正博（1998）「名詞述語文の多層的分析」『成蹊大学文学部紀要』33: 1-53.

池上　嘉彦（1981）『「する」と「なる」の言語学―言語と文化のタイポロジーへの

試論―』東京:大修館書店.
今井 邦彦(2001)『語用論への招待』東京:大修館書店.
井元 秀剛(1995)「役割・値概念による名詞句の統一的解釈の試み」大阪大学『言語文化研究』21: 97-116.
井上 和子(1983)「談話文法と文-文法の接点」『言語研究』84: 17-44.
井上 和子 (編)(1989)『日本文法小事典』東京:大修館書店.
Jakendoff, Ray S.(1983) *Semantics and Cognition*, Cambridge, Mass.: MIT Press.
影山 太郎(1993)『文法と語形成』東京:ひつじ書房.
神尾 昭雄(1977)「数量詞のシンタックス:日本語の変形をめぐる論議への一資料」『言語』6.9: 83-91.
神尾 昭雄(1983)「名詞句の構造」井上和子 (編)『日本語の基本構造』(講座 現代の言語 1), 77-126. 東京:三省堂.
上林 洋二(1984)『指定と措定―ハとガの一面』筑波大学修士論文.
上林 洋二(1988)「指定文と措定文―ハとガの一面」『筑波大学文藝言語研究・言語編』14: 57-74.
Kato, Masahiro(2000) "Functions of Japanese *Ga*-clefts in Discourse: A Relevance-theoretic Approach," *UCL Working Papers in Linguistics* 12: 97-122.
加藤 重広(1998)「複数の品詞機能を兼務する形態素の統辞タイプ」『富山大学人文学部紀要』28: 1-30.
川添 愛(2001)「日本語の『―たち』と数の素性」『日本言語学会第123回大会予稿集』140-145.
Keizer, M. Evelien(1990) "A Typology of Copular Sentences," *Linguistics* 28: 1047-1060.
Kempson, Ruth(1975) *Presupposition and the Delimitation of Semantics*, Cambridge: Cambridge University Press.
菊地 康人(1988)「従属節中の語句の主題化と分析できる「XはYがZ」文について」『東京大学言語学論集』203-227.
菊地 康人(1990)「「XのYがZ」に対応する「XはYがZ」文の成立条件―あわせて,〈許容度〉の明確化」『文法と意味の間:国広哲弥教授還暦退官記念論文集』105-132. 東京:くろしお出版.
菊地 康人(1997 a)「「カキ料理は広島が本場だ」構文の成立条件」『広島大学日本語教育学科紀要』(学科創立10周年記念号) 7: 89-107.
菊地 康人(1997 b)「「ガ」の用法の概観」川端善明・仁田義雄 (編)『日本語文法―体系と方法』101-123. 東京:ひつじ書房.

Kimball, John P. (1973) "The Grammar of Existence," *Papers from the Ninth Regional Meeting of the Chicago Linguistic Society*, 262-70.

北原 保雄(1981)『日本語の文法』(日本語の世界6) 東京：中央公論社.

金水 敏 & 今仁 生美(2000)『意味と文脈』(現代言語学入門4) 東京：岩波書店.

小林 英樹(1997)「VNr-Nrタイプ動名詞の目的語(補語)について」『日本学報』16：27-34.

小林 英樹(2001)「動詞的要素と名詞的要素で構成される二字漢語動名詞に関する再考」『現代日本語学研究』(大阪大学大学院文学研究科日本語学講座) 8：75-95.

国立国語研究所(1951)『現代語の助詞・助動詞』東京：秀英出版.

コモンワニック, カモンオーン & 沢田 奈保子(1993)「名詞述語文の日・タイ対照研究―認知語用論的観点から―」『言語研究』103：92-116.

Koya, Itsuki (1992) *Subjecthood and Related Notions : A Contrastive Study of English, German and Japanese*, Basel : Birkhauser.

小屋 逸樹(1995)「コピュラ文の意味構造―『指定』と『措定』の概念をめぐって―」慶應義塾大学法学研究会編『教養論叢』99：23-54.

熊本 千明(1989a)「日・英語の分裂文について」『佐賀大学英文学研究』17：11-34.

熊本 千明(1989b)「指定と同定―「…のが…だ」の解釈をめぐって」大江三郎先生追悼論文編集委員会(編)『英語学の視点』307-318. 福岡：九州大学出版会.

熊本 千明(1992)「日・英語のコピュラ文に関する一考察」『佐賀大学英文学研究』20：49-67.

Kumamoto, Chiaki (1993) "The Referential/Attributive Distinction and the Classification of Copular Sentences," 福岡言語学研究会(編)『言語学からの眺望』175-189. 福岡：九州大学出版会.

熊本 千明(1994)「*It*-Cleftsの解釈をめぐって―Specificational・Predicatinal以外の解釈の可能性―」『佐賀大学英文学研究』22：17-35.

熊本 千明(1995a)「名詞句の指示性と関係代名詞」『佐賀大学英文学研究』23：19-32.

熊本 千明(1995b)「同定文の諸特徴」『佐賀大学教養部紀要』27：147-164.

熊本 千明(1996) "Predicational Sentences and Specificational Sentences : Defining These Two Sentence Types," 『佐賀大学教養部研究紀要』29：87-114.

熊本 千明(1998)「コピュラ文の語順と解釈」『佐賀大学文化教育学部研究論文集』3.1：9-27.

熊本 千明(2000)「指定文と提示文—日・英語の観察から」『佐賀大学文化教育学部研究論文集』5.1：81-107.

熊本 千明(2001)「リスト存在文の解釈について」『佐賀大学文化教育学部研究論文集』6.1：111-127.

Kuno, Susumu (1970) "Some Properties of Non-referential Noun Phrases," in Roman Jacobson & Shigeo Kawamoto (eds.), *Studies in General and Oriental Linguistics*, 348-373. Tokyo: TEC Co.

Kuno, Susumu (1973 a) *The Structure of the Japanese Language*, Cambridge, Mass.: MIT Press.

久野 暲(1973 b)『日本文法研究』東京：大修館書店.

久野 暲(1983)『新日本文法研究』東京：大修館書店.

Kuno, Susumu & Preya Wongkhomthong (1981) "Characterizational and Identificational Sentences in Thai," *Studies in Language*, 5.1：65-109.

Kuroda, Sige-Yuki (1965) *Generative Grammatical Studies in the Japanese Language*, Ph. D. dissertation, M. I. T.

Lambrecht, Knud (1994) *Information Structure and Sentence Form: Topic, Focus and the Mental Representations of Discourse Referents*, Cambridge: Cambridge University Press.

益岡 隆志(1987)『命題の文法—日本語文法序説—』東京：くろしお出版.

益岡 隆志(1994)「名詞修飾節の接続形式—内容節を中心に」田窪行則（編）『日本語の名詞修飾表現』5-27. 東京：くろしお出版.

益岡 隆志 & 田窪 行則(1989)『基礎日本語文法』東京：くろしお出版.

益岡 隆志 & 田窪 行則(1992)『基礎日本語文法—改訂版—』東京：くろしお出版.

Matsuda, Yuki (2000) "An Asymmetry in Copular Sentences: Evidence from Japanese Complex Nominals Headed by *-no*," 『言語研究』117：3-36.

Matsui, Tomoko (1992) "Bridging Reference and the Notions of 'Topic' and 'Focus'," *UCL Working Papers in Linguistics* 4：239-258.

三原 健一(1994)『日本語の統語構造—生成文法理論とその応用—』東京：松柏社.

三上 章(1953)『現代語法序説—シンタクスの試み—』東京：刀江書院. ［復刊1972 東京：くろしお出版］

三上 章(1955)『現代語法新説』東京：刀江書院. ［復刊1972 東京：くろしお出版］

三上 章(1957)『新訂版現代語法序説』東京：刀江書院. ［復刊1972『続・現代語法序説』東京：くろしお出版］

三上 章(1960)『象ハ鼻ガ長イ』東京：くろしお出版. ［増補版1964『象は鼻が長い』］

三上　章(1963)『日本語の論理』東京：くろしお出版.
三上　直光(1985)『タイ語，ラオス語，カンボジア語のcopulaについて』『慶應義塾大学言語文化研究所紀要』17：167-181.
Milsark, Gary L.(1974) *Existential Sentences in English*, Ph. D. dissertation, M. I. T.
Milsark, Gary L.(1976) "Toward an Explanation of Certain Peculiarities of the Existential Construction in English," *Linguistic Analysis* 3.1：1-29.
三浦　つとむ(1975)『日本語の文法』東京：剄草書房.
三宅　知宏(1995)「日本語の複合名詞句の構造」『現代日本語研究』(大阪大学現代日本語学講座) 2：49-66.
三宅　知宏(1996)「日本語の主題素性の照合と句構造」『現代日本語研究』(大阪大学現代日本語学講座) 3：17-34.
三宅　知宏(2000)「名詞の『飽和性』について」『国文鶴見』35：79-89.
三宅　知宏(2001)「『主要部』の概念と"XのY"型名詞句」『鶴見大学紀要』38（第一部国語・国文編）9-18.
水谷　静夫(1951)「形容動詞辨」『國語と國文学』28-5.
森田　良行(1977)『基礎日本語―意味と使い方』東京：角川書店.
Moro, Andrea(1991) "The Raising of Predicates: Copula, Expletives and Existence," *MIT Working Papers in Linguistics* 15：119-181.
Moro, Andrea(1997) *The Raising of Predicates*, Cambridge：Cambridge University Press.
Muraki, Masatake(1974) *Presupposition and Thematization*. 東京：開拓社.
Muromatsu, Keiko(1997) "Two Types of Existentials: Evidence from Japanese," *Lingua* 101：245-269.
Nakau, Minoru(1973) *Sentential Complementation in Japanese*, 東京：開拓社.
中右　実(1990)「存在の認知文法」『文法と意味の間：国広哲弥教授還暦退官記念論文集』161-179. 東京：くろしお出版.
Nishida, Koichi(1996) "Arguments for the Heterogeneity of English *Be*," *Tsukuba English Studies* 15：43-74.
西山　佑司(1977)「意味と指示対象―Putnam意味論の批判を中心に―」『慶應義塾大学言語文化研究所紀要』9：117-134.
西山　佑司(1979)「新情報・旧情報という概念について」『科学研究費研究報告：日本語の基本構造に関する理論的・実証的研究』(研究代表者：井上和子) 127-151.
西山　佑司(1985)「措定文・指定文・同定文の区別をめぐって」『慶應義塾大学言

語文化研究所紀要』17：135-165.

西山　佑司(1988)「指示的名詞句と非指示的名詞句」『慶應義塾大学言語文化研究所紀要』20：115-136.

西山　佑司(1989)「『象は鼻が長い』構文について」『慶應義塾大学言語文化研究所紀要』21：107-133.

西山　佑司(1990 a)「コピュラ文における名詞句の解釈をめぐって」『文法と意味の間：国広哲弥教授還暦退官記念論文集』133-148．東京：くろしお出版．

西山　佑司(1990 b)「『カキ料理は広島が本場だ』構文について―飽和名詞句と非飽和名詞句―」『慶應義塾大学言語文化研究所紀要』22：169-188.

西山　佑司(1991)「「NP_1 の NP_2」の曖昧性について」『慶應義塾大学言語文化研究所紀要』23：61-82.

西山　佑司(1992 a)「発話解釈と認知：関連性理論について」安西祐一郎・石崎俊・大津由紀雄・波多野誼余夫（編）『認知科学ハンドブック』466-476．東京：共立出版．

西山　佑司(1992 b)「役割関数と変項名詞句―コピュラ文の分析をめぐって」『慶應義塾大学言語文化研究所紀要』24：193-216.

西山　佑司(1993 a)「「NP_1 の NP_2」と "NP_2 of NP_1"」『日本語学』12：65-71.

西山　佑司(1993 b)「関連性理論の問題点：コンテクスト効果と関連性」『英語青年』Vol. CXXXIX 5：222-224.

西山　佑司(1993 c)「コピュラの用法とメンタルスペース理論」『慶應義塾大学言語文化研究所紀要』25：49-82.

西山　佑司(1994 a)「日本語の意味と思考―コピュラ文の意味と構造を手がかりに―」『日本語論』2.5：70-93．東京：山本書房．

西山　佑司(1994 b)「メンタルスペース理論におけるコピュラの分析はどこまで妥当か」『認知科学』1.1：135-140.

西山　佑司(1994 c)「伝康晴・三藤博両氏のコメントに答える」『認知科学』1．2：90-94.

西山　佑司(1994 d)「日本語の存在文と変項名詞句」『慶應義塾大学言語文化研究所紀要』26：115-148.

西山　佑司(1995)「コピュラ文の意味と変化文の曖昧性について」『慶應義塾大学言語文化研究所紀要』27：133-157.

西山　佑司(1996)「「A が増える」構文と変項名詞句」『慶應義塾大学言語文化研究所紀要』28：49-85.

西山　佑司(1997 a)「「NP が分かる」の曖昧性とコピュラ文」『慶應義塾大学言語文化研究所紀要』29：111-134.

Nishiyama, Yuji (1997 b) "Attributive Use and Non-referential NPs," in Masatomo Ukaji, Toshio. Nakao, Masaru Kajita, and Shuji Chiba (eds.), *Studies in English Linguistics: A Festschrift for Akira Ota on the Occasion of His Eightieth Birthday*, 752-767. Tokyo: Taishukan Publishing Company.

西山 佑司(1998 a)「「話し手が知っている文法」の意味」『科学基礎論研究』90 (Vol. 25, No. 2): 7-13.

西山 佑司(1998 b)「言語と生成文法にたいする解釈をめぐって:心理主義 対 言語実在論」『慶應義塾大学言語文化研究所紀要』30:169-199.

西山 佑司(1999 a)「語用論の基礎概念」『談話と文脈』(岩波講座 言語の科学 第7巻) 1-54. 東京:岩波書店.

西山 佑司(1999 b)「言語的意味と表意の接点:「伊丹十三監督の映画がだんだん面白くなってきた」の曖昧性をめぐって」『慶應義塾大学言語文化研究所紀要』31:185-207.

Nishiyama, Yuji (2000 a) "Ambiguity of 'Speaker's Grammar'," Yuji Nishiyama (ed.), *Keio Studies in Theoretical Linguistics II*, Institute of Cultural & Linguistic Studies, Keio University, 123-159.

西山 佑司(2000 b)「二つのタイプの指定文」山田進・菊地康人・籾山洋介(編)『日本語 意味と文法の風景―国広哲弥教授古希記念論文集』31-46. 東京:ひつじ書房.

西山 佑司(2000 c)「倒置指定文と有題文」『慶應義塾大学言語文化研究所紀要』32:71-120.

西山 佑司(2001)「ウナギ文と措定文」『慶應義塾大学言語文化研究所紀要』33:109-146.

西山 佑司(2002 a)「自然言語の二つの基本構文:コピュラ文と存在文の意味をめぐって」中川 純男(編)『西洋精神史における言語観の諸相』(慶應義塾大学言語文化研究所) 31-71.

西山 佑司(2002 b)「「魚は鯛がいい」構文の意味解釈」『慶應義塾大学言語文化研究所紀要』34:65-96.

西山 佑司 (2003)「名詞句の諸相」北原保雄(編)『文法Ⅰ』(朝倉日本語講座 第5巻). 東京:朝倉書店.

西山 佑司 & 上林 洋二(1985)「談話文法は可能か」『科学研究費研究報告:明確で論理的な日本語の表現』(研究代表者:井上和子) 29-52.

仁田 義雄(1979)「日本語文の表現類型―主格の人称制限と文末構造のあり方の観点において―」『英語と日本語と:林栄一教授還暦記念論文集』287-306. 東

京：くろしお出版.

丹羽 哲也(1988)「有題文と無題文, 現象（描写）文, 助詞「が」の問題(上)(下)」『国語国文』57.6 : 41-58/57.7 : 29-49.

丹羽 哲也(2000)「主題の構造と諸形式」『日本語学』19 : 100-109.

野田 尚史(1981)「「カキ料理は広島が本場だ」構文について」『待兼山論叢 日本語学篇』（大阪大学文学部）16 : 45-66.

野田 尚史(1987)「「辞書は新しいのがいい」構文について」『文藝言語研究 言語篇』13 : 93-114.

野田 尚史(1996)『「は」と「が」』（新日本語文法叢書1）東京：くろしお出版.

野田 尚史(1997)「「魚は鯛がいい」—主題をもつ文の構造」『月刊 言語』26.2 : 18-23.

奥津 敬一郎(1978)『「ボクハ ウナギダ」の文法—ダとノ—』東京：くろしお出版.

奥津 敬一郎(1983)「数量詞移動再論」『東京都立大学人文学報』160 : 1-24.

奥津 敬一郎(1989)「うなぎ文と「だ」の文法」井上和子（編）『日本文法小事典』195-199. 東京：大修館書店.

奥津 敬一郎(1992)「存在文の対照研究（1）：中国語」『日本女子大学紀要 文学部』41 : 1-8.

尾上 圭介(1981)「『は』の係助詞性と表現機能」『国語と国文学』58.5 : 102-118.

Putnam, Hilary (1975) "The Meaning of 'Meaning'," Keith Gunderson (ed.), *Minnesota Studies in the Philosophy of Science. Vol. VII, Language, Mind, and Knowledge*, 131-193. Minneapolis: University of Minnesota Press.

Quine, Willard Van Orman (1953) *From a Logical Point of View*, New York：Harper and Row.［飯田隆訳(1992)『論理的観点から』東京：勁草書房］

Radford, Andrew (1981) *Transformational Syntax*, Cambridge: Cambridge University Press.［吉田正治訳(1984)『変形統語論』東京：研究社］

Radford, Andrew (1988) *Transformational Grammar*, Cambridge: Cambridge University Press.

Rando, Emily & Donna Jo Napoli (1978) "Definites in *THERE*-Sentences," *Language* 54 : 2, 300-313.

Recanati, François (2001) "What is Said," *Synthese* 128 : 75-91.

Reuland, Eric J. & Alice G. B. ter Meulen (eds.) (1987) *The Representation of (in) definiteness*, Cambridge, Mass.: MIT Press.

Rothstein, Susan (2001) *Predicates and Their Subjects*, Dordrecht: Kluwer Academic Publishers.

Rouchota, Villy (1992) "On the Referential/Attributive Distinction," Deirdre

Wilson and Neil Smith (eds.) *Special Issue on 'Relevance Theory' Volume 1, Lingua* 87. 1/2 : 137-167.

Russell, Bertrand (1905) "On Denoting," *Mind* 14 : 479-493.［清水義夫訳 (1986)「指示について」『現代哲学基本論文集Ⅰ』東京：勁草書房］

Ruwet, Nicolas (1982) "Les Phrases Copulatives," *Grammaire des Insultes et Autres Études*, Paris : Éditions du Seuil. 207-238.

Safir, Kenneth J. (1982) *Syntactic Chains and the Definiteness Effect*, Ph. D. dissertation, M. I. T.

Safir, Kenneth J. (1985) *Syntactic Chains*, Cambridge : Cambridge University Press.

坂原 茂 (1989)「コピュラ文と値変化の役割解釈」études françaises (大阪外国語大学フランス語学科研究室) 25 : 1-32.

坂原 茂 (1990 a)「役割, ガ・ハ, ウナギ文」『認知科学の発展』3 : 29-66. 東京：講談社.

坂原 茂 (1990 b)「役割と解釈の多様性」『フランス文化の中心と周縁』(1989 年度特定研究報告書) 107-123［大阪外国語大学フランス研究会］

坂原 茂 (1996)「変化と同一性」『慶應義塾大学言語文化研究所紀要』28 : 147-179.

佐久間 鼎 (1936)『現代日本語の表現と語法』東京：厚生閣［改訂版 1951 恒星社厚生閣, 復刊 1983 東京：くろしお出版］

佐久間 鼎 (1940)『現代日本語法の研究』東京：厚生閣［改訂版 1952 恒星社厚生閣, 復刊 1983 東京：くろしお出版］

佐久間 鼎 (1941)『日本語の特質』東京：育英書院.

佐藤 雄一 (1999)「ガ分裂文をめぐって」『千葉大学留学生センター紀要』5 : 1-12.

Seto, Ken-ichi (1999) "Distinguishing Metonymy form Synecdoche," in Klaus-Uwe Panther & Gunter Radden (eds.) *Metonymy in Language and Thought*, Amsterdam : John Benjamins Publishing Company.

瀬戸 賢一 (2000)「多義語記述の理論：多義語はどのように記述されるべきか」*Conference Handbook* (English Linguistic Society of Japan) 18 : 118-120.

柴谷 方良 (1978)『日本語の分析』東京：大修館書店.

柴谷 方良 (1990 a)「助詞の意味と機能について―「は」と「が」を中心に―」『文法と意味の間：国広哲弥教授還暦退官記念論文集』281-301. 東京：くろしお出版.

柴谷 方良 (1990 b)「主題と主語」近藤達夫 (編)『講座 日本語と日本語教育 12 言語学要説(下)』97-126. 東京：明治書院.

Shibatani, Masayoshi (1990 c) *The Languages of Japan*, Cambridge : Cambridge

University Press.

新屋 映子(1994)「意味構造から見た平叙文分類の試み」『東京外国語大学日本語学科年報』15：1-15.

Sperber, Dan & Deirdre Wilson(1986/1995²) *Relevance : Communication and Cognition*, Oxford : Blackwell. [内田聖二，中逵俊明，宋南先，田中圭子共訳 (1993/1999²)『関連性理論：伝達と認知』東京：研究社出版]

Stampe, Dennis W. (1974) "Attributives and Interrogatives," Milton K. Munitz & Peter K. Unger (eds.) *Semantics and Philosophy*, 159-196. New York : New York University Press.

Strawson, Peter Frederick(1950) "On Referring," *Mind* 59 : 320-344. [藤村龍雄訳(1987)「指示について」『現代哲学基本論文集II』東京：勁草書房]

砂川 有里子(1995)「日本語における分裂文の機能と語順の原理」仁田 義雄（編）『複文の研究(下)』東京：くろしお出版.

砂川 有里子(1996)「日本語コピュラ文の類型と機能―記述文と同定文―」『言語探求の領域―小泉保博士古希記念論文集』261-273. 東京：大学書林.

Sunakawa, Yuriko(1999) "Word Order of Japanese Copular Sentences,"『日本語の語順の原理と文の談話機能に関する基礎研究』平成8年度～平成10年度文部省科学研究費補助金・基礎研究(C)(2)研究成果報告書, 21-30.

鈴木 英一(1990)『統語論』(現代英語学シリーズ5) 東京：開拓社.

鈴木 英一 & 安井 泉(1994)『動詞』(現代の英文法 第8巻) 東京：研究社.

高見 健一(1996)「『象は鼻が長い』と特徴づけ」『言語探求の領域―小泉保博士古希記念論文集』289-300. 東京：大学書林.

Takami, Ken-ichi & Akio Kamio(1996) "Topicalization and Subjectivization in Japanese : Characerizational and Identificational Information," *Lingua* 99 : 207-235.

高本 條治(1996)「いわゆる「ウナギ文」発話の表意解釈とその記録形式」『国語学』184：120-107.

田窪 行則 (編)(1994)『日本語名詞修飾表現』東京：くろしお出版.

寺村 秀夫(1982)『日本語のシンタクスと意味I』東京：くろしお出版.

寺村 秀夫(1993)『寺村秀夫論文集I―日本文法編―』東京：くろしお出版.

時枝 誠記(1950/1978²)『日本文法口語篇』東京：岩波書店.

渡辺 実(1971)『日本語構文論』東京：塙書房.

Williams, Edwin(1983) "Semantic vs. Syntactic Categories," *Linguistics and Philosophy* 6 : 423-446.

Wilson, Deirdre(1975) *Presuppositions and Non-truth-conditional Semantics*,

New York : Academic Press.

Wilson, Deirdre (1992) "Reference and Relevance," *UCL Working Papers in Linguistics* 4 : 165-191.

Wilson, Deirdre (1994) "Relevance and Understanding," in G. Brown et al. (eds.) *Language and Understanding*, 35-58. Oxford : Oxford University Press.

Wilson, Deirdre & Dan Sperber (1986 a) "Inference and Implicature," in Charles Travis (ed.) *Meaning and Interpretation*, 45-75. Oxford : Blackwell.

Wilson, Deirdre & Dan Sperber (1986 b) "Pragmatics and Modularity," in *Chicago Linguistic Society Parasession on Pragmatics and Grammatical Theory*, 67-84. Chicago : University of Chicago Press.

Wilson, Deirdre & Dan Sperber (1988) "Representation and Relevance," in Ruth Kempson (ed.) *Mental Representation : the Interface between Language and Reality*, 133-53. Cambridge : Cambridge University Press.

Wilson, Deirdre & Dan Sperber (1993) "Linguistic Form and Relevance," *Lingua* 90.1/2 : 1-25.

安井 泉 (1980)「英語の be 動詞の多義性―4つの be の等質性と異質性―」『英語学』23 : 40-67.

安井 稔 (1989)『英文法を洗う』東京 : 研究社.

安井 稔 (1995)『納得のゆく英文解釈』東京 : 開拓社.

索 引

人 名 索 引

あ
青木伶子 …………………………………357
天野みどり ………………………177,178,180,187

い
池上嘉彦 ………………………………325,348
井島正博 …………………………376-378,385-386,391
井上和子 ………………………………116,390
今井邦彦 …………………………………52
今仁生美 …………………………………183
井元秀剛 ……………………159,160-162,164,183,185

お
奥津敬一郎 ……………24-28,54,56,323,347-348
尾上圭介 …………………………………357

か
影山太郎 …………………………………57
加藤重広 …………………………………54
神尾昭雄 ……………………4,27,50-51,220,222,255
上林洋二 ……………55,74,75,93,115,180-182,187,
347,349,382,392

き
菊地康人 …179,219,280-299,301-302,315,317,
319
北原保雄 …………………………………323
金水敏 ……………………………………183

く
久野暲 ……115-116,135,180-182,190,192,213-
219,223,227,282,317,346,353,361-364,
389-390,392,405,407,424
熊本千明 …74,147,167-168,172,177-181,186-
187,256,348,382,423
黒田成幸 …………………………………257

こ
小町将之 …………………………………58
コモンワニック，カモンオーン ……………180
小屋逸樹 ……………………………180,230,255

さ
坂原茂 ……74,145,147-158,160-162,164,180,
182-185,280,317-318,328-329,336,348-
349
佐久間鼎 …………………………………130
沢田奈保子 ………………………………180

し
柴谷方良…116,182,200-203,205-206,208-209,
221-222,231,238-239,241-246,254-256,
258,356-357,359,389
新屋映子 …………………………………179

す
砂川有里子 ………………………………180

せ
瀬戸賢一 ……………………………240,256

た
高見健一 ……………209-213,219-220,222-223,255
高本條治 …………………………………324
田窪行則……50,91,131,142-143,181,368-372,
377-378,387-388,390,404

ち
千葉修司 …………………………………85

て
寺村秀夫 ……………………………50,91,129

と
時枝誠記 …………………………………52

に
西山佑司 ……33-34,37,52,57-58,74,113-114,
118,133-134,145,147,149,159,161,165,
180,183,185-186,220-222,256,269-270,
276,280-281,290-292,317-318,382,390,
394,410,420
仁田義雄 ……………………………365,377-378
丹羽哲也 ……………………359,366-367,378-382,423

の
野田尚史…179,190-191,200,219,248-249,251-
253,258,260-268,280-281,286,291-293,
295-298,315-316,318,372-375,377-
380,388-391

ひ

東森勲 ···52

ま

益岡隆志 ······50,53,91,131,142-143,181,257,
366-372,377-378,386-388,390,404
松尾洋 ···································55,223,255,257,319
松下大三郎 ···364

み

三上章 ······121,180,190,198,201,337,364-367,
375-379,390
三上直光 ···180
水谷静夫 ··54
峯島宏次 ·····························53,55-57,255
三原健一 ···50-51
三宅知宏 ················50-51,53,57,255,316-317

や

山泉実 ···319
山田孝雄 ···357

よ

吉村あき子 ···52

わ

渡辺実 ···129

A

Akmajian, Adrian ·······················115,180

B

Baker, Carl Lee ······················85,116-117
Bezuidenhout, Anne ·························114
Blakemore, Diane ···················65,113
Burton-Roberts, Noel ····················181

C

Carston, Robyn ·································181

D

Declerck, Renaat
·················74,96,166,168,180-181,348
Donnellan, Keith S.
···66,68-69,98,100,104-105,112-113,115,
124,175,181,389
Dor, Daniel·······································116

F

Fauconnier, Gilles
···118,145-146,180,183-184,327-329,348
Frege, Gottlob ··································114

G

Grice, Paul ·······························9,13,52

Grimshaw, Jane ·······························85
Gundel, Jeanette K. ··············97,180-181

H

Halliday, Michael A. K. ·························181
Hasegawa, Nobuko（長谷川信子）
···382-386,392
Heggie, Lorie ···························383,392
Higgins, Francis Roger
···74,115-116,128,147,166,180-181,186,
348,382

J

Jackendoff, Ray S. ·······························186

K

Kato, Masahiro（加藤雅啓）···········116
Kempson, Ruth ·································181

L

Lambrecht, Knud ·······························391

M

Meinong, Allexius ·······························423
Milsark, Gary L. ·································423
Moro, Andrea ·······································180
Muraki, Masatake（村木正武）········255

N

Nakau, Minoru（中右実）··············255
Napoli, Donna Jo······················412,423

P

Putnam, Hilary·······························113

Q

Quine, Willard Van Orman ·········417,423

R

Radford, Andrew ································43
Rando, Emily ······························412,423
Recanati, François ·································7
Rothstein, Susan ·································180
Rouchota, Villy································114
Russell, Bertrand ················66,114,423
Ruwet, Nicolas ·································180

S

Safir, Kenneth J. ·································423
Sperber, Dan ·····················9,12-13,52
Strawson, Peter Frederick ···········114,423

W

Wilson, Deirdre ··········9,12-13,52,181,391
Wongkhomthong, Preya ··············180

事項索引

あ

曖昧（性）…7-8, 47-49, 55-56, 60, 93, 189, 270, 278, 423
値…………………………………………146
値解釈……………………………………146, 185
アドホック概念…………………………318, 319

い

「（意味）補完」（saturation）
　　　　　　　　…7, 51, 338, 340, 344
陰題………………………………365, 376, 378
陰題文……………………………………388

う

内の関係……………………………………2
ウナギ文………………30, 120, 321-350, 398, 401

か

カキ料理構文
　　…36-38, 210-211, 220-221, 237, 260-319
　　第一タイプのカキ料理構文……296-298, 318
　　第二タイプのカキ料理構文……296-298, 318
拡充（enrichment）………………………309, 340
関係節………………………………2, 3, 5, 18, 50-51
関係節構造………………………………4, 20
関係副詞節………………………………25
間スペース対応存在文……………………417-423
関連性……………………………10-11, 266, 298
関連性（の）原理………………………9, 15, 49, 65
関連性の伝達原理……………………………12
関連性理論
　　　…9-11, 96, 213, 266, 299, 309, 318, 325

き

記述文………………………149, 151, 154, 182
旧情報………………………………………379

け

形容詞文……………………………………129
顕題………………………………………365

こ

行為名詞………………40-43, 45, 58, 106, 271
言葉の緩い使用……………………………303
コピュラ（繋辞）………56, 77, 119, 121, 128-129
コピュラ（構）文……35-36, 73-189, 261, 277, 322, 329-330, 351, 365, 380-383, 397-399, 401, 406, 423

さ

最適な関連性…………………………………12-13
「魚は鯛がいい」構文………………205, 231-258

し

指示対象……………………………………61-72
指示的に透明な文脈………………………70-71
指示的に不透明な文脈……………………69-72, 115
指示的名詞句……61-118, 123, 340, 410, 421-422
指示の用法……………………66-69, 100, 113
実在文……………………………………395, 422
指定………115, 121, 191-194, 214, 217-219, 222, 226, 232, 282, 294, 296, 300, 312, 316, 353
指定コピュラ文……………………………84
指定所在文………………………394, 399, 404
指定内蔵-読み………196-198, 225, 230, 256, 319
指定の「が」…115, 135, 192, 196, 199, 217-219, 222, 226, 229-230, 232, 282, 294, 296-297, 300, 312, 316-319, 353, 380, 399
指定文……75, 122, 149, 189, 195, 261-263, 267-268, 271-272, 275, 293, 337, 347, 351-392, 406
　　第二タイプの指定文………145, 181, 371, 390
品定め文……………………………………130, 189
自由拡充（free enrichment）…51, 338, 344, 349
自由変項………………………………………7
主題化（題目化）………190-191, 195, 215, 258, 260-261, 316, 376-378, 383-385
主題（構）文…189, 227, 231, 239, 241, 243-246, 256, 261, 351-392
主題（題目）……201, 227, 231-232, 241, 244, 252, 254, 258, 312, 351-392
述語名詞（句）……180, 273-275, 280, 291, 376-377
準所有文……………………………………395, 410
所在コピュラ文…………………394, 397-398, 401
所在文……………………………394, 396-397, 401-402
叙述名詞（句）……19-31, 73-74, 76, 114, 123-132, 140-141, 180-181, 339-340, 342
所有文……………………………………395, 410

す

推意（implicature）………………………309
数量詞……………………………………27-28, 343
　　数量Q………………………………………28
　　属性Q…………………………………28-31, 343

せ

前提………………………………………379
潜伏疑問文………………………………78-86, 116

そ

総記…75, 115, 134-135, 182, 192, 214-216, 218-219, 222, 227, 232, 282, 296, 317, 353, 367, 380, 392
総称文………………………………………190
「象は鼻が長い」構文
　　　…………190-223, 225-258, 303, 305-319

属性数量詞構文 …………………………341-347
属性的用法 ……66-69,72,98,100,113,124,389
属性名詞句 …………………………………181
措定 ………………………………………121
措定文 ……73-74,76,93-97,122-132,140-141,
　　　　149,151,154,180,183,189-191,240,321,
　　　　323,330,337,340-341,352,377,382,
　　　　385-386,392
外の関係 ……………………………………2
存現文 …………………………………394,399-401
存在文 ……………………89-93,103,105,394-424
　絶対存在文
　　………89-93,103-105,113,395,401-424
　場所的存在文
　　………89-92,103-105,394-404,406-418

た

題目…201,227,231-232,241,244,252,254,258,
　　　　312,351-392
題目-述部文…………………………241-242,245

ち

中立叙述…115,191-192,196,199,214-220,222,
　　　　226,294,296,300,312,380
中立叙述文………………………………75,401
長鼻・読み
　…192,194,197-223,225-226,230,256,319

て

定義文 ………………………122,176,187-189,352
提示文 …………………………………122,176-179

と

同一性文 ……………………122,142-143,174-175,382
同一判断 …………………………………120
倒置指定文 …36-37,75-118,122,124,130-189,
　　　　195,254,259,327-330,332,335-337,339,
　　　　347,349-392
　第二タイプの倒置指定文 …145,181,371,390
倒置同一性文 ………………………122,174,189,352
倒置同定文 …………………………122,174,186,189,352
同定文 …………122,147,166-173,186,348,382

に

二分・結合 …………………………351,355,361
認知効果 …10,14-15,47,194,199,266,298,344

は

「鼻は象が長い」構文……225-231,251,253,255
判断文 ……………………………………365

ひ

非指示的名詞 ……………………………335
非指示的名詞句
　…………61-118,274,327,352,368,371,387
非飽和名詞 …33-42,45,48,49,56,57,106,152,
　　　　259-319,411

表意（explicature）…52,238,301,309,321,325
表出命題 …………………………………113

ふ

不明瞭（性）……………………………8,278
文脈効果 …………………………………52
文脈指示 ………………………………361-363
文脈的含意（contextual implication）
　………………………………52,69,113,266
分裂文 ………………………120,124,135-138,381

へ

変化文 ……………………………86-89,101-103,117
変項名詞（句）………74-118,132-188,260,327,
　　　　332,335,340,347,353,368,387,392,402-
　　　　418

ほ

包摂判断 …………………………………120
飽和名詞 ……34-40,57-58,106,152,269-319

む

無題文
　…243,367,369-370,372-373,382,386-390

め

名詞文 ……………………………………130
メトニミー（換喩）………256,326-337,346,348
メンタル・スペース理論
　……………………………145-166,184-185,420

も

物語り文 …………………………………130

や

役割（role）………………………………146
役割解釈 ……………………………145-166,185
役割関数 ………………………………145-166
役割と値 ………………………………146,185

ゆ

有題文（主題文）…189,227,231,239,241,243-
　　　　246,256,261,351-392
緩い解釈 …………………………………300

よ

呼び出し可能性 …………………………14

り

リスト存在文 ………………………395,412-417
領域限定つきの指定文 …………………220

れ

連体修飾節………………………1,2,4,6,18,20,25

M

M-同定文…147-166,182,184,336,337,348,349

〔著者〕**西山佑司** ……… にしやま ゆうじ ………

(略歴) 1943年東京に生まれる。慶應義塾大学文学部仏文科・哲学科を卒業。同大学院哲学科博士課程単位取得退学。MIT大学院哲学科博士課程修了。Ph.D. ロンドン大学客員研究員、ニューヨーク市立大学上級研究員、パリ第三大学研究員、ケンブリッジ大学研究員。慶應義塾大学言語文化研究所教授、明海大学外国語学部教授。現在、慶應義塾大学名誉教授・明海大学名誉教授。専門は意味理論、語用理論、言語哲学。主要著書に*The Structure of Propositions* (Keio Univ.1975)、『意味論』(共著、大修館書店1983) がある。

日 本 語 研 究 叢 書

【第3期第2巻】日本語名詞句の意味論と語用論
―指示的名詞句と非指示的名詞句―

発行	2003年9月12日　初版1刷 2019年9月12日　　　3刷
定価	4700円+税
著者	©西山佑司
発行者	松本　功
装丁者	石原　亮
印刷製本所	三美印刷株式会社
発行所	株式会社ひつじ書房 〒112-0011　東京都文京区千石2-1-2 大和ビル2F Tel. 03-5319-4916 Fax. 03-5319-4917 e-mail toiawase@hituzi.co.jp http://www.hituzi.co.jp/ 郵便振替 00120-8-142852

造本には充分注意しておりますが、落丁・乱丁などがございましたら、小社かお買上げ書店にておとりかえいたします。
ご意見、ご感想など、小社までお寄せ下されば幸いです。

❖

ISBN4-89476-180-7　C3081
978-4-89476-180-3

Printed in Japan

既刊書のご案内

名詞句の世界　その意味と解釈の神秘に迫る
西山佑司 編　定価 8000 円+税

認知語用論の意味論　真理条件的意味論を越えて
コリン・イテン 著
武内道子・黒川尚彦・山田大介 訳　定価 3800 円+税

語用論研究法ガイドブック
加藤重広・滝浦真人 編　定価 2800 円+税